Über den Autor

Kurt Tucholsky, geboren am 9. Januar 1890 in Berlin, war einer der bedeutendsten Gesellschaftskritiker unseres Jahrhunderts. Er schied am 21. Dezember 1935 in Hindås/Schweden freiwillig aus dem Leben. Tucholsky war unter den Pseudonymen Peter Panter, Theobald Tiger, Ignaz Wrobel und Kaspar Hauser Mitarbeiter der «Schaubühne» und späteren «Weltbühne», die er mit dem späteren Friedens-Nobelpreisträger Carl von Ossietzky zu einem der aggressivsten und wirksamsten publizistischen Instrumente der Weimarer Republik machte. Folgende Werke liegen als rororo-Taschenbücher vor: «Schloß Gripsholm» (Nr. 4), «Rheinsberg» (Nr. 261), «Ein Pyrenäenbuch» (Nr. 474), «Deutschland, Deutschland über alles. Ein Bilderbuch von Kurt Tucholsky und vielen Fotografen. Montiert von John Heartfield» (Nr. 4611) und die Auswahlbände «Zwischen Gestern und Morgen» (Nr. 50), «Panter, Tiger & Co.» (Nr. 131), «Politische Briefe» (Nr. 1183), «Politische Justiz» (Nr. 1336), «Politische Texte» (Nr. 1444), «Schnipsel» (Nr. 1669), «Briefe aus dem Schweigen 1932–1935» (Nr. 5410) und «Literaturkritik» (Nr. 5348) sowie eine zehnbändige Geschenkkassette «Gesammelte Werke». Im Rowohlt Verlag erschienen die Bände «Ausgewählte Werke I und II», der Ergänzungsband zu den «Gesammelten Werken»: «Deutsches Tempo. 1911–1932» sowie «Briefe an eine Katholikin 1929–1931», «Unser ungelebtes Leben. Briefe an Mary», «Das Kurt Tucholsky-Chanson-Buch. Texte und Noten» und «Gedichte». Als Rowohlt Nachttisch-Büchlein liegen vor «Schloß Gripsholm», «Wenn die Igel in der Abendstunde. Gedichte, Lieder und Chansons», «Rheinsberg» und «Wo kommen die Löcher im Käse her? Glossen und Grotesken».

In der Reihe «rowohlts monographien» erschien als Band 31 eine Darstellung Kurt Tucholskys mit Selbstzeugnissen und Bilddokumenten von Klaus-Peter Schulz, die eine ausführliche Bibliographie enthält.

Kurt Tucholsky

Die Q-Tagebücher 1934–1935

Herausgegeben von
Mary Gerold-Tucholsky
und Gustav Huonker

rororo
Rowohlt

Der Verlag dankt dem Deutschen Literaturarchiv /
Schiller-Nationalmuseum, Marbach am Neckar,
für die Überlassung der Vorlagen der Faksimileseiten
Umschlagentwurf Klaus Detjen

Veröffentlicht im Rowohlt Taschenbuch Verlag GmbH,
Reinbek bei Hamburg, September 1985

Gesamtherstellung Clausen & Bosse, Leck
Printed in Germany
1080-ISBN 3 499 15604 0

Einleitung

Im Sommer 1934 kündigte Kurt Tucholsky seiner Zürcher Freundin Dr. Hedwig Müller, mit der er seit zwei Jahren in regem Briefwechsel stand, an, er werde seine Briefe aus Schweden künftig mit besonderen Beilagen, sogenannten Q-Tagebüchern versehen, wobei das Q für «ich quatsche» stehen sollte. «Das Politische habe ich anliegend, damit es nicht den Brief kapott macht», hieß es im Schreiben vom 2. Juli 1934. In einem späteren Tagebuchblatt (24. April 1935) sagt er es seiner Briefpartnerin fast zärtlich: «Ich schreibe dies hier hauptsächlich, um sozusagen jeistig bei Dir zu kuscheln.»

Die erste und vermutlich eine kleine Zahl der auf sie folgenden Tagebuch-Beilagen zu den Briefen an Hedwig Müller fehlten unter den Materialien, die ich 1972 von ihr erhalten hatte; sie werden wohl kaum mehr aufzufinden sein. Deshalb beginnt dieser Band mit einem Fragment, den anderthalb Seiten vom 13. September 1934. Mit großer Wahrscheinlichkeit sind jedoch alle 53 folgenden Q-Tagebuch-Beilagen vorhanden, wenn auch nicht alle vollständig. Die beiden letzten datieren vom 17. und 19. Dezember 1935. Erstere ist im einen der beiden Briefe vom 17. Dezember angezeigt, ein Brief vom 19. Dezember ist nicht erhalten. Die Tatsache, daß also noch ein weiteres Q-Tagebuch folgte, könnte bedeuten, daß Kurt Tucholsky den letzten Brief an Nuuna nicht am 17. Dezember, sondern ebenfalls am 19. Dezember schrieb; sie hat davon jedoch nie etwas verlauten lassen. Wie sie seinerzeit Frau Mary Gerold-Tucholsky mitteilte, erhielt sie nach ihrer Rückkehr aus Hindås, wohin sie sich auf die Nachricht von Tucholskys Tod begeben hatte, als postumen Weihnachtsgruß jedoch noch eine bunte Ziege aus Holz mit dem Beizettel: «Die Ziege der Ziege.» Eine solche Burschikosität liegt ja ganz in der Tonart mancher Nuuna-Apostrophierungen in Briefen und Tagebüchern.

Das viereinhalbseitige Q-Tagebuch vom 19. Dezember 1935 bildet also den Abschluß von Tucholskys intensivstem Briefwechsel seiner letzten Lebensjahre. Es ist ein in mancherlei Hinsicht aufschlußreiches Dokument. Wie in den beiden Briefen vom 17. Dezember fehlt auch hier jeder Hinweis auf den unmittelbar bevorstehenden Selbstmord. Dieses letzte Q-Tagebuch unter einem besonders pittoresken Langtitel endet wie der zweite Brief vom 17. Dezember im Ton emsiger Geschäftigkeit. Kurt Tucholsky muß an diesem 19. Dezember ja auch sehr beschäftigt gewesen sein: der Abschiedsbrief an Mary Gerold-Tucholsky trägt dieses Datum; er schrieb oder beendete eines der ausführlicheren Q-Tagebücher für Nuuna, und als fast sicher darf angenommen werden, daß er sich auch an seinem letzten Lebenstag mit den Unterlagen befaßte, die ihm für die geplanten Artikel gegen Knut Hamsun inzwischen zur Verfügung standen. Vermutlich stammt der vom 20. Dezember datierte Brief an den norwegischen Studentenverband, in dem er anbietet, mit einem Aufsatz grundsätzlicher Art gegen Hamsun und für Carl von Ossietzky aufzutreten, ebenfalls vom 19. Dezember. Der Schluß des letzten Q-Tagebuchs deutet darauf hin, daß die Redaktion des Osloer *Arbeiderbladet* umgehend ihren ablehnenden Bescheid auf Tucholskys Vorschlag vom 17. Dezember mitgeteilt hatte, in dem er auch dem Osloer Sozialistenblatt seine Mitwirkung in der Kampagne gegen Hamsun antrug. Tucholsky hält die Begründung der Absage nicht für eine Ausrede, er weiß, daß er aus Rücksicht auf Ossietzky mit seiner Intervention lange gezögert und daß *Arbeiderbladet* in der Zwischenzeit tatsächlich «der Sache viel Raum gewidmet» hat. «Schade. Ich berichte dann weiter; ich muß mal sehn, ob ich man nicht doch etwas drehn kann.»

Dies sind seine letzten Worte im letzten Q-Tagebuch. Weiter vorn hatte er jedoch geschrieben: «Daß ich mein Leben zerhauen habe, weiß ich.» Diesem kategorischen, bittern Bekenntnis folgt dann aber ein bis weit ins Detail ausgeführter Entwurf zu einem Chanson für den beliebten und von ihm sehr verehrten Zürcher Volksschauspieler und Chansonnier Emil Hegetschweiler: Konditor, Mitbegründer und Stütze des politisch wachen, betont antifaschistischen Cabarets «Cornichon».

Auf den beiden ersten Seiten dieser Tagebuch-Beilage kreisen Kurt Tucholskys Gedanken, wie so oft in dieser Korrespondenz, um Carl von Ossietzky. Deutlicher als je zuvor bekennt er hier, wie sehr ihn das Schicksal Ossietzkys bewegt, wie er in all den Jahren die Schuldgefühle mit realistischen Überlegungen zwar meist in Schach halten, aber offenbar doch nie ganz überwinden konnte. «. . . im Falle Oss bin ich einmal nicht gekommen, ich habe damals versagt . . .» Damals – das bezieht sich auf den zweiten *Weltbühnen*-Prozeß vom 1. Juli 1932. Carl von Ossietzky saß in der Haftanstalt Tegel eineinhalb Jahre Gefängnis ab: das Reichsgericht hatte ihn im November 1931 wegen Landesverrats verurteilt, weil er als Redakteur der *Weltbühne* die Verantwortung für einen Artikel übernommen hatte, der sich mit der geheimen Aufrüstung der deutschen Luftwaffe befaßte. Für Sommer 1932 war ein zweiter Prozeß gegen die *Weltbühne* anberaumt, die Reichswehr hatte wegen öffentlicher Beleidigung geklagt – es ging um den Satz «Soldaten sind Mörder» in einer Glosse Tucholskys. Dieser sah sich vor die Entscheidung gestellt, selber zum Prozeß nach Deutschland zu fahren oder Ossietzky als mitverantwortlichen Redakteur der Gefahr neuer Verurteilung und zusätzlicher Strafe auszusetzen. Im Brief an Mary Gerold-Tucholsky vom 29. März 1932 ist dazu nachzulesen: «. . . Die Strafe für Oss wird keinesfalls schärfer, wenn ich nicht komme –

er ist auch *nicht* . . . angeklagt, weil ich nicht da bin – er ist, genau wie in seinem großen Prozeß, als Verantwortlicher angeklagt, *neben* dem Autor. Ich vermute, daß er nur eine Geldstrafe bekommen wird, die ich wahrscheinlich bezahlen muß. . . *Nach außen* bleibt ein Erdenrest zu tragen peinlich. Es hat so etwas von Desertion, Ausland, im Stich lassen, der Kamerad Oss im Gefängnis, denn sie werden ihn nicht einmal zu Festung begnadigen – ein Grund mehr für mich, nicht zu kommen, denn sie werden, haben sie mich einmal, mir alle erdenklichen Geschichten machen.» Tucholsky fuhr nicht zum Prozeß. Die Verhandlung vor dem Berliner Landgericht III in Moabit endete mit dem Freispruch Ossietzkys, der jedoch wenige Stunden später wieder ins Tegeler Gefängnis zurückkehren mußte, um seine Strafe weiter zu verbüßen.

Eingebettet in die Gedankengänge um Ossietzky präsentiert sich auch in diesem letzten Q-Tagebuch «alles so kunterbunter» wie eh und je in diesen Beilagen zu den Briefen: Seitenhiebe auf Brüning, Betrachtungen zur Psychologie der Frau, eine Zille-Anekdote, ein Zitat aus «dem einzigen pornografischen französischen Buch, das ich besitze», die heftige Absage an die blinde Anbetung von Institutionen und der schon erwähnte Entwurf für ein Chanson – Rückkehr zu einer ihm einst so vertrauten Form.

Ist das unmittelbare Nebeneinander von vielfältiger Aktivität und Todesbereitschaft an diesem 19. Dezember die letzte Manifestation seiner Gespaltenheit, jener inneren Zerrissenheit, von der ja schon früh das nur vordergründig heitere Vexierspiel mit den berühmten 4 Pseudonymen zeugte? Oder zwingt er sich tatsächlich vor Nuuna zu einer unverfänglichen Haltung? Will er sie nicht alarmieren? Wäre also auf sie in erster Linie der Satz im Sudelbuch gemünzt, von dem, der leise aus dem Leben fortgeht wie aus einer langweiligen Filmvorführung, «vorsichtig, um die andern nicht zu stören»?

Hedwig Müller hat die Beilagen für die «qltivierte», die «qgelrunde», die «qbusförmige» oder die «wie eine Qrdin reitende Nuuna» ersehnt und geliebt. Ihrem Brief vom 3. Oktober 1934 läßt sie das auf die phonetisch eindeutige Q-Tagebuchwidmung vom 27. September gestimmte PS folgen: «Dank für das Qu-Tagebuch. Großer Trost für die Qu-Nuuna.» Und auf Tucholskys Aufforderung vom 1. November 1934: «Nunchen, Du mußt mir sagen, ob Dir das Gequatsch in den Q-Tagebüchern nicht zu viel ist – ich kann das auch eindämmen», antwortet sie wenige Tage darauf: «Deine Q-Tagebücher sind meine einzige Freude. Schreibe weiter, wenn es Dir nicht zuviel ist.» Nuuna ist aber nicht nur passive Leserin der Q-Tagebücher. Sie hält Umschau nach Informationen, sie kommentiert aus ihrer Sicht, nimmt den Dialog auf und führt ihn weiter; sie ist auf vielen Gebieten beschlagen, auch sie weiß zu formulieren. Da ironisiert sie zum Beispiel Anfang April 1935 die englisch-deutschen Verhandlungen über die Rüstungsparität in der Luft: «Selbstverständlich ist die Reichswehr eine Cadres-Armee. Und daß die ‹Luftparität› (schönes Wort) mit England erreicht ist, wundert mich nicht. Ich weiß aus meiner Arbeit [für eine Lebensversicherungsgesellschaft, G. H.], daß beinah jeder zehnte Couillon ‹Sportflieger› ist. Mit 250 Mark Gehalt im Monat.» Drastisch und ohne Umschweife schreibt sie ein paar Tage nach der Saarabstimmung vom 13. Januar 1935, die mit einer gewaltigen Mehrheit den Anschluß an das Deutsche Reich ergab, aus Zürich: «Der Volksmund hat hier die allgemeine erlösende Erklärung gefunden: Boches sind Boches, vor allem und immer Boches, sie bleiben es, gehören dahin, sie sollens ausfressen. Das wird stimmen und ist auch meine Meinung.» In dieser kategorischen Ablehnung alles Deutschen blieb Nuuna übrigens konsequent – sie hat nach Tucholskys Tod Deutschland nie mehr betreten. Ihren eigenen Landsleuten traute sie – mehr als den Behörden – politische Klarsicht zu: «Dieses Volk ist im allgemeinen klüger als die, die seine Politik machen wollen», heißt es in einem ihrer Briefe im Sommer 1935 nach einer Volksabstimmung, aber sie geht mit der Landesregierung doch weniger scharf ins Gericht als ihr Briefpartner, der oft heftig vor der Stärkung der politischen Zentralgewalt warnte. Sie schmunzelt über Tucholskys spät entdeckte Liebe zum Föderalismus und stellt am 28. April 1935 nüchtern fest: «Vermehrte Gewalt unseres jetzigen Bundesrats wäre nicht so schlimm: es sind brave und ziemlich gewissenhafte, auch wohl unbrutale Leute. Aber was kommt nachher?»

Auch auf literarischem Gebiet war Nuuna für Kurt Tucholsky stets diskussionsbereite Partnerin, die Anregungen aufnahm und Anregungen gab. Viele dieser Q-Tagebücher belegen ja deutlich genug, wie sehr Bücher und Autoren ein Dauerthema Tucholskys auch in seinem letzten Jahr sind. Auch dazu ein Beispiel für den Widerhall, den er in Zürich auf diesem Gebiet findet. Am 7. Dezember 1934 schreibt Nuuna: «Ich lese immer noch ‹Krieg und Frieden›, hatte zwischenhinein einmal in ‹La Terre› von Zola hineingeschaut. Ich kann aber diese kontinuierlichen Begattungen aller mit allen nicht gut vertragen, es ist auch alles so unappetitlich. So naturalistisch sind die Menschen wieder nicht. Ich bin mit einem wahren Erlösergefühl wieder an Tolstoj gegangen.»

Für Tucholsky waren die Q-Tagebücher immer unentbehrlicher geworden. Zunächst sozusagen als politischer Überbau der Briefe gedacht, weiteten sie sich sehr rasch zu einem thematisch breitgefächerten Gesprächsersatz aus. Am 28. März 1935 heißt es in einem Brief Tucholskys an Hedwig Müller: «Ich habe manchissmal das Bedürfnis, mich mit Dir auszusprechen, aber wenn Dich das langweilt, so muß es nicht sein. Ich bilde mir auch gewiß nicht ein, von hier aus die Bolletik zu machen.» Weil es also bald auch in den Q-Tagebüchern wie längst schon in den Briefen ums «Aussprechen» ging, ähnelten sich beide rasch stärker – auch in der Form –, als es Tucholskys ursprünglicher Absicht, mit dem «Politischen» die Briefe «nicht kapott» zu machen, wohl entsprach. So wurden denn auch nach der Aufnahme der Q-Tagebücher weder «das Politische» noch wirtschaftliche oder soziologische Betrachtungen aus den Briefen verbannt, und ebensowenig blieben die Q-Tagebücher fürs Persönliche, für Mitteilungen aus dem Alltagsbereich verschlossen – sogar der Kater Iwan war hier geduldet. Es kam daher bald zu jenem «Kunterbunt», das für Briefe wie Q-Tagebuch-Beilagen typisch ist. Wie sehr sich die ursprünglich geplante Abgrenzung zwischen Briefen und Q-Tagebuch verwischte, läßt sich daran ablesen, daß er Themen, die ihn intensiv beschäftigten, gleichzeitig «zweigleisig» behandelte, etwa die Entführungsaffäre Berthold Jacob, der er in Briefen *und* Tagebüchern des Jahres 1935 gründlich nachspürt. Im allgemeinen dominieren in den Q-Tagebüchern Zeit- und Wirtschaftspolitik, kulturkritische und literarische Betrachtungen. Viel häufiger als in den Briefen begegnet man hier auch in sich geschlossenen, in eine Pointe mündenden Texten, die gelegentlich an Tucholskys früheres Schaffen erinnern. Nuuna ist gut zu begreifen, wenn sie ihn drängt, er solle es doch mit dem Schreiben wieder versuchen. «Du mußt Dein Buch schreiben, es wird sicher so, daß man sagt: so ist es», mahnt sie am 3. Oktober 1934; ein paar Wochen später noch eindringlicher: «Fritzchen, haben die Leute denn jeden Maßstab dafür verloren, was immer währt? Wenn ich das Gequassel lese und dann daran denke, was Du für gute und kluge Sachen sagst, bin ich oft wütend, daß Du nichts schreibst. Man möchte wieder einmal was Rechtes lesen.» Sie ermuntert ihn jedoch nicht zum Publizieren à tout prix. Anfang 1934 hatte sie gewarnt, nachdem sie in das von deutschen Emigranten in Prag als Reaktion auf den gleichgeschalteten *Simplizissimus* herausgegebene satirische Blatt *Der Simpel* geblickt hatte: «*Simplicus* wurde hierhergeschickt. Mehr als mäßig, dahin gehörst Du weiß Gott nicht. Man bekommt diese Pöbeleien satt.»

Für sein Schweigen in der Öffentlichkeit hatte Kurt Tucholsky gute Gründe: wo und vor wem sollte er von Schweden aus seine Stimme erheben? Immerhin lassen manche Stellen in Briefen und Tagebuchblättern darauf schließen, daß der Gedanke an neues Schaffen in ihm nicht so verschüttet war, wie er glauben machen wollte, aber über gedankliche Ansätze, wie sie sich auch auf den letzten Seiten des Sudelbuches finden, ist er nicht hinausgegangen. So wäre denn also die Sammlung dieser Q-Tagebücher so etwas wie «Kurt Tucholskys letztes Buch»? Man mag es so sehen – aber es ist freilich ein Buch, das er in dieser Form nie hätte erscheinen lassen; was hier vorliegt, ist nicht der sorgsam abgewogene, bis ins letzte ausgefeilte Band eines erstrangigen Publizisten und hochempfindlichen Stilisten. Die Q-Tagebücher als letzten in der Reihe seiner früheren Sammelbände sehen zu wollen, wäre falsch und dem Autor gegenüber ungerecht. Sie sind ein Zeugnis für Kurt Tucholskys letzte und schwierigste Lebensphase, und aus dieser Sicht hat die Publikation ihre Berechtigung. Sie zeigt unter anderem, daß Tucholsky auch in seinen letzten Lebensjahren Wichtiges und Aufschlußreiches zu sagen hatte, wenn er sich jemandem gegenübersah, dem sich mitzuteilen er wichtig und lohnend fand.

Trotzdem hatten die Herausgeber eine sehr ernst zu nehmende Barriere zu überwinden – Tucholskys mehrmals klar geäußerte Mahnung, er wolle nicht, daß diese Blätter irgend jemand außer Nuuna zu sehen bekomme, «es ist alles so unkontrolliert, nur eben für Dich hingemalt» (21. September 1934), «gar keine Literatur, sondern eine Briefbeilage» (16. November 1935). Ganz kategorisch am 9. November 1935: «Zum 567. Mal: mir könnte keiner einen größeren Tort antun, wie wenn er diese Briefbeilagen veröffentlichte. Nicht nur, weil sie stilistisch nicht bearbeitet sind. Sondern weil sie einen ganz falschen Eindruck geben» und «mit dem Müdigkeits- und Krankheitskoeffizienten» multipliziert werden müßten ... «So negativ ist die Welt nicht, sie sieht nicht einmal so aus, sie sieht für mich jetzt so aus.»

Wenn wir ein knappes halbes Jahrhundert später die Q-Tagebücher dennoch veröffentlichen, glauben wir nicht, Tucholsky einen Tort anzutun. Diese Publikation hat heute einen ganz anderen Stellenwert, als sie ihn damals gehabt hätte. Damals hätte sie Tucholsky sofort in die Reihe der von ihm so bitter ironisierten «Blättchenschreiber» gestellt, eine Nachbarschaft, die er unter allen Umständen vermeiden wollte. Sein Insistieren auf diskreter Behandlung der Q-Tagebücher hatte gute Gründe. Mehrmals und von verschiedener Seite wollte man ihn dazu bringen, sein beharrliches Schweigen zu brechen. So machte ihm Walter Hasenclever Ende 1934 den Vorschlag, Briefe, wie Tucholsky sie ihm schrieb, auch zu publizieren. Hedwig Müller wiederum teilte ihm verschiedentlich mit, daß der Zürcher Verleger Emil Oprecht – der Werke vieler politisch und rassisch Verfolgter im Programm hatte und zu den wenigen großen deutschsprachigen Emigrantenverlagen zählte – gern Tucholsky-Manuskripte für seinen Verlag annähme. Einige Stellen in Briefen Tucholskys lassen vermuten, daß man auch vom «Blättchen», daß heißt von der *Neuen Weltbühne* mit der Bitte um Mitarbeit an ihn herangetreten war. Er hat keinem dieser Wünsche stattgegeben.

Warum haben wir uns dennoch dazu entschlossen, die Q-Tagebücher zu publizieren? Weil sicher heute von Interesse ist, wie die Welt damals für Tucholsky aussah. Wenn er an anderer Stelle Nuuna gegenüber festhält: «Diese Glossen haben öffentlich keinen Sinn mehr», so deckt sich das mit seiner oft geäußerten Überzeugung, die Wendung zum schlimmstmöglichen Ausgang sei nach 1933 mit der Schreibmaschine nicht mehr aufzuhalten – als aktuelles Kampfmittel hatten nach seinem Glauben Ironie und Satire jeden Wert verloren. Die Veröffentlichung dieser Blätter bedeutet heute aber kein Eingreifen in politische oder weltanschauliche Kämpfe mehr; diese Q-Tagebücher sollen, in Ergänzung und zur Untermauerung vieler Briefstellen zeigen, was Tucholsky in seinen letzten Jahren beschäftigte, wie er sich zu den Weltläuften, den verantwortlichen Exponenten, zu kulturellen, wirtschaftlichen und technischen Zeitströmungen äußerte. Bleibt noch die Frage des Stils, der Sprache. «Ich schreibe auch nicht mehr das Deutsch, das man heute spricht und schreibt», gibt er am 24. April 1935 zu bedenken. Aber wir lesen heute doch wohl lieber Tucholskys Deutsch als jenes, das sich damals in Couillonien breitzumachen begann, lieber seine Sprache als die Ansätze zum Parteichinesisch, die sich seiner Meinung nach im «Blättchen» und anderswo feststellen ließen.

Natürlich hatte Tucholsky recht: Literatur im Sinne sorgsam aufgebauter Essays oder ausgefeilter Zeitschriftenartikel sind diese Q-Tagebücher nicht. Sie haben alle Vorzüge und Nachteile der spontanen Niederschrift, sie sind lebendig, spritzig, aufbrausend auch;

bissig und impulsiv; unausgewogen und manchmal ungerecht. Keine «Literatur» – wohl aber document humain, fesselnde und oft erschütternde Lebensäußerungen eines Mannes, den man zu Unrecht in apathisches oder verachtungsvolles Schweigen versunken glaubte. Und gar nicht so selten findet sich auch auf diesen Seiten die Schlußpointe in gewohnter Meisterschaft: «Das schweizer Kreuz? Dieses Land sollte einen Kurszettel im Winde flattern lassen» (9. März 1935). Von der Lust an der Satire zeugt etwa die Glossierung der «Normandie»-Einweihung, in der er über das direkte Thema hinaus die Klüngelwirtschaft der Mächtigen in Frankreich geißelt.

Weder von den Briefen noch von den Q-Tagebüchern nahm Tucholsky Kopien; die Folge sind hier wie dort häufige Wiederholungen. In den Q-Tagebüchern allerdings nicht immer ohne Absicht: Tucholsky kokettiert zwar ein bißchen mit dem Übel der alten Leute, die sich gern wiederholen, manchmal aber wiederholt er sich absichtlich, geradezu formelhaft einprägsam. Am 17. April 1935 hält er dazu fest, es gebe «seit Buddha nur eine Kunstform und nur eine Form der Überzeugung: nämlich die der Wiederholung». Es sind bestimmte Gedankengänge und Themen, denen er mit dieser Methode gerecht zu werden sucht, Themen, die schon in den Briefen auftauchen und die im Q-Tagebuch jetzt ausführlicher und gründlicher behandelt werden: das politische Versagen der westlichen Politiker dem nationalsozialistischen Deutschland gegenüber, die Lauheit der Sozialdemokraten und die Skrupellosigkeit des internationalen Kapitals.

Und natürlich äußert er sich auch ausgiebig über die Sowjetunion, über Kommunismus und Stalinismus; seine mehrmals klar formulierten Absagen an den Kapitalismus machen es begreiflich, daß er die Entwicklung im Sowjetstaat mit Aufmerksamkeit verfolgte.

Ein in jenen Jahren drohend heraufziehendes Unheil erwähnt er in den Briefen und in den Q-Tagebüchern jedoch mit keinem Wort: die sich seit dem Kirow-Mord in Leningrad (1934) ankündigenden, mit der Verurteilung alter Bolschewisten wie Kamenew und Sinowjew zu 5 und 10 Jahren Gefängnis im Januar 1935 einem ersten Höhepunkt zustrebenden «Säuberungen». Dies erstaunt um so mehr, als Tucholsky mit seiner Kritik am Stalinismus in diesen Jahren sonst nicht hinter dem Berg hält. Er hat allerdings seinen Standpunkt mit einer Lapidarformel deutlich genug fixiert: «Ich bin Anti-Antibolschewist. Aber ich bin kein Bolschewist» (3. März 1935).

Zu verachtungsvollen Ausfällen steigert er sich jedoch bei einem anderen wiederkehrenden Thema, der schwächlichen, wie Tucholsky glaubt, auf Geschäftsrücksichten gründenden Haltung der deutschen Juden ihren braunen Verfolgern und Peinigern gegenüber. Hier, wie auch in den abfälligen Apostrophierungen, den heftigen Ausbrüchen u. a. gegen Rudolf Hilferding, Thomas Mann und die seinen, Ilja Ehrenburg, Emil Oprecht, Wilhelm Herzog oder all jene Emigranten, die, vielleicht nicht immer geschickt, aber doch aus gutem Glauben, den antifaschistischen Kampf in ihren «Blättchen» führten, offenbart sich Tucholskys zunehmende Reizbarkeit, enthüllen sich die Schattenseiten eines trotz aller gegenteiliger Versicherungen stets noch kämpferischen Temperaments.

Häufiger als früher scheint er in dieser vertraulichen Korrespondenz des letzten Jahres die Selbstkontrolle hintanzustellen. So erklären sich vielleicht auch die Zeugnisse für eine gewisse Labilität, für die gelegentlich seltsam widersprüchlichen Beurteilungen von Vorfällen, Institutionen und Persönlichkeiten innerhalb kurzer Zeitspannen, etwa im Fall des französischen Politikers Georges Mandel oder von Leopold Schwarzschilds *Neuem Tagebuch*; ein dauerndes Auf und Ab auch seine Einschätzung der Zeitschriften *Esprit* und *L'Ordre nouveau*.

Die Ursachen für gewisse politische Fehlschlüsse und Falschmeldungen sind jedoch überwiegend in der lükkenhaften Information des sprachlich und persönlich Isolierten zu suchen. Daß er da gelegentlich Gerüchte übernimmt, wie das von einer Entmachtung und Abschiebung Goebbels', daß es zu Fehlprognosen kommt, etwa hinsichtlich der bevorstehenden Saarabstimmung oder zu Trugschlüssen in bezug auf künftig lokalisierte Kriege an Stelle eines neuen Weltkriegs, ist durchaus begreiflich.

Die Q-Tagebücher verraten aber auch, wie intensiv und gründlich sich Tucholsky trotz aller äußeren Hindernisse zu informieren suchte, und wie eingehend er die ihm zugänglichen Nachrichten verarbeitete. Nuuna versorgte ihn kontinuierlich mit Informationsmaterial. Mehrmals trug sie ihm an, neben *Esprit* und *L'Ordre nouveau* auch die Basler *National-Zeitung* für ihn zu abonnieren. Häufig schickte sie ihm Zeitungsausschnitte, die sie für wichtig hielt, auch ganze Nummern des Zentralorgans der KPS *Die Freiheit*, die sie aber meist mit abschätzigen Kommentaren begleitete. Rein quantitativ scheint Tucholskys Hauptinformationsquelle jedoch die konservative französische Tageszeitung *Le Temps* gewesen zu sein, der auch die meisten Ausschnitte entstammen, die er, häufig aggressiv oder bissig kommentiert, den Q-Tagebüchern beilegte. Auch *Die neue Weltbühne* las er trotz zunehmender Ablehnung regelmäßig, und neben *Esprit* und *L'Ordre nouveau* gehören die militant antifaschistische Zeitschrift *Lu*, die Pariser Illustrierte *Vu*, der satirisch-pazifistische *Canard enchaîné* und die zunehmend rechtsextremere politisch-literarische Wochenzeitschrift

Candide zu den in Briefen und Tagebuchblättern am meisten erwähnten Periodika.

Es muß betont werden, daß Tucholsky sich trotz der Abgeschiedenheit des schwedischen Exils eine erstaunliche Klarsicht des Urteils bewahrt hatte. Es gibt in diesen Q-Tagebüchern Passagen, die ihn als hellhörigen und weitsichtigen Kulturphilosophen ausweisen. Seine Glossierung des anbrechenden Kunststoffzeitalters, die scharf formulierten Bedenken gegen die Macht der amerikanischen Konzerne und der etatistischen Zentralbehörden, seine Forderung, überbetonte nationalstaatliche Souveränität abzubauen, rücken Entwicklungen und Probleme ins Blickfeld, deren Aktualität unverkennbar sind.

Aber die Q-Tagebücher sind nicht ausschließlich politisches und kulturkritisches Forum. Tucholsky benutzt sie auch für Mitteilungen aus dem Privatbereich, von Loskäufen und Medizinbeschaffung bis zu Ratschlägen für «Hasi» oder «Gögö», Hedwig Müllers einjährigen Neffen. Deutlich zeugen auch die oft phantasievoll variierten Tagebuchüberschriften mit den q-Adjektiven im Untertitel für die persönliche Note dieser Briefbeilagen. Oft vertraut Tucholsky ihnen Gedanken an, die ihn tief bewegen. In seinen letzten Lebenswochen bedrängen ihn immer wieder Zweifel an seiner Neinsager-Position. Im Q-Tagebuch vom 16. November 1935 findet sich dazu ein aufschlußreiches Bekenntnis:

«Man muß den Menschen p o s i t i v kommen. Dazu muß man sie – trotz alledem – lieben. Wenn auch nicht den einzelnen Kulicke, so doch die Menschheit. Ich vermags nicht. Meine Abneigung gegen die Schinder ist viel größer als meine Liebe zu den Geschundenen – hier klafft eine Lücke.» Es ist unverkennbar: Auch in den Q-Tagebüchern seines letzten Lebensjahres kann Kurt Tucholsky sich selber, seiner innern Unruhe, seinen

Depressionen, den bohrenden Zweifeln am Sinn seiner Haltung und damit seines Daseins nicht mehr entrinnen. Ergreifender als am 3. Juni 1935 hat er es kaum je formuliert: «Immer suchen ist nicht schön. Man möchte auch mal nach Hause.»

Zürich
Oktober 1977 Gustav Huonker

Q-Tagebücher

[13. 9. 1934]

[Anfang fehlt]

Möchte Ihnen ja nicht hereinreden, aber ich finde: in einer Zeit, wo die Chancen so blödsinnig verteilt sind, sollte man doch keine Lotterie auslassen. Ein ganzes Heft bei den Franzosen . . . das ist ja zu teuer, aber hier und da ein Los – das sollte man schon.

//

Ich hatte Dir und mir mal 7 empfohlen, eine katholische Wochenschrift. Ich nehme alles zurück. Das ist leider genauso konformistisch wie alles andre. Es scheint, daß man im öffentlichen politischen Leben Katholik nur um den Preis sein kann, es nicht zu sein. Es ist ein Jammer. Wenn sie über die Schinderei der französischen Fürsorgezöglinge sprechen, dann sagen sie als Kommentar: «Education laïque», was nicht nur eine Hundsfötterei, sondern mehr ist, nämlich eine Dummheit. Als ob noch nie Oberinnen der Klöster Kinder geplagt haben, daß es nur so eine Lust war, nämlich ihre. Daniel-Rops hat leider nur 1 Ei und ist mitnichten ein Ersatz für Dandieu; der Rops tut bei den *Sept* mit. Dumm, farblos, halbfeige – er sei gewiß gegen den Krieg, aber die objection de conscience sei ein «Verrat», was Blödsinn ist. Man kann darüber streiten, ob es jetzt für Franzosen angebracht ist, dergleichen zu machen (ich meine: nein), aber «Verrat»? Und wenn eine Leserin darauf hinweist, daß ein Sprengel im XVI. sich teure Orgeln und noch teurere Pfarrhäuser baut und in Puteaux (Arbeiterviertel) die Arbeiten für die neue Kirche eingestellt werden mußten, so steht da so ein lahmer Kommentar dahinter, daß man merkt: die sind im Dienst des Geldes, allemal – es ist ein Jammer und wiederum eine Ablenkung vom Wesentlichen. Vielleicht geht ihre Gleichung im Himmel auf – auf Erden mitnichten. Gegen die hat jeder kommunistische Gewerkschaftsmann beinah recht.

//

Schade, daß Rußland nicht gleich hinter der Schweiz liegt, dann möchte ich Herrn Motta sehn. Tapfer ist, wenn weit weg. Wenn aber Mussolini das Maul aufreißt, der Tessin dürfe nicht «germanisiert» werden, so rührt sich in Bern kein Windhauch. Statt daß da einer aufsteht und sagt: «Wir haben nichts gegen Italien. Übrigens sind wir keine Germanen, und die paar Askonesen auch nicht. Des weiteren aber lenken wir die Aufmerksamkeit des geschätzten Herrn Vorredners darauf, daß der Tessin schweizer Land ist und nicht italienisches. Wir werfen ja auch euch nicht die notleidende Ackerbaubevölkerung in Italien vor, weil wir glauben, das sei eure Sache.» Das kann man nicht ... das kann man nicht ... das wäre nicht staatsmännisch. Feige, feige, feige.

//

In Frankreich hat ein Nachtwächter geklagt, seine Nachbarn seien am Tag, wo er schläft, zu laut. Die Klage ist abgewiesen worden. (Vielleicht mit einem gewissen Recht.) Daraufhin hat sich der Nachbar ein Radio angeschafft und das dem klagenden Nachtwächter zum Trotz den ganzen Tag lang spielen lassen. Darauf hat der Nachtwächter den Nachbarn totgeschossen und dafür 5 Jahre Gefängnis bekommen, welch letzteres mich sehr betrübt hat. Moral: möchten doch alle, die ...

AMEN.

= = =

[21. 9. 1934]

Quatsche-Tagebuch
gefiehrt für Nuuna
von Peter
///

Sehr hipsch war im Blättchen «Kurhotels», wo anlege, weil Du es vielleicht übergesehn hast. Es ist leider genau so geschrieben wie die Hotellen, aber sonst ganz richtig. Ein bißchen spät kommt dem Herrn diese Erkenntnis. Ausgezeichnet war die Rede mit «Vohlksgenossen!» aber da fehlt das j, das da drin ist, man kann das aber nicht schreiben. Sie war wirklich schön. Sonsten . . .

Die russischen Berichte sind erstens einmal alle ganz oberflächlich. Begeisterung ist schön – Fleisch auf dem Teller wäre besser. Die Auszüge der Reden, die da gehalten worden sind, enthalten entweder direkt Falsches oder schreiende Banalitäten. Am besten noch Gorki, am inhaltleersten Radek, der nur frech und großmäulig ist. Rührend solche Sachen, wie: «Ein Pilot der Luftmarine versprach eine ganze neue Literatur!» Der Gute. Und da irrt er sich. Es erinnert das alles ein bißchen an die kleinen Leute, die sagen: «Wenn ich Ihnen mein Leben erzählen würde, das ist Sie nämlich wie ein Roman!» oder: «Die Erlebnisse eines Bergmannes.» Nun ist natürlich möglich, daß sich drei Kilometer von Dir in einem Krankenhaus ein Streit zwischen zwei Oberschwestern abspielt, der geradezu nach einer Schilderung brüllt. Aber man muß es eben schildern können und vor allem: man muß einen Schemel haben, von dem aus man schildert. Es gibt Beispiele (Kirchenkunst), wo der vorgesetzte «höhere Zweck» große Kunstwerke, wenn auch nicht hervorgerufen, so doch sehr begünstigt hat – immer aber überschreitet die Weite des Kunstwerkes den Zweck. Der Zweck gibt die Bahn an – mehr nicht. Das erkennen sicherlich manche Russen, man hört das durch. Ich weiß aber nicht, ob das nur die Alten erkennen, wie Bucharin, die immerhin noch von andern Dingen wissen, oder ob das auch die Jungen wissen. Das Gebrüll der Boches-Kommunisten ist nicht kommunistisch, sondern boche.

//

Nuunchen, wenn Du vielleicht glaubst, daß man herausbekommen kann, warum daß es mir schlecht geht. Gestern waren die Wolken hoch, die Sonne hat beinah gestochen, ich habe gebadet, die Luft war mehr als frisch. Das war gut und schön, aber wie es mir gegangen ist, will ich lieber nicht aufschreiben. Dabei nichts geraucht, Spaziergang nach L – und es war grauslich. Heute ist ein Sturm, wie er selbst während Deiner Anwesenheit nicht war – zum Bäumeausreißen. Und es geht mir nicht gut, das geht es nie – aber nicht so schlimm. Geschmack und Geruch völlig dahin, der ganze Schlund wie aus trocknem Papier. Und Kopfdruck. Es ist fast eine Lust, zu leben.

//

Schon Dein engerer Berufskollege Hippokrates, der bekannte Versicherungsarzt, sagt, daß Geräuschempfindlichkeit bei Kopfleidenden oft vorkommt. Aber was dagegen zu tun, wußte schon er nicht. Gott segne Eure Zunft.

//

Übrigens vermisse ich bei allen Blicken in die werte Zukunft immer eine Sache. Was nun, wenn zum Beispiel, mit Verlaub zu sagen, die Russen den Hintern vollgehauen bekommen? Sie werden sich sicherlich sehr brav schlagen. Aber sie machen einen ungeheuern Fehler: nämlich den, die sankrosankte Idee ihres neuen Staates auch auf diese dünn besiedelten Gebiete im fernen Osten auszudehnen. Da haben sie einen Generol hingesetzt, der unter dem militärischen Pseudonym «Blücher» läuft, heißt aber anders, und ich, Magenzeller, sage Dir: die Japaner hauen ihnen das Fell aus. Dazu brauchen sie gar nicht Herrn Deterding und die Hilfe irgendwelcher weißer Russen. Das besorgen sie ganz allein. Das kann eine Rückwirkung in Europa haben. Wie weit das hohl ist, können wir alle nicht wissen. Napoléon, 1917 – schließlich haben wir ja Beispiele gehabt. Und mit Flugzeugen geht das noch schneller. «Das kann nicht . . .» Na jewiß doch. Das hat man im Jahr 1912 vom Zarentum auch gesagt. Es kann. Es wäre übrigens schade. Denn schließlich: was für schöpferische Ideen sind schon im Bundesrat oder gar hier oben? Weiter als die «Ordnung» des Monopolkapitals wissen sie auch nichts.

//

In diesem Film, dessen vertrackter englischer Name nicht in mein Gehirn geht, duck soap oder so oder dück saop oder was weiß ich, ist das eine Reiß-Sprache! – da kommt, wie beschrieben, der Diktator zu spät. Die Garde hat schon angeblasen, eine riesige Freitreppe, und weil er nicht kommt, bläst sie alles nochmal, im Spalier.

Durch die Wiederholung wird alles zum Theater. Dann kommt er also seine Feurwehrleiter heruntergerutscht, denn das tun wir Diktatoren immer. Und da sieht er, daß da irgendetwas los ist. Er stellt sich also, klein und jüdisch, neben den riesigen Flügelmann, und weil der seinen Pallasch ausgestreckt hält, hält er seine Zigarre ausgestreckt.

Eine ganze Weile. Dann zupft er den Großen am Lederkoller und fragt:

– «Erwarten Sie jemand –?»

//

«Il eut de la véhémence dans ses discours, une éloquence vive et impétueuse, qui entraînait les peuples et les ravissait: *une hardiesse extraordinaire quand il se vit soutenu et applaudi*, avec un air d'autorité qui faisait trembler devant lui ses disciples: de sorte qu'ils n'osaient le contredire ni dans les grandes choses ni dans les petites.» Wie bitte –? O, nicht doch. Das steht bei Bossuet.

Über Luther.

//

Es geht hier ein bißchen durcheinander, und ich schreibe heute grau und morgen blau. Du mußt das nicht falsch verstehen, denn es ist ja nicht für den Druck. Ich möchte auch nicht, daß diese Blätter irgendjemand sieht – es ist alles so unkontrolliert, nur eben für Dich hingemalt, als de l'ersatz für eine Gach – Unterhaltung. Item:

In einem andern Blatt standen nun also bloß die andern Kandidaten und nicht sein Name. Die andern sind der Bürgermeister von Stockholm, das wird wohl nichts werden, ich kenne den Mann, brav und anständig, auch pazifistisch, aber ganz offiziell. Der zweite ist Norman Angell, ein Engländer, der vor dem Kriege ein ausgezeichnetes Buch geschrieben hat «Die große Illusion», das ich schon als Student begeistert gelesen habe. Er wies darin fast prophetisch nach, daß Kriege weder für den Sieger noch für den Besiegten heute ein Geschäft seien. Nun, also ... Dann stand wieder im Blättchen, das Comité habe gesagt, der Kandidat müsse vor dem 1. Februar des Verteilungsjahres nominiert sein, und das trifft hier wohl nicht zu. Wenn es wirklich wahr ist, daß er es weiß und wenn sie es ihm dann nicht geben, so liegt hier eine Qual vor, die nur mit Sacco und Vanzetti ihre Parallele hat. Es ist wirklich ein bißchen viel für einen einzelnen Herrn, was der Mann durchmachen muß.

//

Ein Blick ins Blättchen und *Lu* bestärkt mich wieder und macht mir Mut. Nie wieder das, nie wieder. Das ist ja alles ganz trostlos. Das kann nicht durchdringen.

Mot aus Couillonien –: «Es ist alles viel schlimmer, als man denkt, aber man sieht es nicht. Die Frauen sind elegant . . .» Kunststück, wenn man seine Schulden nicht bezahlt! Ja, so ist das. Nur ehmt: knallt es zusammen, dann erfolgt eine so miese Rückkehr zu den übelsten und blödesten Methoden des veralteten Kapitalismus, daß man da nicht mitmachen kann. Man will sie nicht, man will sie nicht, man will sie nicht. Amen.

//

//

[27. 9. 1934]

Qu-Tagebuch
für die liebe Herzens-Qu Nuuna

///

In der «Poésie du Hasard» stehen wirklich nur Feuilletons. Du hast ganz recht: wenn man so sieht, was alles publiziert wird, so kann man nur sagen: schade, daß ich nicht gesund bin – so viel kann ich noch alle Tage. Wenn die Franzosen auf die Deutschen losgelassen werden, kommen so merkwürdige Sachen heraus, nicht alles falsch, aber so schief. Die Schilderungen Hamburgs zum Beispiel . . . also das könnte nun aber jede andere beliebige Stadt sein, gänzlich uncharakteristisch. Darüber habe ich mal in meinem Reisebuch einiges gesagt, wie schwer es ist. Woher soll [man] es auch wissen und fühlen und begreiflich machen! Gegenüber den Herren in München fehlt die anständige, tiefe Entrüstung. Sie spüren das gar nicht, die Herren Demokraten. Na gut. Reizend, wenn auch sehr oberflächlich, ist die Biographie Durands. Das ist im Ton entzückend, und fast alles stimmt. Nur sind die Gründe nie angegeben, die Hintergründe auch nicht. Aber lustig ist es. Die Formeln wie immer nett: zum Beispiel das [Wort] über die nicht zu disziplinierenden Franzosen. «La guerre même n'a pas réussi à nous mâter. Des gens qui sont morts d'assez bon cœur, jamais on n'a pu les tondre à la longueur prescrite.» Das ist Frankreich in einem Satz. Und sie haben ja so recht. Sonst aber nur verspielt und nichts Besondres, das Buch. Tack.

//

Der *Esprit* weiß leider nicht, was er will. Er ist voll jener Naivität, die er bei gewissen gutgläubigen Katholiken tadelt, die überall nur das Gute im Menschen sehn. Daß er sich nicht mit faden Schimpferein aufhält, finde ich richtig. Aber es ist kein System da. Vorn steht, die faschistischen Regimes seien ein Anfang, hinten steht, in Italien gäbe es gar kein korporatives System, und alles sei eitel pleite. Also wie nun? Oui ou merde? Vieles ist so naiv. Und feingebildet ist es hier und da auch. Und so viel ästhetisches Geschwätz. Ça n'a pas de couilles.

//

Untersuchung über die Sache Prince. Einer Deiner Kollegen ist da, zu recht oder zu unrecht, verdächtigt. Die Polizisten in ihrem Rapport:

> En résumé, à aucun moment, au cours de l'enquête, la personnalité du docteur . . . n'est apparue douteuse, ainsi que ses actes, lors de son séjour à Dijon, et on s'explique mal l'acharnement de certaines personnes pour trouver suspecte la présence de ce représentant à Dijon.
>
> Il parait se tenir à l'écart de toute action politique; son passé et ses fréquentations, parmi lesquelles celle de M. Elysée Bailly, propriétaire de la Grande pharmacie de Rome, 15, rue de Rome, permettant de le considérer définitivement comme étranger à la mort de M. le conseiller Prince. M. . . . est chevalier de la Légion d'honneur, titulaire de nombreuses citations et d'ordres étrangers. Sa conduite, durant la guerre, peut être qualifiée de remarquable.

Obergeschrieben: der Alibi. Denn wann einer mordet, so verkehrt er sich nix mit so große Apotheken. Er verkehrt mit kleine. «Vous connaissez cette pharmacie?

Eh bien, mon vieux, elle occupe tout l'immeuble! Voyons . . .» Das ist Faralicq, wie er leibt und lebt. Es gibt einen Polizeigeist. Kein Wunder. Kein Jurist lehrt auf einer Universität, was gesunder Menschenverstand, und daß fast alle Vulgärpsychologie falsch ist. Gott bewahre einen, denen in die Hände zu fallen.

//

Ich will meinen Katz wiederhaben. Vielleicht gebiert die junge Mutter dadrauf!

//

Jener, dessen Stück ich hier gelesen habe, hat mir also den Anfang seines «Romans» geschickt. O weh – es ist noch viel, viel schlimmer als ich gedacht habe. Was fange ich nur an, und wie sag ichs meinem Kinde.

Er hat also eine Art Lebensbeichte unter sich gelassen und zwar alles, was die Frauen angeht. O weh – o weh. Es ist beinah undelikat. Und es ist so deutsch, und der Penis gespenstert durch die Seiten, und es ist peinlich. Und wie sie es sich als kleine Kinder gezeigt haben, und die unbefriedigten Frauen, aber das alles so aus der Junggesellenperspektive heraus, so ohne jedes Gefühl für Mutter, Kind, für die zahllosen braven Frauen, bei denen es klappt, gewiß, ihre Herren sind keine Casanoviane, aber die Damen sind ja gemeinhin auch keine Dübarries, und es ist ganz dumm. Es ist wirklich beinah dumm. Und boche. Und in einem Sauschluderstil geschrieben, so mit «Er hatte von Frauen keine Ahnung», und «es kam nichts heraus», wenn er sagen will: es wurde nichts entdeckt – kurz und ungut: Berlin, wo es am dunkelsten, nein, am hellsten ist. 1923. Bitter, bitter. Mit Mitte vierzig darf man wohl ein andres Résumé des Lebens erwarten, finde ich. Werde ihm das schonend zu schreiben wissen. As er mir das laßt, schicke ich es Dir. Es ist bitter. «Gott bewahre uns», sagt der Kobold bei Andersen. Wenn ich nur nicht auch so bin. Ich gebe mir solche Mühe, diesen entsetzlichen Jargon abzustreifen, nicht so zu sprechen, nicht so zu schreiben; nicht so zu denken, nicht so zu fühlen – nur das nicht. Dabei hat der Herr Zeit genug gehabt, altes und andres zu lesen. Nein, Berlin 1924. Ach Gott, ach Gott. Aber vielleicht ist das das große Buch für die Frauen, wo fehlt.

Es gehet mir säuisch.

//

In dem mir übersandten Blatte stand ein Aufsatz eines Göggitz, der verdammt echt klang. Resigniert: «Wir werden diese Leute nicht mehr los» und so. Genau, wie ich es immer sage. Gejammert – aber: wasss soll man machen? Und, wie Du gesagt hast: «Man kann doch nicht schon wieder das Mädchen wechseln.» Gott besegne sie. Auch der Aufsatz eines Sozis war bemerkenswert, der da sagt, es sei an keiner Stelle bisher ein gedanklich neuer Aufbau zu sehen. Hat er aber sehr recht. Nur waren seine Parteigenossen die konservativsten Menschen in Europa, so, wie es heute die Kommunisten zu werden beginnen. Aber immerhin: die haben ja dies und jenes gekocht. Nun, also ich sehe keinen Lichtschimmer.

//

Du hast mir da einen Brief dieser Person geschickt, die mir seinerzeit einen so frechen Brief geschrieben hat. Es weht herüber wie die Luft aus einem hohlen Zahn. Übrigens bekommt den Preis weder der angeregte Johann noch Frau Dollfuß, sondern leider Henderson. (Keine Information, sondern aus dem Bauch.) Falsch.

//

Vu ist ein widerliches Blatt. Ullstein auf französisch. Grausig.

Ich besinne mich, Dir gesagt zu haben, daß die Juni-Ereignisse dem Adof in Deutschland sicherlich genutzt haben. Das steht nun auch in dem mir übersandten Blatt. Deshalb braucht es noch nicht richtig zu sein. Aber ich glaube das. «Durchgreifen», etwas tun, und so «mutig» und noch dazu im Flugzeug – das entspricht durchaus denen da. Nach wie vor: es müßte ein Mirakel geschehen, wenn sich das nicht hält. Ein Sozi sagte ganz richtig in dem Blatt: ja, und wenn es nun fällt, wird man die zweifellos vorhandenen Versuche, eine Planwirtschaft zu machen, aufgreifen oder wird man sich wieder warengierig, geschäftsgierig in die Arme des alten Kapitalismus werfen? Keine Sorge, man wird sich werfen. Und das mögen vielleicht manche junge Leute fühlen. Nur das nicht, nur das alte nicht. Und, das ist ja richtig: was haben denn die andern Länder zu bieten? Gewiß, ja, ja. Aber weiter können sie doch auch nicht, und wenn es zum Beispiel hier oben geht, so doch nur deshalb, weil es ein so kleines Land ist. Das, was die hier treiben, auf ein großes Land zu übertragen, ist Wahnwitz. Zünftlerei, Monopol, Kartell – immer ruff auf die Abnehmer. Das geht hier oben, das geht nie und nimmer in einem großen Land. Und es ist auch durchaus und durchum widerlich. Ceterum censeo . . .

//

Der *O. N.* ist in der Tat sehr von Proudhon beeinflußt. Mit dem hat schon Marx in einer recht unleidlichen Weise herumgezankt, wie überhaupt Marxen seine Polemiken allerschlimmster und widerwärtigster Talmud sind. Bei Proudhonen steht schon vieles inne.

//

Ja, Freud. Was mich immer wieder besticht, ist seine unerbittliche Anständigkeit, die ihn so vorteilhaft von seinen Schülern unterscheidet. Bescheiden, sauber und bis ins letzte ehrlich. Wenn er nicht weiß, sagt er: ich weiß nicht. Wie weit ist das alles von den Strassers entfernt! Merkwürdig diese Dürre. «Er ist religiös unmusikalisch» hat mal einer von ihm gesagt. Das sagt er auch selbst. Rührend, wenn er, der typische Mann der Intuition, uns erzählen will, daß er alles, was er gefunden, durch «rein wissenschaftliche Schlußfolgerungen» gefunden habe. Aber sonst: einer, der eine Tür aufgemacht hat.

L'horloger retiré des affaires. (Punch.)

[30. 9. 1934]

Qu-Tagebuch
für Frau Q-chenbäckerin Nuuna

///

Was es allens gibt. Da erzählt hier die junge Dame, ihre Schwägerin will sich scheiden lassen. Eine Jüdin aus dort. Gut, das ist ja nicht interessant. Aber weiter? Sie denkt ernsthaft daran, zurückzugehen. Da kann man nur sagen: dahin gehört sie auch. Amen.

//

Die Sache mit Hamsun ist so verwickelt und so dumm, das vor allem. In dem andern Blättchen (der Konkurrenz des Blättchens) steht, die Couillons hätten einen Aufsatz von ihm dahingehend gefälscht, daß sie die «judenfreundlichen» Stellen fortgelassen hätten. Aber der Rest ist schon brechenswert genug. Ich will nun das übersetzen lassen, was er in Norwegen publiziert hat. Was ich davon verstehe, ist haarsträubend. Ich habe einen Augenblick gedacht, an die Leute zu schreiben und ihnen einen Artikel «Abschied von Hamsun» hinzumachen. Aber ich weiß nicht -- Das steigt in mir auf wie eine Seifenblase, und dann fällt es wieder zusammen. Das ist alles so aussichtslos, so ganz und gar aussichtslos. Wozu noch. Ich glaube, daß ich schweigen werde. Ich freue mich jedenfalls, daß einer der Jungen dort gesagt hat, er könne nie mehr seine Bücher so lesen wie früher. Ich habe die Bilder von den Wänden genommen. Ich mag ihn nicht mehr sehn.

//

Du besinnst Dich vielleicht, daß wir doch hier zusammen Bettleinewand in einem Laden gekauft hatten, und dann waren wir nochmal und suchten mit dem Mann zusammen dieselbe Leinewand. Dieser Mann ließ uns noch die Sache etwas billiger. Selber hat nun den eigenen Gasschlauch in den eigenen Mund genommen, weil er aus seinem eigenen Geschäft viel Geldes herausgenommen hatte, was leider nicht sein eigenes war. Wenn ich denke, was Du diesem Menschen für Augen zugeworfen hast!

//

Alphonse Allais ist ein Journalist aus den neunziger Jahren; er hatte einen Witz, der für einen Franzosen merkwürdig irrational ist. Das ist der, der zum Postbeamten sagt: «Ich möchte gern Marken zu 50 centimes», und als der seinen großen Bogen mit den Marken vornimmt und fragt: «Wieviel?», zeigt Allais auf einzelne Stücke und sagt: «Geben Sie mir . . . die . . . und die . . . und die da . . .»

Jener also ging mit Courteline und noch einem Dritten saufen. Da mußten sie denn auf Straße mal Pipi machen. Nun weiß ich nicht, wie das bei Euch Frauen ist – bei Männern ist dieses Wasserabschlagen tatsächlich eine große Lust und Erleichterung. Courteline also sagte, an der Mauer stehend: «Tout ce qui passe est bon!» und der Dritte sagte: «L'existence est un fleuve!» und Allais:

«Ah, mes amis, quant à moi, si j'étais riche, je pisserais tout le temps.»

//

Das andere Blättchen ist noch dümmer als das Blättchen. Das ist ein Rekord. Ist das jämmerlich! So armselig, wieviel Schmeichelei an die bekämpften Mächte ist darin. Fast alle prophezeien einen Weltuntergang, ohne zu merken, daß diese Welt, die sie meinen, mit Verlaub zu sagen, längst untergegangen ist. Es sind Tote, die da sprechen – sie merken es gar nicht. Und es ist immer dasselbe: entweder man macht eine wissenschaftlich einwandfreie und fundierte Untersuchung (meinethalben auch über Nietzsche), oder man trommelt den Lesern, die ja heute fast alle zu Rundfunkhörern herabgesunken sind, durch ununterbrochene Wiederholung die Wahrheiten ein – bis man sie zum Handeln gezwungen hat. Alles andere ist Zeitverlust. Und ob das nun Mehring oder Ludwig ist oder Schwarzschild – sie wissen alle nichts Besseres, als sich hinter dem Imperialismus der andern zu verkriechen. Immer fest auf Couillonien? Na, gewiß doch – aber das ist doch nur ein frommer Wunsch, denn dafür kriegt man keinen Mann auf die Straße. Und eine Lösung ist es auch nicht. Ceterum censeo: ohne mich.

//

Da hatte doch der Herr Nicole für nötig befunden, sich bei einer Demonstration in einem Theater zu hauen. Na gut. Wer aber hatte dort demonstriert? Die Rechten. Und gegen wen? Gegen unsere Freundin Marianne Oswald, die übrigens Elsässerin ist. Und nun geschieht was? Nun verbietet ihr der Bundesrat (so stand es wenigstens inne), schweizer Gebiet zu betreten.

Wie ich über die Vorsingung kommunistischer und verblasen pazifistischer Gesänge vor einem feineren Publikum denke, weißt Du ja. Auch schreibe ich dergleichen gewiß nicht mit Schaum vor dem Munde, und ich bin überzeugt, daß die Schweiz immer noch kleinere

Vergehen ausübt, wenn der Staat in Aktion tritt, als etwa die andern; das Land ist kleiner, und der Charakter der Leute, so lange ungereizt, friedlicher. Aber abgesehen von diesem Keulenschlag gegen [M. O.]: ich meine nur in aller Bescheidenheit, daß der Gedanke der alten Bürgerfreiheit nicht mehr da ist. Das geht nicht nur gegen die chaibe Ausländer, was ja ein kleines bißchen verständlich, wenn auch eng wäre. Das Prinzip der Freiheit ist tot. Sinnlos, darum noch herumzugakkern.

//

Wenn man hier Einkäufe macht und etwa nachdenken wollte und sich nicht völlig totstellt, dann ist das aber nicht schön. Der Tabak kostet 70 % (siebzig) mehr als im Ausland; die Medizin, für die ich erst den Stadtarzt bemühen mußte, ist mitnichten gekommen, weiß Gott, warum, und die schwedischen Studenten haben ihrerseits einen Beschluß beschlossen, wonach hier möglichst keine Ausländer mehr studieren und vor allem nicht Examina machen sollen. Numerus clausus. Das geht gegen die Norweger, Finnen und Dänen. Was jene natürlich nicht hindert, in Paris in der Cité universitaire einen schwedischen Pavillon, preisend mit viel schönen Reden, zu haben und zu besuchen. Die Autarkie ist da, es gibt kein geistiges Europa mehr, man muß schon Valéry heißen, um noch daran zu glauben.

//

Ich lasse mich gern von der Wirklichkeit belehren, wenn ich unrecht habe. Habe nochmaltz geläsen: Islam und Pareto und so. Es müßte einfach ein Druckfehler vorliegen, wenn sich das nicht hält. Das *muß* sich halten, es hat alle, aber auch alle Chancen für sich, nur nicht die wirtschaftlichen, et encore, wenn die andern so weitermachen. Die Ähnlichkeiten mit dem Islam sind erstaunlich, bis zu dem kleinen Punkt sogar, daß die ersten Anhänger verächtliche und landfremde, vogelfreie Gesellen gewesen sind. Laß man Pappan – er kann ja nicht viel Geschichte, aber so, wie Emil Ludwig sie darstellt, ist sie ebend nicht. Ergel hält sich das. Jetzt heirat schon den Lufft, damit er sterbt, und ich eine reiche Witwe mit elektrischem Installationsgerät heiraten kann! Wir heizen dann die Radisser elektrisch und machen uns unsern Tabak selbst.

//

Hattchö.

[10. 10. 1934]

Qu-Tagebuch
für Hedwig Qrths-Mahler

= =

Wenn ich daran denke, daß der Herr Mörder aus Kroatien von der Schweiz gekommen ist, und wenn ich an die Schwierigkeiten denke, die sie mir für einen Tag Paris gemacht haben, grinst mein Herz. Überschrift: die Überwachung. Übrigens (ich habe noch keine Zeitungen gelesen), wird nun wohl dieses geschehn: Die Jugoslawen fallen ganz und gar in die Arme der Boches, die sie vorm «Umsturz» retten werden, und die Franzosen machen eine Nationalversammlung auf, vor der einen graust. Denn nun werden alle reaktionären und halbfaschistischen Kräfte des Landes, der alte Doumergue an der Spitze, sagen: «Seht ihr? Da habt ihrs! So gehts, wenn man den Sozialismus anstrebt!» Das ist zwar sinnlos, aber gesagt werden wirds doch. Und Frankreich wird sich nun ganz und gar auf sich zurückziehen, weil es von den Balkanesen genug hat, läßt also Deutschland freie Bahn da unten. Es ist eine liebe Zeit. Übrigens darf man ja nie vergessen, daß hinter den corrompies et vendies schreckliche Blutgeschichten stehn, mit unmenschlichen Quälereien der Eingesperrten von seiten der Polizei. An denen dieser König gewiß nicht unschuldig war. Aber das ist natürlich noch kein Grund, auch gleich den Minister eines andern Landes mittotzuschießen.

//

Nuunchen, frage doch mal nach, ob Du irgendwo antiquarisch dieses hier auftreibst, was auf dem beiliegenden Zettel steht. Die Sache ist nicht wichtig, ich will nur mal hören, ob es das überhaupt alt gibt und was es kostet. Es kostet neu 200 französische Francs, hier aber 240, wegen «Porto», und diese Geldstrafe werde ich nicht zahlen. Es eilt nicht. Das scheint ein vernünftiger Mann zu sein. Ich habe es mir mal erst geliehen. Nicht etwa schenken! Erst wollen wir das bei Euch und in Paris sehn.

//

Ich habe hier die «Reisebriefe eines Artisten» von Ringelnatz durchgeblättert. Sehr viel schwaches – aber wenn Oprecht das gerade billig hat, solltest Du es Lieschen schenken. Darin geht es genau so ordentlich zu, wie sie das gern hat – nämlich völlig verquer. Die erste Hälfte ist recht schwach, dann aber stehen himmlische Sachen darin. Über einem Gedicht steht als Anmerkung: «Versehentlich an die Steuerbehörde gesandt», denn Ordnung muß sein. Und wie könnte man Dein geliebtes Wien kürzer beschreiben als so:

Ich werde wohl in wenigen Wochen
Bischof und Bürgermeister sein von dieser Stadt.
Nach dem, was man hier allwo hier versprochen
Und mit viel Küßdiehands beteuert hat.

Und andererseits: nach dem, was man gehalten,
Und wie man mich empfehlend weiterwies
Und überhaupt – es drängt mich, einzuschalten:
Hier ißt und trinkt — So denk ich mir Paris.

Und eine Widerlegung des Verdachts ist da, er habe doch nicht etwa mit einer Chinesin geschlafen! Zu diesem Zweck legt er eine Skizze bei, er hat nämlich mit ihr in einem Hotel übernachtet, und nun malt er seiner Frau auf, wie die Betten gestanden hätten. Schon daraus könne man doch ersehn . . . Und was wäre denn dies:

Ja, sie schwimmen wirtschaftlich im Glücke,
Hamstern zentnerschwere Frankenstücke,
Zahlen winizi-niedli-kleine Rappen.
Hmm!
Das Glück geht ihnen durch die Lappen,
Und ihr Unglück hält sich fern.

Das [seid] ihr, Zürich. Wie in diesem Klamauk ganz ernste Sachen eingewickelt sind, lohnt sich zu lesen.

//

Nuunchen, hast Du denn Deinen Fliegel verkauft? Sage es mal, wir wollen es dann wenigstens brieflich in Gedanken versaufen.

//

Himmelarschdonnerwetterzwirnundarsch! Kriege ich vielleicht meinen Katz wieder? Leihe nie ein Buch zum Scherz – denn es kann behalten sein.

//

Übrigens halte ich es nicht für ausgeschlossen, daß nun in der deutschen Presse den Jugoslawen zum Trost steht: Ja, was fährt er auch nach Frankreich! Bei uns wäre das nicht passiert, denn bei uns herrscht Ordnung. Das tröstet immer sehr und freut auch die Franzosen. Der Satz ist fällig.

//

Anbei ein Ausschnitt über die Schanis. Ich möchte das zurückhaben – mein Herz hängt daran.

[15. 10. 1934]

Qu-Tagebuch
für die qgelrunde Nuna

= = = =

Die Verwirrung mit 15 ist vollkommen. Du schreibst, ich solle den Brief nochmal schicken, denn er sei nicht angekommen – ich hatte ihn an Agathchen oder vielmehr an deren Adresse geschickt. No 15 aber hat prompt und richtig auf meinen Brief geantwortet – ich verstehe das nicht so ganz. Difficile de dévider l'écheveau (na, hochfein – gestern gelernt). Aber mir schwant, als ob Du meine Nummern nicht ins Buchchen schreibst. Vielleicht hast Du gar kein Buchchen. Gleich hab mal ein Buchchen. Gut.

//

In Algott Olssonien kostet das, wo Arnold immer sagt, es sei die reine Opiumhöhle, 3.60 (drei sechzig. Warum nicht neun?) Und außerdem nur mit Rezept. Hier herrscht noch Ordnung und Reinlichkeit. Schlage daher vor, daß Emilie mit den großen Sendungen jedesmal zwei Stück *in Papier eingewickelt* schickt. Nur mit den großen und eingewickelt und nicht mehr als zwei – damit es keinen Kummer gibt. Tack! Bei ganz dicken Sendungen besser nicht – die muß ich manchmal aufmachen.

//

Die Mellessin ist mitnichten da, obgleich es nun genehmigt ist, daß sie eingeführt werden darf. Dagegen gibt es den französischen leichten Tabak überhaupt nicht. Habe nun mal an das Monopol geschrieben, ob es verboten ist. Bei aller Liebe: ein Land, in dem zum

Beispiel zur Eröffnung eines neuen Buchladens eine Lizenz nötig ist, muß notwendig diesen satten, selbstzufriedenen, auf seinem Monopol sitzenden, behaglichen Bürger erzielen. Mir gefällt das nicht. Wenn jemand auf seiner Arbeit zufrieden und ruhig sitzt, ist das schön – aber auf einem Unrecht? Es gibt zehntausende von beamteten Nichtstuern, die nur etwas verhindern, die nichts produzieren. Der Kontakt ist völlig zerbrochen, und das hindert auch ein wenig meinen Spracheifer. Leider.

//

Es scheint, daß Herriot Außenminister wird. Ich habe den Mann einmal gesprochen: es ist genau, aber genau Onkel Ernst aus Lyon. Dick, schlaff, an der falschen Stelle gutmütig und im tiefsten Grunde dumm. Weiß eine Menge, kann damit aber nichts anfangen. Nun hat dann Deutschland, wenn noch ein Bursche wie Tardieu das Innere bekommt, genau das, was dort gewünscht wird: ein nach innen scharf reaktionäres Frankreich und eines, das nach außen schlaff und «europäisch» ist, also nach allen Regeln der Kunst hineingelegt werden kann. Herriot ist einer, der bis zum nächsten Krieg den Frieden aufrechterhält. Es ist ein Jammer. Sind diese Menschen gelähmt? Blind? Sehen diese gschaftlhuberischen Weiber nicht, von denen ich Louise Weiß kenne (alte Freundin von Briand, der ihre gute Zeitschrift *L'Europe Nouvelle* bis zum Eingehen subventioniert hat) – sehen diese alle nicht, daß die Erweiterung des sinnlos gewordenen Stimmrechts auf die Frauen die Erweiterung eines Unrechts ist? Sehen sie nicht. Bei Pareto steht das, was ich immer gefühlt und nie auszudrücken gewagt habe: daß der tiefste Urgrund aller menschlichen Handlung alogisch (nicht unlogisch) ist, und daß die Menschen sich dessen schämen und, «une chère opération», immer das logische Etikett nachher aufkleben. Frankreich kann zu einer Macht achtzehnten Grades herabsinken – stirbt es? So leicht stirbt es sich nicht, man hat das von allen Ländern schon einmal gesagt. Aber es ist wie ein Wellental, wie wenn etwas nachläßt – was ist da –?

//

Im Blättchen stand ein ausgezeichneter Bericht eines jetzt Entlassenen über den Tod Mühsams. Der Mann, der das geschrieben hat, war eine unserer besten Nummern, was das Stilistische angeht – sonst leider total verrückt, er hat den Vogel, sich einzubilden, keinen zu haben – auch glaubt er wie ein echt Verrückter an die «Vernunft», allwelche es ja nicht gibt. Er wird sich in Bruderstadt der Reihe nach mit allen Leuten zanken und keinen Einfluß haben. Aber der Bericht war endlich einmal so geschrieben, wie ich mir so etwas denke: völlig ungebrochen, nichts akzeptiert, ganz von oben herunter. Ausgezeichnet. Aber wie alles das wirkungslos. Der Rest der Besatzung ist entweder langweilig oder kindisch. Solche Aufrufe wie anläßlich Marseilles «Haltet euch bereit!» sind kindlich. Bereit wozu? Ausgewiesen zu werden? Es ist ja dumm.

//

Der Mord in Marseille ist gefilmt – ein Abzug soll in Amerika sein. Hier ist auch einer – hoffentlich wird er verboten. Für die Polizei aber nützlich; immerhin: ein einzelner Vorreiter dürfte wohl nicht der richtige Schutz gewesen sein. Daß bei dieser Gelegenheit der unsagbare Sarraut geflogen ist, ist ja gut, aber es nützt alles gar nichts.

//

Die hiesige erpresserische Haushälterin wird morgen gekündigt. Das ist nichts für Pappan. Sie zittert vor Geltungsdrang, Tatwillen und Mausigmacherei. Ich werde mit jedem Tag chinesisch ruhiger, und sie wird hinausgetan. (C'est fait)

//

Wenn Du das Manuskript des Theaterstückmannes gelesen hast (es ist heute abgegangen), dann schicke es *ihm* bitte als Imprimé eingeschrieben!!!! Danke.

//

Canes familaris

Habt ihr schon je den Blick beachtet, mit dem der deutsche Bürgersmann einen Offizier ansieht? Diesen scheuen und treuen Blick, so von unten herauf, als ob ein geduckter Pudel zu seinem Herrn aufsieht?

Wenn du diesen Blick kennst, so weißt du, daß es in Deutschland nie etwas Rechtes werden wird. Und dann läßt du die Dinge laufen, wie sie wollen, und holst dir vom Regal den alten Lederband her und liest die Strophen des Horatius Flaccus, der in Venusia geboren wurde.

Victor Auburtin «Die Onyxschale»
erschienen vor 23 Jahren, 1911,
(zuerst im *Simplicissimus*).

//

Herriot scheint es nicht zu werden, sondern Laval. Das ist kein feiner Herr, und sicherlich wird auch er dieses verblasene Europäertum markieren, das man immer noch trägt, bis man sich leicht vergast fühlt. Glück auf.

= = = = = = = =

[24. 10. 1934]

Qu-Tagebuch
von Qrt Hasenfritzeli

//

Relata refero – wenn man solche Sachen aus der Nähe ansieht, stimmt ja nicht immer alles. Immerhin sieht es, scheints, so aus:

Dein Kollege Zondek will hier und, scheints, auch in Palästina Professor werden. Es handelt sich um den Gynäkologen, ich weiß nicht, welcher es ist. Er hat, scheints, sich auch gleichzeitig in Kopenhagen beworben. Nun haben die hier, als ihnen die paar Emigranten ins Land liefen, den Juristen und den Medizinern gegenüber auch nicht einmal die Geste getan: «Bitte, setzen Sie sich.» Wahrscheinlich wird es sich in beiden Fakultäten um etwa hundert Leute gehandelt haben, wenn es überhaupt so viel waren. Ich hätte verstanden, wenn sie gesagt hätten: Für die Juristen ein neues Studium, abgekürzt, dann Examen, völlige Kenntnis der Sprache. Für die Ärzte, Sprachexamen, zweijährige Praxis an einer schwedischen Klinik, Examen, nicht, wie man Studenten, sondern, wie man Ärzte prüft. Das wäre sogar nötig gewesen, denn ein Arzt muß aus der Psychologie des Landes heraus und nicht nur aus Büchern heilen. Nichts davon. Als sich Zondek beworben hat, fanden sich etwa 1000 (tausend) schwedische Ärzte, die den König beschworen haben, nochmal prüfen zu lassen, ob sich denn wirklich kein schwedischer Arzt fände, der . . .

Du hast mir mal erzählt, daß die schweizer Ärzte – nun, Du hast Dich sehr absprechend geäußert, was ihre nichtmedizinischen Qualitäten angeht. Warum ist das hier auch so –? Die leere Geste des Nobelpreises ist Theater – dies ist die Wirklichkeit. Wenn sich hier zweitausend deutsche Ärzte installierten, so wäre die Unruhe begreiflich, bei einem aber ist sie eine niedrige Dummheit und eine Gemeinheit. Zondek sieht nach dem Bild aus wie ein Bruder Tachtels – er wird nicht der Mann sein, sich verletzt zurückzuziehen, sondern er wird alles versuchen, um sich dennoch einzuschieben, und diesen nordischen Jiden gegenüber ist das vielleicht das Richtige. Ich muß mich sehr zurückhalten, um nicht bei meinem nächsten Arztbesuch, den Gott vermeiden möge, etwas zu sagen. Ich werde nichts sagen. Aber das macht nicht froh. Es scheint alles zu stimmen.

//

Ich nehme von diesem Tagebuch keine Durchschläge, und daher weiß ich nicht, ob ich Dir von Hiller und was ich Dir von ihm geschrieben habe. Entschuldige, wenn ich mich hier und da wiederhole – das tun alte Leute so.

Als sein erster Bericht, der mir sehr gefallen hat, erschienen war, wollte ich ihm vor lauter Rührung, daß er nun heraus ist, schreiben. Ich habe es mir überlegt – ich dachte: das ist ein Mathematiker, im Grunde kann ich ja mit ihm gar nichts anfangen. Sein zweiter Aufsatz heißt denn auch prompt: «Zur Mathematik der Situation.» Abgesehen von der Geschraubtheit dieses Titels hat der Aufsatz alles, was man nicht mag. Anfangen tut das so: «Rechtfertigung des Sozialismus erübrigt sich unter Sozialisten. Ob er realisierbar ist, kann, nach den Ereignissen in Rußland seit 1917, in dieser Allgemeinheit kaum noch gefragt werden; zu erörtern bliebe, ob er in Deutschland, im Deutschland Hitlers, Verwirklichungschancen hat. Ich sage Ja. Wer Nein sagt, kann ein Ehrenmann, ein Überzeugungsmann sein, *wie jeder Defaitist*; aber er hat zu schweigen.» Auf dieser Grundlage denke ich mir eine Diskussion ganz amüsant.

Ich würde über diesen trostlosen Unsinn gar nichts schreiben, wenn nicht an dieser Gruppe, deren Sprache ich einmal gesprochen habe, alles so schön deutlich wird, was die «Situation» des Sozialismus in Europa so traurig macht: sie haben schon gesiegt, der andere weiß es bloß noch nicht; sie merken nicht, daß die Diskussion genau da anfängt, wo sie bei ihnen aufhört oder vielmehr nie beginnt – alles das bewegt sich in einem luftleeren Raum der abstrakten Dogmen. Ein Dogma muß sein – aber dieses ist blutleer. Und falsch, falsch, falsch. Daß das Monopolkapital mal auf alle, aber auch auf alle Fälle unrecht hat – darüber braucht man allerdings nicht zu sprechen, denn der verbrannte Kaffe stinkt zum Himmel. Die Not auch. Aber nun –? Es ist jammervoll.

Das Blättchen, das stilistisch etwas besser geworden ist, hat in einem einzigen Heft: verschwommenes Gerede über Kroatien, von einem, der gewiß kein Wort der Landessprache versteht und nie dort gewesen ist; verblasene Liebe des Gartenzwerges zu Briand, dessen Hohlheit, Falschheit und Dummheit er heute noch nicht erkennt; literarischer Knatsch mit dem Gespenst Kraus, der irgendetwas «beweist», und dem es ein anderer beweist, das sei nichts mit dem «Beweisen», und dann die Mathematik der Situation. Wundern sich aber, die Herren, daß sie es seit vielen Jahren zu nichts, aber auch zu nichts bringen, keinen Augenblick stellen sie sich die Frage, woher sich denn das System in Deutschland rekrutiert, warum sie verloren haben, und ob das nicht vielleicht weniger ihre Schuld, was anzumerken billig wäre, aber doch die Schuld ihrer Gedankengänge ist. Was sie aus Rußland berichten, steht dann eigentlich immer wieder auf dem Niveau eines Seifen- oder Hotelprospekts: in den Kinos gibt es elektrisch erleuchtete Glasschachbretter. Ja. Mensch, muß Bolschewismus schön sein! (Es ist übrigens nicht unbezeichnend, daß diese Leute so gern und so viel Schach spielen.) In einer alten Studie, aus dem Jahr 1921, hat einer gesagt: Der Bolschewismus vereinigt die Schwärmerei des Urchristentums mit der Intoleranz des Judentums und der katholischen Kirche. Bene, bene. Es ist schade, daß mein Format und mein Wissen nicht ausreichen, ich kann nicht ein Wort öffentlich sagen, weil jeder, mit vollem Recht, fragte: Also bitte – wie dann? Und das weiß ich nicht. Aber ich weiß wenigstens, daß ich es nicht weiß, und daß das da nichts ist. Keine Brücke führt herüber – ich habe den Kontakt verloren, damit habe ich nichts mehr zu tun.

//

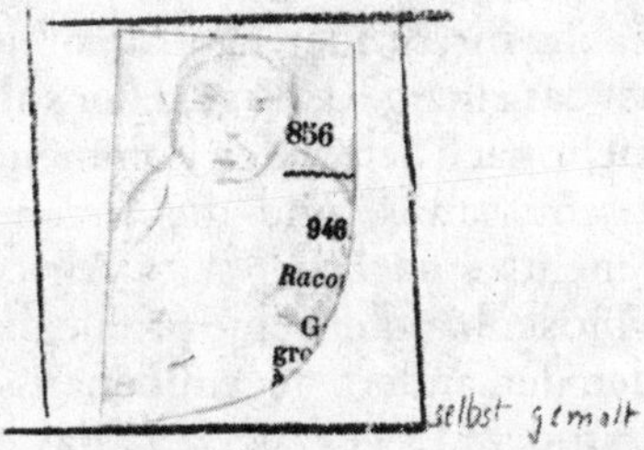

NOUNE

Vu ist ein widerliches Blatt. Die Ähnlichkeit mit Ullsteins ist geradezu fatal. Genau dieselbe «Linkserei», die zu nichts verpflichtet und an allen ernsten Sachen ganz vorübergeht; Links und neue Kleider von Lelong und Anpreisung des dämlichen Rundfunks, und das alles munter durcheinander und von einer Oberflächlichkeit, die gar nicht schlimm wäre, wenn sich die Leute auf Rennen und Kleider beschränkten. Aber nein, sie machen in Kultur. Schauerlich.

//

Gestern soll in der Stadt ein kommunistischer Aufzug gewesen sein, abends. Sie marschierten in geschlossenen Reihen, wild entschlossen dazu, mit roten Fahnen und Fackeln, düster lohten dieselben, und es sah sehr feierlich und gefährlich aus, um so mehr, als alle die Hand zur Faust geballt hatten. Wenn man aber näher trat, so sah man auf einem Schild, das sie trugen, diese Inschrift:

Wir wollen gratis umsteigen vom Autobus zur Tram!

Und wenn sie jetzt nicht ausbricht, dann ist der Sache nicht zu helfen.

//

Die M. erzählt, ihr Bruder habe anläßlich Zondeks gesagt: «Das ist das einzig Richtige. Hier sollen auch gar keine Juden mehr nach Schweden kommen, das steigert nur den Antisemitismus, und die Juden sollen sich überhaupt in nichts eindrängen . . .» Air connu. Nun, daß solch ein Hosenhändler seine privilegierte Stellung des Schutzjuden den andern gegenüber ausspielt, selbst aber nicht daran denkt, wegzugehen, das haben wir ja schon mal erlebt. Was mich an diesen Leuten so tief empört, ist die Konzession: Ja, wir sind ein Dreck und müssen uns verkriechen. Sie haben so gar keine Würde, so gar kein Gefühl für echte Gleichberechtigung . . . Die Leute haben so oft von mir geschrieben, ich sei nichts als das. Nun, ich habe dergleichen nie empfunden. Ich werde mit dem Leben nicht fertig, aber das hat damit nichts zu tun. Pack.

[1. 11. 1934]

Q-Tagebuch
für die qssbedürftige Nuuna

= =

Du hast doch hier das Sonnet d'Arvers gesehen, glaube ich – es ist ja wirklich sehr schön. Hier ist eine ganz lustige Parodie Renards:

Mon âme est sans secret, ma vie est sans mystère.
Mon amour banal fut comme un autre conçu.
Le mal est réparé: pourquoi donc vous le taire?
Celle qui me l'a fait l'a tout de suite su.

Non! Je n'ai point passé près d'elle inaperçu,
Toujours à ses côtés et jamais solitaire,
Et j'aurais jusqu'au bout fait mon temps sur terre
N'ayant rien demandé, mais ayant tout reçu.

Pour elle, qui n'est point très douce, ni très tendre,
Elle suit son chemin et se fiche d'entendre
Un murmure d'amour élevé sous ses pas.

A l'austère devoir constamment infidèle,
Sans avoir lu ces vers où je n'ai rien mis d'elle:
«Mais, c'est moi!» dira-t-elle, et ne comprendra pas.

= = =

Ich müßte Dir den halben Renard ausschreiben, was ich auch gelegentlich tun werde. Ist das ein süßer Mann! Diese Tagebücher sind himmlisch. Manches habe ich beinah wörtlich so empfunden und auch geschrieben. Zum Beispiel er über Donnay: «Un rire qui veut être sérieux.» Ich über Shaw: «So ernst, wie der heiter tut, ist er gar nicht.»

//

Ich bin doch manchmal froh, daß ich nicht zum alten Obersten werde, der mürrisch und schrullig gleich an den König schreibt, wenn der Zug nach Lysekil eine Minute Verspätung hat. Wenn ich rot anlaufe, dann ist doch da meist etwas. Die Medizin, die ich bestellt habe, kostet in Frankreich für das Publikum 90 Francs, 6 Schachteln. Darin ist natürlich der Zwischenverdienst des Apothekers eingerechnet. Sie kostet hier, statt 24 Kronen, also meinethalben mit Porto und so 30 Kronen, 40. Also ein glatter Betrug. Es sind hier große Bestrebungen im Gange, die Apotheken zu verstaatlichen (auch der *Temps* hat darüber berichtet), und sie geben zu, die Waren dann 50 (fünfzig) Prozent billiger verkaufen zu können. Das ist doch gemein. Was muß daran immer noch verdient werden, wenn sie um die Hälfte heruntergehen können! Wirklich, mich richtet das auf, weil ich unter gar keinen Umständen will, daß ich zum komischen Einsiedler werde.

//

Der Fragebogen, den Arnold bald brauchen wird, enthält eine Sparte, wo man – mit Belegen – nachweisen soll, wie das mit dem Geld ist. Nun halte ich für den Moment die Gefahr mit der Frau für nicht vorhanden, sie rührt sich doch unberufen nicht, und vor allem scheint mir eine Beschlagnahme der Sachen bei Euch für unwahrscheinlich. Denn dazu müßte ja erst einmal, nach dem, was mir auch Binsch gesagt hat, mir das zugestellt werden – und das ist doch bei Euch nicht möglich. Also, meine ich, kann man vielleicht riskieren, wenn Du nichts dagegen hast, im Januar das auf meinen Namen zu hinterlegen. Vielleicht sollte man das nicht bei der alten Bank tun, das k a n n ja die ekelhafte Frau, die mir damals den Klatsch mit Tarasp eingebrockt hat, wissen. Also bei Deiner Bank? Soll ich eine Vollmacht schicken? Wenn, dann machen wir es so, daß Du wieder Vollmacht bekommst, so daß Du jeden Augenblick da herankannst. Ist Dir das recht? Geld brauche ich nicht – Du weißt ja, warum ich das erbitte.

//

Mit Johann also sehe ich das genau so an, wie Du. Ich habe aber auf alle Fälle an den, wie mir scheint, feigen und mir aus einem nicht näher zu beschreibenden Grunde nicht als zuverlässig erscheinenden Mittler geschrieben, daß, wenn er überhaupt kommt, er sich nicht bei Emilien melden soll, wenigstens nicht direkt, ich wollte die Adresse nicht hergeben. Sondern er soll sich an meine regelmäßige Postadresse wenden. Dann kann ich ihn immer noch zu Emilien schicken. Damit sie weiß, ob er auch wirklich der Richtige ist, soll sie ihn fragen, wann er Arnold zuletzt gesehn hat, in welcher Stadt. Sie findet diese Stadt in einem mehrbändigen Werk (nicht Hamsun) im 3. Band, Seite 113, rechts. Diese Zusammenkunft kennt nur er, und das ist ja dann eine Art Kontrolle.

//

Iwan hat in die Halle geschossen. Ist mit Nase hineingestoßen. So ist das Leben.

//

Katarrh wie gewöhnlich. Wenn überhaupt etwas hilft, dann nur die offene See. Es muß doch wohl an der Witterung liegen, und Finsbo war nichts. (Außer Dir.)

Ach ja. Zu denken, daß ich einmal wie alle andern Leute gewesen bin.

Wenn die Mellessin alle ist und nichts geholfen hat, werde ich es berichten.

Hatché.

= = = = = =

[8. 11. 1934]

Qu-Tagebuch
für die medizinqndige Nuuna
= = = =

Der *Ordre Nouveau* rutscht leider dahin ab, wohin ich es gefürchtet habe: er wird eine Zeitschrift. Gerade das sollte er nicht. Da fangen sie nun an, über alles und jedes zu quatschen, sie mischen sich in die aktuellsten Sachen, und ich glaube, daß der dünnblütige Daniel-Rops der böse Geist dieser Sache ist. Es ist ja schon nicht schön, wo die Herren alles mittun. Rops schreibt in der *Revue des Deux-Mondes*, Aron ist bei der *N. R. F.* ... siehst Du Lenin als Verlagsangestellten und als Mitarbeiter konformistischer Zeitschriften? Ich nicht. Es ist jammerschade. Nun wird das ein Klüngel gebildeter Leute, jaja – aber so wird es nie etwas. Dazu eine Eierlosigkeit in der Sicherheitsfrage, gewiß: Deutschland rüstet auf, aber «das ist doch noch kein Grund» ... nein, gewiß nicht. Wahrscheinlich ist das gerade das Feine an ihnen, nicht so zu denken, wie es einem der gesunde Menschenverstand diktiert. Schade, schade. Wenn mich nicht alles täuscht: eine Hoffnung weniger.

//

Nationalsocialisterna	4,343	
Medborgarförbundet	609	
Högern	22,042	Rechts
Folkpartiet	11,430	Liberal
Socialdemokraterna	37,648	
Socialisterna	4,757	
Kommunisterna	9,429	

Das ist eine Stadtratswahl in der Stadt. Die Nazis haben einen Sitz und 700 Stimmen mehr als vor vier Jahren. Die Kommunisten, die hier nie eine Rolle gespielt haben, haben, ich glaube, 7 Sitze. Eine Gefahr ist das noch nicht. Es gibt nur eine: das ist die geringe Wahlbeteiligung, es wählen hier nur etwa 50 bis 60 %, und wenn diese Leute den «menschlichen Staub», wie Trotzki das genannt hat, mobilisieren, dann kann da dies und jenes geschehen. Das hat lange Weile. Immerhin, eine Verpöbelung der politischen Sitten wird eintreten.

//

Habe im Läsesaal eine Couillon-Zeitschrift in der Hand gehabt. Die Beschimpfungen des *Stürmer* sind nichts gegen die kalte Selbstverständlichkeit dieser Haltung. Das ist viel schlimmer als alles andere. Und es gibt wohl nur noch eines, das verächtlicher ist: das ist die Haltung der Juden und jener Herausgeschmissenen, die «das gar nicht so schlimm finden». Das ist beispiellos. Sie kriegen in die Fressen und lachen, wie der Mann im Witz, weil sie gar nicht der sind, den der Ohrfeigende in ihnen gesehen hat. «Ich heiße doch gar nicht Lehmann.» Also haben die andern recht, weil sie stärker sind, und weil es geht, und weil man sich das erlauben kann. Nun, ohne mich.

//

Unter den Dienstmättchen war eine hunnnnnnnntzordinäre Person. Also genau das. 22 Jahre, und eine tiefe Stimme und eine freche Brust und überhaupt – pppt. Eine Erkundigung [bei] der vorherigen Herrschaft ergab denn auch, daß sie nie zu Hause ist und stets überall tanzt und so. Habe also davon abgesehen, damit nicht bei Deinem näxten Urlaub Dich vier vollmündige Kindlein begrüßen und ich an einer Gonorrho'é laboriere. (Dieses Wort, liebe Emilie, darfst Du nie gebrauchen, es bedeutet etwas sehr Häßliches.) Jaha.

//

Meine neu erworbenen Sprachkinste habe ich für das neue Kind Lieschens ins Joch gespannt. Aber so ist alles.

//

Es bedrückt mich was. Nimm das Märchen für das Kind Dunant und verbessere: es steht da in der zweiten Hälfte «Aber als es gerade so recht am Kochen war» oder so. Aber das ist falsch. Ich habe da eine Redensart nicht gewußt, es muß heißen: «Aber auf einmal nahm der Kaufmann den Nagel aus der Suppe.» Übrigens ist das wirklich ein himmlisches Märchen.

//

Nuunchen, weißt Du, daß ich in meinem Buch gelärnt habe, daß da draußen bei Lysekil an den Meeresklippen richtige Seehunde leben? Siehst Du, und da waren wir nicht. Es ist ein Gammer. Aber Du hast ja mich gesehn.

//

Im Blättchen steht nicht nur der GhettoKuh, der sich mit dem GhettoKraus herumschlägt, sondern auch ein KPD-Mann, der es alles beweist. Es hat etwas Gespenstisches. Er sagt und zeigt, wie der Parteivorstand schon damals ... nur leider, wie das so ist, sind die Massen nicht mitgegangen. Aber der Parteivorstand hat. Vor allem hat *er* immer recht. Es sind die schauerlichen Rudimente einer Halbbildung, erworben von ganz ungebildeten Leuten in Abendkursen, weiter kennen sie nichts, das ist ihr geistiges Leben, und dahinein legen sie nun alles, was es gibt. Sie haben die Doktrin, von der sie begeistert sprechen. Wenn sie von der Realität sprechen, wenn sie überhaupt von ihr sprechen, hat das so etwas Verachtungsvolles, so . . . die soll sich gefälligst nach uns richten, und überhaupt wissen wir es alles ganz genau. Und dann wundern sie sich furchtbar, daß es nicht klappt. Ich glaube fest, daß sie dem Gegner den Sieg nicht so übel nehmen, wie die Tatsache, daß dieser Sieg sozusagen auf eine nicht reglementsmäßige, nicht vorgesehne Weise errungen worden ist. So, habe ich gelernt, haben die Rokokofeldherren manövriert. Und so manövrieren jene auch, nur leider steht auf der andern Seite kein Rokokofeldherr, sondern einer, der – ja, so leid es mir tut –, das Leben so nimmt, wie es eben ist. Also, trotz allen psychopathischen Zügen, lebenstüchtiger ist. Oder seine Helfer sind es. Jedenfalls: in der Politik kommt es auf den Erfolg an. Das aber ist Spreu und wird nie siegen.

//

Der Stückeschreiber und Memoirenmann war auf Capri. Er hat so nett geschrieben – ganz anders als das Buch. Das ist ganz billig. Ihm hat es gar nicht gefallen: er sagt, das Land sei kleinbürgerlich, langweilig und ohne Charme. Das kann ich nicht beurteilen. Aber etwas hat mir Spaß gemacht, nämlich diese Stelle: «Dort sind nur Landsleute, alle gegeneinander, Krach, Intrigen, Bespitzelungen, und es gibt dort Jüdinnen, die mit Nazis im Café Hidigeigei tanzen und sich dessen noch rühmen.» Das sollten wir doch schon mal gehört haben. Wahrlich, ich aber sage Dir: das ist alles ein schweres Mißverständnis. Noch nie haben Geprügelte und Prügler so zusammen gehört wie diese da. Amen. Und Gott segne sie.

//

Pareto ist leider aus Stroh. Er hat in vielem sehr recht, aber so geht das nicht. Er war früher, was ich nicht gewußt habe, Ingenieur, und nun wundert er sich, daß die Menschen nicht nach den «logisch-experimentalen» Grundsätzen wie die Maschinen funktionieren. Schade. Dabei eine Fülle guten Materials. Aber das kleine Buch über den «Politischen Aktivismus» ist viel besser und viel klarer, trotz seines schlechten Stils. Ja, es ist nicht leicht. Immerhin: man wird da nicht dümmer nach. – Außerdem läse ich jeden Abend 10 Seiten Homer. Wirklich sehr schöne Sachen stehn da inne – das ist, wenn es so etwas überhaupt gibt, ewig. Schade, daß ich das nicht griechisch lesen kann. Aber sie haben uns so mit den Regeln gequält, daß natürlich für die Sprache kein Raum mehr übrigblieb. Es wäre ja auch noch schöner. Erst kommen die unregelmäßigen Verben, und da kommt nichts mehr. Und das ist nicht nur im Griechischen so.

//

Der Stückeschreiber fragt, warum ich so einen Brief, wie ich an ihn schriebe, nicht veröffentlichte. Hier oben zum Beispiel. Das ist rührend in seiner Naivität. Wenn ich daran denke, wie das wohl sein müßte, dafür ein Blatt zu suchen, muß ich lachen. Ich fange nun doch an, etwas von der Sprache zu verstehen – es ist jammervoll, was sie hier machen. Ausnahme: die hiesige Stadtzeitung hat es Deinen Kollegen geradezu furchtbar besorgt. Die Regierung behauptet, es schon bewilligt zu haben, als jener – er ist doch nicht der Tachtel – zurückgetreten sei. Er wolle keine Mißhelligkeiten aufrühren, und so habe er das nicht gemeint. Das kann man begreifen. Aber benommen haben sich die tausend Unterschriftengeber wie die Schweine, das kann man schon sagen.

//Amen.

[15. 11. 1934]

Q-Tagebuch
qsch!

Frankreich ist ein Land, das hat die Fehler von heute und die Vorzüge von gestern. Das mitanzusehn, wenn man das Land liebt, ist ein Jammer.

Doumergue war ja bösartiger als stark, aber wenns schief geht, kommt nach mannigfachen Experimenten einer (wenn Lebrun geht, der der Krise keineswegs gewachsen ist), einer, der das noch viel böser macht. Die gesamte Industrie, der Faubourg Saint-Germain und sehr viele mittlere Leute warten auf den «chef», der sie dispensiert, etwas zu tun. Ich kann Dir nur immer wieder empfehlen, den «Politischen Aktivismus» von Behrendt zu lesen, eines der erstaunlichsten Bücher, das sich denken läßt. Da steht es alles inne. Wie da in Frankreich jeder seins aufsagt, und keiner auch nur einen Centime in seinem Leben missen, ändern oder anders verdienen will: das ist traurig. Unbelehrbar. Das Übel sitzt doch ganz tief, aber sie machen immer noch das Alte weiter. Und das gerade heute. Wie stets haben mit Gott alle unrecht: die, die den Krieg verteidigen, tun das zum Teil aus den schmierigisten Gründen; die ihn verwerfen, schlafen mit offenen Augen . . . es ist scheußlich. Anbei ein amüsanter Zwischenfall mit dem *Temps* und Daladier. Ich finde seinen Artikel sehr würdig und vernünftig, wenn man auch leise fragen darf, was denn nun eigentlich geschieht. Der Zusatz am Schluß ist der *N. Z. Z.* würdig. Diese alten Tanten sind doch alle gleich. Diese beleidigte Würde, dieses offene Eingeständnis, daß man nur «erwähnt», was einem genehm ist – es sind feine Leute. Aber die auf der Linken sind keine Spur anders. Örebro. Örebro.

//

Ich besinne mich genau, das geschrieben zu haben, weiß aber nicht mehr wo.

Jaså.

En utlänning har konstaterat att svenska språket förfogar över det mest användbara ord som existerar. Det är ordet «Jaså». Har man väl lärt sig det så behärskar man elementa av svensk konversation och kan framgångsrikt deltaga i landets umgängesliv.

«Ein Ausländer hat konstatiert, daß die schwedische Sprache über das am meisten anwendbare Wort verfügt, das es gibt. Das ist das Wort ‹Jaso›. Wenn man das kann, so beherrscht man die Elemente der schwedischen Unterhaltung und kann in zufriedenstellender Weise am Alltagsleben des Landes teilnehmen.» Jaha. Jaso. Worauf sehr stolz bin, es kann aber auch ein anderer gewesen sein.

Schédisch muß ich leider unterbrechen. Mir tut der Kopf geradezu weh, wenn ich ihn schüttele, und manchmal muß ich ihn doch schütteln. Es geht mir gemein. Inhallieren hilft nicht, die Mellessin auch nicht. Amen.

//

Hier geht es zur Zeit hochromantisch zu. Ich habe Dir doch geschrieben, daß der kleine Stier mit der Herrschsucht von mir herausgeschmissen worden ist, und daß ich den Eindruck hatte: «Diese Geschichte ist noch nicht aus.» Nun hat es also die 2. Nacht geklingelt, und einer hat Sand gegen die Fenster geworfen, nicht bei mir, sondern in dem Zimmer, in dem Du geschlafen hast, und das Mädchen hat mächtige Angst. Ich habe für heute Nacht einen Mann mit Hund bestellt, und wir werden ja sehn. Kriege ich den Täter (es ist wahrscheinlich der Sohn der Nachbarin), dann zeige ich ihn und das liebe Mädchen ein bißchen an. Ich tue so etwas nicht gern, aber ich kann hier nicht einschreiten, denn bei einer Prügelei oder Schlimmerem bin ich immer der Dumme. Und ich möchte ihr gerne zeigen, daß sie mir gegenüber verliert. Das ist ein gefährliches Luder. Mich stört es aber nicht, ich schlafe sowieso nicht.

//

La loi soviétique sur la trahison

(Par dépêche de notre correspondant particulier)

Moscou, 6 novembre.

En juin dernier, le *Temps* a signalé la nouvelle loi instituant la peine de mort pour tout crime de trahison et autorisant à emprisonner comme otages les proches parents du criminel dans le cas où celui-ci se serait enfui.

Cette loi vient d'être appliquée pour la première fois au marin Voronkov, du cuirassé *Marat*, qui, pendant le séjour de la flotte soviétique dans le port polonais de Gdynia, était descendu en permission à terre *et n'avait pas rejoint son bord.*

Le tribunal militaire chargé de juger Voronkov, accusé de haute trahison, l'a condamné à mort par contumace et a ordonné l'arrestation immédiate de ses parents, qui seront emprisonnés comme otages *pendant dix ans*, pour «*complicité possible, même passive ou inconsciente*».

Ist das schön –? Ich finde das den comble von Gemeinheit. Ich bin neugierig, wie die jungen Herren von der Firma Gide, Malraux & Co das verteidigen. Keine Sorge, sie werden es verteidigen. Alles steht aber bei Behrendt bis ins letzte. Gewinnst Du vielleicht Örebro? Nicht einlassen soll man sich mit die dicken Blonden. Nie gewinnst Du es. Ach ja.

//

Man kann übrigens wieder sehn, wie die pariser Presse nicht Frankreich ist. Ich habe das oft geschrieben. Gekocht wird die Suppe in der Provinz, in Paris wird nur serviert. Wie dieser künstlich aufgeplusterte «grand vieillard» plötzlich zu nichts zusammensinkt ... Zeitungen muß man lesen können.

Diese Nacht war nichts – der Mann bleibt noch einen Tag hier, und wir werden ja sehn. Ich bin ganz gewiß, daß es der Sohn der Nachbarin ist. Zu langweilig, zu erzählen, warum – aber so ist das.

//

Der Bericht im *Vu* über die Saar ist trostlos pessimistisch. Es scheint dort, wenn das richtig ist, ein derart trockner und stiller Terror zu herrschen, daß selbst der Zusatz des Völkerbundes, daß sie später noch einmal stimmen dürfen, nichts mehr helfen wird. Er kommt auch viel zu spät. Dazu kommt wohl – neben dem Terror – jene Grundstimmung: «Schließlich ...» und gerade dieses Wort respektiere ich außerordentlich. Und genau so sage ich bei der Bewertung aller dieser Menschen auch. Schließlich ... und dahin gehören sie denn auch, und es ist ihnen nicht zu helfen. Die armen Hunde, die dabei unterliegen! Es stimmen sicherlich viele junge Menschen für Deutschland, weil sie sich auf den blutigen Karneval freuen, der dann losgeht und wie ein Krieg das graue Alltagsleben lieblich unterbricht. Siehe Behrendt.

Hingegen untersucht Hiller im Blättchen mit strohener Scholastik die Frage, ob der Pazifismus zur Durchsetzung seiner Ziele Gewalt anwenden dürfe. Die Frage ist alt und berechtigt. Nur: ist den Herren noch nicht aufgefallen, daß sie noch nie in die Lage gekommen sind, von dieser Gewalt Gebrauch zu machen? Daß sie sie noch nie gehabt haben? Woher mag das wohl kommen? Aber diese Frage ist taktlos und berührt sie so, wie wenn man einen Katholiken fragte, wo er eigentlich die hübschen Oblaten für das Abendmahl kaufte. Sie sehen nur ihre Hostie. Daß die Lehren Sorels, Paretos, des späten Freud, von dem es eine wunderbare Studie über das Wesen der Massen gibt, daß das alles so spurlos an denen da vorbeigegangen ist! Ich fühle mich nicht kräftig genug, aber wie kann man, wie kann man . . .!

Wenn Du es also gewonnen hast, dann schenke mir zum Zeichen dess' einen Ring, der nicht ganz um den Finger geht, das ist ein Traum von mir. Das gibts, die Enden berühren sich nicht, sondern sind mit zwei Steinen verziert. Laß doch einem kleinen Mann seine fürstlichen Träume. Und Du hütest dann die Gänse und die Versicherungen zu Pferde.

//

Wie sehr diese weggeloffenen Couillons alles zusammen nur das weiter machen, was sie schon immer gemacht haben, zeigt der Fall Rotter. Der Mann hat doch sicherlich Geld, was tut er also nun nach Liechtenstein? Wohin gehn die reichen Leute, in den Operetten, die er inszeniert hat, und auch im Leben? Nach Nizza gehn die reichen Leute. Und dahin geht er denn auch und läßt sich verhaften, und wenn ihn die Franzosen nun ausliefern, kann man kaum etwas dagegen sagen, denn er ist des Konkursverbrechens angeklagt, also eines gemeinen Verbrechens, und daß ihn die Boches hundsgemein behandeln werden, ist eine zweite Sache, die juristisch aber keine Rolle spielt. Das konnte er aber vorher nicht wissen. Und Portugal ist eben für einen feinen Mann kein Aufenthaltsort. Und Asien auch nicht. Nizza, das ist ein Ort, in den man geht. Sie haben alle ihr Nizza, und so sieht denn auch alles aus, was sie machen. Lieschen hat über der Erika Mann ihr Cabaret diesbezüglich ein paar goldene Wörter geschrieben. Meine Linie ist vorgezeichnet, ich habe bloß keinen Bleistift.

//

Emigranten

In Paris gibt es viele davon. Bei allem Mitgefühl: sie sind fast immer von einer leisen Komik umwittert. Italiener, Spanier, weiße Russen – alle sitzen hier und warten, daß ihr gesetzwidriges, akutes, momentanes Regime nun aber ganz bestimmt in diesen Tagen endlich zusammenbreche. Es bricht aber nicht.

An Voraussagen fehlts nicht. Die Bolschewisten können sich nicht mehr halten; Primo de Rivera, für den Unamuno jede Woche zwei neue Schimpfwörter ersinnt, purzelt selbstverständlich spätestens bis Montag 1 Uhr, das syphilitische Schwein; bei Mussolini handelt sichs nur noch um Minuten. Ernst bei Seite: sie sind in ihrem Jammer ganz heiter – alle zusammen.

Man darf sie nicht etwa sämtlich in einem Topf kochen. Die halbe Million italienischer Arbeiter, die zur Zeit in Frankreich ist, setzt sich meistens aus Antifaschisten zusammen, und das weißgekreidete «A Mussolini la Morte» mit dem Totengebein darunter, das ich jeden Tag vor dem Bahntunnel zu sehen bekomme, ist durchaus ernst. Man hat diese Leute verjagt, terrorisiert, aus dem Lande herausnationalisiert – wahrscheinlich waren es keine «guten Italiener». Die Spanier, die für meinen Geschmack ein klein wenig mehr von sich hermachen, als ihrer politischen Affaire zu Grunde liegt, und die in allen Diskussionen so tun, als habe jenseits der Pyrenäen vor dem dicken General ein wirklich parlamentarisch regiertes Land nach und mit europäischen Begriffen bestanden, können nicht zurück, und nachdem die französische Neugier nachgelassen hat, langweilen sie sich ein bißchen und ihre Zuhörer übrigens auch. Die weißen Russen fangen an, legendär zu werden.

Und alle diese sind zu beklagen, einige zu unterstützen und zu bejahen – nur: wenn du einen Propheten suchst, geh nicht zu ihnen. Der Wunsch ist hier der illegitime Vater des Gedankens ... So einfach läuft die Weltgeschichte doch nicht. Und es ist ja begreiflich, was sie zu ihren Weissagungen veranlaßt: nur wenige Menschen können sich vorstellen, daß es ohne sie geht. Ich nicht mehr dabei ...? Die Welt stürzt zusammen! Sie wandelt aber still weiterhin ihren Plan.

Wenn man dieses Treiben betrachtet, so muß man an andere Emigranten denken. Die Prophezeiungen der Zimmerwalder Russen aus den Jahren 1915 und 1917 liegen gedruckt vor (Anmerkung für Nuna: das war eine Konferenz in der Schweiz mit Lenin und Euerm Grimm und andern), die Nummern der Zeitschriften mit der Datumsangabe sind noch erhalten ... Das ist doch ein andres Format. Geradezu erschütternd sind diese Aufsätze. Darin steht alles, alles: das imperialistische Kriegsziel, der Zusammenbruch der Mittelmächte und Rußlands, die Möglichkeit und Ziele einer Arbeiterregierung – und das zu einer Zeit, wo diese Behauptungen überall auf Standgerichte stießen und auf keinen Politiker, der sie auch nur in den Kreis seiner Erwägungen gezogen hätte.

Verärgerte Bürgerliche sind noch keine Revolutionäre.

//

18. August 1925

Das muß doch hier ein Sauklima sein. Der Wächter hat sich nachts erkältet, und er ist doch das schließlich gewöhnt, draußen zu sein. Hm – wo wohne ich nur. Die Feuchtigkeit, der Nebel – es geht mir säuisch, und vielleicht ist alles, außer der Ostsee, wo es mir noch nie schlecht gegangen ist, falsch. 5 Jahre – die schöne Zeit . . .

Der Mann ist nicht wiedergekommen.

Der Nachbarssohn war es auch nicht – ich bin aber nicht verfolgungswahnsinnig, nur das letzte Achtel meiner Überlegungen war falsch. Vorgestern hat ein Mann mein Mädchen angesprochen und ihr gesagt: «Lange werden Sie da nicht bleiben» und «Wir sehn uns wieder». Ich habe mich mit der Polizei in Verbindung gesetzt und lasse das durch den Anwalt befummeln. Juristisch ist nicht viel zu machen, denn es ist ja kaum etwas geschehn – auch ist diese Polizei viel zu stur, um sich die Dame vorzunehmen und ihr zu drohen. «Das darf man nicht.» Dagegen ist es erlaubt, mit einer Schrotbüchse mit Salz aus dem Fenster zu schießen, aber ich habe keine und will auch keine. Ich habe für diese Dinge eine gute Nase. Wegen großen Mißtrauens, und ich kriege ihn schon. Zu lang, Dir das auseinanderzusetzen – ich denke, wie die alten Herren in den alten Geschichten sagen, «ich habe mein Plänchen». Falls er überhaupt nochmal kommt. Geht er mir an den Kragen, was ich keinesfalls glaube, geht das nicht gut – für ihn nämlich nicht, aber für mich hinterher auch nicht. Ich glaube aber eher, daß er es auf einen Mädchenwechsel abgesehen hat, und mit den Wochen wird sich das verlieren. Das ist eine echte erpresserische Haushälterin reinsten Wassers. Donnerwetter. Sie war ganz fleckig vor Wut, als sie hier wegging, und das hat sich ihr wohl ins Blut gesetzt.

Ich verstehe übrigens schon eine Menge, wenn man nun etwas erzählt. Aber ich kann es noch nicht recht sagen, und dazu kommt: es reizt mich gar nicht. Diese Leute denken so langsam, schwätzen aber sehr viel und sehr schnell, und es ist alles ganz uninteressant, was sie sagen. Nichts lockt, nichts blitzt. Immerhin, glückt es, was ich vorhabe, nämlich im nächsten Jahr, so ist das eine große Sache. Aber es wird wohl nicht glücken, sie sind ja so stur, und, wie ich immer wieder höre, sehr, sehr kleinlich; neulich haben sie ein 2jähriges Baby, das die Eltern zurückgelassen hatten, nach Danzig ausgewiesen. Was dem Mittelalter seine Kirche, ist unserer Zeit ihr Staat. Jedem seins.

//

Na, das wärs. Das war aber ein langes Q. Padong.

Das Jahr 1935 wird Deutschland einen großen außenpolitischen Aufschwung bringen, wirtschaftlich nicht, aber in Genf gewiß. Und nichts hat so viel Erfolg wie der Erfolg. Und gegen Schwächlinge hat der Starke tausendmal recht.

[21. oder 22. 11. 1934]

Q-Tagebuch
für die qlturvolle Köchin Nuna

= = =

Über Matuschka habe ich viel, nur eines nicht gelesen. Der Mann ist – zu Recht oder Unrecht – zum Tode verurteilt worden? Nein – er ist zu acht Jahren Tod verurteilt worden, denn er muß wieder nach Österreich zurück, dort die acht Jahre abbüßen, und wird erst dann nach Ungarn zurückausgeliefert, und gemütvoll, wie diese Schweine sind, werden sie ihn dann sicher hinrichten. Das geschieht aber alles nicht etwa, um ihn zu quälen, sondern: die absolute Souveränität der Staaten verlangt, daß er erst in Österreich «sühnt» und dann in Ungarn. Das ist schlimmer als bei den Negern – schlimmer als alle Totemgebräuche. Und ganz und gar sinnlos. Dann aber lieber unterm Kreuz. Es gibt einen alten Grundsatz im internationalen Handelsrecht: Le pavillon couvre la marchandise – und deshalb ist das alles so unerträglich.

//

In Berlin hat ein Jude eine Rede geredet, wie es mit den deutschen Juden sei. «Sie haben mit dem Rasseprinzip der andern als mit einer Tatsache zu rechnen.» Hier und nur hier ist der Kernpunkt alles Elends. Nie, noch nie habe ich gehört, daß die andern sagen: «Wir können die Juden ausweisen, in Stücke hauen, denn sie sind die wenigen, aber wir haben mit ihrer Intransigenz als mit einer Tatsache zu rechnen.» Das gibts nicht. Und eben das ist Ghetto: daß man das Ghetto akzeptiert. Überflüssig zu sagen, daß der Redner das Attachement der

Juden an Deutschland betonte. Freilich: *so* hält man sich durch die Jahrtausende.

//

«Die Internationale ist zertrümmert. In Ewigkeit. Es gibt keinen Frieden. Kann keinen Frieden geben. Und es wird immer Kriege geben müssen . . . Wir, Freunde des Friedens und Künder einer neuen Ethik, melden uns als Kriegsfreiwillige. Wir wollen töten wie die andern.» Dieses gerufen, begab man sich munter auf den Kriegsausschuß für Öle und Fette, und bat, einen freundlichst zu reklamieren. Wenn aber das Ende der Reklamationsfrist drohte und zweifelhaft war, ob wiederum die Erneuerung verhängt werden würde, dann kroch man in ein pikfeines Sanatorium und bog sich für einige Zeit eine Krankheit bei, die einem den Titel eines Duc de Pisse-en-lit eintrug.

Wer ist das? Du hast richtig geraten: der Duc. (Aus einem alten Blättchen; nicht von mir. Das erste ist ein Zitat aus einem Artikel, den jener 1914 veröffentlicht hat.)

//

Das Friedens-Interview Hitlers, das in Frankreich wilde Diskussionen hervorgerufen hat, ist offenbar nur fürs Ausland bestimmt gewesen: die deutsche Presse hat es nicht bringen dürfen. Und auf so etwas fallen die Franzosen herein, nachdem Stresemann das schon einmal gemacht hat: nationalistisch in Berlin und europäisch in Genf! Amen.

= = =

[24. 11. 1934]

Q-Tagebuch
qnterbunt

Nunchen, hast Du den Knopf? Ich frage das nur deshalb, weil ich so sehr ungern an Knitsche schreibe, ich habe doch da in letzter Minute abbestellt, und so mag ich nicht. Und hier gibts den nicht. Und ohne den kann ich das Dschakett nicht tragen. Tack.

//

Was tun sie denn der dummen Erika Mann? Ich habe das im *Temps* geläsen und meine so:

Über Erikachen ist ja kein Wort zu verlieren. Ihre Leistungen sind sicherlich schwach, die ihrer Mitarbeiter ebenso, und ihre These, wenn sie eine hat, ist falsch, weil lillill. Aber darum handelt es sich gar nicht. Sicherlich hat die Polizei sie beschützt; ich fürchte nur, daß in allen diesen Ländern, nicht nur bei Euch, die gefl. Volksseele nach einer Weile so funktioniert: «Schließlich . . . also was geht uns denn das an! Soll sie doch das anderswo machen» – und wenn die Volksseele so eine Weile gekocht hat, dann endet das sicherlich entweder, wie in diesem Fall anzunehmen, mit einer freundlichen Aussprache zwischen Polizeidirektor und Erika, oder wie im Falle Marianne Oswald, mit einem glatten Verbot. Kaum einer dieser Hammel aber begreift, daß dann also die andern – zum 1000. Mal – ihren Kopf durchgesetzt haben, und daß es nur und ausschließlich darauf ankommt, das zu verhindern. Denn was sie wollen, kann man mit einem nicht mal so großen Aufwand an Energie verhindern. Indem man nämlich beim dritten Versuch jeden der Beteiligten wegen Landsfriedensbruch einsperrt, der zweifellos vorliegt, und indem man öffentlich sagt: Wems nicht paßt, der gehe nicht hin. – Aber das «kann man nicht». Du mußt übrigens nicht glauben, daß ich diese Sache überschätze – weder den Anlaß noch die Sache selbst – ich prophezeie auch nicht den Untergang der Welt, weil hundert Leute in dem verbochten Zürich Zeter schreien. Ich sehe darin das Grundsätzliche – und das sieht finster aus. Energie, Schwung (mit hohlem Gebrüll), Dickköpfigkeit und Zähigkeit sind nur auf der andern Seite. Die auf der einen Seite haben für ihre Schwäche viele Ausreden – mögen sie untergehen, sie verdienen es nicht besser. Das alles wirkt sich in der Schweiz nicht so scharf erkennbar aus – es geht sehr langsam. Was wäre das hier für eine Gelegenheit, einmal öffentlich zu sagen: Nostra res agitur. Und: die Herren sollen erst mal ihre Schulden bezahlen. Und: der Antisemitismus hat manches Berechtigte, dieser aber ist blöd, saublöd. Wer sagt das? Ich höre die Zürichtante bis hierher weinern. Nebbich.

//

Sage mal – Du bist doch ein richtiger Lumpenfetzen und eine öffentliche Strunze. Seit 2 (zwei) Jahren erbitte ich ein anständiges Bild – kriege ich vielleicht eines? Mitnichten. Ich habe hier ein Wasserbild, das ich hier & da mit Rührung begucke – aber das ist auch das einzige. Sonst nur welche, wo mit fremden Kerlen drauf und Herz bluten macht, sowie auch Anfälle von wilder Raserei und Eiferssucht das teure Porzellanservitz. Her mit dem Bild –!

//

Am 4. Dezember ist wieder eine französische Ziehung. Du auch –?

//

Es geht mir so säuisch, und hier ist meistens ein so gemeines Wetter, daß ich doch langsam und leise mit Dalarne kokettiere. Soll ich ...? Soll ich nicht ...? Da ist Schnee und Sonne. Ich weiß selbst nicht mehr, was ich will.

//

Ein Fröken hat hier eine Geschichte erzählt, die gehört aber zu den besseren. Da war – das muß im Jahre 1910 gewesen sein – wegen Komet die Nachricht vom nahen Weltuntergang verbreitet, und ganz Göteborg glaubte das auch, besonders die Dienstmädchen beider Geschlechter. Und eines Tages pappten an allen Mauern Plakate der Heilsarmee:

LASST UNS GEMEINSAM STERBEN!
Eintritt 25 öre

//

In der romantischen Angelegenheit ist auch nicht mehr das Leiseste vorgekommen. Es sind auch andere Dienstmädchen behelligt worden, vielleicht kam es doch nicht von der Seite? Auf alle Fälle scheint es beendet zu sein.

//

Worüber ich entsetzlich grinsen muß, das ist, wenn ich mir vorstelle, wie Papa Mann in Küsnacht das beim Kaffee liest. Ich muß so entsetzlich grinsen ... Erst macht ihm der Klaus diesen Kummer, und das schadet doch dem Geschäft, und nun das Töchterchen auch. Er wird das sagen, was er einmal zu mir in Paris gesagt hat, als er sich über eine schlechte Kritik im Blättchen beschwerte (das hat er wirklich getan, ich würde vor Eitelkeit lieber platzen, als so etwas zu tun), also er sagte: «Das ist doch nicht nötig!»

Und dieser Scherz verdirbt ihm natürlich das Geschäft in Deutschland, denn es geht unweigerlich auf sein Konto. Das ist ihm recht. Umsonst geschwiegen. Wahrscheinlich ist die Frau sein böser Geist. «Man» ist eben, als geb. Pringsheim, nicht in Gesellschaft von Emigranten. «Wir» haben das nicht nötig. Umsonst geleckt, umsonst geleckt. Hoffentlich.

//

Candide überbietet sich in Schweinereien. Die M. bekommt ihn umsonst von einer Freundin. Man darf das nicht mehr kaufen, es ist wirklich das letzte an Gemeinheit. Es ist so verlogen, daß intelligente Leute das unmöglich gutgläubig machen können. Die müssen wissen, was sie da tun. Aber natürlich . . . wie sieht die Linke aus . . . Das ist eine Freude.

//

Beim Pastor, der mir etwas eintragen soll, aber nicht kann, weil nicht darf, das muß man erst . . . ist eingebrochen worden. Ein Mann mit Maske oder kohlengeschwärztem Gesicht (wegen billiger) – er hat aber nichts gefunden. Und in einem benachbarten Dorf auch. Auch wir gehören den zivilisierten Staaten an.

//

Plus de trente ans d'expérience des relations intellectuelles entre la France et les pays de langue anglaise me suggèrent, que, du côté français, on a une tendance à attribuer trop d'importance aux tournées de conférenciers, éminents et hautement qualifiés, et pas assez peut-être aux voyages d'élèves étrangers, qui désirent passionnément connaître la France. La tâche est difficile sans doute, mais il faut se rendre compte que le besoin est urgent. Les représentants de cultures étrangères à la nôtre, notamment de la culture allemande et italienne, travaillent activement à miner la prédominance, que certains déclarent injustifiée, de la langue et de la civilisation françaises, dans les pays anglais. En même temps, la crise économique et la chute du sterling rendent plus difficiles les voyages en France, plus coûteux les achats de livres français; en sorte que nous risquons, depuis trois ou quatre ans, de voir la connaissance du français parlé redevenir un apanage des classes riches et aristocratiques. L'impression que m'ont donnée certains maîtres français des universités et des *public schools* d'Angleterre, ainsi que des Françaises dévouées qui enseignent dans les grandes écoles de Londres, c'est qu'il faut veiller à la position du français, parce qu'elle est menacée dès maintenant. C'est en partie une affaire de fonds, mais c'est encore et surtout, de notre part, une question de bonne volonté et de réciprocité hospitalière à l'égard de nos amis britanniques.

Robert-L. Cru.

Aus einem Aufsatz des *Temps* über die Rolle der französischen Sprache in England. Viel zu milde. Die Franzosen schlafen – im Ausland – und soweit sie nicht schlafen, wachen sie in überalterten Salons. Oder sie leihen Geld. Aber das mach einmal einem Franzosen klar – er weiß doch nicht einmal, wo diese Länder liegen. Selbstverständlich nützt der Brief da gar nichts.

//

Dank für *Esprit.* Wenn man das unmittelbar nach dem Blättchen liest, wird man recht fröhlich. Es sind ausgezeichnete Sachen darin – vor allem eine Bescheidenheit, die mir sehr gefällt, ausgezeichnete Formulierungen und sehr starke Rückversicherungen. «Tout est à refaire» ist hier keine Phrase. Den Mann, der die sehr gute Arbeit über die Krise der Demokratie geschrieben hat, halte ich für einen Schweizer. Sein Satz «Le Français ne vote pas pour, mais toujours contre» ist wirklich gut. Da sind Keime – mehr nicht, aber das ist schon viel.

Wie entsetzlich die marxistische Religion verblendet, sieht man immer wieder. «Wir haben ja verloren, aber die Idee ist unbesiegt» und «Die Theorie hat nicht versagt» und solche Sprüche. Selbst ein Mann wie Halperin wirkt wie ein ganz kleiner Provinziale, wenn er das bei Euch aufgeführte Stück Deines Kollegen Friedrich Wolf bespricht. Das ist ja jammervoll. Vielleicht sind alle diese zu alt, um noch einmal zu revidieren, vielleicht ist es auch nicht allen gegeben, zu sagen: «Was ich jahrelang gemacht habe, war, mindestens, unzureichend» – jedenfalls ist es jammervoll.

Was in *Esprit* noch schwach ist, ist seine traditionelle Überschätzung von Theater und Buch. Besonders beim Theater sollte jede gute Kritik fast immer nur Publikum, Direktor und Zeitausstrahlung kritisieren, aber kaum das Werk. Warum gerade dies, warum nicht ein andres? Was soll das? Das ist Individualismus von früher, der hier nicht gut angebracht ist. Aber sonst ist es eine große Oase in der Wüste. Amen.

//

Was ich befürchtet habe, tritt ein. Hitler hat zwei Franzosen ein Interview gegeben und hat darin die alten Volksversammlungsphrasen aufgesagt: die Frontkämpfer müßten den Frieden machen pp. Da nun die französischen Linken – siehe *Esprit* – ihre Republik gegen Feinde schützen, die es gar nicht mehr gibt, weil von 1789, so fallen sie nun also prompt auf diesen Unfug hinein. Und zwar so: Man hat uns einmal vorgemacht, daß wir für den letzten der Kriege und für die Zivilisation ausrücken – on ne nous la fait plus! Galtier-

Boissière, ein begabter Mann, dessen «Crapouillot» ich aber stets mit großem Mißtrauen gelesen habe, schreibt nun im *Canard* über dieses Interview, bejaht das und schreibt allen Ernstes «Amen» darunter. Das wird kommen. Wer nun etwas gegen diesen Wahnsinn sagt, ist ein übler Kriegshetzer, ein General, ein marchand de canons oder – natürlich, Herr, Sie haben gerade nötig, uns etwas zu erzählen! – ein Emigrant. Das wird heiter werden. Die Leute am Quai d'Orsay, die dagegen sind, sind es zum Teil aus üblen Motiven – sie bewirken in diesem Fall das Gute.

//

Hier gibt es natürlich einen Couillonverein, und der hat einen Damenklub. Die Juden sind – langsam, allmählich, viel zu spät und sicherlich nicht alle – ausgetreten. Das hindert aber diesen Verein nicht, denen auch weiterhin Aufforderungen zu schicken, für die Deutsche Winterhilfe zu spenden. Das Fröken hat geantwortet, ich habe das skizziert, und ich denke, es wird da heute mittag bei dem Adressaten einen kleinen Aufruhr geben. In dem Aufruf stand – immer geschickt! – daß soundsoviel Leute in Deutschland davon unterstützt werden, soundsoviel Juden und soundsoviel Ausländer. Wenn man aber die Haltung der Juden im allgemeinen sieht, so versteht man nun besser als jemals, warum sie so lange im Ghetto haben leben können. Es ist ein Dreck, der es nicht besser verdient.

//

C'est dur un général!

NÉCROLOGIE

L'inhumation définitive du *général Heusch*, ancien commandant de la cinquième région, décédé en septembre dernier, aura lieu mercredi 21 novembre 1934, à dix heures et demie, au grand cimetière d'Orléans.

On est prié de bien vouloir considérer le présent avis comme une *invitation.*

Pour quoi faire?

//

Kennst Du die Rede, die Max Warburg bei seinem Abschied von der Hapag gehalten hat? Wenn nicht, werde ich sie Dir übersetzen – ich habe sie nur schwedisch. Ich fange jetzt an, das zu verstehen, wenn ich es lese. Ist das eine Grütze! Regeln gibt es, aber sie richten sich nach dem Wetter.

Hatchö.

[25. 11. 1934]

Q-Tagebuch
für die Reiterin und Qtscherin Nuna

//

Eine griechische Bäuerin hat der Prinzessin Marina eine Phiole zur Hochzeit geschenkt, damit die junge Frau darin ihre Freudentränen sammeln könne. Das eröffnet mit Verlaub zu sagen Perspektiven. Man könnte . . . mais je n'insiste pas.

//

Et maintenant voici une nouvelle utilisation du disque bien caractéristique. Ultraphone a eu l'idée de graver, à l'intention exclusive des médecins et des pharmaciens, sous forme de collection à tirage limité et réservée aux souscripteurs, un recueil de truculentes chansons de salles de garde exécutées avec soli et chœurs! Cette anthologie, strictement spécialisée, s'appelle «Esculape» (U.). Elle inaugure la technique du disque «corporatif» et confidentiel, destiné à entretenir, chez certaines catégories de citoyens, l'esprit de tradition et le souvenir des années de jeunesse. Saluons cette ingénieuse initiative et signalons-la aux médecins qui sont lecteurs du *Temps*!

Frau Wirtin hat ein Grammophon,
das singt am frühen Morgen schon
die hundsgemeinsten Verse.
Frau Wirtin küßt* den Piccolo,
bald sie ihn und bald er se.

*pickt (Gereinigte Fassung)

//

Daudets Literaturkritiken kommen wirklich aus dem Bauch – er sagt das auch und ist in dieser Sache von einem erfreulichen Mangel an Doktrin. Wie, in aller Welt, ist es dann möglich, daß er auf Axel Munthen hereinfällt? Er lobt diesen Quark – merkt er denn nicht, daß das von vorn bis hinten falsch ist? Aber wenn Daudet von seiner Arzttätigkeit spricht, [ist] er ja genau so falsch und will besonders denen imponieren, die nicht Medizin studiert haben. Ein Franzose, der diesen Schwindel vom Sankt Michele glaubt ... es geht nirgends merkwürdiger zu als auf der Welt.

//

Es wird Dir hiermit von Deinem Obertyrannen und Haus'zuhälter auf das allerstrengste verboten, «die Anarchisten zu verstehn». Ich weiß sehr gut, daß das nur so ein mot ist – aber Du mußt nicht. Das ist Quatsch und nichts als verärgertes Kleinbürgertum. Anarchie gibt es überhaupt nicht. Daß wir die irdische Ordnung der Tiere verloren und die himmlische des lb. Gottes nicht errungen haben, ist bekannt – aber Anarchie gibt es nicht. Und alles kapott zu machen, ist gar nichts, es scheitert schon daran, daß es nicht geht. Ich habe selbst solche mots von France zitiert, weiß genau, wie das gemeint ist, und kann doch nie ohne Grinsen an einen «Anarchistenkongreß» denken, der in meiner Jugend irgendwo abgehalten wurde. Was mich denn auch veranlaßte, eine «Einsiedlerschule» zu erfinden, wo die Leute einsiedeln lernen. Dieser Weg der Verzweiflung führt nirgendwo hin – dixi. Ich habe es alles genau so satt wie Du – aber das da ist nichts als gewendeter Faesi. So. Der hab ichs aber gegeben.

//

Neulich war hier E. E. Kisch abgebildet – sie haben ihn in Australien verhaftet, weil er dort ohne Erlaubnis gelandet ist – er wollte an einem Friedenskongreß teilnehmen. Unterschrift: «Der allseits bekannte rasende Reporter – dieses Abenteuer wird ihm sicherlich Stoff für neue, interessante Artikel geben.» Und das ohne jede Ironie. Daran ist Kisch nicht unschuldig; statt der erhofften Wirkung wird er langsam der freundlich rebellierende Liebling der Herren Chefredakteure. Von der Widersinnigkeit der australischen Einwanderungsbestimmungen, von der Omnipotenz des Staates – kein Wort. Aber interessante Artikel. Polgar hat schon recht gehabt, als er ihm vor langen Jahren als Widmung in ein Büchlein schrieb: «Dem feinsinnigen Revolutionär und unerschrockenen Journalisten.»

//

[30. 11. 1934]

Q-Tagebuch
für die liebe Nuna bei Qfstein

= = = =

Man liebt ja nur die Autoren, die einem adäquat sind, und die schätzt man hoch, weil sie dasselbe fühlen wie der Beurteiler. Trotzdem freut mich jede Bestätigung, wenn sie von einer Seite kommt, deren Größe ich nicht erst erfunden habe. (Denn es läßt sich ja für jede Behauptung irgendein Beleg beibringen, alles ist einmal gedruckt worden.)

Das Zeugnis für mein unbehagliches Gefühl, das mich nie verläßt, wenn von England die Rede ist, findet sich – ganz ins Optimistische gekehrt – bei Fontane, dessen Briefe überhaupt eine Fundgrube sind. (Viel schöner als die Romane.)

Berlin d. 31. Juli 1891.

Meine liebe Mete.

Ich schicke Dir im beifolgenden einen sehr ausgezeichneten Bericht von L. P. über eine Themseregatte zu Henley, einem Flecken zwischen Windsor und Oxford. Der Bericht ist einfach als Schilderung wertvoll, vor allem aber wertvoll in der Gesamtbetrachtung und Gesinnung, der er Ausdruck leiht. Die drei, vier Zeilen auf der dritten Spalte, die ich mit Blaustift unterstrichen habe, drücken – und ich könnte dem alten Pietsch dafür einen Kuß geben – ein Gefühl aus, das ich während meines langen Aufenthaltes in England nie los geworden bin. Mir war immer zu mute, als wäre ich ein unterer Angestellter des Hauses, der um 12 Uhr in das Vorzimmer bis an die Saaltür treten darf, um dem Ball oder den Polterabend-Aufführungen zuzusehen und der, inmitten seiner Freunde, das Gefühl nicht los wird, nicht mit dazuzugehören. Die meisten Menschen werden dabei von Neid verzehrt und suchen sich dadurch zu retten, daß sie die vorhandene Überlegenheit bestreiten. Das habe ich nie getan. Hätte ich die Kraft und die Mittel dazu gehabt, so hätte ich dem formell nahezu Vollendeten nachgeeifert; da ich das nicht konnte, habe ich mich, wie L. P. sehr richtig schreibt, einfach darüber gefreut, daß es existiert. Daß nicht alles Gold ist, was glänzt, weiß ich sehr wohl, und daß kleine Pfennigzustände (Anmerkung für Nuna: Er hat mal gesagt, «in Berlin kost' alles 'n Sechser») Pfennigzustände dieser Herrlichkeit überlegen sein können, weiß ich ebenso gut; nur davon kann ich nicht abgehen, daß diese englische Inszenierung des Lebens mich mit einem unsagbaren Wohlbehagen erfüllt und mir die Brust weitet, wie wenn der Duft eines Resedabeetes zu mir ins Fenster dringt. Ein Zustand, von dem ich bei Berliner Kanalluft weit ab bin.

Empfiehl mich. Wie immer Dein alter

Papa.

Das spricht für sein weites Herz und seinen guten Charakter. Ich glaube nicht, daß ich vor der englischen Überlegenheit, die ich ohne weiteres empfinde und anerkenne, ja akzeptiere, Neid empfinde. Aber so vollendet erscheint es mir nun wieder nicht, und ich werde ein verdammtes Gefühl von Unbehagen nicht los.

Was sie in Europa treiben, ist eine Schande. Sie maßen sich noch immer das Oberaufsichtsrecht an, wollen aber auf keinen Fall irgendwelche Bindungen eingehen. Man muß diese Entrüstung nachschmecken, mit der die englische Presse die Möglichkeit eines russisch-französischen Bündnisses aufnimmt. Ja, aber sie wollen doch nicht! Also? Also sollen sie die Finger da herauslassen und sich mit ihren Dominions abgeben. Tun sie aber nicht.

Kommen noch die Schilderungen der Londener Hochzeitsfeierlichkeiten hinzu . . . dann wird mir ganz übel. Der *Temps* schrieb etwas von der «foule en délire» – verstehst Du das? Der Herzog von Kent ist nicht der Prinz von Wales, man kann also nicht mal sagen: «Da fährt die zukünftige Mutter englischer Könige» – was um alles in der Welt zieht eine Million Menschen nach London, um einen Blick auf Hochzeitskutschen zu erhaschen? Was wollen die? Was regt sie daran auf und an? Neger.

//

Fontane hingegen ist keiner. Was der an zahllosen Stellen über Bismarck gesagt hat, dessen Bedeutung er nie verkannt hat, paßt auf Deutschland überhaupt. Zum Beispiel dieses da an einem Bismarck-Geburtstag 1895:

Es ist doch schade, daß dieser Tag – wenigstens in meinen Augen – doch nicht das ist, was er sein könnte. Und das liegt – noch einmal nach meinem Gefühl – an Bismarck. Diese Mischung von Übermensch und Schlauberger . . . *von Heros und Heulmeier, der nie ein Wässerchen getrübt hat,* erfüllt mich mit gemischten Gefühlen und läßt eine reine, helle Bewunderung in mir nicht aufkommen. Etwas fehlt ihm und gerade das, was recht eigentlich die Größe leiht. Bankier Neumann, uns gegenüber, hat auch nicht geflaggt, und Arm in Arm mit Neumann fordere ich mein Jahrhundert in die Schranken.

Und so noch viele Male. Und dieser «Bürger», «Realist» und was man ihm sonst noch anhängen kann, ist da photographiert, an seinem Schreibtisch mit Kachelofen, und darunter, von seiner Hand:

«Der kommt am weitesten, der nicht weiß, wohin er geht.» Ja, das war einer.

//

Dein Freund Faralicq ist gestorben, der Polizeimensch, dessen Buch Du durchlacht hast.

//

Die Franzosen wollen angeblich 700000 Fremde ausweisen. Nun, es wird halb so schlimm werden; also 350000. Aber die Arbeitgeber, die diese armen Polen und Italiener engagiert haben, weil die sich gewerkschaftlich nicht wehren können, von denen spricht niemand. Und es werden sicherlich, getreu nach Concierge-Aussagen, die falschen ausgewiesen werden.

Ich verstehe die da immer weniger. Hitlers Friedensbekenntnis wird ganz ernsthaft diskutiert – erst eine Woche später erschien es in der deutschen Presse. Man trägt da jetzt Friedenswille. Der Pariser Stadtverordnete, der das Interview gehabt hat, heißt Jean Goy. Hier kann man sich den ordinärsten Kalauer nicht verkneifen. Friedenswille? Das soll jener einem Goi erzählen.

//

In einem alten Buch Kischs habe ich eine Stelle gefunden, wo er sich darüber entrüstet, wie die österreichische Polizei im Kriege die Angehörigen von tschechischen Politikern das hat entgelten lassen, was jene im Ausland an Hochverrat geleistet hätten. Er tobt. Und was ist mit den Russen, die dasselbe tun? Das ist ganz etwas andres – denn das ist «richtig».

//

Die Saar-Kommission des Völkerbundes spricht das eine, das einzige Wort nicht aus, das die Straße versteht, und das hier nötig ist: «Ihr könnt später nochmal stimmen.» Obgleich dies in einer deutschen Zeitung gestanden hat, so glaube ich es: die höheren Angestellten des Völkerbundes, eine besonders zuwidere Sorte hochmütiger Bürokraten, will die Saar unter allen Umständen loswerden. Warum aber, warum fangen sie das an? Sie sind genau wie die Richter: ihr Beruf erscheint ihnen als Berufsstörung. Nur keine Komplikationen! Wozu sind sie aber da? Sie werden heilfroh sein, die Saar als «erledigt» abzubuchen, die Saar-Bevölkerung fühlt sich mit Recht im Stich gelassen, und man könnte es ihr nicht verdenken, wenn sie nun nur aus diesen Gründen für Deutschland stimmt. Sie sind doch verraten und verkauft. Ich spreche nicht davon, daß sie vielleicht doch für Deutschland stimmten, auch wenn sie es nicht wären – aber sie sind es. Genf ist eine Vorbereitung des nächsten Krieges.

//

Die alte Morchel aus Paris schreibt, daß der Péguy nicht mehr zu haben ist, wenigstens nicht dies Exemplar für 650 Francs. Bätsch! Siehstu – Du sollst nicht so viel Geld ausgeben! Sie wird sich aber weiter umsehen. Sie behauptet, wenn überhaupt einmal ein Exemplar auf den Markt käme, wäre es gleich weg. Ich habe ihr erst mal 500 Francs geboten, dann kann man immer noch sehen.

//

Ich bin kein eingeschworener Marxist, aber was sich jetzt hier abspielt und abspielen wird, das kann man mit der Elle der materialistischen Geschichtsauffassung messen. Bis auf den von mir einst verspotteten Text der Anzeigen spielen sie hier eine Prosperität, die deshalb gespielt ist, weil ja in der völlig blödsinnigen Verteilung der Waren nichts geändert wird, die Schutzzölle erhöhen sich, und was in Deutschland 1924 der Pump gewesen ist, das ist hier das Monopol. Ich habe mir mal über die Göggitze notiert: «Hier kommt alles weg!» Du besinnst Dich, daß das Innenviertel hier in der Stadt so kleine Häusgen hat, und ich verstände, wenn man sie aufstockt. Nein. Sie breiten sich über die große Allee (über eine Brücke, nach einem falsch monumentalen Museum hin, wenn Du Dich besinnst) hin aus, sie reißen dort alle alten, gewiß nicht schönen Wohnhäuser herunter und bauen dort und sagen es auch, daß sie es bauen: einen Kurfürstendamm. Nun ist damals diese «Ausbreitung nach dem Westen» in Berlin eine glatte Pleite gewesen: die Geschäfte der Innenstadt litten sehr, und ein Äquivalent im Westen war das da nicht, ein Teil der Geschäfte ging denn auch wieder in die Zittieh zurück, und die Klugen waren eigentlich nur, wie so oft, die Immobilienmakler. Und das machen sie hier auch – es ist die typische Bourgeois-Prosperität, keine Qualität, nur «Aufmachung». Der nächste Krieg wird dem Lande einen andern Typus Kriegsgewinner geben als das vorige Mal, viel ordentlicher, nicht so romantisch (man nannte das in Dänemark «Gulaschbarone»), und die meisten von damals haben ihr Geld verloren. Ich glaube, daß das nächste Mal hier die brave Mitte sehr viel Geld gewinnt, und daß der romantische Schiebertypus nicht so hoch kommt. Das wird statt derer der Staat besorgen. Die Waffenfabrik, die hier wöchentlich dementiert, daß sie an Deutschland auch nur eine Kinderflinte liefert, verdient sich dumm, und da es doch auf der Erde keine Mittelsleute gibt, die für Deutschland die Waffen entgegennehmen, so ist das schwedische Gewissen rein. Schade, daß ich anfange, hier etwas zu verstehen – vorher war alles viel schöner.

//

Den Kisch haben sie in Australien verhaftet, wegen nicht Landendürfens, und ihm 6 Monate aufgebrummt, was ich etwas reichlich finde.

Hatchö.

[2. 12. 1934]

Q-Tagebuch

für die qmmergewohnte Nuuna

= =

Die Einladung, die Rudolf Heß nach Paris erhalten haben soll, halte ich für bedeutsam, für gefährlich und für den Anfang des Versuchs, zwei Faschismen miteinander zu verbrüdern. Die Gefahr liegt vor allem darin, daß hier mit umgekehrten Vorzeichen gekämpft wird: machen die Linken Straßendemonstrationen mit «Assassin!», was übrigens mit Wonne niedergeknüppelt wird, so wird das *Echo de Paris* vor Pazifismus überströmen und noch ironisch dazu: «Nanu?» wird es sagen – «ihr seid doch sonst so für Verständigung? Und nun laden wir uns den Gegner ein, damit wir uns mal richtig aussprechen, und nun macht ihr Krach? Wo sitzen also die Kriegstreiber? Das sind die Sozialdemokraten!» Und so mit Grazie in infinitum. Und Hess wird es zu Beginn sehr leicht haben: er wird die Hände ausstrecken, ich, der alte Frontkämpfer, zu Euch, den alten Frontkämpfern; die Teile seiner Rede, in denen von der nationalen Ehre die Rede ist, werden besondern Beifall haben, schon, pour embêter les autres, und da der Mann weder Feuer frißt noch Juden mordet, so wird man sagen: Diese Emigranten haben wieder mal maßlos übertrieben – der Mann ist doch sehr manierlich! Und Blumen auf den soldat inconnu und die ganze Litanei. Die Internationale der Soldaten hat immer bestanden. Daß aber diese niedrige Zeremonie stattfinden wird, während in derselben Minute, wo der Deutsche in Paris spricht, hunderttausend Granaten in Deutschland gedreht werden –: das ist ein Zeichen, daß der gute Instinkt bei den Franzosen bestimmt nicht in Paris sitzt. Ich weiß alles, was sie entgegnen, wenn man ihnen vorwirft, niemals einen Linken eingeladen zu haben –: «Ja, der repräsentierte nicht euer Volk!» Gut und schön. Aber wie kann man einer Rede glauben, wenn Millionen von Schulkindern und Hunderttausende von jungen Leuten und Zehntausende von Studenten in einem siedenden Haß gegen Frankreich aufgezogen werden! Geht das so, wie ich denke, so bricht mir eine Liebe kaputt, die zu Frankreich. Davon wird es sich zu erholen wissen. Aber ich nicht.

//

Warburg ist einer der Promotoren der Hapag gewesen. Die nachfolgende Information stammt allerdings, wie die schwedische Zeitung, der ich sie entnehme, sagt, aus dem *Pariser Tageblatt* – sie kann aber trotzdem richtig sein. Wenn sie wahr ist, so wird ihr die Hälfte des Wertes dadurch genommen, daß diese Rede anderthalb Jahre zu spät gehalten worden ist, daß der Mann offenbar gewartet hat, bis er herausgeschmissen worden ist. Man hat ihn also herausgetan, hat ihm in Hamburg ein Festbankett gegeben, und dort soll er Folgendes gesagt haben:

– «Meine Herren! Wenn ich mich in diesem Kreise umsehe, so finde ich – verzeihen Sie – auch nicht ein einziges Gesicht, das einem Mann gehört, der etwas Entscheidendes für die deutsche Seefahrt getan hat. Das große und mächtige Seeschiffahrtswerk der Deutschen ist in der Hauptsache das Werk zweier Juden. Der eine der beiden ist der verstorbene Albert Ballin, der andere ist der Mann, der die Ehre hat, vor Ihnen zu stehn. Es ist sonst nicht meine Art, von mir selbst zu sprechen, da Sie mir vielleicht etwas zu sagen haben und da Sie sich bei dieser Sache etwas genieren werden, so erlauben Sie mir wohl, Ihnen dabei etwas zu helfen.» – Totenstille herrschte im Saal. Alle Anwesenden saßen versteinert und verdutzt, und die Atmosphäre war bis zum Äußersten geladen. Max Warburg fuhr fort:

– «Wenn Sie an meiner Stelle ständen und ich an Ihrem Platz säße, so würde ich sagen: Lieber Herr Warburg! Es fällt uns schwer, von Ihnen zu scheiden, von Ihnen, der Sie zusammen mit Albert Ballin unsere Gesellschaft geschaffen und zu etwas Großem gemacht haben. Es fällt uns schwer, einen Mitbürger zu verlieren, der während des Krieges seinem Vaterlande solche großen Dienste erwiesen hat. Wir können auch nicht vergessen, daß Sie und kein anderer nach dem unglücklichen Krieg unsere Gesellschaft aus den Trümmern wieder aufgebaut und sie mit Ihrem eignen Gelde saniert haben. Und wenn wir, die neuen Männer im Unternehmen, uns nun von Ihnen trennen müssen, von Ihnen, dem langjährigen Mitarbeiter, so tragen wir daran selber die Schuld. Das würde ich sagen, wenn ich an Ihrer Stelle wäre. Aber erlauben Sie mir nun, Ihnen Lebewohl zu sagen, das heißt Lebewohl bis zu dem Tag, wo Sie mich wieder brauchen.»

Was gegen die Wahrheit dieser Rede spricht, ist: sie ist zu schön, um wahr zu sein. Riskiert hat er damit nicht viel, denn sein Geld ist gewiß im Ausland. (Er hat zu den amerikanischen Bankiers Warburg verwandtschaftliche Verbindungen.) Was für ihre Wahrheit spricht, ist ein gewisser Kaufmannston, trotz allem ein Mangel an Würde, etwas Jüdisch-Beleidigtes, Pack schlägt sich. Möglich aber ist es schon. Er habe, fügt das schwedische Blatt hinzu, die englischen und amerikanischen Pressevertreter hinterher zu sich gebeten und ihnen den Wortlaut der Rede gegeben. Hm.

//

Einen wunderbaren Beweis für das, was bei der «materialistischen Geschichtsauffassung» nicht in Ordnung ist, zeigt das letzte Blättchen. Ich lese das niemals daraufhin, ob die Artikel gut sind – darauf kommt es zur Zeit so viel an, wie auf die Farbe eines Taues, das man einem Ertrinkenden zuwirft. Ich frage mich immer: wie wirkt das, und welcher Geist spricht daraus? Dieser:

In Spanien ist eine Revolution blutig niedergeschlagen worden. Die Not ist dort sehr groß, die Grundbesitzverhältnisse eine einzige Schande, und trotzdem oder vielmehr unabhängig davon ist es schiefgegangen. Also gut. Ich kann nun verstehen, daß ein Kommunist darüber einen optimistischen Artikel schreibt, sei es, daß er das wirklich glaubt, sei es, daß er den andern Mut machen will. Aber dabei entrutscht ihm ein Kernsatz, und der zeigt eben, daß es so nicht geht, und daß der Marxismus Millionen von Arbeitern einen Glauben gegeben hat, und daß er heute beginnt, in einen Türkenfatalismus überzugehen:

«Man wittert etwas . . . von jener Überzeugung, *daß die gesellschaftliche Entwicklung, nicht aber der aktuelle Wille der Generation* den Lauf der Dinge dirigieren und den Durchbruch, den Sieg eines Tages möglich machen wird.»

Nein und tausendmal nein. Das eben ist das maßlos Gefährliche: daß sie die Wahrheit und damit den Sieg, in den Wolken hängend, aber doch immerhin, bereits haben, und wenn es schiefgeht, so waren es die niedrigen irdischen Dinge, und wenn es gut geht, so war es die Doktrin, und das «Es». Doktrinen sind notwendig, sie sind, auch wenn sie falsch sind, Hilfslinien, die man nachher fortradieren kann, um sich an das Resultat zu halten – so sind ja zahllose Entdeckungen gemacht worden (auf falscher Erkenntnisbasis). Aber diese Doktrin da lähmt, und wo sie nicht lähmt, verführt sie zu einem lächerlichen, unmenschlichen Optimismus. So sind denn auch die Aufsätze über die Einheitsfront völlig abstrakt, mit der Realität haben sie überhaupt nichts mehr zu tun. Das bewegt sich auf dem Mond, Leerlauf, und es ist ja auch sehr bezeichnend, daß die Auslassungen von Parteiführern ohne Partei wie die von Wels oder irgendeinem Menschewikenführer mit demselben sturen Ernst vorgetragen werden. Die Massen? Die einzelne Familie? Auf die kommt es nicht an. Es kommt auf das «Richtige» an. Es ist trostlos. Und weil diese Leute eben nur noch die Schlagwörter der Halbgebildeten sehen, weil sie nur noch in dieser Wissenschaft leben («Marxismus ist der Mißbrauch einer zu diesem Zweck erfundenen Terminologie», leider nicht von mir), so kommen eben solche Sachen wie in Frankreich zustande. Der Herr de la Rocque von den Croix de Feu weiß natürlich gar nichts von den Wirtschaftsgesetzen, aber sehr viel von der Denkungsart seiner Leute. Die *Humanité* aber ist «richtig». Noch in der Niederlage und gerade da: richtig und nichts als das. Dandieu hat das zu Ende gesagt. Dieser Fehler wird sich an den Arbeitern auf das bitterste rächen. So komisch das klingt: der Sozialismus kann erst zum Siege gelangen, wenn es ihn nicht mehr gibt. Er muß abgelöst werden von einer neuen Doktrin. Vieles schon 1890 bei Sorel. Aber den lesen jenne nicht.

//

Vu überbietet sich in Schmockerein für die Prinzenhochzeit. Sie haben ein Weib nach London geschickt, die bei den Köchen und Kutschern herumgekrochen ist, in alle Nachttöpfe und Kaffeekannen hereingesehen hat, um dann zum Schluß zu sagen: «Der Königin paßt das alles nicht, diese Reklame – et la reine a raison.» Es ist sehr verlogen. Der *Canard* sagt übrigens, und nun verstehe ich es, und ich glaube das, daß die Marina kein Geld gehabt habe, und daß die englischen und französischen Lieferanten gesagt haben: Ja gut, umsonst. Aber dann: Reklame. Nur so erklärt sich diese geradezu schamlose Reklame mit jedem Schlüpfer und jedem Hut, sie haben ihren Kopf auf alle möglichen Modelle gepappt, und nun sind alle Teile zufrieden. Die widerwärtige Happigkeit, die daraus spricht, paßt auch gut zu dem Gemahl – der, nach den Schilderungen der *Vu*-Korrespondentin – genau so sein soll. Er wünscht sich recht dringlich, was er geschenkt haben will und so. Das kann unwahr sein, aber dieser Modenfeldzug mit der jungen Dame hatte etwas recht Unkönigliches.

//

Der *Canard* stößt in dasselbe Horn wie die Faschisten, er macht das, was ich befürchtet habe: wer nun noch etwas gegen eine Verständigung sagt, ist ein gemeiner Kriegshetzer und marchand de canons und jüdischer Emigrant. Das letztere sagt er zwar noch nicht, aber es kann sich nur noch um Wochen handeln. Zum Glück hat keiner der deutschen Emigranten den Mut, auf den Heß ein Attentat zu verüben, es würde ihm auch – im Gegensatz zu dem Schweizer, der damals Worowskij ermordet hat – sehr übel bekommen. In Finnland ist ein Weißrusse in die russische Gesandtschaft geschlichen, um dort einen Russen zu ermorden. Mordversuch? Er hat ja keinen ermordet; er hat vier Monate wegen Hausfriedensbruch bekommen. Bei Heß verlief das wesentlich anders.

//

Die Leute reden immer von Katastrophe und Weltuntergang, ich halte das alles für dummes Zeug. Es ist sehr leicht denkbar, daß England Frankreich sitzenläßt, und es ist sicher, daß Frankreich sich nicht in einen

Balkanstreit einmischt –: dafür bekommt man keinen Mann mehr auf die Straße. Ob mit Recht oder Unrecht, das ist so. Kurz, ich glaube an eine Kette von lokalisierten Kriegen, bei denen die umliegenden Dörfer verdienen oder zum mindesten nicht leiden, und daran gewöhnt sich der Kontinent. «Wenn hinten, weit in der Türkei, die Völker aufeinanderschlagen . . .» Alle sehen friedlich zu, und heiliger Sankt Florian, verschon mein Haus, zünd' andere an. Opernfinales gibt es nur bei Emil Ludwig, die Geschichte ist viel pointenloser. Eben darin liegt die Siegeschance Deutschlands – es siegt ein kleines Mal nach dem andern. Gedeiht die Sache bis zum ersten Krieg, so wird das Land die vorherrschende Macht Europas und verpestet den ganzen Erdteil. Denn das imponiert allen Kaufleuten. Ich halte ihre Außenpolitik für gut – à la longue für gut. Die Klugheit Hitlers besteht darin, daß er – im Gegensatz zu den doktringebundenen Gegnern – sieht, was man sich erlauben kann. Was? Wie immer: alles. Man muß nur die Frechheit haben.

//

Hatchö.

[11. 12. 1934]

Q-Tagebuch
für die antiqjonische Nuna

//

Ich habe Dich bestohlen: die Geschichte von «Les maladies tu les as toutes – qu'est-ce que tu rrisques?» habe ich an einen Wettbewerb geschickt und für 60 francs Bücher gewonnen. Das sind vier Bücher, und da es bei Grasset ist, geht es an. Danke schön!

//

Je suis donc par avance assuré que M. Pierre Laval trouvera difficile, à Genève, de décider M. Anthony Eden à définir le cadre éventuel d'un *statu quo* confirmé, autant qu'à préciser le caractère provisoire, d'un plébiscite antihitlérien. Cette résistance a deux explications. Gouvernement et opinion sont convaincus qu'aucune force humaine n'empêchera la majorité des Sarrois, malgré les raisons d'ordre, matériel et moral qui leur commandent de voter pour le *statu quo*, d'obéir à l'appel du pied et au son des fifres, de rallier les sections de Hitler et de reprendre le pas le l'oie. L'attraction grégaire demeure irrésistible. Dès lors, il est inutile de faire un effort pour définir le *statu quo* et pour prévoir un second plébiscite. On sait que l'Anglais reste plus économe de sa matière grise que de ses livres sterling. D'ailleurs, un scrupule moral confirme cette inclination naturelle. L'évocation d'une fructueuse et libre autonomie dans la sécurité d'un cadre international et la garantie d'un recours possible à un nouveau plébiscite risqueraient d'exercer une pression sur ces électeurs malléables. Or, la Société des nations doit garder l'impartialité d'une cour de justice. Cette résistance, qui est légitime, n'a rien de dangereux pour la Sarre antihitlérienne. Il suffit que M. Pierre Laval répète à Genève ce qu'il vient de déclarer à Paris: au cas ou les Sarrois, après s'être prononcés pour le *statu quo*, réclameraient l'extension de leurs libertés, la propriété des mines et la garantie d'un second plébiscite, la France, respectueuse des droits de la Sarre, n'apporterait aucun obstacle à la réalisation de ces vœux. Elle ne poursuit qu'une œuvre de libération.

Plus important que ce désaccord entre juristes est la concordance des politiques.

Es ist also parteiisch, Leuten, die zwischen zwei Möglichkeiten zu wählen haben, zu sagen, was sie eigentlich wählen, «weil sie ja doch nicht für die zweite Möglichkeit stimmen». Also warum läßt man sie wählen? Es ist aber nicht parteiisch, ihnen überhaupt nur die eine Möglichkeit vor Augen zu halten, dadurch werden sie offenbar nicht beeinflußt. Die Entwicklung läuft klar, und sie interessiert mich nur noch sehr wenig, was sie ja aushalten wird: die Franzosen werden zu einer Macht zweiten Ranges heruntergedrückt, sie schwatzen den Engländern alles nach, es wird, wenn in der Saar nicht ein Wunder geschieht, in Genf zu einer Aussprache kommen, bei der es ganz gleichgültig ist, ob die Deutschen alle Kolonien wiederbekommen oder nur einige, ob sie den Korridor bekommen oder nur die Kolonien – niemand wird ihnen sagen, daß sie ihre Schulden nicht bezahlt haben, sie werden sie auch nicht bezahlen, die «Kontrolle» der Bewaffnung ist eine Farce, aber die Formel, die Formel ist gefunden. Der *Ordre Nouveau* hat ganz richtig gesagt, man müsse, bevor man auf den Völkerbund schimpft, erst mal fragen, obs ihn überhaupt gibt. Es gibt ihn nicht. Es gibt nur eine infame, niedrige, miese und von Kaufleuten und feigen Politikern geführte europäische Gruppe, an der Spitze England, das Europa regieren will, ohne die leisesten Verpflichtungen einzugehen. Mir tut jeder Mensch leid, der unter diesem Dreck leidet – er ist es nicht wert. Man sollte sich wohl in Zukunft mit vernünftigeren Sachen befassen.

//

Was ich als so grauslich empfinde, ist, daß in Couillonien nicht etwa die Treue gesiegt hat, sondern ganz etwas andres. Sicherlich sieht das in Rußland und in Italien, wenn man näher zusieht, hier und da sehr scheußlich aus: in Rußland sitzen Leute, die unter dem Zaren für ihre Sache gelitten haben, heute in Sibirien, und die grenzenlose Eitelkeit des fetten Schauspielers in Rom duldet ja neben sich nur zweite Besetzung. Trotzdem sind doch gewiß viele Leute in beiden Ländern an der Macht, die von der ersten Stunde an dabei waren. Das ist nun in Deutschland anders. Dort werden gerade die Leute der ersten Stunde, weil heute unbequem, herausgeschmissen, und es sitzt dort der Opportunist, Sieburg, die Reichswehroffiziere, die Mitmacher, Hitler und ähnlicher Dreck. Das heißt: die Treulosigkeit triumphiert. Und sie wird doppelt triumphieren, weil die Deutschen mit Recht sagen können: «Seht ihr, so muß mans machen! Man muß nur seine Schulden nicht bezahlen, man muß nur mit der Faust auf den Tisch schlagen, und wenn auch der Tisch nicht bezahlt ist – darauf fallen sie herein. Das ist die Sprache, die England versteht!» Und das ist richtig. Wer in der zweiten Hälfte des Jahres 1935 noch etwas sagt, wird über die Achsel angesehen werden: das trägt man doch nicht mehr. Lillychen aber wird mit ihrer Revolution noch etwas warten müssen – ce qui ne tardera pas à arriver? Hm.

//

Es müßte in der Saar ein Wunder geschehen. (Was Herrn Brüning auf die Bühne riefe.) Aber ich glaube das nicht. Das Spiel ist wohl aus.

//

Heute mittag kommt der Preis in Oslo heraus. Na, Du wirst wohl recht behalten. Da breche ich in keinerlei Geschrei aus – das ist eine Privatsache – mir wärs noch so lieb, wenn der arme Hund das Geld bekäme. Eine Ehre ist das längst nicht mehr.

//

Ich komme gerade aus der Stadt zurück.

Ich besinne mich genau, Dir aus Lysekil geschrieben zu haben: das kriegt nicht Johann, sondern Henderson. Ich hatte das einfach aus dem Bauch heraus geschrieben, ohne einen andern Anhalt, als den so merkwürdigen Ton seiner Reden: mir war, als spräche er gar nicht zu englischen Arbeitern, die Reden waren so unaktuell, er sprach über die Köpfe seines Publikums hinweg, zu jemand anderm. Am selben Tag kam Sjöbeck mit dem Ausschnitt: Johann sei erster Kandidat, Henderson stand gar nicht unter den Kandidaten. Ich revozierte in demselben Brief artig und brav. Man soll auf seinen Instinkt hören.

Was mich so aufregt, bis zu jener Grenze, an der ich deutlich fühle: «Good-bye to all that!» ist nicht, daß jener ihn nicht bekommen hat. Ich bin kein weißrussischer General, der alles, was geschieht, nach seinem Kram mißt. Der andere Preisträger, Norman Angell, ist ein sehr braver und ordentlicher Mann, sein Buch «Die große Illusion», von dem ich Dir gesprochen habe, ist mutig, anständig . . . und was die efficacité angeht, so ist das genau so unwirksam wie das, was Johann gemacht hat. Ich kann mir auch denken, daß man dort sagt: «Das Schicksal dieses Mannes ist sehr traurig – das ist noch kein Grund für uns, ihm den Preis zu geben.» Gut und richtig.

Den Preis aber einem Mondsüchtigen zu geben, einem Burschen, dessen Maßnahmen alle schiefgegangen sind, dessen Prophezeiungen nie eingetroffen sind, einer, der alles, aber auch alles verkehrt gemacht hat, unter dem die Entwaffnungskonferenz völlig zur Farce geworden ist – einem Kerl, der zu den höchst dotierten Beamten der Welt gehört hat, denn diese Stellung in Genf hat, glaube ich, so gegen 75 000 schweizer Francs im Jahr eingebracht – einem Mann, der so wenig «Idealist» ist (wie das die Statuten verlangen), wie das Kellogg gewesen ist oder gar Stresemann, ein Beamter wie hundert andere auch – einem solchen untüchtigen, unfähigen, und nichts als repräsentativen Beamten das Geld hinzuwerfen – das darf denn doch wohl eine Schande genannt werden.

Hat Johann das vorher gewußt, was möglich gewesen ist, dann geht er ein. Scott ist auf dem Rückweg vom Südpol erfroren, nachdem er die Fahne Amundsens am Ziel vorgefunden hatte, und hat Johann gewußt, daß er Kandidat gewesen ist und daß er das nun nicht bekommt, dann hält er nicht mehr aus. Das kann niemand aushalten.

Aber das peitscht mich nicht auf. Mich regt auf, wer ihn bekommen hat. Warum nicht die Witwe Dollfuß? Sie hat genausoviel für den Weltfrieden getan wie Henderson.

Was nun noch kommt, ist sehr klar: Die Engländer, dieser Verderb Europas, werden mit einer leicht übergebügelten MacDonald- und Labour-Politik einen «Frieden» zustande bringen, daß Hitler sich nur tief vor ihnen verneigen kann. Das ist mit Geld nicht zu bezahlen, und sie tun das gratis. Hier war neulich das Gerücht abgedruckt, die Bank von England gebe einen Kredit für die Wollschulden, die Deutschland in England hätte. Vielleicht ist das verfrüht. Aber wette nicht mit mir, daß es das nicht gibt – diese Wette verlierst Du. Dieser Kredit und andere kommen spätestens in sechs Monaten. Diese völlig abstrakten, irrealen und nichts als literarischen «Spannungen» und «Entspannungen» werden dann einem Gleichgewicht weichen, dessen Kosten Frankreich bezahlt, aber erst später; mit sanft drohenden Reden und klirrendem Prestige wird Laval nachgeben, und die Kredite werden kommen. Auch aus der Schweiz. Fern sei es von mir, mich damit noch zu befassen. Wüßte ich, wie weiter – dies nie, nie wieder.

//

Dies wird ein bißchen lang – ich höre auch gleich auf. Wollte nur sagen:

Schon Halperin wies einmal in einer Unterhaltung darauf hin, daß das, was die Engländer machen, vom Kontinent her manchmal so aussieht, wie wenn sie es sich teuflisch ausdächten. Davon ist natürlich keine Rede. Sie handeln aus einem Instinkt, den ein Europäer niemals verstehen kann, sie handeln von Tag zu Tag und lediglich nach den Bedürfnissen ihrer Politik. Aber die Wirkung ist fürchterlich. Jedenfalls habe ich nicht die Absicht, die Engländer in meiner Phantasie die Rolle einnehmen zu lassen, die bei andern die Jesuiten einnehmen. Wie Du überhaupt bitte nicht denken sollst: «Fritzchen prophezeit einfach das Schlimmste, und manchmal trifft das auch ein. Das macht seine Krankheit.» Sicherlich sehe ich nicht ganz klar, das ist wahr. Aber ich sehe weder Faschismus in Schweden noch bei Euch, weder große Umwälzungen in Frankreich noch vor allem mache ich dieses blödsinnige Gesellschaftsspiel mit, in dem sich so viele Psychopathen gefallen

(Léon Daudet): das Ausmalen der Schrecknisse des nächsten Krieges mit dem Unter- oder Obersatz: «Ganz Europa wird . . .» Das ist alles dummes Zeug, [das] sind Kinovorstellungen. Haben denn die Leute keine Geschichte gelesen, haben sie nicht einmal die entsprechende Literatur aus den Jahren 1900–1914 gelesen? Da hat man genau dasselbe Lied gesungen, und die Welt ist auch nicht untergegangen. Man wird bei der ersten Stadtvergasung, bei Bakterienkrieg und Ähnlichem einen Haufen Reporter und Photographen hinhetzen, die Leute werden sagen «Haben Sie das gehört? Schrecklich . . .», ohne auch nur einen Augenblick zu bedenken, daß womöglich die Waffenfabriken ihres eigenen Landes beteiligt sein könnten . . . und dann wird gar nichts sein, alles geht weiter, denn diese Dinge werden lokalisiert auftreten. Deutschland macht eine gute Außenpolitik. Im *Temps* hat sich einer an seinem Schreibtisch ausgerechnet, es gebe nur zwei Möglichkeiten. (Schon dumm – es gibt immer siebenundneunzig.) Entweder werde in fünf oder sechs Jahren ein Mann in Deutschland auftreten, der denen klarmacht, auf das Quantitative käme es nicht an, man müsse nicht immer «kolossal», oder Deutschland gehe unter und werde ausradiert. Völlig wahnwitzig und typischer Schreibtisch. Deutschland wird in lokalisierten Konflikten siegen, und für diese kleinen Dinge gehen die großen Mächte nicht los, «weil es nicht lohnt». Wer auf alle, aber auch auf alle Fälle dabei hereingelegt wird, ist Frankreich.

Ich aber sehe mir das alles mit dem Ausdruck und jenem Wort an, das Deine sterbende Tante gefunden hatte, als ihre Nachbarin ihr mitteilte, sie werde von Herrn Jesus Christus persönlich erwartet.

[16. 12. 1934]

Q-Tagebuch
für die qbusförmige Nuna

//

Präsentiere Ihnen anliegend unsere ff. letzte Sensaschuhn: das Sportsheim, wo neben mir liegt, ist heruntergebrannt. Ich aß gerade am Frühstückstisch, also war es schon sehr spät, und da bin ich herausgeloffen und habe 1 Matratze sowie diverse Tassen vom Feuertode des Ertrinkens gerettet. Der Dachstuhl hat gebrannt, dann kam eine freiwillige Feuerwehr, aber es war zu spät, und es brannte alles herunter. Versichert. Kein Menschenleben. Nun bauen sie das wieder auf, und ich werde hier ein mächtiges Holzgeklopf zu erdulden haben. Mindestens 4 Wochen. Aber so ist alles. Gotenburg hatte abgelehnt, eine Feuerwehr in das feindliche Ausland zu schicken, weil Hindås das einmal ihnen abgelehnt hatte – ich muß erst herauskriegen, was das ist. Dergleichen erfreut mein Herz, weil es alle meine sorgfältig gelernten Theorien auf das herrlichste bestärkt. Erst ist die Neigung zur Gruppenbildung – wie sich die auswirkt, ist ganz sekundär.

Der rote Punkt auf dem Bild bin ich – da fängt mein Jachten an. Bei trocknem Wetter hätte man wohl alle Bäume umhauen müssen, sonst wäre das Feuer übergesprungen. Der Brandchef war da und hat es alles beaufsichtigt, aber ich war nicht da, sondern in der Stadt, und in der *Handelstidning* hat das ganz groß aufgemacht gestanden. Es sind rechte Kleinstädter.

//

Jugendbild – aber immerhin.
Jetzt ohne Bart – mehr: mittelhochdeutsche & Holzschnitt.
Könnte auch Carossa heißen.

HERMANN STEHR
geboren am 16. Februar 1864 in Habelschwerdt (Schlesien), lebt in Dittersbach (Schlesien).

Der *Temps* bringt nichts Gescheites mehr – da muß eine französische Weisung vorliegen. Die Enthüllung des getöteten Ernst wurde gar nicht benutzt; sie spielen sich jetzt Völkerbund vor, Ungarn ist begeistert, weil nicht einmal eine internationale Kommission auf ungarischem Boden untersuchen wird, also nichts. Man stelle sich vor, daß ein Prozeß zwischen Privaten so zum Austrag käme – ohne Machtmittel des Gerichts, ohne Gerichtsvollzieher im Hintergrund ... es ist ja kindlich. Schaden aber kann dem Faschismus nichts – dazu hängen die Koofmichs viel zu sehr an ihm. Mussolini hat eine katastrophale Unterbilanz – das weiß die Kinderstube Europas aber nicht oder doch nur sehr unvollkommen. Die mehr oder minder blutigen rrradikalen Maßnahmen, die nach der Saar in Deutschland gemacht werden, schaden nichts – es ist sehr bezeichnend, daß diese lächerlichen Demokratien drum herum sich an solchen Kapellmeister- und Pfaffendummheiten viel mehr stoßen als an der einzigen Frage, die hier gestellt werden muß: Lohnen die Menschenleben, das vernichtete Glück und die zerschlagene Würde? Was kommt bei alledem heraus? Das fragt keiner. Der Weisheit letzter Schluß: das Handeln der Menschen ist Selbstzweck. Geschichtsphilosophie ist wirklich «Sinngebung des Sinnlosen» – und es bedarf schon einer sehr starken und festen Religion, um sich da herauszufinden. Das wäre zwar auch eine Hilfslinie, eine Philosophie des Als Ob, aber immerhin etwas. Wir andern habens nicht ganz leicht. Daher meine unersättliche Geldgier – eine Lösung wäre das gewiß nicht. Aber eine Ausflucht, in jeder Bedeutung des Wortes. Aber Du gewinnst ja nicht. In Japan verkaufen sich die jungen Mädchen wenigstens, um ihren Herren Eltern eine Freude zu machen. Aber da müßte ich in Deinem Fall wohl noch draufzahlen. Ach, ist das ein Mädchen! Geh mal rasch auf den____________________. Zu nichts zu bruuuuchn.

[25. 12. 1934]

Q-Tagebuch
qqk!

Habe mir noch einen Band Daudet angetan, und wenn ich das mal erwische, kaufe ich mir noch was von ihm (Wird nicht gesagt, sonst kömmt es hier morgens in Luxusausgabe an.) Das ist ein streifiger Mensch. Manches ist manisch, auch ist er recht alt und wiederholt sich erschreckend, vieles versteht er überhaupt nicht, da quatscht er dann; seine wissenschaftliche Arbeit möchte ich nicht im Schatten sehn. Er habe sich angewöhnt, ein wissenschaftliches Buch (über den Krebs) von 300 Seiten in einer Stunde zu lesen. Und so wird es ja denn wohl auch sein. Aber!

Seine Vitalität ist himmlisch – am besten da, wo er sie eingesteht. Er lese für den Goncourtpreis von jedem Buch erst mal zehn Seiten, alors je suis fixé. Das stimmt (nur Genies können ihm so durchrutschen, Talente nicht). Und er frißt Literatur, wie frisches Brot, schmeckt das wie Wein – und spricht von beiden in genau derselben Tonart. Ich habe das sehr gern. Dazu manchmal Sachen, die ich beinah wörtlich ebenso sage. Zum Beispiel dies: «J'ai mon idée sur les grandes affaires commerciales, bancaires, industrielles: c'est qu'elles sont plus en l'air, plus instables, éphémères, giratoires et mobiles que les imaginations des poètes et les hallucinations des opiomanes.» Dreimal Hurra. Sehr seltsam, daß dieser Franzose die Engländer liebt und zu verstehen scheint. Ich kann das nicht beurteilen, cela m'échappe. Aber er fühlt sich in England wohl. Sein Haß auf die Deutschen [ist] fast immer schlecht begründet. Am besten, wenn er auf etwas böse ist, und hinterher wettert. Da finden sich Formulierungen . . .

Valéry. Ich habe voriges Jahr und dieses Jahr die

Reden gelesen, die die Académie bei der Verleihung ihrer Tugendpreise, das gibts, in die Welt gehen ließ. Voriges Jahr war das Abel Hermant, dieses Jahr Valéry. Nun ist eine solche Rede schwer; sie soll offiziell sein, und zwar vor Leuten offiziell, die es schon als eine Kühnheit empfinden, wenn jemand vom elektrischen Licht spricht. Allzu herkömmlich soll sie aber nicht sein. Nun, was Hermant da gemacht hat, war gegen Valéry, Goethe, Schiller, Huguenin und alles, was gut und teuer ist. Valéry hat gequatscht, archaistisch gequatscht, nichts, aber auch nichts gesagt, weder über die Tugend noch über die, die Preise bekommen – grauslich. Die Tachtel schwärmte so von ihm, und ich dachte, ei, dachte ich. Doch, das habe ich gedacht. Weißt Du, wie Daudet den nennt, den Valéry?

– «Un rare pour tous.»

//

Neulich war der Akademiker Bordeaux in Rom. *Vu* hatte darüber berichtet.

Einer [der] Gründe, aus denen ich stets die Oberhand des Faschismus herleite, ist die tiefe Unsicherheit der andern Seite. Da ist nun also dieser römische Gruß. Saluera? Saluera pas? Darüber wird meditiert, darüber wird mit recht bösem Gewissen irgendeine Entscheidung gefällt. Nur eine nicht: die der ruhigen Würde.

Der Faschist grüßt bei offiziellen Gelegenheiten im fremden Land sehr oft mit erhobenem Arm. Melodie: Das ist unsere Art, zu grüßen. Bon. Der andere aber kriegt in Rom das Kribbeln. Wat nu? Wie nu? Na, sehr einfach: er grüße nach seiner Art. Tut er aber nicht. Es zuckt ihm im Arm. Das reicht sehr tief herunter: Nachahmungstrieb, innere Unsicherheit und eine Sympathie, die nicht wegzuleugnen ist.

Daher die Stärke dieser Regimes. Sie sind genau so stark, wie die andern schwach sind.

//

Ich habe mir einen Spruch ausgedacht, der paßt auf die Zeitung und auf die «Kunst» und auf so vieles. «Servez chaud!» Nämlich in schlechten Restaurants, wo das Fett nicht einwandfrei ist, muß heiß serviert werden – vier Minuten später gerinnt das Bratenfett und zeigt, was es ist. Solange es heiß ist, kann man es wenigstens mit dem Auge für Butter halten. Man sehe sich die Zeitungen von vorgestern an ...

Aber was heute so albern erscheint, muß es schon damals gewesen sein, und das hat mit Ewigkeitswerten gar nichts zu tun. Die Beantwortung der Frage «Wieviel Uhr ist es?» hat am nächsten Tag keinen Sinn mehr, aber sie ist ja auch nur nützlich. Diese Sorte Literatur aber, die falschen eiligen Schlagzeilen, das amerikanische Getue – alles das muß sehr heiß serviert werden. Aber ich fresse es nicht.

//

Euer Bundesrat hat eine Sammlung des Prager *Simpel* verboten, es handele sich, steht in der schriftlichen Begründung, um ein gemeines Machwerk und so fort. Nun habe ich es ja lieber, wenn Ihr über das Land schimpft und ich höre zu, als umgekehrt. Ich bitte Dich, das richtig zu verstehen: ich poltere gar nicht, denn erstens ist die Schweiz nicht schlimmer als andere auch, zweitens überschätze ich die Broschüre nicht, die ich nicht kenne, und drittens will ich Dich nicht kränken, wenn ich sage: Es ist eine Schande. Ich weiß genau, daß die Mehrzahl der Schweizer davon gar nichts weiß; daß ein Teil das billigt, wenn auch nicht in der Form, daß es ganz gleichgültig ist, ob das verkauft wird oder nicht – und doch ists nicht gleichgültig.

Pol wies richtig darauf hin, wenn auch viel zu milde, daß noch der dreckigste Schund aus dem dritten Reich anstandslos passiert; von Neutralität ist also hier keine Rede. Ich könnte mir denken, daß die Schweiz sich dagegen wehrt, wenn dergleichen bei ihr verlegt wird – obgleich ich auch das für falsch halte. Aber die Einfuhr? Das ist doch Wahnsinn. Plutokratie, Gerontokratie; dieses Gesindel wagt es, am 1. August über die Freiheit zu sprechen, und dabei kriechen sie vor jedem Faschismus ins Mauseloch. Es nützt ihnen nicht mal – denn die Zeitungen bleiben verboten. Das Herz sitzt rechts.

Und die Masse weiß das nicht, will es auch nicht wissen. Eine Regierung ist nicht der Ausdruck dessen, was ein Volk will, sondern der Ausdruck dessen, was es erträgt. Doch darf man identifizieren. Der Bundesrat ist nicht vom Himmel gefallen. Die Gegenideen sind eben nicht stark genug, um das zu verhindern. Das andere ist stärker.

Einen Hitler kriegt Ihr nicht, natürlich nicht. Aber jene miese Reaktion, die alles wie mit einem Schleim überzieht. Gut, gut. Nur nie ein Wort glauben, nur nie ihren Allegorien opfern, nur nicht auf die hören, wenn sie am 1. August etwas hervorgurgeln, was mit einer Freiheit zu tun hat, die sich ihre Vorväter erkämpft haben, wozu sie aber viel zu feige wären.

//

Was Dir in Lysekil aufgefallen ist, trifft wahrscheinlich für das ganze Land zu: es hat so was Armes. Da quillen nun draußen die Waren – und hier . . . Was sie aber nicht hindert, ihre streng rationierten und monopolisierten und verzollten Waren nun anders zu gruppieren, für die Auslage, und das ist echt kapitalistisch:

sie bauen nun halb Göteburg an, sooo große Geschäftsgebäude, aber ihre Handelspolitik bleibt. Da es hier den mittleren Schichten erträglich geht, geht es eben – aber es ist ja Wahnsinn. Ich habe gesehn, was bei den M. gekauft wird – also einen kleinen Teil natürlich nur. Das sind nun wohlhabende Leute und sicherlich nicht sehr geizig. Nebbich. Das ist alles so zweitklassig, keine Qualität, kein Gefühl für Qualität, kein Geschmack, aber so ist das in der ganzen Stadt. Nein, für Örebro einkaufen müssen wir schon anderswo.

//

Ich lese das ja nur, weil ich den Mann kenne: was der Hiller da im Blättchen über seine Haft berichtet, das ist so deutsch . . . Es ist Paulskirche 1848, ich weiß nicht, ob Dir das etwas sagt. Das waren die Liberalen (Uhland war dabei und der alte Arndt und andere Patrioten), die in Frankfurt das einige Reich haben wollten, und sie redeten, und dann wurden sie aufgelöst, und dann redeten sie immer noch weiter . . . es waren Ideologen von reinstem Wasser, na, so ganz rein war es wohl auch nicht. Und so ist das. Ein altes Fräulein. Das hat seine Gründe, der Mann ist das auch, mit Verlaub zu sagen – aber ich bin immer so erschreckt, wenn sogar der, ohne es zu ahnen, den Jargon seiner Peiniger spricht, was er anfangs nicht getan hat – «er meldete» statt «er sagte» und so. Ich finde keinerlei Beziehungen mehr dazu. Tout serait à refaire, und dazu fühle ich mich nicht stark genug. Und ich möchte es auch nicht. Man muß sehn, wie man so durchkommt.

//

Was ich als so schrecklich in Couillonien empfinde, ist: daß die Treulosigkeit siegt. Wenn noch die alten Kämpfer sagen könnten: «Wir sind seit 23 dabei – nun haben wir durchgesetzt, wofür wir stets gefochten haben!» das wäre, für sie, etwas. Aber die werden erschossen. Ich habe einmal die Photographie Brückners gesehn, der Mann war Privatsekretär Adofs. Ich lasse mich hängen, wenn das nicht ein, wenn auch verschlagener, aber doch braver Bursche war, der an die Sache glaubte. Er log sicherlich für sie – aber er glaubte. Und nu wird er gemordet, weil er geglaubt und à la lettre genommen hat, was man ihm vorredete. Das ist mir gleich. Aber wer bleibt übrig? Der schlimmste Konjunkturfritze. Und das ist für den Charakter einer Nation verhängnisvoll. Ohne uns.

//

Zeitungsausschnitt (wie im Märchen): «Ein armer mexikanischer Fischer aus Kalifornien hat sich in einem Anfall von Sinnesverwirrung das Leben genommen, nachdem er eine hundertkarätige Perle gefunden hatte, die von den Lokalexperten auf 150000 $ geschätzt wurde. Der Fischer hatte diese Perle in einer Strandgrotte gefunden. Als er sie einem Handelsmann anbot und der sich weigerte, mehr als 2000 $ zu bezahlen, stürzte sich der Fischer ins Meer. Die Perle hatte er mit sich genommen.» Erfinden Sie das mal, lieber Spitta.

//

[2. 1. 1935]

Q-Tagebuch
für Nuna mit dem Qbisten-Hintern

//

Der Boche neulich hat erzählt, Ringelnatz sei gestorben. Auf seinen Wunsch sei es ein ganz intimes Begräbnis gewesen. Hast Du was davon gehört? Ich traue dem Natz zu, daß er so etwas in die Welt gesetzt hat und nachher reglementswidrig weiterlebt.

//

Mise au point: Ich habe neulich geschrieben, der Bruckner oder Brückner sei Privatsekretär Adofs gewesen. Da habe ich mich geirrt oder eine Personenverwechslung begangen. Ich finde mich aus diesen Helden nicht so heraus.

Mise au point: Bofors ist, wie ich höre, nicht staatlich. Die Aktien sind im letzten Jahr von 130 auf 170 gestiegen.

//

Wenn mit frdl. Unterstützung Rothermeres, Lavals & Co sich die Sache in Couillonien hält, dann wird da ein lieber Typus entstehen. Die Boches, stets jaulend bereit, im Ausland zu verraten, was sie drinnen, teils verlogen, teils ehrlich mitmachen, werden nun bestätigt herauskommen. Ihr werdet eine Nummer erleben, wie ihr sie noch nie gesehn habt. Vorläufig sind sie doch noch unsicher. Es ist eine Nation von Arschtretern oder Arschkriechern.

//

Das Nachfolgende schreibe ich nur für Dich auf – denn Du verstehst das daran, was mich einzig interessiert – nämlich das Allgemeine. Keinesfalls möchte ich, daß auch nur eine Silbe davon an Robyn kommt, das, was ich hier schreibe, ist keine Kritik, sondern ganz etwas andres.

Du siehst nun, wie in Deiner nächsten Nähe ein neuer Mensch aufwächst. Sabber, erster Latz, Wackelgang, Schule . . . bon. Und nun sieh Dir einmal an, was von all den herrlichen Odeonsprüchen, die Lieschen so in ihrem Leben hingeplappert hat, Realität wird! So wenig, wie Roby in seiner Bank auch nur einen Finger für eine Organisation der Bankbeamten krumm macht (Fanal: das ist keine Kritik!), so wenig wird Lieschen aus ihrem Kind etwas andres als etwas Konformistisches machen. Ich meine nun *nicht*, daß sie ihm den Respekt vor Herrn Minger eintrommeln wird, sie wird sogar eher das Gegenteil tun. Sie wird ihn keinesfalls in einer kriegshetzerischen Gesinnung hochziehen – alles das weiß ich. Aber:

Du kannst hier einmal an einem ganz konkreten Fall sehen, wie unendlich schwer es ist, bis sich Ideen in die Wirklichkeit umsetzen. (Daher auch das Abstrakte bei Lieschen. Es bleibt Schach. Du nimmst Ideen gar nicht an, oder viel tiefer als sie – weil konkret.) Ich spreche nicht einmal von Agathchen, die natürlich alles, aber auch alles tun wird, um dem zum 1. 11. 1936 lieferbaren Kind die «Wege zu ebnen», und das sind die breiten, «denn das sehe ich doch gar nicht ein . . .» Also gut. Und im Falle Lieschen kann jemand mich fragen: «Also soll sie vielleicht . . .» Sie soll überhaupt nicht, denn ich tue es ja auch nicht, und außerdem bin ich nicht ihr Schulmeister und überhaupt keiner. Doch merke ich das nur an. Wilde Reden; dicke Artikel; witzige Formulierungen; brausender Beifall. Und dann gehen alle nach Hause, und dann siegt der Herr Bünzli und seine

Gesinnung, weil der gerade Baurat, Stadtrat, Schulrat ist – und ohne ihn geht es nicht. Und die vierzig Architekten in Neubühl haben nur beim Tee die große Schnauze. Und der Herr Buchhändler O. macht damit Geschäfte. Aber das Reale, das Wirkliche, das ändert sich nicht. So nicht. Hier ist die ganze Hohlheit der «Linken», ihre Wortberauschtheit, ihre Leere und ihre elende Schwäche. Ich auch? Ich auch. Nur habe ichs nun eingesehn, und nie, nie wieder.

//

Eine norwegische Schriftstellerin hat ein Buch geschrieben, das ich nicht lesen werde, denn das vorige taugte auch nichts. Aber der Titel des zweiten ist bezaubernd.

– «Alle denken an sich – nur ich denke an mich.»

//

Habe einen ganzen Band junger Herren über den «Cas Lautréamont» gelesen, als welcher mit Verlaub zu sagen Isidore Ducasse hieß und «Les Chants de Maldoror» geschrieben hat. Alles, was ich seinerzeit empfunden habe, haben andere auch empfunden: sein, sagen wir «rapprochement» zu Maeterlinck, der ihn meines Erachtens glatt bestohlen hat; sein, wie einer das nennt, «Baudelairisme d'employé de chemins de fer» (Malraux, der überhaupt sehr gut über ihn geschrieben hat), einer verreißt ihn ganz und gar, einer halb – die anderen vergöttern ihn und doch, und doch ... Verrückt oder nicht, gestorben mit 25 Jahren – ein seltsamer Fall, Mezzanin der Literatur, etwas zwischen den Stationen, seltsam. Die surréalistes nehmen ihn für sich in Anspruch – das sollten sie nicht tun, denn er ist viel besser. Der Sang an den Ozean (Ozean, du alter Junggeselle!), oder diese Stelle mit den Hunden, die nachts bellen («Sie bellen die Sankt-Elms-Feuer unsichtbarer Schiffe an») – es ist sehr merkwürdig. Schrieb das 1868 und ging vollkommen unter. Es gibt jetzt Luxusausgaben, Einfluß wird das nicht haben; hintereinander kann man es nicht lesen, Du gar nicht, Dir erschiene es künstlich-krank. Aber es ist ein Zahn voll mehr. Auch Psychiater sollten das nicht lesen – sie sind sein Objekt, nicht er ihrs. Seltsam.

//

[15. 1. 1935]

Q-Tagebuch
für die Nuuna
mit dem qgelbauch
= =

(Geschrieben ohne Kenntnis des Saar-Resultats.) Es lohnt kaum, darüber nachzudenken. Mir sind in dem Meer von Dummheit zwei Fische aufgefallen:

D'Ormesson schreibt und rechnet sich ganz genau aus: soundso viel Prozent sind für Deutschland ein Erfolg, soundso viel ein échec moral und soundso viel ein désastre. Das bestimmt er mit seinem schmutzigen Hals. Wenn das so kommt, dann wird man in Deutschland ... dann wird Hitler ... dann kann er nicht ... Mir ist nur eines klar:

Alle diese zerbrechen sich dauernd Hitlers Kopf. Sie erzählen Dir genau, warum dies und jenes nicht eintreffen könne, und warum er hier fallen müsse und dort nicht siegen könne – und wenn Du sie hörst, weißt Du eines ganz genau, daß nämlich der Faschismus allem möglichen unterliegen kann, nur nicht dem, der spricht.

Und so ist das mit den Juden, nicht nur mit den Rieser-Juden, so ist es mit den Schweizern, so mit den Schweden, so über-, überall. Es ist eben keine feste, kräftige, lebensfähige Gegenidee da, aus der heraus man das ablehnen kann. Kein Mut. Keine Courage. Und vor allem: kein Ideal. Hat schon die Minorität eines, dann sieht es so aus wie das marxistische, und daran kann man nur sehr schwer seine Kappe aufhängen. («Mystisch wie die ersten Christen und orthodox wie die alten Juden» hat mal einer gesagt.) Also?

Also muß das andere siegen.

(siehe weiter unten).

//

Hauptmann geläsen. Dieser schwabblige, quabblige, charakterlose Schwätzer ist einmal ein Dichter gewesen, so leid es mir tut. Ich habe das genau an einem Stück nachprüfen können, das ich nicht kannte: an der Fortsetzung des «Biberpelzes», dem «Roten Hahn». Das ist eine schlechte Komödie, sie geht schief aus, fängt wunderbar an, und welche Einzelheiten! In den Dialogen ist gerade das, was man ihm am wenigsten zutrauen sollte: Einfachheit. Die Leute sagen das Überraschendste, und das Aller-Allereinfachste. Und wie! Da ist eine Auseinandersetzung zwischen Mann und Frau, wo der Mann immer drohender sagt: «Mutter, ick jebe dir det zu bedenken . . .» bis er ausbricht: «Mutter, ick hau dir eene uffn Deetz!» das ist ganz wunderbar. Oder, wenn der pensionierte Gendarm Rauchhaupt den «Zepitaph» für den ersten Mann der wiederverheirateten Wolffen bringt. Sie erläutern die Inschrift: die Frau, die gleich etwas zu heulen anfängt, der zweite Mann und der Verfertiger. Der Gendarm hat eine Schnapsflasche in der Hand, mit der zeigt er auf das Kreuz:

Det Versken hier ha' ck nu selber jemacht. Ich will et man vorsprechen, horcht man zu:
Im Herzen sind wir alle Sünder,
'n jeder kann det noch lange nich! –
Im Herzen sind wir alle Sünder,
Der Bettler wie der Prinz nicht minder.
Doch dieses Mannes Herze war
Unschuldig und wie Wasser klar.
(*Die Frauen weinen stärker. Er fährt fort*) Det mußte ick mit Kremserweiß überjehn, und det hier, det «Jott», det is preußisch blau. (*Er trinkt*)

Das sitzt eben. Und so tausendmal. Daß es theaterwirksam ist, habe ich gesehn – beim Lesen lacht man sich kaputt. Der erste Akt des «Biberpelz» ist ein Modell des Genres. Aber:

Was werden damit die Leute der nächsten Generation anfangen? Gar nichts. Denn es bleibt nur der Stoff, und der ist nicht sehr stark, und die Luft ist zeitgebunden. Das Behagen, das unsereiner am Dialekt, an den Einzelheiten hat – das bleibt nicht. Es hat sich auch nie ins Ausland übertragen. (Höchstens bei den «Webern», an denen die Tendenz das Schwächste ist, und bei der entsetzlichen «Versunkenen Glocke».) Schade. Es ist mal etwas gewesen.

//

In der Saar also hatte die Kommission verboten, zu flaggen, damit so nicht ein Gesinnungsterror losginge. (Wie wenn er nicht schon längst da wäre!) Darauf verwandelt sich Saarbrücken in eine weihnachtliche Stadt: alles ganz grün. «Ils se rattrappent avec des sapins!» sagt einer. Wie rührend! Nein, ihr Ochsen – sie haben nur ein neues Mittel gefunden, mit dem man kontrollieren kann: wer nicht bekränzt, ist eben ein roter Jud. Und das könnte man nicht verbieten? Indem man vor allem einmal den Ruhestörer ins Herz trifft und ausspricht, was ist? Frags Pferd. Frag Eden. Frag den Völkerbund.

Man muß diesen letzten «Appell» des Rats der Drei gelesen haben, den sie an die Saar gerichtet haben – ich, der ich mir schmeichele, von Sprache etwas zu verstehen, ich verstehe das nicht, so leer ist das. Und das sollen die Leute der Straße verstehen? Der *O. N.* hat recht: sie beschwatzen alle Probleme und lösen keines. Und das nennt man dann Pakt. Es ist durchaus bezeichnend, daß alle diese Abkommen der letzten Zeit aus Gummi sind – man werde sich, wenn es soweit ist, weiter beraten, man könne, man dürfe, es werde ... es ist gar nichts. Da, da sitzen die «Literaten». Man mag es nicht.

//

Gundolf über die Droste. Gundolf ist ein Feierlicher; kratzt man das ab, bleibt nicht so viel, wie die George-Jünger geglaubt haben. Aber manches ist ganz instruktiv. Mir hat er auf die Sprünge geholfen – ich kannte diese Meisternovelle «Die Judenbuche» nicht. Das ist allerdings ein Meisterwerk. Gedrungen, hart, hoch, dabei von einem echten Schauer durchdämmert, das ist wundervoll. Keines ihrer doch sehr schönen Gedichte langt da heran. Sie ist – neben Larissa Reissner und der Huch – die Frau in der Literatur, bei der das Schaffen nicht in eine queue de poisson ausläuft. Der Stoff zu dieser Novelle stammt aus einer Erzählung ihrer Mutter – und zum Glück hat sie das gedruckte Material dazu erst in die Finger bekommen, als sie fertig war – so mußte sie alles erfinden. Die Wirklichkeit ist nicht minder phantastisch gewesen (ein Mord an einem Juden), aber was sie daraus gemacht hat, steht neben Kleist.

//

Und:

«Ja, ja», seufzte sie, «wenn die Kinder klein sind, treten sie einem in den Schoß, und wenn sie groß sind, ins Herz.»

Droste-Hülshoff.

//

Das Resultat ist nicht verständlich. Terror? Völkerbund, der den Leuten ja nur *eine* Möglichkeit gezeigt hat? Auf alle Fälle: nun wirds scheußlich. Örebro. Kanada. Nuna. Örebro.

[18. oder 20. 1. 1935]

Q-Tagebuch
zwecks qschelung

Die Saarländer waren allein. Es haben sie im Stich gelassen:

England

Frankreich

der Völkerbund

die internationalen Gewerkschaften

der Papst (derselbe, der jedem Franzosen die Absolution verweigerte, falls der in der Action Française war, welcher Mut!)

Sie hatten keine guten Führer und

keine saubere und populäre Definition,

was eigentlich status quo ist.

Und alles das erklärt die 10 % *keinesfalls*. Hier ist etwas andres im Spiel. Es sind auch nicht Listenschiebungen, auch nicht das, worauf der *Temps* ganz offen aufmerksam gemacht hat, daß die in Deutschland wohnenden Saarländer nicht alle gekommen sind, sondern an Stelle derer, die im Konzentrationslager sitzen, andere, für die die deutsche Regierung eben falsche Pässe ausgestellt hat. Das wurde dem großen Paktfreund von morgen ganz offen gesagt. Alles das erklärt die 10 % nicht. Was sie erklärt, ist das Wort «schließlich». Schließlich sind wir doch Deutsche . . .

Und das sollte man respektieren. Sie sind es auch. Und da sollen sie das haben, was sie ja alle haben wollen.

Was nun aber kommt, wird höchst schauderhaft.

Der Radioinstinkt der Massen argumentiert so: « Also muß doch das in Deutschland gar nicht so schlimm sein! Also (und nun kommt etwas ganz und gar Blödsinniges, aber Du wirst das hören) also werden auch viele Greulnachrichten nicht so schlimm gewesen sein, man hat uns offenbar angelogen . . .» Die armen Emigranten, die sich jetzt noch mit der Sache befassen, werden zu komischen Figuren. Was wird der Dienstbotenernschtl nun machen? Sich wichtig. Na ja, aber was noch? Ja . . .

Die Flüchtlinge aus der Saar bekommt Frankreich. Frankreich, immer Frankreich. Nie England. England sperrt die Leute erbarmungslos ein, die ohne Paß zu ihm flüchten, ohne Erlaubnis flüchten – nie England. Das doch der Hauptschuldige an dieser Farce ist. Es muß den Franzosen über werden, man kann das verstehen. Der Artikel Vautels ist fällig. Wieder 40000. Und immer wieder Frankreich.

Das seine schwerste Niederlage erlitten hat und eine gleich schwere in diesem Jahre erleiden wird – es merkt es gar nicht. Es ist à la merci Englands; das kommt davon, wenn man solche wahnwitzigen Friedensverträge androht, und sie dann nicht durchführt. Ich höre sie bis hierher mit den Achseln zucken – on s'en fiche. Ach? Und haben sie das auch getan, als sie dem Versailler Produkt zugebrüllt haben? Le Boche paiera. Ich hätte ja gar nichts dagegen – aber brüllen und dann kuschen? Wie wird ein Kind, das man so erzieht? Wie Deutschland. Frech.

Jetzt kriechen sie Deutschland hinterher, es möchte doch freundlicherweise in den Völkerbund eintreten. Es wird seinen Preis fordern. Kolonien, davon kriegt es etwa zwei oder drei, die jetzt unter dem Protektorat des Völkerbundes stehen. Dann wird Österreich von innen her aufgerollt. Was wollen die andern Länder machen, wenn die bezahlten, schwachen, lappigen Österreicher erklären, daß sie ihrerseits den Nazismus wollen? Was sie tun werden? Gar nichts. Dafür kriegt man keinen Mann auf die Straße. Dann ist die Ausbreitung nach dem Balkan offen. Und es kann, aber so weit kann ich nicht sehen, zu einer großen Umkreisung Rußlands kommen; mit Japan zusammen ist das zu machen. Und dafür geht halb Europa auf die Straße, und die erhofften Revolutionen werden eben nicht ausbrechen, das steht nur alles in den Programmen der marxistischen Oberlehrer, die es alles ganz genau wissen. Wie Oprecht etwa. Und, leider, wie Halperin.

Was ich für am allerschlimmsten halte, ist die moralische Wirkung dieser Abstimmung. Ich hatte die Opponenten auf 40 % geschätzt, mit diesem Irrtum war ich nicht allein. Ich habe da nie gelebt; die, die da gelebt haben, sagten Ähnliches. Wie stark muß also doch das Bochige sein. Der Terror erklärt wohl einen Erfolg für Deutschland, aber nicht diesen. Und die moralische Wirkung wird, auch bei Euch, und auch hier, zu merken sein. Mit frischen Kräften geht das Nagen wieder an – vergessen 30. Juni, vergessen unser Freund Johann, falls noch jemand überhaupt an diese Opfer denkt, vergessen die Grausamkeiten . . . es wird wieder, unter andern Formen, anfangen. Warum –?

Weil in unserer ganzen Bekanntschaft keiner, aber auch kein einziger ist, der auch nur eine halbe Stunde Dienst oder Muße für . . . ja, wofür sollte er sie eigentlich opfern? Er hat kein Programm, kein Ideal, keine «Religion», nichts. Und da, wo die nicht sind, da treten die andern hin. Das ist ein physikalisches Gesetz. In hoc signo vincent.

//

In den «Buddenbrooks» kommt der Oberlehrer Ballerstedt vor; wenn Krach in der Klasse ist, dann schwillt er an, ballt die Faust, läuft rot an und blau – und dann ist gar nichts, die Faust entspannt sich, und Ballerstedt schwillt wieder ab.

Anbei ein Ausschnitt über die Verantwortlichkeit der Diplomaten. Die Figur des recht unbeträchtlichen Jagow spukt durch viele Memoiren, der Mann saß eben gerade an diesem Posten, als der Krieg ausbrach, sonst spräche kein Mensch von ihm. Nun gut. Nehmen wir einmal an, er habe nicht nur, wie die Ausrede lautet, erhaltene Befehle ausgeführt, nehmen wir ferner an, sein Pendant, Herr Berthelot, wäre besser gewesen, nehmen wir an, er habe alle diese Schweinerein begangen – was geschieht ihm dann? Zweite Frage: was geschieht mit einem Chauffeur der Migros, der seinen Karren, weil besoffen, in den Graben fährt? Jagow'n geschieht etwas Furchtbares. Der *Temps* besorgt es ihm.

Und wenn dieser Schlußsatz des Artikels keine Sühne ist, wenn die Millionen Toter so nicht gerächt sind, wenn Jagow nun nicht im Himmelreich seinem Kollegen Jago gleicht, dann . . .

Hier schwoll Oberlehrer Ballerstedt wieder ab.

//

Gut und schön mit den Basler Zeitungen, die so tapfer dran gehn. Und was tut das Land –? Es sperrt seine Grenze gegen die mögliche Emigration aus der Saar ab, und zwar hermetisch. «Wir können nicht . . .» Schnauze.

Entweder man spielt nicht mit. Dann braucht man nicht. Oder aber man gehört dem Völkerbund an, beherbergt ihn sogar, schwingt wackere Reden, wie der alte brave Minger, der nicht weiß, wo Gott wohnt, nicht mal, wo seiner wohnt, man schickt gegen ganz nette Tagegelder Kommissäre in die Saar (aber keine Truppen) – dann hat man die Verpflichtung, mitzumachen. Frankreich – immer Frankreich.

Die Haltung der Schweiz ist verächtlich.

//

Liest Du eigentlich die schrecklichen Erinnerungen Hillers in der *WB*? Guck mal hier und da rein. Es hat beinah etwas Rührendes – ich halte das meiste für echt und richtig, er kann nämlich nicht lügen, denn das würde nicht «stimmen». Bei diesen Quälerein noch anzumerken, daß währenddessen der Kaffee in der Zelle kalt geworden ist, zeigt eine Genauigkeit der Schilderung, die an das Komische grenzt. Aber das, zusammen mit einer Lagerordnung, die mir der Memoirenschreiber geschickt hat und die ich augenblicks zerrissen habe, zeigt: Det sind se. Und da mögen sie denn bleiben.

//

Läse den halben Storm und kann nur sagen: so möchte man erzählen können. Manches süßlich, aber eigentlich das sehr selten, eher: süß; fast immer ganz echt, solange es im Norden spielt, und der Thomas Mann hat ihn beklaut! (Den und Hamsun.) Von einem Trinker: «Es kann endlich nicht länger verschwiegen werden, daß Archimedes während der langen Wartezeit daheim auch bei andern als den bisher erwähnten Anlässen mit jenen kleinen Gläsern in Berührung gekommen war.» Wie bitte –? Nein, das ist von Storm, nicht von dem Vorzugsschüler. Hat aber fleißig gelesen, der Herr Schüler.

Merkwürdig, daß in seiner sanften Zeit (1850) der gute Storm gar nicht der gute Storm war. Da ist eine Prügelszene in einer Arbeiterehe, wo das Paar von der Keilerei in einen Koitus taumelt – wie da alles gesagt wird, ohne daß auch nur ein Fachausdruck fällt – das ist wirklich gut. Gar kein Zuckerwasser. Man muß nur lesen können. Mir gefällt es beinah besser als die herkömmliche Terminologie unserer Zeit. Ein großer Künstler zweiten Grades.

//

Joho.

[Datum nicht zu ermitteln]

Zu denken, daß in Minsk oder Neo-Georgjewsk eine Krankenkasse aufgebaut wird, «also wissen Sie, die Panjes werden staunen, so was haben sie noch nie gesehn» – erstklassig, mit Wasserspülung hinten und vorn – und richtige Fahrdämme und alles klappt, und herrlich – das ist das Ideal des Vorstadtdrogisten.

Je mehr es die Seele herausbrüllt – um so seelenloser ist es in Wahrheit. In einem kleinen französischen Kaninchenzüchter steckt mehr Seele als in dem Getue da. Und das hat Europa gefördert. Und hier trägt jeder einzelne Staat ein gerüttelt Maß an Schuld: die Schweden, die ums Verrecken nicht boykottieren; Frankreich, das schläft und viel zu sehr mit sich selbst beschäftigt ist; England, das die Sache – the too white nations – fördert; die Schweiz, die sich in der Saar-Abstimmung entsprechend benommen hat und die, wie die Katholiken, nur einen Feind kennt: Rußland – sie alle fördern das. Und ein Teil von ihnen weiß es auch. Der Papst ist nicht gutgläubig, Minger vielleicht, aber der zählt ja nicht – und der einzelne Pfahlbürger in der Schweiz weiß nichts. Woher auch? Aus seinen Zeitungen?

Ich habe den Eindruck, hier zu stören.

//

Das soll uns nicht hindern, der Zukunft Hasis (der ja nicht Peter heißt, also ich will mich darüber nicht verbreiten, ich ja nicht) mutig ins Auge zu blicken.

"Even as a boy he was never like the other children."

[28. 1. 1935]

Q-Tagebuch
für die Nuuna mit den
hoch im Qrs stehenden Wertspapieren

//

Ich habe in der franzöösschen Lotterei 100 francs gewonnen; das ist ein großer Erfolg.

//

Wir machen unsern nächsten Kriminalroman nicht mehr mit der concha media, sondern mit etwas viel Geheimnisvollerem. «Das geheimnisvolle Buch» wird es heißen. Ich weiß alles: Lieschen hat den Katz verkauft, sich darauf hinauf ihr Eheglöck begründet, mein Kind an einen fremden Oberleutnant verkauft, Agathchens Perlenschnur ist auch in diese Intrigue gemischt, und das Buch liegt nun in fremden Landen und schluchzt nach seinem Besitzer. Aber so ist alles. Nicht neu kaufen, wenn sie es verschmissen hat. Amen.

//

Es wird sich nun bloß noch um Minuten handeln, daß der verkleidete Hund Iwan sein Fell abwirft und zu bellen anfängt. Gestern habe ich ihn abends herausgelassen, daraufhin war er verschwunden. Als das Mädchen nachts um 11 aus der Stadt zurückkam, war er an der Station und hat sie abgeholt. Nun red Du.

//

Falls Du *Vu* nicht neu abonniert hast, tu es bitte nicht! Bitte tue es nicht. Wenn ich sonst was Schönes mechte, mecht ich es sagen.

//

Wenn der Halperin so kluge Sachen über das Blättchen sagt, warum schreibt er denn da so dumme? Es schmeckt wie gefrorne saure Milch, ein seltener Artikel. So mit erhobenem Zeigefinger und so arm und humorfern und schrecklich.

//

Alte Biecher zu lesen ist mitunter ganz merkwürdig. Da hätten wir J. V. Jensen, einen lieben Gott meiner Jugend; ich bin mal mit richtigem Backfischherzklopfen zu ihm in Kopenhagen auf die Bude gemacht, er lag im Bett und sah aus wie eine alte Bauernfrau und war sehr nett. Und hat eine blonde dicke Frau, die war noch viel . . . na, lassen wir das. Sonst denkst Du wieder, ich meinte Dich. Dieser also hat sich neben echten dichterischen Arbeiten auch mal im Geldverdienen versuchen wollen, und er hat sich in der «Madame d' Ora» und im «Rad» auf Wallatze und Literatur versucht. Herausgekommen ist das, was dabei immer herauskommt: er hat beides versaut, die Kraßheiten sind dadurch, daß sie von klugen Reden umsäumt werden, viel krasser, bei Wallace glaubt man ja gar nichts, und bei Jensen ist das dumm. Gut. Aber:

Jensen war einer der ersten, der die Religion des Amerikanismus für Europa, leider ziemlich positiv und berauscht, angebracht hat. Und da stehen nun erstaunliche Dinge. Soweit ich weiß, sind diese Romane vor 1914 geschrieben.

«Sehen Sie sich nun diese Kirche an» (in Chicago). «Ich sage Ihnen, daß sie demjenigen, der nur Lust hat, an der Kurbel zu drehen, eine magische Notenwalze sein kann, sie läßt die Geschichte einen Sprung bis zu Kaiser Konstantin machen ... Warum zum Donnerwetter lassen wir es uns denn gefallen, daß nur Invaliden diese Musik dirigieren? Sehen Sie, was ich meine? Wir wollen an die Kurbel! Wir wollen – Himmelschockschwerenot! – an den Brunnen heran! Ungeheure Werte gehen verloren, weil die religiösen Goldfelder in die Hände einer Aktiengesellschaft von Patienten gekommen sind, die das Metall mit Ohrenspritzen herauswaschen wollen, anstatt eine Sündflut zu entfesseln!» (Nationalismus statt Kirche)

Und der so spricht (der Schurrke des Romans), geht hin und leitet als männlicher Mac Pherson einen Streik, und nun wirds ganz aktuell:

«Cancer bewältigte Chicago durch seine unermüdliche, durchdringende Beredsamkeit. Er schlug an, sein Vortrag holte Kraft aus einer gewissen, geistigen Lokalkenntnis, die er mit der Übersicht und kalten Berechnung des Fremden (!!!!) anwandte. Es war, als stände er irgendwo in intimem Rapport mit der heimlichen, einheimischen Seele Chicagos, als hielte er in seiner Hand ein Herz, dessen Konvulsionen ihm Macht über den Takt, den Pulsschlag Chicagos gaben. Er mußte sich irgendwo in der Tiefe eine Verbindung mit den Quellen geschaffen haben. Er erneute sich mit jedem Tage, hatte jeden Tag frische Kenntnis über das, was man in dieser Stadt träumte, und wozu er die Träume brauchen konnte. Er sprach Chicagos mystische und starke Seelensprache.» Und den nächsten Satz habe ich mir vor weiß wie viel Jahren angestrichen: *«Er kam den Leuten so bekannt vor.»* Und: «C. versprach ihnen alles, was sie haben wollten ...»

Und:

«Prophezeite ich nicht, daß der Mann sich festbeißen und emporwuchern würde? Er ist nun hoch oben, auf hohem Pferd. Er ist so hoch oben, daß wir ihn bald nicht mehr erreichen können. Er ist im Begriff, einer von denen zu werden, die sich alles erlauben können, weil sie es können. In einer Woche ist er kein Verbrecher mehr, kein defekter Bursche, sondern eine Geißel, hören Sie, eine Geißel, ja, eine gefräßige, babylonische Götzenfigur, als hätte er in seiner Jugend nie stibitzt, denn Größe ist ja von rückwirkender Kraft . . .»

Die Faesis wissen gar nichts. Man muß bei den Dichtern nachsehen, wenn man wissen will, was gewesen ist, in welcher Zeit man lebt und was kommen wird.

//

[2. 2. 1935]

Q-Tagebuch
für die fein qltivierte Nuna

//

Gestern beim Friseur in einer «frischä Läsä» gefunden:

Die Formen von «Prost» in den einzelnen Ländern. Bei Schweden den einzigen Trinkspruch, den es nicht gibt (Min skål, din skål, alla vackra flickors skål), bei Frankreich: «Das Likörglas in den (wörtlich so) in den gepflegten Händen der mondainen Welt und mit einem feinen Lächeln dazu ‹A votre santé›». Da kann man nur sagen: Prost.

//

Sehr verehrte gnä Frau,

anliegend übersenden wir Ihnen das gewünschte Autogramm Ihres Lieblings und lassen das von Carossa nächstens folgen. Ich nehme an, daß mit der Frau von «großem Ruf» Sie gemeint sind und wußte gar nicht, daß 1 Sohn haben. Oder sollte es Lieschen sein? Den Brief kannst Du behalten. Er hat ihn mir vor 20 Jahren geschrieben.

Hochachtend
Butzke & Schlochmichnein
Antiquariat

//

Der beiliegende Ausschnitt ist für den Herrn Oberleutnant, damit er mich nicht mehr verachtet und sieht, daß auch ich ein guter Soldat war. Bitte gelegentlich zurück.

//

Es geht nichts über die französische Sprache. Der dicke Béraud, ein Talent, doch kein Charakter, hat mal Lavedan angegriffen. Von dem weiß ich nur, daß er etwas geschrieben hat, was «Le lit» heißt und wohl im ganzen so ist oder war, wie sich unsere Mamas das Pikante vorgestellt haben. Diese Herren pflegen, wenn sie alt geworden sind, junge Huren, alte Patrioten, sehr wild zu werden, wenn Krieg ist, und dieser wurde denn auch so. Darauf Béraud:

– «Un vieux marcheur qui suit les régiments.»

//

Die Couillons haben im ganzen 200 naturalisierten Juden und wohl auch andern die, mit Verlaub zu sagen, Nationalität genommen. Darunter figuriert auch Lubitsch. Die Komik, diesen mehrfachen Millionär, der längst einen amerikanischen Paß hat und herrlich und in Freuden lebt und arbeitet und nie wieder zurückgeht, damit treffen zu wollen, ist unausdenkbar. Es sind wirklich Narren.

//

Wenn Deine Herren Wüchtschaftsführer sagen, in Deutschland hänge alles von den wirtschaftlichen Umständen ab, so ist das ungefähr so intelligent, wie zu sagen: «Der Gesundheitszustand des Menschen hängt von seinen Zähnen ab.» Hier irrt Göethe.

Es hängt, wie für keinen Einsichtigen zu betonen ist, alles vom G l a u b e n ab. Ist der da, geht die Wirtschaft auch dann noch, wenn sie kaum noch geht. Was übrigens in Deutschland gar nicht der Fall ist. Hättest Du vor drei Jahren einen der Kapitäne befragt, ob ein Land mit diesem Gewirtschafte und einer realen Golddeckung von 10 %, einer offiziellen Golddeckung von 2 %, leben kann, so hätten sie dich ausgelacht. Ich lache sie stets aus, denn ihre Voraussagen, ihr Weltbild, ihre Anschauungen sind eitel Mist. Sie wissen gar nichts.

Deutschland wird in diesem Jahr mit Hilfe Englands große außenpolitische Erfolge erzielen, Frankreich wird dabei Schaden nehmen. Die deutsche Wirtschaft wird sich etwas erholen, die Schulden werden nicht bezahlt, und die Herren Koofmichs werden sich das nicht nur gefallen lassen, sondern aus Sandelei, aus Wut gegen die Arbeitslöhne, die man leider immer noch zahlen muß, aus Müdigkeit und aus einem völligen Mangel von eigenen Überzeugungen, mittun. Den andern geht es auch nicht so wunderschön, und so helfen sie sich alle miteinander durch, sich aufeinander stützend wie Betrunkene: Mussolini mit seinen Schulden und seinen miesen Arbeitsverhältnissen; Österreich, das so oder so hinüberkippen wird; Deutschland, das nicht zahlt – und die andern, die alle, alle mittun. Das fällt nicht von allein um.

Keineswegs weiß ich immer alles oder gar alles besser. Aber so, genau so hat sich die sel. Republik gegen die aufstrebende Reaktion benommen, und das allerdings habe ich nicht geahnt, daß sich die außerdeutsche Umwelt ebenso benehmen wird. Diese Reden Lloyd Georges, eines der wildesten Schreier in Versailles, eines Mannes, der den Kaiser im Tower hängen lassen wollte, eines Mannes, der als erster die These «Le Boche paiera» aufgebracht hat – diese Reden heute zeigen nicht etwa, daß er gaga ist, denn er ist es nicht, sondern sie zeigen die grenzenlose Leichtfertigkeit der Menschen, die nie zurückblättern, die alles vergessen, und sie zeigen die Koofmichgesinnung aller dieser Menschen. Der Kunde, der Kunde soll nicht verlorengehn.

Die armen Hunde, die da leiden. Sie leiden nur für sich selbst. Wer Erfolg hat, hat recht.

Nur wäre es hübsch, wenn die Schweiz sich nicht beklagen kommt, falls ihre Neutralität zum Teufel geht.

[7. 2. 1935]

Q-Tagebuch
für die den qitus nicht verachtende Nuuna

= = = =

Dafür, daß hier stilles Landleben ist, ist es allerhand.

Als ich Montag nachts einschlief, knallte es mächtig, und ich dachte, i, dachte ich, wer schießt denn in der Nacht, und dafür war es auch zu laut, und Feuerwerkskörper, am Montag? und dann schlief ich ein. Eines hatte ich nicht gewußt, weil noch nie gehört: daß Fensterscheiben so knallen.

Nachts um halb zwei weckte mich die alte Kinderfrau, die stets auf das Tragische aus ist. Sie plapperte vor Angst, und ich verstand nur etwas von «Brennt» oder «Hotel brennt». Darauf ging ich in mein Arbeitszimmer.

Du kennst ja die Aussicht auf den Szee. Denke Dir das nachts ganz rot übergossen, wie die Kulissen bei einer Märchenvorstellung für Kinder. Das Hotel brannte. Ich raus. Es wedelte da eine große Wolke mit vielen Fünken über den Himmel, und wenn mehr Wind gewesen wäre und selber hätte sich auch noch gedreht, und im Juni – aber nur dann – dann wäre vielleicht hier alles abgebrennt. So aber nichts nicht. Manchmal stand der Brand wirklich wie im Bilderbuch als große Fackel da, leuchtend und gewaltig. Es war eine dicke Sache.

Umgekommen im Brand ist niemand. Man hat aber einen Dänen vermittels einer Leiter vom Balkon gerettet, der kam gut unten an, trank ein Glas Wasser und starb am Herzschlag. Das habe ich nicht gesehn, das stand in der Zeitung. Eine Dame ist beim Herausspringen leicht beschädigt worden; wie gesagt wird, hat sie nicht nur die Hände, sondern auch ihre Ehe gebrochen, denn sie wohnte gar nicht in diesem Hotel, sondern war die Frau eines Obsthändlers. Vielleicht hat man sie dort benötigt und gbruucht. Das Wort Obsthändler darfst Du nie bruuchen, liebe Hedwig, es bedeutet etwas sehr Häßliches.

Es scheint, daß das ein alter Holzkasten war, der nicht mal richtig gesichert war. Ein Sachverständiger hatte erklärt, er würde da nie wohnen. Da die natürlich sehr faschistisch gesinnte Hotelbesitzersgattin das Ganze dirigierte, war es eine echte und rechte Weiberwirtschaft – nachts lief alles verstört wie die Hühner umeinand, und nichts war vorbereitet. Kein Wort des Vorwürfs in den Zeitungen – Punsch ist dicker als Wasser. Wenn der Mann zufällig «bolschewistisch verdächtig» gewesen wäre, hätte man ihm etwas angehängt. So aber? Man fällt nicht über seine Fehler – man fällt über seine Feinde.

Göteborg und Borås hatten keine Feuerwehren ins feindliche Ausland geschickt, was aber ohne Satire vermerkt sei – denn der hiesige Kreis hat sich geweigert, ein Abkommen zu unterzeichnen, wonach er im Falle einer solchen Hilfeleistung den etwa entstehenden Schaden ersetzen werde. Die Polizei, die so genau aufpaßt, daß man ja bei ihr gemeldet ist, hat von dem Brand am nächsten Morgen um acht Uhr telephonisch aus, mit Verlaub zu sagen, Kopenhagen erfahren, daher rief nämlich eine Zeitung an, ob es wahr sei. Weder der Landsfiskal (so etwas wie Amtmann) noch die Polizei sind nachts telephonisch zu erreichen. Il faut un Roy! Aber das ist aus einem andern Buch.

Die Trümmer rauchen noch. Der Platz sieht auf einmal ganz anders und viel kleiner aus. Für mich ist es ein merkwürdiges Gefühl. Nichts steht so fest wie Kulissen, für das Auge.

Na, nu ich. Ich habe meine Versicherung erhöht.

//

Ich schicke Dir dieser Tage ein Heftgen von Jules Romains über Frankreich und Deutschland.

Der Mann ist, ohne es zu wollen, nicht ungefährlich – er drückt etwa die «fortgeschrittene Meinung» der Franzosen aus, die weder unbedingte Anbeter der marchands de canons sind noch einen sinnlosen Sozialismus im Munde führen. Bei ihm fällt mir auf, was ich von Euch und von denen hier bereits weiß:

Sie machen sich Deutschlands Sorgen. Sie merken gar nicht, wie sie, wenn auch zunächst, negativ, in deren Gedankengängen denken, sprechen, meditieren. Sie machen die allerdümmste, die allerplatteste, die allertörichtste Politik: die, wie sie sagen, der realen Anerkennung dessen, was ist. Das haben aber Lenin, Mussolini, Hitler nicht getan. Der Kardinalfehler ist:

Diese Länder haben nichts, was sie den Deutschen entgegensetzen können: keine Ideale, keinen Schwung, nicht mal wirkungsvolle Phrasen. Nichts. Es ist tot. Ihre Demokratie glüht nicht mehr, ihr Ethos ist lahm und matt oder gar nicht mehr da, ihre Erkenntnis der Lage nicht vorhanden, ce sont les dupes de leurs ennemis.

Die Voraussagen Romains' sind falsch – er ist ein Schriftsteller und hat es mit den Aktschlüssen. Genau so töricht hat man 1913 auch geschrieben «Der nächste Krieg verwandelt Europa . . .» Nicht doch. Er wird kommen, er wird partiell entsetzlich sein, die nicht Betroffenen werden, und das ist sein Kernpunkt, auch nicht einen Gewehrkolben heben, er wird lokalisiert sein, die neuen Gasangriffe werden «interessant» sein, und nix Chaos, nix Ende Europas, nix.

Wie mir scheint, wird der Leidtragende Rußland sein. Es hat sich das selbst zuzuschreiben – es hat eben nicht verstanden, seine Parteifilialen gut zu dirigieren. Die haben ausgespielt. Eine kommunistische Gefahr in Europa gibt es längst nicht mehr. Das durch Krise und schlechte Geschäfte gereizte Bürger- und Kleinbürgertum wird sich mit Genuß und Gebrüll auf die Arbeiter stürzen, mit §§, oder mit den Waffen oder sonstwie – und geht Rußland unter, so geht eine Idee unter, die ich in dieser Form für falsch halte, für die ich mich nie ohne Reserve habe begeistern können, und doch, und doch . . . Man fühlt mit allen Antennen, wie dann nicht etwa ein gesundes Nationalgefühl triumphiert, sondern jener fachisme de maître d'hôtel, der einem so unsagbar widerlich ist. Romains ist nicht der Dümmste, bestimmt nicht mit Geld bestochen, aber durch Klassenvorurteile und Eitelkeit beeinflußt – und seine Voraussagen zeigen einen politisch unmusikalischen Menschen. Schade.

Quo vadis, Gallia?

Meine Sorge ist das nicht – aber ich hätte lieber zu einer Zeit gelebt, wo dieses Land eine stärkere Stellung hatte. Sie sind so klug, sie denken so konsequent – aber sie haben noch nicht eine Seite von Schopenhauer begriffen, wonach dieser Streit sich nämlich wie alle ähnlichen, auf der Sphäre des Willens und nicht der Erkenntnis abspielt. Jeder, der mit Kindern zu tun hat, weiß das – sie wissen es nicht. Das kann, Britannia iuvante, tödlich sein.

//

Wie eenjal alles ist . . .! Das halbdeutsche Dienstmädchen in England hatte kaum heraus, daß ich Jannings kennte, als sie in ein Entzückensgeschrei ausbrach. Ich schenkte ihr ein Autogramm des großen Künstlers, und sie war begeistert. Dies hier exactement genau so. Er ist etwas für reifere Damen. Wundert mich, daß wie bitte? ich habe nichts gesagt. Hast Du was gesagt –?

//

Die Frau von Jacques Feyder heißt nicht Françoise Arsey, sondern Françoise Rosay, der Ordnung halber. Hätte sie im «Grand jeu» noch eine Rolle, zeigte sie nicht nur eine Figur, so wäre das eine unvergeßliche Leistung. Auf den Reklamebildern sieht sie mich an wie eine alte Bekannte – als hätte ich mit ihr eine Strecke gelebt. Ganz merkwürdig.

//

Iwan ist mit mir böse. Er hat einen Fisch gefressen, wo für mich war, und ich habe ihn, samt Fisch, geschüttelt. Das will er nicht. Jetzt schnurrt er nicht, wenn ich ihn streichele. Werde ihm einige Pornographica zu schenken wissen, vielleicht hilft das.

//

Möchte Ihnen auch mal schütteln.

– – – – –

[19. 2. 1935]

Q-Tagebuch
für die qmmergewohnte Nuuna

= = =

In dem amerikanischen Hauptmann-Prozeß ist ein wirklich wahres Wort gesprochen worden. Die Jury hat das Angebot, sich durch die Variétés schleifen zu lassen, angenommen, und als man dem Vorsitzenden einige Bemerkungen darüber machte, hat er gesagt: «Die Würde dieser Jury wird dadurch nicht berührt.» Das walte Gott.

//

In Malmö hat ein Fischhändler zu einem schwedischen Juden «Heil Hitler!» gesagt. Darauf hat der Jude den Herrn vertobackt, ihm paar Zähne ausgeschlagen und so. Urteil: Ein Monat Gefängnis, 200 Kronen Geldstrafe, Schadensersatz. Der Fischhändler: nichts. Schweden ist eine Monarchie, eine Demokratie, und der Gruß war neben allem andern, nämlich einer Beleidigung, ein fremder Gruß. Aber man muß objektiv sein. Die Rabbiner: kein Wort. Der Stockholmer Oberrabbiner, was es übrigens nicht gibt, schwieg. Nein, er hält einen Vortrag über die Weltlage des Judentums. Malmö? Nicht so konkret ... man muß klug und vorsichtig ... Jetzt begreife ich, wie diese Rasse sich so lange hat halten können. Sie frißt ihren eigenen Dreck.

//

Wenn Du jemals Deine Obligationen verkaufst: sie stehen vor der Verlosung etwa 5 oder 6 Punkte höher als nachher. Die von 1933 werden im März und im September verlost, die von 1931 im Juli und Dezember. Vor der Verlosung stehen sie etwa 62, nachher 56. Also alle über Pari.

//

Denk mal – diese deutsche Weiberhinrichtung ... ich kann das nicht begründen, was ich aufschreibe: ich glaube das nicht. Ich denke immer: diese Weiber leben, sind eingesperrt, aber unter falschem Namen. Irgend etwas stimmt hier nicht. Es ist auffällig, wenn einer unter lautem Gebrüll plakatiert, daß zweimal zwei vier ist. Gewiß doch. Aber was schreit er so? Sie haben spioniert, sie sind verurteilt worden (wenngleichen die von der Reichswehr ausgehende Darstellung bestimmt übertrieben ist, wie wenn nun alles, aber auch alles unterminiert und ausspioniert sei), und das Urteil kann sogar gerecht gewesen sein. Nun ist es aber sehr ungewöhnlich, daß man im Frieden jemanden wegen Landesverrat hinrichtet. Die Couillons haben das neulich mit zwei Männern getan. Gut. Aber Frauen? Und, was viel mehr wiegt, Frauen der gleichen Kaste wie die, der die Reichswehroffiziere angehören? Ich kann das nicht begründen, es ist nur ein Gefühl, und ich stoße mich nicht an der Grausamkeit, sondern: hier stimmt etwas nicht.

Es ist so wie mit den ausgeschnittenen Kinderaugen in Belgien: die Couillons sind Schweine, aber grade das, das nicht. Trotz der Konzentrationslager: das nicht. Und nicht gegen eine Frau von Soundso. Nun, ich kann mich irren, und es ist mir auch gleich.

//

Ich hatte einen wüsten Traum. Arnold und Emilie waren in einer außerordentlich schmackhaften cohabitatio begriffen, aus einem andern Bett sah aber jemand zu, mit traurigen und unsympathischen jüdischen Augen. Als selber sich mit einer indiskreten Frage in das löbliche Tun einmischte, stand Arnold auf, der fühlte, daß jener schwächer sei, und schlug ihn nieder. Ha. Jenner fiel hin, aber wie ein Simulant, und dann war auch noch der Dienstbotenernschtl da, und ein rothaariges Mädchen. Selbe drohten dem Arnold einen furchtbaren Schadensersatzprozeß an, wegen Tottschlags, und mit dem Ernschtl gab es einen Bockskampf, und Arnold hatte eine entsetzliche Angst, sehr viel zahlen zu müssen. Quels mœurs.

//

Sven Hedin ist 70 Jahre alt geworden. Er hat sich im Kriege, als neutraler Schwede, in geradezu ekelerregender Weise um das Hineinkriechen in das kaiserliche Rektum bemüht, hat mehrere Orden bekommen, und schrieb entsprechende Bücher, wie schön es im kaiserlichen Hauptquartier sei, sowie auch, daß wir als wie er, also wir, siegen müßten. Die Deutschen haben ihm jetzt gratuliert.

Herr Hedin ist Jude.

Die Juden sind nicht, wie sie behaupten, ein duldendes Volk. Sie sind ein geduldetes Volk. Und das mit Recht.

//

Auf meinem Notizblock steht etwas, was ich nicht lesen kann. Und das wollte ich Dir allerdings schon lange mitteilen.

//

Die Franzosen haben zu hübsche Formeln. Jean Lorrain, ein Boulevardier und etwas mehr, aus dem fin de siècle, derselbe, der von Wilhelm dem Zweiten gesagt hat «Le bluff à la mode» hat nach Schilderung einer bösen Hysterikerin gefunden: «Elle a l'horreur de la simplicité.» (Jenny.)

Und die Gräfin hat eine himmlische Geschichte geschickt. Ein Homosexueller und ein lesbisches Mädchen heiraten. «Mais qu'est-ce qu'ils peuvent bien faire?» – «Ben, quoi, ils se feront des clients!»

= = = =

[23. 2. 1935]

Q-Tagebuch
für die qbusförmige Nuuna

= = =

Im *Tagebuch* hat eine Entgegnung auf den ausgezeichneten Angriff jenes Holländers gestanden; ich hatte Dir das geschickt. Er wandte sich gegen die sanft weitertrudelnde Emigrantenliteratur. Der Herr Entgegner, ein echter Klugscheißer und nichts als das, hat etwas zusammengefaselt, das ist so jüdisch . . . «Ausgerechnet», mauschelt er, «sollen wir so streng in der Kritik sein. Und wer hätte denn den Mut, eine bitter ringende Existenz mit einer harten Kritik zu vernichten . . .» Und so sieht ja denn diese Literatur auch aus. Arm.

//

Dagegen machen die Franzosen etwas, das erfreut mein Herz. Ich bin sonst sehr gegen alle Polizeimaßnahmen, denn ich meine, daß das primäre Recht des Fremden ist, zu leben, wo er will, solange er sich den fremden Gesetzen fügt. Die Praxis in Europa ist umgekehrt: er muß erst nachweisen, daß er da und dort leben d a r f. Also gut. Die Franzosen aber tun dies:

> Refugié-Politik in Frankreich
> *P. Haasholt, Brüssel.* So weit wir sehen, hat sich die Politik der Ausweisungen in letzter Zeit stark gemildert. Dagegen scheint sich allerdings eine feste Regel zu entwickeln: die französischen Behörden scheinen sich auf den Standpunkt zu stellen, daß, wer heute nach Deutschland reist und reisen kann, dadurch bekundet, daß er nicht als politischer Flüchtling zu betrachten sei. Infolgedessen sind eine ganze Reihe von Ausweisungen erfolgt, zu deren Begründung mündlich gesagt wurde:

«Sie waren ja jüngsthin in Deutschland. Also ist Ihnen Deutschland nicht versperrt, also sind Sie kein Flüchtling.»

Bravo. Bravo. Bravo.

//

Mir graut ein wenig vor der Ziehung am 15. III. Wenn Du nun gar nichts gewinnst, dann habe ich Dir diesen blödsinnigen Rat gegeben, so viele Obligationen zu kaufen, und dann hast Du nicht mal Zinsen für Dein Geld. Ich sehe diesem Tag mit einigen vollen Hosen entgegen.

//

Die Hotelbesitzerin, die aber eine böse und dumme Quatschtute ist, behauptet, die alte Frau, die das Feuer entdeckt habe, sei zuerst in ihr Zimmer gegangen, habe dort alle ihre Sachen gepackt und habe dann erst Feurio geschrien. Wenn dem so wäre . . . ganz heiter. Dieser Zug hat in seiner Verworfenheit etwas Komisches.

//

Du verstehst Dich doch auf Kinder. Gibt es das oft –? Wie alt ist das –?

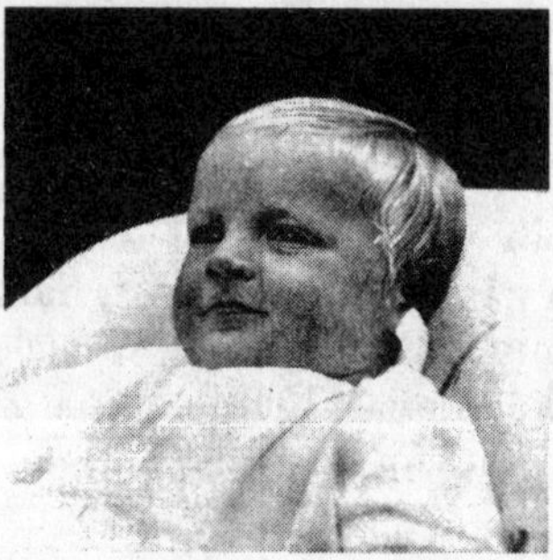

Kommt das oft vor, daß so ein Junge bereits ganz fertig aussieht? In diesem Fall nicht mal angenehm – sehr dezidiert, ein Geschäftsmann, der weiß, was er will, ganz erstaunlich. Ein amerikanisches Baby.

//

Ist der Romains angekommen? Bitte wieder Opiumkeller.

//

Daß sich die Amerikaner in dem Hauptmannprozeß wie die wilden Tiere benommen haben, wirst Du ja gelesen haben. Es muß ein Gipfel an Widerwärtigkeit gewesen sein. Kid-napper sind es auch, und ich entdekke in mir kein mildes Herz für Herrn Hauptmann, der, so sieht es wenigstens aus, die Hände in diesem schmutzigen Spiel gehabt hat. Aber der Prozeß! Verkauf von kleinen Leitern aus Holz, nach dem Modell der von Hauptmann angeblich benutzten; fröhliche, zahnzeigende Damen der ersten, dreckigsten Gesellschaft, die fröhlich häkeln, bis der Prozeß angeht, die sich aber einen Platz ergattert haben; Angebot eines Varietédirektors an die Jury, die 12 Herrschaften durch ganz Amerika zu rollen, und so fort, und so fort. Ich weiß, was die Frau Lindbergh ausgehalten hat; ich halte das Verbrechen für eines der gemeinsten – aber man wird einen bittern Geschmack nicht los. Wenn nun Hauptmann unschuldig oder nicht der Hauptschuldige ist: dann büßt er, weil Lindbergh so berühmt ist. Der Staatsanwalt: «Wenn Sie diesen Mann nicht zum Tode verurteilen, dann ist das eine Schande für den Staat New Jersey. Lassen Sie sich nicht durch das Bedenken abhalten, einen Justizmord zu begehen . . .» Mir erscheinen Amerikaner, wenn sie losgelassen sind, immer wie fremde, böse Tiere. Die Europäer machen doch gewiß alles, was Gott verboten hat, und noch Schlimmeres – aber bei denen da habe ich stets das Gefühl: die sind von einem andern Stern. Und von keinem bessern.

//

Die Entwicklung in Deutschland sieht klar aus, wenigstens mir erscheint sie so. Mit Adof Diktatur der Industrie und der Reichswehr. Er hat ihnen die Arbeiter zerschlagen, dafür darf er weiterhin repräsentieren. Zu sagen hat er schon längst nicht mehr die Hälfte von dem, wie am Anfang. Geht Goebbels nach Warschau als Gesandter, so geht [er] wahrscheinlich in den Tod. Ein Nationaljude oder einer seiner zahlreichen Feinde aus dem eigenen Lager . . . dazu kommt, daß es zu viel Leute gibt, die ein Interesse daran haben, durch einen Gesandtenmord die Beziehungen zwischen den beiden Staaten zu stören. Polen wird ihn schützen, wie es nur kann, und er wird sich schützen – aber Polen ist schon ganz und gar Asien, und auf die Dauer wird es ihm nicht gelingen. Mir ist das gleich – ich schreibe es nur auf. Diesen Schuß höre ich knallen.

Sehr merkwürdig ist die Abschüttlung dieses Klumpfußes. Man mag ihn dort nicht. Und zwar, das ist das Merkwürdige, n i c h t etwa, weil er ein Schuft ist. Sondern weil die Boches noch in ihm, noch in dieser Karikatur den Intellektuellen wittern, den Gefährlichen, den andern, den Meridionalen. Sie sagen es auch, soweit ihnen das bewußt ist. Das ist der gleiche Grund, aus dem sie damals im Krieg Ludendorff nicht gemocht haben. Der wirkt auf uns wie eine Feldwebelfresse, der Kaiser nannte ihn so. Die Boches aber sahen in ihm den Windhund, gegenüber dem soliden Kachelofen Hindenburg, den man auf Pfeifenköpfe malen konnte. Und das wollen sie. Sähe Hitler so aus wie Göring –: er bliebe ewig. Diese Regel hat nur eine Ausnahme gehabt: Friedrich den Zweiten. Und der wurde vergöttert, als er lange tot war. Erbsen mit Schweinebauch – das ist ihr Leibgericht.

//

Der *O. N.* wird eine Zeitschrift. Eine sehr gute, eine mit recht brauchbaren Artikeln – aber eine Zeitschrift. Dandieus Tod ist schrecklich. Da haben sie diesen wäßrigen Mädchenschulprofessor Daniel-Rops, halb schwul; wie ein nasser Regenschirm. Es stehen sehr gute Sachen drin, aber statt sich auf eine Doktrin zu beschränken und die scharf auszubauen, reden sie nun über alles mögliche. Ich habe jahrelang bei uns vergeblich gepredigt: aliquid – nicht de aliquare. Nun sind die auch soweit. Schade, schade.

//

Der nächste europäische Krieg hat nichts mit Abessinien zu tun. Das ist der alte, gute Kolonial- und Raubkrieg – ein italienisches Blatt schrieb, die Unordnung dort sei eine Gefahr «für alle Europäer». Das hat der

Herr Olsson in Lysekil schon immer gefühlt und sehr darunter gelitten. Aber man kann etwas an dieser Sache sehen: daß die ahnungsvollen und furchtsamen Betrachtungen Radeks und die Behauptungen im Blättchen und der Vulgärglaube ganz falsch sind. Der geht nämlich dahin: La paix est indivisible. Ganz unrichtig. Der nächste Krieg wird *lokalisiert* bleiben. Keineswegs gibt es ein europäisches Generalmassacre, sondern es wird ein Teilgeschäft. Und dann siegt Couillonien.

//

Nicht halte ich es für ausgeschlossen, wie die Ungarinnen sagen, daß bei leiser Umwicklung die Ullsteine ihren Laden zurückkaufen und alles wieder seinen sanften Gang geht. Natürlich stillschweigend antisemitisch, soweit die Tantiemen der Chefs nicht in Frage kommen, keine jüdischen Redakteure, stramm vaterländisch, also das, was sie eigentlich im Grunde sind. Das Blättchen und auch das *Tagebuch* halten in rührender Anhänglichkeit ein Deutschland hoch, das wirklich nur in ihren Köpfen vegetiert. Nun, ohne mich.

//

Hatché. Nein, nicht Hatché.

Nie, nie machen wir die richtigen Sachen! In Paris hat sich ein Ehepaar gehauen, und als die Polizei kam, wand sich ein ächzender Klumpen am Boden. Zuerst war der Mann hoch. Er hatte leider die Nasenspitze seiner Frau im Mund, spie sie aus und warf sie der Polizei ins Angesicht. Nie machst Du das.

//

Agathchen schreibt: «Emigranten hat meine Familie in Paris nicht getroffen, das ist auch besser, denn sie machen sie ja nur unbeliebt.» Warum will man das von ihr nicht hören? Vielleicht, weil ihr Schwager einer ist. Nier l'évidence – das ist eine weibliche Stärke.

Hatché.

[26. 2. 1935]

Q-Tagebuch
für die qttentragende Nuna

––––––

Ich habe ein kl. Unrecht begangen. Hedin hat jüdische Vorfahren gehabt, darunter einen Rabbiner, aber man kann ihn nicht als Vollblutjuden ansprechen. Er ist seiner Art nach ein Couillon, aber das ist eine andere Sache.

//

Lieschen hat ihren Brief; er hat mich viel Arbeit und Bappier gekostet: in Spiegelschrift (wie heißt das auf französisch?). Es soll mich sehr wundern, wenn sie nicht so lange an ihrer Maschine herumbastelt, bis sie das auch kann. Wenn sie mir aber einseitig beschriebene Blätter schickt, so habe ich dafür nur ein kaltes Hohnzucken und Achselgelächter – das kann jeder. Meine waren zweiseitig beschrieben, und das ist eben das Feine an ihnen.

//

Ich habe nichts für Dich ausgelegt. Auf Deinem Konto war genügend Geld, und Du hast noch jetzt, nach Kauf der neuen zwei Obligationen, 20.45 Kronen. Du bist mir also nichts schuldig.

//

Nun hast Du wieder soo viel Geld für mich ausgegeben! Vielen schönen herztausigen Dank! Der de Man ist ein ausgezeichnetes Buch – ich kenne es deutsch, besitze es aber nicht, die hiesige Bibliothek hatte es mir nur leihweise aus der Stockholmer Reichstagsbibliothek kommen lassen. Es ist sehr gut. Sein Plan ist es weniger, er wird auch nichts. Diese Partei geht ein – wenn jetzt Vandervelde auf seine alten Tage den Rradikalen macht, so ist es nach 1914 etwas spät. Auch de Man ist nur gut, soweit er das Alte ganz vergessen will, man kann das aber nicht von ihm verlangen. Immerhin: ein gutes Buch. Der de la Rocque ist, wie *Esprit* sagt, «le vide absolu». Tardieu ist sehr klug, sehr korrupt, und, wäre er zehn Jahre jünger, sehr gefährlich. Es sind alles noch rochers de bronze gegen Léon Blum. Nochmals: schönen Dank! Du sollst es doch nicht! Ich melde mich doch, wenn ich was haben will! Du hasts ja. Tack!

//

Bei Jean Lorrain stehen wirklich schöne Geschichten. Z. B. diese:

In der Bretagne gibt es alte Schlösser. Darunter eines, in dem nisten Wildgänse. Die obligate Legende: Les oies de Pirou waren ehemalige Prinzessinnen, wenn sie so fliegen, bedeutet das dies ... und so fort. – Nun lebt da in der Nähe eine alte Bäuerin, die verkauft Gänse an die feineren Herrschaften. Vor irgendeinem Fest hat sie sich die zehn besten, um sie nicht frühmorgens am Markttag einfangen zu müssen, in einen Stall gesperrt. Sie sieht am Abend vorher nach: da liegen alle Gänse beinah tot auf dem Boden. Mein Gott! Das schöne Geld? Ein Marder? Kein Tropfen Blut. Ein Dieb? Alle zehn sind da. Was? Was ist das? Man weiß es nicht. Also, sagt sich die Alte, da sie nun doch tot sind, werden wir sie rupfen, und ich nehme sie morgen mit zur Stadt. Sie sind ja noch warm. Gemacht. Für die Nacht nimmt sich die Alte, damit nun aber nichts mehr passiert, die zehn gerupften Gänse in ihre Schlafkammer.

Nachts wacht sie auf. Es bewegt sich etwas Bleiches in der Dunkelheit, halblaute gespenstische Schreie,

Schnäbel beißen sie, es fliegt und rumort . . . «Les oies de Pirou!» ruft sie, kriegt ein dickes Fieber und wird gut und recht wahnsinnig. Wird eingesperrt.

Die Herren Gänse hatten in dem Stall einen Topf mit Rumkirschen gefunden und heruntergeworfen, der war ausgelaufen, und sie hatten sich besoffen wie die Raubritter. Und nachts waren sie eben aufgewacht.

//

Praktische Therapie
oder:
Die Axt im Haus

Le 17 août dernier, après avoir passé la soirée dans divers établissements de Montparnasse, deux amis, MM. Jean de Fourmestraux et René Debargue, se disposaient à regagner leur logis respectif, quand M. René Debargue fut pris d'un hoquet qui devait être tenace. M. Jean de Fourmestraux conduisit alors son ami chez lui et, se souvenant qu'une brusque frayeur peut quelquefois avoir raison du hoquet, il braqua soudain un revolver sous le nez de Me René Debargue. Un coup de feu partit et, mortellement atteint, ce dernier s'affaissa sur le parquet.

M. Jean de Fourmestraux, poursuivi pour homicide par imprudence, a comparu, hier, devant la treizième chambre correctionnelle qui, après avoir entendu son défenseur, Me Maurice Flach, l'a condamné à trois mois de prison avec sursis et 100 francs d'amende.

//

Dank für dem Meskalinausschnitt. (Habe ich wohl schon, aber nochmal, weil er so schön war.) Das möchte ich wohl einmal nehmen.

//

Der Katz . . . es sind gute Gedanken drin, leider nicht gut geschrieben, und im übrigen hat er sich doch dorthin begeben, wohin er gehört: in den Tessin. Das ist alles so aus Prag, und vor allem ungebildet. Ein gebildeter Mensch ist einer, dem Bildung eine Form gegeben hat, er ist ge=bildet. Der da aber schreibt und denkt wie einer, der «über das Ganze nachgedacht» hat, aber ohne die leiseste Ahnung, wie weit das andere vor ihm schon getan haben. Schade. Viel zu sehr Journalist; die Zitate aus Laotse wirken wie Gotteslästerungen. Ich kenne den Mann: er ist etwas mehr als ein «gschäiter Buursch». Aber es langt nicht. Und dann ist es so unbefriedigend – diese etwas kitschige Terminologie «Lucifer» hilft doch gar nicht. Den fortschrittslüsternen Ingenieur, der sich in sein Auto Radio einbauen läßt, kann man nur besiegen, wenn man mit einer neuen positiven Sache kommt. Christus, Buddha, Mohammed – sie waren alle positiv und haben damit das ihnen Negative schlagen können, wenigstens stückweis geistig. Das da bewirkt nichts. Aber es ist immerhin nett, daß er es überhaupt sagt. Bei Dandieu steht das alles viel besser. Katz fühlt ganz richtig – aber er weiß zu wenig.

//

Du hast nun gar nichts über Deinen Sommerurlaub geschrieben. Willst Du noch hierherkommen? Oder willst Du warten, bis ich an der See bin und dann im Sommer kommen? Ostern ist im April. Mir ist jede Zeit recht, ich äußere absichtlich keine Wünsche, weil es Dein einziger Urlaub im Jahr ist. Du kannst kommen, wann Du willst, und wann Du magst – nur rate ich vom Umzug ab. Jetzt bist Du mir ein großer Herzenstrost, weil es mir nicht gut geht, und im Sommer kannst Du Dich sonnen, was Dir gut bekommen täte. Ich bin etwas stumpf und weiß nicht, was ich will. Der Bauch ist noch nicht besser – ich werde ihn lassen röntgen. Die Ärzte sind wie Engländer: sie meinen es ja sehr gut, aber sie helfen einem überhaupt nie, man ist mit der Krankheit immer ganz allein. Liebe Leute, die Schweden. Die Weiber aus Holz, die Männer aus Mehl, und alle zusammen aus Grütze.

//

(Für Lieschen und, im Bedarfsfalle, auch für Roby). «Wenn der Soldat zwei Befehle bekommt, die einander widersprechen, so soll er den Befehl ausführen, der dem andern am wenigsten widerspricht.»

//

In dem Sau-*Candide*, den ich mir keineswegs kaufe, stand neulich ein Gerichtssaalbericht, der war so blödsinnig, daß er echt sein mußte. Eine dicke Frau hatte einen Polizeikommissar beleidigt; es war da die Rede von einem Kaninchenbock, der auf einer Ausstellung den ersten Preis gewonnen hatte, sogar Doumergue hatte ihn angelächelt, «und er hat zurückgelächelt», sagte die Frau, und ein anderer Mann, und was weiß ich, und dann «haben Sie den Kommissar mit einem Violinbogen geschlagen?» – «Ah, oui, j'ai oublié. Eh bien, si Tintin (das ist der Kanin) s'occupe des femelles, je lui joue quelque chose, de préférence une marche funèbre, car il n'y a rien qui le met en train qu'une mélodie lugubre.» Das kann man nicht erfinden.

//

Merkwürdige, fast verschollene Schrift Brentanos «Der Philister in, vor und nach der Geschichte». Gundolf zählt sie nicht zu den Ruhmestaten, und das ist sie auch nicht. Es ist die typische, übermütige Streitschrift oder vielmehr Streitrede des Romantikers (Berlin 1811).

Nun ist es ja nicht neu, daß der Polemiker immer zwei Portraits gibt: eines, schwarz auf weiß, das des Gegners, und eines, weiß auf schwarz, das von sich selbst. Diese Schrift, in der der herrliche Satz vorkommt: «Nie sind sie berauscht gewesen, ohne zu trinken, und dann immer sehr besoffen», paßt auf: den Zürichberg, Göteborg, einen Teil der Schweden, auf alles Mittlere, und, wenn man genauer hinsieht: auf den Menschen. Womit ich die Aktivlegitimation des Schilderers, die hier wohl in seiner Jugend liegt, gar nicht untersuchen möchte. Aber ich habe einmal mächtig gelacht, als der Kandidat Bumann, der hier lehrte, sagte: «Man ist so unpünktlich in Hindås», er meinte die Handwerker, und ich habe gleich an jenen Franzosen gedacht, einen Elsässer, der auf die Frage, ob er für die Diktatur sei, antwortete: «Gewiß. Wir brauchen in Frankreich einen Diktator, und hier bei uns in Forbach zwei.»

Shaw hat einmal gesagt, wenn einer meine, die eigene Familie sei nicht zum Ausstehen, Onkel Franz tue dies und Tante Emmy jenes . . . «aber so ist die ganze Welt», setzte er hinzu, was beinah richtig ist. «Bei uns hier . . .» und «Unsere Zeit . . .» es gibt nichts Dümmeres. Die Masse ist nie anders gewesen. Läuft mit ihr unsereiner zusammen, der eben nur einer andern, kleineren und weniger soziabeln Masse angehört, dann gibt das einen schlechten Klang. Aber der ist weder typisch Zürich, noch typisch Göteborg, noch typisch 1935. Der ist ewig. Man muß sich, so schwer es ist, damit abfinden.

//

Ich weiß nicht, wie Euer Referendum abgelaufen ist, und es ist mir auch gleich. Aber die Haltung der schweizerischen Sozialdemokraten ist lamentabel. Wieder dasselbe Hin und Her: «international», was es ja gar nicht mehr gibt, und antimilitaristisch, aber denn doch ja, und dann wieder nein, und dann die Führer, die ein bißchen gegen die Parteiprinzipien für das Militär sind, weil gegen Hitler. Mais c'est connu! Der alte Bebel, der ein Hort der Sauberkeit und der Orthodoxie gewesen ist, erklärte vor vierzig Jahren, er werde, wenn es gegen den Zarismus ginge, nochmal die Flinte auf den Buckel nehmen ... Es sind armselige Gesellen. Je eher die Arbeiter begreifen, daß sie von vorn anfangen müssen, ganz von vorn, um so eher werden sie vorwärts kommen. Zur Zeit sind Intelligenz, Lebenskraft, Stärke und Schlauheit in allen Ländern auf der andern Seite.

//

Ich habe heute nacht die ebenso schlechten wie erschütternden Bücher Dwingers («Armee hinter Stacheldraht» und «Zwischen Weiß und Rot») wieder gelesen. Der Mann war fünf Jahre lang kriegsgefangen in Rußland und hat einiges gesehn. Einiges? Es war die Hölle. Aber nicht, was man so leichtfertig sagt «Hölle» – sondern ganz real. Mit Typhustoten wochenlang in einem Waggon, mit Ruhrkranken, die den andern auf den Kopf schissen, und mit unsagbaren Scheußlichkeiten.

Die Bücher sind leider ganz schlecht, nämlich überall da, wo der Verfasser den Dichter markiert und sich eins schreiben will. Das ist beinah noch scheußlicher als das, was er erzählt. Wenn ihn «irgendwie» die Ewigkeit antritt – nicht zum sagen. Er ist dann nach seiner Rückkehr ganz konsequent zu dem Geist der Freikorps gegangen und ist, soweit ich weiß, den Nazis sehr nahe. Er will eben nicht umsonst gelitten haben.

Und das ist das, was einen umwirft und wozu man eine Religion braucht, um es zu verstehen – kein Patriot wird damit fertig, ihre Erklärungsversuche sind lächerlich. «Seit Jahrhunderten», sagt da eine Figur, «hat niemand gelitten, was wir ...» Auf demselben Bort, wo Dwinger, stehen bei mir die Memoiren eines Deiner russischen Kollegen, Weressajews. Ein kluger Arzt, der den japanisch-russischen Krieg 1905 mitgemacht hat. Das ist nun nicht Jahrhunderte, sondern zehn Jahre her. Und ich kann Dir ganze Seiten zeigen, bei denen die Qual Punkt für Punkt dieselbe ist: Sauerei, Schlamperei, jene Mischung von Brutalität und Gutmütigkeit, die im Russen steckt, Tod von Zehntausenden aus gar keinem Grund, eben so ... aber das ist Krieg, Mensch, Welt. Die Fahnen kommen erst nachher. Le pavillon couvre la marchandise, heißt jener teuflisch doppeldeutige Satz im internationalen Handelsrecht. Mais il couvre aussi l'homme. Er zieht die Fahne an, wie wenn er sich seiner nackten Grausamkeit schäme. Man kann doch seinen Mitmenschen nicht mit Pferden zu Tode schleifen. Aber seinen Feind ... das ist etwas anders.

Unbegreiflich, daß Menschen das ausgehalten haben. Es gibt ein paar Gedichte eines unbekannt gebliebenen Hamburgers aus dieser Epoche, von denen sind nur zwei gut, aber alle echt. Es muß unsagbar gewesen sein. Aber zu denken, daß es heute auf der Erde mindestens eine Million Menschen gibt, in China, in Japan, in Rumänien, in Australien, die je nach dem Erdstrich Menschen ungestraft prügeln, foltern und töten dürfen: nämlich die Angestellten der Polizei – das zeigt doch, daß sich gar nichts ändert. Und seltsamerweise kann man das mit Haß nicht bekämpfen, auch nicht mit dem Haß, der aus der Liebe kommt. Man kann es nur mit Liebe bekämpfen, wenigstens etwas. Ich sage das, obgleich ich diese Liebe nicht verspüre – ich bin erstarrt. Aber ich weiß es – wenn es etwas gibt, wovor auch noch die gemeinsten Polizeiverbrecher die Knüppel sinken lassen, dann ist es nicht vor einem neuen Knüppel, sondern vor den gekreuzten Armen eines Heiligen. Aber es weht sie nur an; ist er fortgegangen, prügeln sie weiter, immer feste im Takt der Nationalhymne, sublimierte Verbrecher, die die Gesellschaft für sich eingespannt hat – und wirklich befreit und geläutert ist nur der Heilige. Es hat eben nur einen vollkommenen Christen gegeben. Ein bißchen wenig.

//

Gute Nacht.

= = = = =

[3. 3. 1935]

Q-Tagebuch
für die eigentlich qpferpfannenbesitzenmüssende Nuna

– – – –

Im Blättchen wird, wie so oft schon, der Zusammenhang zwischen Psychoanalyse und Klassenkampf untersucht. Wozu unsere sel. Grete einmal richtig gesagt hat: «Das ist ungefähr so intelligent, wie zu fragen: Gehört dieser Mann ins Krankenhaus oder auf die Universität?» – Nun kann man dem Freud Beschränkungen der Zeit und des Landes nachweisen, denn er ist gewiß nicht der liebe Gott; auch kann man, wogegen sich die Beteiligten aber sehr wehren, die Marxisten psychoanalysieren – aber eines kann man nicht: man kann nicht diese völlig inkommensurabeln Dinge miteinander widerlegen. Da prangt nun also dieser Satz:

(Aus Rußland, dem gelobten Land): «In den geselligen Zusammenkünften Mangel sexueller Anspielungen (gemeint ist: an) und Zoten, die unsere verschiedenartigen Zirkel kennzeichnen. Dazu sonderbare Anekdoten: Wagt es ein Mann, eine Frau nach Art unserer Gegenden auf das Gesäß zu schlagen oder in die Wange zu kneifen, so kann er leicht, wenn er Parteiangehöriger ist, vor das Parteigericht kommen.»

Sage mal, Du verkehrst doch viel mit Bürgerlichen: ist das in Euerm Stande üblich, in den Zirkeln die Frauen aufs Gesäß, ich meine . . . wie . . .?

Ernsthaft, soweit das möglich ist: Sind diese Kerle verrückt? Ist das nicht grauenhaft?

Sicher kann man die Jennys unserer Länder zu sieben Achteln dahin auflösen, daß man sagt: Arbeite mal was Gescheites, verdiene Dir Dein Brot, und die Tüfe und Feunheit werden Dir schon vergehen, und das dämliche

Getue zum größten Teil. Bon. Und so gibt es noch viele Fälle, denen man simpel, einfach und leicht aus zwei Orten her beikommen kann: aus dem zu reichen Bankkonto und aus einem zu armen Liebesleben. Aber:

Das, woran sich Menschen seit sechstausend Jahren die Köpfe zerbrechen: daß Mann und Frau immer und immer eine Art Gegnerschaft bilden; daß sie sich nie, nie ganz und gar verstehen können; daß immer noch ein Rest bleibt; daß Liebe sich abnutzt, und zwar bei der Frau in einem andern Tempo als beim Mann; daß die Zuchtwahl schwerer ist als die Wahl einer Beyschläferin – kurz: das, was nun einmal die Unvollkommenheit unseres Wesens ausmacht – was hat das mit Wohnungsreform zu tun? Es sind gigantische, freche und laut schreiende Esel.

Natürlich können sie sagen: All das Getue, das in einem norwegischen Försterdorf bei puritanischen Leuten um das bißchen Koitus gemacht wird, fällt hier fort. (Daß der Aufsatz das Wort «sexueller Partner» benutzt, nur nebenbei; mir verursacht er Brechreiz.) Daß mit dem Fortfall dieser sozialen Hemmungen auch gewisse Psychosen fortgefallen sind, ist sicher; ebenso sicher ist, daß hier, wie ich meine, eine Art Plus liegt. (Nicht für die Lust übrigens – aber vielleicht für die Gesundheit.) Ebenso sicher ist, daß die Antibolschewisten wie immer, so auch hier, mal auf alle Fälle unrecht haben: die Partei in Rußland ist, wie ein berühmter Aufsatz Lenins beweist, gegen die Theorie, man bruuche eine Frau, wie man ein Glas Wasser trinkt (Lenin nennt das übrigens die «Glaswassertheorie» und bekämpft die hemmungslose Promiskuität auf das schärfste). Soweit ist alles in Ordnung. Aber welche dumme Arroganz – welches Schielen auf den Bourgeois, der doch, wie ich meine, erledigt ist – welche Uneinsichtigkeit! Esel.

//

Habe in diesem Zusammenhang einen Essayband Ehrenburgs über die französischen Modeschriftsteller gelesen, ich werde ihn Dir schicken. Also nein – nein – und dreitausendmal: nein.

Das Ja zuerst.

Gegen den Friseur Morand? Immer feste. (Obgleich E. die leisen dichterischen Substanzen, die es da gibt, übersieht – dieser marxistische Oberlehrer nimmt ihm sogar die Verspieltheit übel, wie zum Beispiel das «Biberspiel» in «Lewis und Irène» – und das ist, notabene, aus Amerika gestohlen: wer die meisten «Biber», nämlich Vollbärte sieht, hat einen Point, und manche zählen mehr. «Biber auf Fahrrad» drei Punkte und «Biber im Sarg» ist sehr selten und ganz selten ist «Biber auf Damentoilette».) Gegen Maurois, diesen geistigen Textilfabrikanten? Immer feste. Und überhaupt: gegen diese vermuffte, nichts als interessante, feine und ach, so ungefährliche Literatur – immer los.

Nein und aber nein aber gegen diese Vordergrundfrechheit. In diesem Rayon lasse ich mir nichts erzählen – ich fühle mich da immer wie hinter den Kulissen, denn ich weiß, wie das gemacht wird. Außerdem kann ich das besser als Ehrenburg. Seine Witze sind gut, Lieschens Witze sind bereits besser, und uns alle schlägt auf diesem Gebiet Léon Daudet. Da kommt der brave Ehrenburg überhaupt nicht mit.

Und ist das nun mein Alter oder, ich kontrolliere mich ganz genau, etwa mein böses Gewissen, daß ich eigentlich in Rußland Rotarmist sein sollte: ich finde es nur arrogant und nichts als das. Er ist frech oder das, was man auf jiddisch, chutzpedig nennt. (Das «dig» ist eine adjektivische Endung wie in lebendig – die Juden sprechen das auch lébendig aus.) Und damit ist nichts getan. Gewiß, es gibt in Paris ein Hunderestaurant, und die Arbeitslosen hungern. Gewiß ist Romains ein Unentschiedener und ein Reporter, der nicht mal sauber berichtet. (Ehrenburg aber auch nicht.) Gewiß sind die Gewissenskämpfe Mauriacs keine reine Freude – obgleich ich sie ernster nehme, als jener es tut. Gewiß läßt sich gegen Onkel Duhamel sehr vieles sagen. Gewiß, gewiß ...

Und doch bleibt dieser fatale Eindruck, derselbe, den Du von den russischen Ärzten gehabt hast – und das kann unmöglich, weder von mir noch von Dir eine stille, unausgesprochene Liebe zu unsern zahllosen Aktien sein, die wir bedroht fühlten. Es ist etwas andres.

Es ist bei Ehrenburg erst mal die Diskrepanz, die zwischen dem großen Maul und dem klafft, was er nun wirklich tut. Was nämlich tut er? Genau, aber genau dasselbe wie Romains: er s c h r e i b t. *Er* arbeitet ja nicht körperlich wie jene, die er preist. Er schreibt, sitzt im Montparnasse umher, fährt ab und zu auf Kosten der russischen Regierung nach Moskau, schreibt auch dort, und nimmt von den französischen Verlagen, Gottseidank, die Tantiemen genau wie alle andern. Nichts dagegen zu sagen. Aber dann soll er es den andern nicht vorwerfen. Gewiß hat er sich den Urgrund seiner Gesinnungen nicht bezahlen lassen – der Mann glaubt das, obgleich ich niemals das Gefühl loswerde, daß da gewisse Arrangements vorliegen, er ist den Behörden dort einmal sehr verdächtig (und mir sympathisch) gewesen – aber ist genau so sozial eingereiht wie die andern. Nun kann er sagen: Ja, aber in ein unanfechtbar gutes System.

Und das ist gerade das, wo ich nicht mitspiele. Wie! es soll schon Sakrileg sein, darüber überhaupt nachzudenken; überhaupt zu zweifeln, ob vielleicht diese gigantische Produktionsepoche Rußlands mehr sei als etwa die Zeit, die jetzt die Türkei durchlebt: nämlich der Einzug des elektrischen Lichts in asiatische Gegenden, die dergleichen nie gehabt haben? Ich denke darüber nach. Ich weiß sehr wohl, daß sich in Rußland an den Lieferungen nicht eine kleine Gruppe gesundmacht, und sicherlich verdient Stalin nichts an der Sache – das glauben ja nur Kaufleute und ähnliche Dummköpfe. «Man wird nicht Tyrann, weil man friert.»

Aber es darf vielleicht gefragt werden:

Wenn ihr die Hemmungen wegen des Koitus losgeworden seid, wie äußern sich denn nun die Hemmungen der politischen Bespitzlung? Daß man fast nie allein sein kann? Und daß man sich nie, nie offen über viele lebenswichtige Themen aussprechen kann, ohne Repressalien befürchten zu müssen? Und darf man vielleicht fragen, welche Menschenart dieser Volkskörper Rußland unter den so gearteten Umständen weiter ausschwitzt? Sind das gute Leute? Sind das nicht auch Konformisten, nur andere? Wer setzt sich denn in einer Gruppe, wie in einem Comité, durch? Der Beste? Das ist doch Quatsch. Und wie sehen denn die Kämpfe innerhalb eines Sowjets auf dem Lande aus? Wo sich, wie in allen Kleinstädten, der Herr Petrowitsch und der Herr Alexandrowitsch nicht riechen können und sich nun hinter Parteigrundsätzen und Marx-Auslegungen verkriechen, um sich gegenseitig mal ordentlich einen auszuwischen – nein? Das gibts alles nicht.

Ich leugne das große Werk nicht. Ich fürchte den Augenblick, wo auf Geheiß der Deterdinge aller Länder dort einmarschiert und etwas zerschlagen wird, das ich nicht für «richtig», aber doch stellenweise für heroisch halte. Wer die französischen Gruben in der Hand hält, soll vor allem mal das Maul halten – der ist überhaupt nicht legitimiert, mitzusprechen, und gegen den hat jeder recht, sogar ein Marxist. Wer den Amerikanern anrät, Felder wieder in Urland zu verwandeln, ist ein Sünder – er hat zu schweigen. Ich bin Anti-Antibolschewist. Aber ich bin kein Bolschewist.

Es mag sein – das ist meine letzte Hoffnung –, daß die Russen im Lande vernünftiger sind als ihre grauenvollen Reklameagenten. Es ist möglich, daß das Irrationale im Russen so stark ist, daß er dieser Überratio bedarf, die mir wie gefrorene Mathematik vorkommt. Vielleicht ist die Ware gut. Was im Schaufenster liegt, wird von Jahr zu Jahr unerträglicher.

Und trägt dazu bei, die Welt in einen einzigen Antisowjetblock zu verwandeln.

//

Eine schwedische Zeitung hat einen Brief reproduziert, den der Regisseur Eisenstein (der «Potemkin» gemacht hat) an Goebbels gerichtet hat, eine Absage auf die Einladung, auf einen Berliner Filmkongreß zu kommen. Die schwedische Zeitung hat den Brief gekürzt, weil er Beleidigungen gegen Goebbels enthielte. Ich halte das übrigens für ausgeschlossen – der Brief war sehr ruhig, und ich kenne Eisenstein: er ist viel zu klug, um zu schimpfen.

Schweden aber scheint eine Provinz Deutschlands zu sein. Das schwedische Nationalgefühl ist monopolisiert und auf Flaschen gefüllt; es funktioniert nur, nur gegen die Kommunisten. Sieht man diese Patrioten-Kerle (man muß diese Fressen sehn), dann kann man allerdings übertreten.

//

Schade um den *O. N.* Nun ist er eine Zeitschrift geworden; die beste, die ich kenne. Aber das, was ich erhofft hatte, ein Keim, ein Kern, eine Zelle –: das ist vorbei. Schade. (Empfehle Dir den vorzüglichen Aufsatz über «le tourisme».)

//

In manchem sind sie, was Franzosen ja auch sind: naiv. (Es heißt übrigens: l'horreur du simple.)

[9. 3. 1935]

Q-Tagebuch
für die qlinarische Nuna

–==

Mich beschäftigt ununterbrochen eine Stelle bei Dwinger: sie zeigt in Lebensgröße den hündischen Sinn der Couillons.

Über den Mut des Mannes ist nicht zu reden: wer das hat erdulden müssen, was der erduldet hat, ist, noch bei 53 % Übertreibung, einer, der die Hölle passiert hat. Da muß man schweigen. Aber:

Er war also bei den Russen Kriegsgefangener. Er ist ausgekniffen. Sie haben ihn eingefangen. Er hatte nun die Wahl: entweder zurück ins Kriegsgefangenenlager, oder als Fähnrich zur weißen Armee. Er tat das letztere. Man kann nicht einmal sagen, er habe die freie Wahl gehabt; die hatte er eigentlich kaum. Er ist also nicht zu tadeln. Überhaupt tut man gut, die ethischen Gerichtssprüche über solche Handlungen nicht im stillen, warmen Zimmer abzugeben. Ich tadele ihn auch nicht, daß er das wurde, was er zunächst als Uniform anzog. Man kann wohl überhaupt nicht eine Tätigkeit ausüben, ohne daß sie langsam nach innen rutscht; ich weiß nicht, wie das bei den Asiaten ist, in Europa habe ich das jedenfalls noch niemals gesehn. Die deutsche Sprache bezeichnet das sehr gut: jemand «wird» Buchhalter. Bon. Vielleicht war der Mann auch nicht übermäßig grausam; man hat aus den Schilderungen der schrecklichen Exekutionen der Roten, die den Weißen vergalten, was die ihnen angetan hatten, während jene diesen vergalten, was diese jenen ... also kurz: Bürgerkrieg – man hat nicht den Eindruck, daß es ihn sehr gefreut hätte. Aber immerhin: er war doch dabei. Er bekam Löhnung, mehr oder minder Essen, klirrte da herum, schoß, kämpfte, ritt, machte alles mit. Immer mit diesem echt deutschen Bemühen, den «Bolschewismus zu verstehen» – Heinz Pol schrieb einmal in einem sehr schlechten Roman von einem jungen Fähnrich, der in Riga die Bolschewiken bekriegt hatte: «In Berlin las er dann Marx – er wollte doch wissen, was er da bekämpft hatte.» So ähnlich also der auch. Und nun:

Auf einem zugefrorenen See geht es nicht mehr weiter. Schneesturm, Schwäche, die Flucht stockt, die Roten werden sie erreichen. Der einzige, der sich anständig benimmt, ist der russische Kapitän: der baut aus Schnee eine Schanze auf, setzt sich mit seinem Maschinengewehr da hinein und will dort sterben. Und ist, wenn die Schilderung nicht lügt, dort gestorben. Was tun aber die andern, die Couillons? Sie ergeben sich? Dann wären sie bestimmt unter Martern getötet worden. (Aber sie hatten fast immer dasselbe mit den Roten getan oder tun lassen.) Fliehen können sie nicht mehr.

Sie ziehen die russischen Uniformen aus, ziehen die alten deutschen Uniformen wieder an, und winseln, als die Roten kommen, um Gnade. «Man hat uns gepreßt! Gefangene sind wir! Deutsche Kriegsgefangene!» –

Versteh mich recht: vielleicht hätte ich das auch getan. Sicher hätten das tausend und abertausend Lateiner getan – aber – und hier ist der Kern des verächtlichen deutschen Wesens – sie hätten es *zynisch* getan. Skeptisch und zynisch. Diese aber: kein Wort der Entschuldigung; kein pfiffiges Grinsen; kein Wort der Erklärung, daß sie vorher gar so stolz die Ordnungsretter markiert haben, monatelang, fast ein Jahr oder mehr – und nun plötzlich, wenns ans Zahlen geht, gilt das alles nicht mehr. Wo ist der Eid auf die Waffe?

Ich bin überzeugt, daß auch nicht einer der begeisterten nationalen Leser des Herrn Dwinger ihm diese Handlung übelgenommen, ja, daß auch nur einer an dieser Stelle gestockt hat. Was heißt das? Verantwortung? Für diese russischen Schweinehunde? Ja, wenn die Weißen gesiegt hätten – dann wären die Deutschen natürlich die Retter gewesen und wert der ersten Stellen im Staate. Aber so? Pff.

Das sind sie ganz.

Und man muß lesen, in welch gehobener Stimmung sie aus einer Audienz von Koltschak kommen, dem weißen Admiral – wie Hunde, [denen] der Herr über den Kopf gestrichen hat. Ich habe sie so aus manchen Vorzimmern herauskommen sehen – und ob es ein Hauptmann oder Herriot war –: Hunde.

Sie haben die ganze Treulosigkeit der kleinen slawischen Völker, ohne die Größe der echten Slawen. Ein Mischvolk. Ein Volk dazwischen. Aber, trotz der Etymologie, kein interessantes Volk.

//

Emil Ludwig sollte schon immer anfangen, sich Notizen über Georges Mandel zu machen. Der profiliert sich am französischen Horizont immer stärker – das ist der kommende Mann. Keineswegs der große Diktator, sondern eher eine Art Thiers, mit dem er verglichen werden wird; ich halte ihn übrigens für klüger. Er ist von eiserner Rücksichtslosigkeit; gerissen; auch kalt, und er will für sich nichts. Ferner imponiert er den Franzosen dadurch, daß er darauf besteht, es müsse das, was man eingerichtet hat, auch funktionieren. Der General Gamelin kann eine dritte Rolle spielen; La Rocque nicht.

//

Eure Abstimmung wird – hier muß ich einmal eine lateinische Wendung gebrauchen – den Sozialdemokraten zur schweren Niederlage gereichen. Sie ist es de facto gar nicht, aber sie wird dazu werden. Das haben die Sozis verdient, aber nicht verschuldet. Denn erstens ist die Nein-Opposition sehr beachtlich, und zweitens haben in vielen bäuerlichen Kantonen die Leute aus Gründen gegen das Gesetz gestimmt, die gewiß nichts mit Sozialismus zu tun hatten, sondern mit der dümmsten, aber auch schon mit der allerdümmsten Bauern- und Kantönli-Politik. Das Ganze geht nun auf das Konto der Herren Nicole & Co, munter gehetzt von den marchands de canons, den Konrad Falkes (über den sich übrigens schon vor zwanzig Jahren S. J. anläßlich eines Buches über Kainz lustig gemacht hat): kurz, die bien-pensants werden das böse ausnutzen. Auch hier keine Spur von Diktatur, sondern, immer unter der Marke: Demokratie, «Neutralität» gegen Rußland, was in diesem Fall den Sturz Moskaus bedeutet, Militarisierung, Standardisierung, soweit das bei Euch möglich ist, und eine, nicht mal, Reaktion, sondern kalte Bürokratie und Herrschaft der Banken. Le pavillon couvre la marchandise. Das schweizer Kreuz? Dieses Land sollte einen Kurszettel im Winde flattern lassen.

//

Wir haben doch mal über den Moment gesprochen, wo ein überspieltes und überhitztes Kind Prügel geradezu herbeisehnt, und wo diese Prügel, richtig, also ohne Zorn und ohne Übertreibung appliziert, eine physiologische Entspannung bedeuten. Nun, das ist hier neulich passiert.

Die alte Kinderfrau, die ich bestimmt nicht mit an die Ostküste nehmen werde, sollte außeretatsmäßig Kaffee kochen. Mucksch. Mächtige Dauer. Als ich etwas fragte, ging sie beleidigt aus dem Zimmer. «Was haben Sie denn?» – «Nichts.» Aber genau wie das kleine Lillychen, wenn sie nicht mehr weiß, was sie anstellen soll. Nun habe ich beim Militär wenigstens etwas gelernt:

nämlich kalt brüllen. Mein Herz geht um keinen Schlag schneller, ich beleidige auch nicht, sondern ich sage Banalitäten, aber die in einem Ton, wie wenn ich den andern auffressen will. C'est ce que j'ai fait. Ich habe in der Küche einen Krach gemacht, daß die Uhr stehengeblieben ist. Und siehe: seitdem ist hier eitel Butter, und sie hat sich entschuldigt, und es ist alles lind und lieb. Du verstehst mich doch recht: dazu gehört ja wohl ein großer Mut, ein Dienstmädchen anzuschreien, darum handelt es sich gar nicht. Ich schreibe Dir das nur als Illustration zum Kapitel: Gewitterreinigung.

Wenn Lieschen übrigens glaubt, sie müsse a priori zu aller Welt sich übel benehmen, so ist das, wie Talleyrand sagt, pire qu'un crime, c'est une faute. Denn das nutzt sich ab, erzeugt Gegengift und ist überhaupt dumm. Aber wenn man fühlt: jetzt ist der Moment zu einem großen Hallo, dann soll man ihn machen. Übrigens darf das nie jähzornig geschehen, man muß sich kontrollieren. Sela.

//

Dank für Arnolds Konto. Es war etwas zuviel drauf, ich habe das arrangiert. Für den großen Schlag, den ich vorhabe, müßte es etwas verringert werden, das kann man ja dann tun, und ich schreibe es noch. Nun aber (wir pflegen doch so etwas zu besprechen, wegen vernünftige Leute):

Wenn ich mal überfahren werde oder so, dann muß das Konto sofort aufgelöst und aufgehoben werden. Denn ich habe es hier angegeben, der Anwalt kennt das, und sie sind entsetzlich pedantisch; sie könnten es also für die Erbmasse reklamieren. Von seiten der bösen Frau ist, wie ich meine, nichts zu befürchten – aber das da wäre doch dann dumm. Sollte also jemals etwas passieren, dann sofort fort damit, aber sofort. Man könnte dann, wenns hart auf hart kommt, immer noch sagen, wie es gewesen ist, denn Emilie läuft ja damit überhaupt kein Risiko. Der einzige, der da gemogelt hat, war ja Arnold. Klar? Klar.

//

Herrn Dwingers Leiden in Ehren – aber wie sah es denn auf der andern, auf der deutschen Seite, für die russischen Kriegsgefangenen aus?

«Ein Dr. Baar (Theologie und Jura), Sanitäter, dreiundzwanzig Jahre, half mir. Er ist in Petersburg geboren, hat sechzehn Jahre dort gelebt. Scheint ein Sonderling, voll geistiger Interessen. Wir sprachen russisch, ich spreche besser als er. Er erzählt mir, daß die gefangenen Russen, die in den Lazaretten liegen, vor Entkräftung sterben. Auf zweihundertundfünfzig Kranke kommt ein Sanitäter. Sie kriechen auf allen vieren, schwer verwundet zum Operationstisch. Sie haben keine Wäsche und verkommen im Schmutz. Er sagte, daß im Russenlazarett russische Ärzte ihre Landsleute bei Kerzenlicht operieren mußten, weil keine deutschen Ärzte und kein Operationssaal da war. Die Kerzen mußten die Verwundeten liefern, wer keine hatte, konnte verrecken. Keiner hat sich um sie gekümmert.»

Henriette Riemann
«Schwester der Vierten Armee»
1930 Seite 292.
Das Buch ist stinknational.

Dies der Ordnung halber.

//

Der beiliegende Aufsatz ter Braaks ist eine merveille. Gottseidank, daß das ein Neutraler sagt; ich getraute michs nicht. Darin steht alles, was ich Dir seit drei Jahren vorsinge. Natürlich ist für mich der Nationalsozialismus auch keine «geistige Antithese», deshalb schweige ich ja auch, aber der Holländer hat dreitausendmal recht: damit ist nicht viel gesagt. Und er hätte getrost einen Schritt weiter gehen können: 65 Millionen haben (für sich) nie unrecht; hier ist, Himmeldonnerwetter, doch etwas geschehen, was weder Heinrich Mann noch Kerr noch sonst einer von denen ahnt. Amen.

[15. 3. 1935]

Q-Tagebuch

Für Nuuna qlicke

—

Der Satiriker und die Realität
oder:
Wir sind ja so pazifistisch!

Contre le service de deux ans

La France a quarante millions d'habitants, l'Allemagne soixante-huit millions. Si la France veut tenter la course aux effectifs, l'Allemagne, automatiquement, gagnera la partie. Toute surenchère est aussi impraticable qu'elle l'était en l'an 1914, alors que notre pays se ruinait à entretenir une armée d'active plus nombreuse que celle de sa voisine ... d'un tiers plus peuplée.

Si le gouvernement allemand faisait sien un raisonnement aussi absurde, il pourrait déclarer immédiatement que l'armée russe alignant actuellement neuf cent quarante mille hommes d'active, la sécurité de sa patrie ne peut être assurée qu'à condition de maintenir un million de *feldgrau* sous les drapeaux ...

Galtier-Boissière
im *Canard Enchaîné*
am 6. III.

Le collaborateur de la *National-Zeitung* rapporte ensuite que le Führer a eu récemment un entretien avec l'ambassadeur d'Angleterre au sujet des futurs pourparlers germano-britanniques.

Répondant, ajoute-t-il, à une question de Sir Eric Phipps, le Führer a tenu à ce dernier le seul langage que la raison puisse dicter à un homme d'Etat. Il lui a dit: «Si l'on considère l'état actuel des armements des pays qui entourent le Reich, et tout particulièrement si l'on tient compte que l'armée russe atteint un effectif de 939000 hommes – sans compter l'aviation, – il faut bien reconnaître qu'une armée allemande de 400000 hommes est nettement insuffisante.

Der *Temps*
am 8. III.

//

Habe ein altes Heft ausgegraben, von Wassermann «Mein Weg als Deutscher und Jude». Etwas monoman, völlig humorlos; er kommt nie auf den Gedanken, daß er vielleicht mecht auch etwas schuld sein, wenn sie ihn alle verfolgen – diese Kritik bezieht sich aber nur auf sein ganz persönliches Schicksal. Ich habe ihn gekannt – wie mag der gewesen sein, als er noch keinen Erfolg hatte: sicherlich recht penetrant, asozial (doppelt: als Jude in Deutschland hatte er dazu eine gewisse Anlage, und dann berechtigt: er war jemand, der sich nicht einfügen konnte). Soweit gut.

Das Heft enthält neben etwas verbitterten Schilderungen eine, eine einzige gute Seite, die fast wie ein Fluch wirkt. Das Buch ist im Jahre 1921 gedruckt.

«Es ist vergeblich, das Volk der Dichter und Denker im Namen seiner Dichter und Denker zu beschwören. Jedes Vorurteil, das man abgetan glaubt, bringt, wie Aas die Würmer, tausend neue zutage.

Es ist vergeblich, die rechte Wange hinzuhalten, wenn die linke geschlagen worden ist. Es macht sie nicht im mindesten bedenklich, es rührt sie nicht, es entwaffnet sie nicht: sie schlagen auch die rechte.

Es ist vergeblich, in das tobsüchtige Geschrei Worte der Vernunft zu werfen. Sie sagen: was, er wagt es aufzumucken. Stopft ihm das Maul.

Es ist vergeblich, beispielschaffend zu wirken. Sie sagen: wir wissen nichts, wir haben nichts gesehen, wir haben nichts gehört.

Es ist vergeblich, die Verborgenheit zu suchen. Sie sagen: der Feigling, er verkriecht sich, sein schlechtes Gewissen treibt ihn dazu.

Es ist vergeblich, unter sie zu gehen und ihnen die Hand zu bieten. Sie sagen: was nimmt er sich heraus mit seiner jüdischen Aufdringlichkeit?

Es ist vergeblich, ihnen Treue zu halten, sei es als Mitkämpfer, sei es als Mitbürger. Sie sagen: er ist der Proteus, er kann eben alles.

Es ist vergeblich, ihnen zu helfen, Sklavenketten von den Gliedern zu streifen. Sie sagen: er wird seinen Profit schon dabei gemacht haben.

Es ist vergeblich, das Gift zu entgiften. Sie brauen frisches.

Es ist vergeblich, für sie zu leben und für sie zu sterben. Sie sagen: er ist ein Jude.»

Also –?

Und nun kommt gar nichts.

Nun kommt ein lahmer Hinweis, daß es ihm doch in seinen opera operata geglückt sei, deutsches und jüdisches Wesen zu verbinden ... und vielleicht ginge es doch noch gut aus ...

Es ist ganz haltlos. Ein musikalischer Romantiker, ein Dichter, was Du willst – aber in vielen Dingen eben doch: ein Schlemihl. Das ist es: er ist, auch er, ein Schlemihl.

Er sagt den Juden auch nicht genug Bescheid in dem Heftchen. Er will sie nicht schonen, er ist kritisch, aber er fühlt es vielleicht nicht. Die profunde Unwahrheit: «Ein Jude kann niemals Philister sein» (Brentano) kommt nicht genug zur Verurteilung. Und was treiben sie nicht alles –!

Das eine Fröken hat mir aus der *Jüdischen Monatsschrift* aus Stockholm einen Passus vorgelesen, es war ein Zitat aus dem *Manchester Guardian*, dessen Berichterstatter durch Hessen gereist ist, und zwar durch die kleinen Städte. «Die Juden gehen dort umher, beschimpft und boykottiert», so hieß es dort ungefähr, «aber sie klagen nicht, stumm leiden sie . . .»

Dreimal verflucht diese Stummheit –!

Sie ist keine Würde, keine christliche Hingabe an das Leid, nichts als gemeine Stumpfheit, Niedrigkeit, Sklaven sind es, die diese Behandlung im tiefsten akzeptieren. Ihre Drecks-*Jüdische Rundschau* in Berlin zitiert eine Rede irgendeines Boche, der sagt: «Wir haben nichts gegen die Juden. Wir mußten uns aber verteidigen, denn sie hatten einen zu großen Einfluß. Nun, wenn sie uns begreifen, lassen wir sie ja am Leben . . .»

Und sie begreifen! O, wie begreifen sie: «Mit tiefer Befriedigung», schreibt das Papier der Herren Juden, «konstatieren wir, was hier von offizieller Stelle her gesagt wird, daß also die Juden als Arbeiter und Angestellte sich ihr Brot verdienen können, und wir hoffen, daß in Zukunft . . .»

Einen Tritt.

A l s o haben sie die Rechte, die sie vorher besessen haben, gar nicht verdient, denn sie vermissen sie nicht. Also gebührt ihnen diese Behandlung, also sind sie als Sklaven zu behandeln. Recht geschieht ihnen.

Und das beste Wort aus dem Wassermannschen Heft ist jenes, wo ihm ein deutscher Freund auf die Frage (vor dem Kriege gestellt), warum man denn dann die Juden nicht aus Deutschland mit Gewalt entferne, was doch logisch sei, antwortet: «Ja», sagte er rätselhaft, «die Juden gehören dazu. Sie gehören nun einmal dazu.»

Das führt tief herunter. Sie gehören dazu – in doppeltem Sinne:

Einmal brauchen die Deutschen dergleichen, um sich selber zu bestätigen; sie sind so amorph, daß sie fremder Form bedürfen, um sich ihre daran negativ zu prägen.

Und die Juden gehören dazu, weil sie nicht von dieser Liebe lassen können, die doch mehr Faulheit ist, Bequemlichkeit, Sklaventum, Würdelosigkeit – mehr: völliger Mangel an Würde. Rieser weiß ja nicht mal, was ich damit meine. «Man muß doch leben.» Mögen sie krepieren.

Wenn Du das hörtest, was eben jenes Fröken aus ihrer Familie berichtet, mit der sie sich zankt (ich mische mich in diese Dinge nicht hinein und habe nie das Haus betreten) – wie diese ganze Gesellschaft munter mit diesen Kerlen, Schweden oder Deutschen, verkehrt, sie einladet – «Man muß doch höflich sein und ihnen dadurch eine bessere Meinung beibringen»; wie keiner der Rabbiner auch nur muckt – aber das ist doch natürlich und ein Lebensgesetz: das Harte fällt dahin, wohin es fallen kann, nämlich in das Weiche oder ins Leere. Und das ist auch ganz recht.

Ghetto ist Schicksal.

//

Meine liebe . . . nein. Mein liebes . . . nein. Sehr geehrtes . . . nein. Wie soll ich Dich anreden? Endlich weiß ich, wie ich Dich anreden soll.

Ich habe Dir doch mal die Geschichte von Roda erzählt, wie da sein altes Tantchen auf dem Nachttisch für alle Fälle einen Pappkarton mit einer langen Schnur hatte. «Und wenn die bösen Menschen kommen, dann lasse ich das aus dem Fenster.» Auf dem Karton stand:

LEIDER HABEN WIR DIEBE IM HAUS.

Nun, also da sind doch die Katzen hier in Schweden. Und wenn einer eine Katze hat, die auch noch «Sippa» (die «Zimperliche») heißt, dann will man doch Junge haben. Aber wie macht man das? Allein wird es nicht gehen. Nun, ein Inserat. Aber wie sagt man das? Was machen diese Katzen, damit . . . um zu . . . ich meine, was . . .?

Katt-Hane,
hel- el. halvangora (helst vit) önsk. låna
som lekkamrat åt «Sippan». Tel. 61540.

Kater
ganz oder halbangora (am liebsten weiß) zu leihen gewünscht
als Spielkamerad.

Meine liebe Spielkameradin, «lekkamrat» heißt nicht, was Du meinst. Aber die protestantische Sittlichkeit hätten wir mal gerettet. Skål!

//

Deutschland will die baltischen Staaten, die skandinavischen Küsten haben ... und Österreich. Es rechnet damit, aus den ungeheuren Menschenreserven Rußlands Kanonenfutter für künftige Offensiven schöpfen zu können, die es, wenn erst einmal der Osten unterworfen ist, gegen den Westen führen wird. Sobald das frühere Moskowiterreich germanisiert ist, wird ganz Europa deutsch sein ... Das Schicksal Rußlands und Frankreichs gegenüber der deutschen Gefahr ist identisch: es handelt sich darum, die gefährliche Bestie zu zähmen, die wieder einmal Europa in Feuer und Blut setzen will.

Wer schreibt das? Das sagt ein weißrussischer General (Denikin), der 1919 die Roten mächtig und erfolglos bekämpft hat. Und der heute dagegen ist, daß sich die Weißrussen aus Haß gegen die Bolschewisten den Deutschen und den Japanern anschließen.

Mir scheint der Mann mehr prophetischen Sinn und bedeutend mehr Einsicht [zu] haben als alle Engländer zusammen. Was die treiben, ist allerdings unsäglich. Tritt einen englischen Minister – stolzes England! – vor den Arsch, und es kommen zwei geloffen. Eden und

Simon, es kann ja gar nicht genug kosten. Und die pazifistischen Weiber mit tödlichem Instinkt für das Falsche demonstrieren gegen das Weißbuch, ohne zu merken, daß Hitler sich tot grinsen muß vor Befriedigung. Der Mann, der auch in Deutschland eine Aktion mit Unterschriften gegen die Wehrpflicht organisiert hat, Lord Ponsenby, macht eine Interpellation gegen das Weißbuch, es sei ihm zu kriegerisch. Sela.

[16. 3. 1935]

Q-Tagebuch
für Nuna qbinke

Über den Fall Labour Party ist gar nicht zu reden. Lieschen hat ganz, aber auch ganz und gar unrecht. Nichts als Pazifist zu sein – das ist ungefähr so, wie wenn ein Hautarzt sagt: «Ich bin gegen Pickel.» Damit heilt man nicht. Ich weiß Bescheid, denn ich habe diese Irrtümer hinter mir. Die kapitalistische Gesellschaftsordnung hat scharf und genau einen Teil der Kriegsgründe begriffen, die immer da sind, wenn Absatzgebiete geschaffen werden sollen. Das ist – gegen die rosenroten Idealisten – eine sehr gute Lehre. Aber sie ist nicht vollständig. Ein Teil liegt im Wesen der Menschen. «Es wird immer Kriege geben.» Es wird auch immer Morde geben. Es fragt sich nur, wie die Staatsordnung Krieg und Mord bewertet. Den Mord bewertet man als Rechtsbruch – den Krieg als Naturereignis, mehr: als eine heroische Sache. Er ist, oft und in vielem, eine Schweinerei. Also –?

Nun ist es durchaus das Recht Lieschens, wie auch das Recht der englischen Arbeiterfrauen, zu sagen: «Also vor allem mal nicht mein Mann!» Das ist elementar – und es gibt leider so viele Weiber, bei denen das Weibchen stärker ist als die Mutter. (Hier kann man einwenden, das sei falsch: bei den Tieren sehen die Weibchen zu, wenn sich die Männer hauen. Ja, aber um s i e - oder um das Fressen für die Brut – oder auch nur, um zu zeigen, wer der Stärkere ist? Bei den Hirschen? Das weiß ich nicht.) Will man aber den Krieg verhindern, dann muß man etwas tun, was alle diese nicht tun wollen: Man muß bezahlen.

Ein Ideal, für das man nicht bezahlt, kriegt man nicht.

Ein Ideal, für das ein Mann oder eine Frau nicht kämpfen wollen, stirbt – das ist ein Naturgesetz. Der Rest ist familiäre Faschingsfeier im Odeon.

Ich kann das nur Dir schreiben – ich habe es schon Lieschen gegenüber schwer. Ganz hinten, wo man kaum noch hinleuchtet, steckt ja doch: «Also vielleicht soll Roby dem seinen Krieg führen, den er verloren hat!» – Mitnichten. Roby soll überhaupt keinen Krieg führen.

Ich habe einen Interventionskrieg stets für wahnsinnig gehalten, das wäre so, wie wenn man meine Mama, um sie zu ändern, ins Gefängnis sperren wollte. Was sollte dieser Krieg? Die Boches sind Boches – was nützt der Krieg? Aber:

Zwischen diesem Krieg und einer energischen und klaren Haltung aller Mächte Europas ist noch ein großer Unterschied. Die vollendete Instinktlosigkeit der englischen Weiber und der alten Weiber in der Labour fördert den Krieg – und Baldwin hatte ganz recht, ihnen zu entgegnen: Ihr boykottiert ja Deutschland, also was wollt ihr von uns, wenn wir uns vorsehn?

Ich halte im übrigen dieses Wettrüsten für Wahnwitz – es muß zum Kriege führen, und es ist gar kein Mittel, wie das Weißbuch sagt, ihn zu verhindern. Aber das nur deshalb, weil die Regierungen, vollgesogen – von Minger bis zu Lloyd George – von der blödsinnigen Idee der absoluten Souveränität – in Anarchie leben und keine Rechtsordnung über sich anerkennen wollen. Also muß der Friedenstörer, der ja Deutschland ist, den Ton angeben, wie ja immer der Niedrigste den Ton angibt. Hier war der Kern – seit 1919 nur hier. Jetzt ist es viel zu spät, und das Unheil nimmt seinen Lauf. Die Schrift Ferreros habe ich Dir damals gezeigt – seitdem haben die Mächte Fehler auf Fehler gehäuft, die schlimmsten seit 1933. Zu machen war:

Boykott. Blockade. Innere Einmischung in diese

Barbarei, *ohne* Krieg zu führen. Vor allem aber, und das halte ich für das Schrecklichste: die geistige Haltung hätte eben anders sein müssen, aber sie konnte nicht anders sein, denn da ist nichts. Man siegt nicht mit negativen Ideen, die ja stets das Verneinte als Maß aller Dinge anerkennen – man siegt nur mit positiven Gedanken. Europa hat keine. Beharren ist nichts. Es geht zurück. Es verliert.

Zu haben war, bei der Gemütsart der Boches: Sturz des Regimes, äußerste Vorsicht der Reichswehr, Zurückdämmung der Rüstungen, Verzicht auf einen Überfall im Osten, wenigstens für lange Jahre.

Es gibt keine geistige Position, von der aus ich das sagen könnte. Es hat so etwas verfehlt Savanarolahaftes: *der* verlangt Opfer! Und die tiefe Beschämung, daß da doch etwas nicht stimmt, verwandelt sich in Ablehnung und Wut, «man will das nicht mehr hören», und «Auf einmal so kriegerisch?» – es gibt keine geistige Position. Daher mein Schweigen.

//

Der Couillon wird sich also nach Osten ergießen. Wie wenig diese lächerlichen Emigranten Recht haben, sieht man zum Beispiel an Lagarde. So nannte sich (nach dem Familiennamen seiner Mutter) ein Gymnasialprofessor, der aber ein großes Lumen war, Paul Bötticher, in der zweiten Hälfte des 19. Jahrhunderts. Der schrieb schon, «Rußland solle die Gewogenheit haben, sich bis nach Mittelasien zurückzuziehen», und das war durchaus kein verschrullter Esel, wie der Mann Lieschen Förster-Nietzsches – er war eine geistige Erscheinung. Christian Morgenstern hat diesen Lagarde verehrt, wie deutsch muß das also sein! Und sie werden siegen. Und dann –?

Was mich an diesem Sieg so anekelt, ist nicht, daß jemand siegt, den ich nicht mag. Das wäre doch recht eng. Aber wer siegt denn hier? Der deutsche Bauer –?

Hier siegt der deutsche Drogist. Der Zigarrenhändler. Der pensionsberechtigte kleine Mann. Und das wird furchtbar.

//

Die Einführung der Wehrpflicht in Deutschland halte ich für eine Niederlage des integralen Nationalsozialismus. Der liebe Ruf: «Wir sind hier nicht bei der SA!» wird über manchen Kasernenhof schallen. Was noch an Revolutionärem, Wirr-Romantischem, Idealem in der Jugend gewesen ist, wird ihr hart ausgetrommelt werden. Das empfinden aber nur sehr wenige. Die alten Leute werden am begeistertsten sein, weil sie nicht mit müssen, und «weil den Jungen der Schliff mal sehr gut tut», denn die SA war in ihren Augen nicht das «Richtige». Die Jungen, die dienen müssen, werden durch Litzen und allerlei Kinkerlitzchen stolz gemacht, sie schlucken das. Vorher konnte man sagen: «Die Uniform sitzt den Deutschen wie angegossen, nur der Kragen ist ihnen zu hoch», und der Kragen, das war die Intransigenz in ideologischen Dingen. Damit gibt sich die Reichswehr gar nicht ab. Nun sind sie ganz zu Hause, es ist ihnen angemessen, es ist alles in schönster Ordnung. Hitler verliert etwas dabei.

//

Daß die Juden nicht dienen dürfen – gibt es übrigens noch ein Land, das die beiden Verben in dieser Verbindung benutzt? – daß sie ausgeschlossen werden, ist konsequent. Ein Jude, der nun noch in Deutschland lebt, wo er völlig wie ein Zuchthäusler gehalten wird, das heißt, wie ein Mensch, der die bürgerlichen Ehrenrechte verloren hat, der ist ein ehrloser Mensch. Er mag diese Ehrenrechte nicht hoch schätzen, das ist eine andere Sache. Aber sie empfinden die Kränkung nicht einmal. Also gebührt ihnen diese Behandlung. Es ist ein Sklavenvolk.

//

Das kostet Millionen, was die da machen. Wer bezahlt das? Alle, die ihnen borgen, also alle, die mit ihnen Geschäfte machen, also alle. Wenn Du vielleicht glaubst, daß das demokratische Schweden den Kinderaustausch eingestellt hat, so irrst Du Dich. Der geht munter fort. Und die Versuche, das Clearing zu verbessern, ebenso. Und die Anbiederei auch. Ideologien, die nicht ins Reale übergreifen, sind gar nicht vorhanden. Geistige Vorgänge können eine Realität sein – aber dazu gehört Stärke. Das einzig starke Land, das zur Zeit weiß, was es will, ist Deutschland. Die andern wissen nicht mal genau, was sie nicht wollen, geschweige denn, was sie wollen. Hier darf man einmal davon sprechen, daß das Schicksal gerecht ist. Europa ist nicht viel besser als die Juden.

//

Man kann ja keinem eine Lektüre «empfehlen», denn ich weiß nicht, wie Du Dich gerade fühlst. Wenn Du aber und fühlst Dich: dann lies einmal «Krieg und Frieden» in einer vollständigen Ausgabe (Inselverlag). Es ist von einer verblüffenden Aktualität – falsch, es ist ewig. Wenn man nur ein wenig Phantasie hat und die Formen anders denken kann –: es ist alles von heute, weil alles von der Zeit Immer ist. Gewiß reinigt sich ein altes Hoffräulein nicht mehr sorgfältig «hinter den Ohren», wenn sie zum Hofball befohlen ist – und die Modewörter haben auch gewechselt, aber die Menschen, die Menschen sind genau, genau dieselben. Ich halte das für einen der größten Romane der Weltgeschichte – man darf die Rosinen nicht herausschneiden, das wäre barbarisch, aber es sind hunderte darin. Die unbedingte Wahrhaftigkeit reicht an Homer heran; übrigens hat Tolstoi alles gewußt, auch da, wo er historisch vielleicht unrecht hatte. Das ist nun gegen 1865 geschrieben, spielt 1805–1812 und ist ganz von heute. Aber ein Stein, der am Meer liegt, ist auch von heute, er ist immer, solange, bis er zerfällt. Lies das, es steht so ziemlich alles darin, wo der Mensch braucht.

//

Bei Hebel kommt ein Jude vor, der will einem Offizier ein Pferd abkaufen. «Um fünf Schläge ist es mir feil», sagt der, und das wird vor einem Notar protokolliert. Der Jude legt sich über einen Stuhl, kriegt einen Schlag, dann trinkt der Offizier einen Schoppen, dann noch einen Schlag, wieder einen Schoppen, und so bis vier. Den fünften gibt er ihm nicht. Krach und Geschrei. «Dazu bin ich nicht gezwungen», sagt der Offizier. Das ist eine Schnurre, gut. «Merke», fügt der kluge Hebel hinzu, «wer sich zu fünf Schlägen hergibt, um Gewinns willen, der verdient, daß er vier bekommt ohne Gewinn. Man muß sich nie um Gewinns willen freiwillig mißhandeln lassen.»

Soweit die deutschen Jüden.

//

Hatché.

= = =

[21. 3. 1935]

Q-Tagebuch
für Nuuna qbalke
= =

Ja, die Françoise Rosay ist sehr gut. Das, was sie da macht – das hat es einmal in vielen Exemplaren auf dem deutschen Theater gegeben; diese Durchdringung der Persönlichkeit, die sie darstellt, mit ihrem eigenen, sie ist durch und durch gebeizt mit sich selbst. Das gab es in den alten Hauptmann- und Ibsen-Vorstellungen bei Brahm und selten auch bei Reinhardt. Schade, daß sie keine Rolle hat – was sie zu sagen hat, ist ja alles dummes Zeug. Aber solche Momente, wo der dicke Wirt, wütend, etwas sagen will, beim Essen Atem schöpft, die dicke Hand ausstreckt – und dann nichts sagt, sondern sich seinen Ärger herunterißt und trinkt, oder da, wo er sagt: Ich habe ihr (oder Dir) etwas zu sagen, und sie sagt: «Eh bien, cause!» – da liegt in diesem Ton alle Hoffnungslosigkeit dieses Lebens, die Resignation, sie hat es aufgegeben . . . das ist aus der besten Schachtel, ganz Nummer eins, wie Fontane das nannte.

Sollte «La soupe au canard» («Duck soup») jemals zu Euch kommen, versäume das nicht. Da ist eine Szene zwischen den Clowns, die ihre Hüte vertauschen; wenn Du mir vielleicht erklären kannst, warum das Dazutreten eines dritten Hutes einen in ein unbändiges Vergnügen versetzt, ich kann es nämlich nicht. Hier liegt ein ästhetisches Gesetz verborgen, das ich nicht formulieren kann. Es ist ganz herrlich. Und wie der eine der Marx Brothers alles so freundlich-lächelnd entgegennimmt, auch das Unglück begrüßt er höflich, es gibt ja dann noch immer Ausflüchte, sich zu helfen, zum Beispiel in dem Limonadenfaß des bösen Feindes sich die Füße zu baden . . . Das hilft sehr. Wenn dieser Film auch noch einen ernsthaften Kern hätte; wenn der von Feyder auch noch ein Stück enthielte –: es wären Meisterwerke.

Die Produzenten sind der Krebsschaden der Filmindustrie.

//

Jemand hat einmal gesagt: «Rußland beginnt am Schlesischen Bahnhof», das ist ein großer Bahnhof im Osten Berlins. Rußland wird, wenn Deutschland gesiegt hat, am Rhein beginnen.

Bei Jung ist zu lesen, wie die Amerikaner so viele indianische Symbole träumen (das mag nun wahr sein oder nicht), und er behauptet, sie hätten zwar den Boden erobert, aber der Boden auch sie, und das ist sicherlich richtig. Wasser, Luft, Licht, Atmosphäre . . . man braucht nur gewisse amerikanische Köpfe zu sehen, und man spürt: das sind Indianer. Und sicherlich ist das auch geschehen, o h n e daß eine Blutmischung vorliegt – die Rassenlehre hat neben andern Fehlern auch den, so gräßlich plump zu sein. Eine Kolonialengländerin braucht niemals mit den Farbigen etwas gemacht zu haben, ihre Tochter auch nicht, deren Tochter auch nicht – und die Kolonialengländer vierter Generation sind eben doch keine Londoner.

Zunächst aber wird Deutschland den russischen Boden und im besondern die Ostseeprovinzen, in denen einmal die Hanse gehaust hat, zu einem entsetzlich konformistischen Güstrow oder Bötzow oder Bitterfeld machen. Der Gedanke, daß sich in den alten kurländischen Städten ein «Kabarett Rote Mühle» auftut, hat wenig Anheimelndes.

Drückt dann diese im Osten stark gewordene Macht (120 Millionen) nach Westen, dann können sich die Franzosen gratulieren.

Was bei England gerade erschreckt, ist der völlige

Mangel an sicherm Instinkt. Für die nächste Zeit ist das alles gut und schön: ein starkes Deutschland ist ein zahlungsfähiger Kunde, die verhaßten Russen sind zurückgedrängt und das bolschewistische System geschlagen, und damit die Arbeiter im eigenen Lande machtlos gemacht – aber nun weiter? Die deutsche Hybris kennt keine Grenzen, sie wird sich eines Tages gegen die wenden, die sie hochgebracht haben. Dieser lächerliche Baron Aloisi, der Italiener, der ihnen die Saar zugeschanzt hat, und er war nicht allein, wird das leider nicht erleben – wie ja überhaupt alle diese Staatsmänner, niemandem verantwortlich sind. Mussolini bekommt sein riesiges Grabdenkmal, was tuts, wenn seine Außenpolitik jammervoll gewesen ist? Politik ist nicht rational.

Die kleinen territorialen Fragen (Eupen-Malmédy, Sudeten, Korridor und Schleswig) regeln sich dann ganz von allein, und niemand wird wagen, auch nur etwas zu sagen.

Dafür dürfen sich alle bei sich selber bedanken: sie haben es so gewollt, ohne es so zu wollen.

//

Eine Wahl in Stockholm

Rechts	*Högern* 82,395 (förra valet 75,591).	in Klammern
	Folkpartiet 34,626 (19,555).	die vorige
	Soc.-dem. 105,112 (105,424).	Wahl
	Socialisterna 22,364 (15,963).	
	Kommunisterna 8,463 (2,468).	
	Nationalsoc. *6,337 (279).*	

Hm.

Und es gibt hier so viel «Unpolitische», die nie wählen.

Das ist die Gefahr.

[23. 3. 1935]

Q-Tagebuch
für Nuna

Die Sache mit dem jüdischen Buffalo Bill (No 14) tut mir furchtbar leid. Er ist in sein eigenes Schicksal gelaufen.

Die Schweiz wird aufatmen – man kann nichts beweisen, und so sind sie in Bern der Mühe enthoben, sich etwas auszudenken, warum sie nichts tun können. Aber abgesehen davon:

Ich kannte den Mann seit etwa 14 Jahren. Sein Wesenszug war dem Goebbels' sehr verwandt: ein verzehrender Ehrgeiz, dazu eine merkwürdige, kolportagehafte Sucht, zu konspirieren. Ob sauber, weiß ich nicht – tapfer auf alle Fälle. Mitunter nützlich.

Nun haben diese «Agenten» (Karlchen weiß davon etwas zu singen) alle miteinander eins gemeinsam: sie haben etwas Schäbiges. Mit solchen ging er viel um, das mußte er wohl. Der Nutzen war unterschiedlich. Es ist keineswegs richtig, daß der Mann, wie der *Temps* sagt, ein journaliste de talent war, er konnte gerade schreiben. Solche Naturen sind unschätzbar, wenn sie im Dienste eines Gereifteren stehen, der die Spreu vom Weizen sondert. Er aber publizierte alles, am liebsten noch die Verpackung dazu. Das hatte seinen Sinn, damals. Aber wie er das nach 1933 fortsetzen konnte, ist mir ein Rätsel gewesen. Cui bono, zum Donnerwetter? Man kann, wenn es einen juckt und man sonst dafür ist, Spion irgendeiner fremden Macht werden, das hat einen Sinn, obgleich es sich fast niemals lohnt. Aber à l'œuil? Gewiß, er gab diese kleine Korrespondenz heraus, davon mag er gelebt haben. Aber er hätte nie eingesehn, daß alle diese «ganz vertraulichen Nachrichten» doch einen Schmarrn wirken – was nützte es, wenn ich die vollständige Aufstellung der deutschen Flottenpläne besäße? Ich schmisse sie in den Papierkorb. Was wichtig ist, ist die Geisteshaltung der Deutschen, und was noch wichtiger und trauriger ist, ist die Geisteshaltung der andern. Und wenn man das einmal eingesehn hat, bemüht man sich nicht mehr um all diesen Knatsch. «Die Deutschen haben einen unterirdischen See hinter Bromberg angelegt.» Gut, na und? Was geschieht nun? Wer rührt sich? Wer hindert das? Niemand. Also wozu –?

Das hätte er nie eingesehn. Lieschen würde sagen: es konspirierte aus ihm, immer weiter, immer weiter. Das noch mit einem Aufwand von Wichtigtuerei, Lärm und einer Unvorsichtigkeit, von der ich Dir, glaube ich, einige Male Proben erzählt habe. Mir standen damals die Haare zu Berge. Und dieser oberschläue Mann läßt sich nun also in eine Stadt locken, von der wir damals schon gesagt haben: Nicht eine Nacht, und der Rest war natürlich eine Spielerei.

Ich habe das Schicksal des Mörders von Horst Wessel vorausgesagt, und ich sage Dir: diesem brechen sie jeden Knochen einzeln. Man darf gar nicht daran denken, und man muß immerzu daran denken. Sie werden ihm zunächst die Adressen der Emigranten herausfoltern, dann, was ihnen viel wichtiger ist, die seiner innerdeutschen Vertrauensleute. Wenn er dann geköpft wird (was juristisch zu machen ist), hat er Glück – und je eher er stirbt, um so besser. Soweit ich ihn kenne, ist das nun einer, der, aus Verzweiflung, sich so tapfer benimmt wie Dimitroff. Seine tapfere Haltung wird ungesehn sein – sein letzter Schrei von keinem gehört werden. Es ist ganz schrecklich.

«Ürrtum – Ürrtum» wird einen schäumenden Artikel veröffentlichen und sich überhaupt in den Gang der Weltereignisse hineingestellt sehn. Der Affe. An Arnold hat jener noch ein paar Tage vorher geschrieben. Er wollte ihn besuchen.

Über seine Unvorsichtigkeit und Taktlosigkeit, über seinen Mangel an Gefühl hat schon der Gartenzwerg geklagt.

Ceterum censeo: sie beerdigen da ein Bündel zusammengehacktes Fleisch.

Und wofür –?

//

Der Professor Gumbel ist für ein Wort von der Universität verjagt worden. Er hat gesagt: «Die Soldaten sind auf dem Felde der Unehre gefallen.» Anbei eine Annonce aus dem *New Yorker.* Ich halte von diesen amerikanischen Ligen nicht viel – immerhin. Immerhin. In der demokratischen Schweiz könnte diese Annonce *nicht* erscheinen.

//

In der *Sammlung* vom Februar steht ein ausgezeichneter Artikel eines Dr. Humm aus Zürich (ist das übrigens mein Schwager?), aber ganz ersten Ranges. Ruhig, verständig, und so ist es. Der Faschismus in der Schweiz, sagt er, ist für das Bürgertum nicht eine Frage des Was, sondern des Wie. Und er wird über den Korporativismus kommen. Er setzt das gut auseinander, geißelt die Angst der großen Blätter, zeigt die Widerstandslosigkeit des Bürgertums auf . . . sehr lesenswert. Zum Beispiel: An Eurer Technischen Hochschule verweigert ein Schulrat einer antifaschistischen Studentenkorporation einen Saal. Das ist gegen die Bundesverfassung.

Nun ist das so: Eure Großväter wären noch dafür aufgestanden. Die Enkel tun es nicht mehr. Und zwar n i c h t, weil die Welt schlechter geworden ist, das wäre ganz töricht zu sagen – sondern weil diese Ideale der Meinungsfreiheit nicht mehr zu den Sachen gehören, die die Leute im innersten bewegen. Das demokratische

Ideal ist tot. Das ist wohl unaufhaltsam. Nur, wie gesagt: ich möchte keine Rede am 1. August mehr hören.

//

Der Gartenzwerg schreibt, der Dienstbotenernschtl habe sich mit der 17jährigen Christine Grautoff verheiratet oder verlobt. Er muß in Paris eine Rede gehalten haben . . . wenn der Zwerg schon schreibt, er wünsche ihm etwas von meiner Skepsis, kannst Du Dir denken, was er da hohl dahingedonnert haben mag. Er ist im Grunde ein armes Luder und ein schwerer Hysteriker.

//

Anbei der Brief eines französischen Freimaurers. Der Mann ist Concierge – also steht der Brief turmhoch über dem, den etwa ein Couillon gleichen Standes schriebe. Aber welche trostlose Sterilität! Der Mann arbeitet hart, er hat seine Tochter Hebamme werden lassen, man kann nicht von ihm verlangen, daß er sich abends mit gewagten Theorien beschäftigt. Das verlange ich auch gar nicht von ihm. Aber er ist wirklich le français moyen – nichts Neues; was er einmal gelernt hat, das gilt, und mehr ist nicht. Ich komme mir solchen gegenüber vor, wie der Swinegel, der mit dem Hasen um die Wette läuft und, weil er drüben seine Frau postiert hat, geruhig in seiner Furche sitzen bleibt. (Hardt trägt das herrlich vor.) Wenn man schon nicht weiter kommt, dann will ich wenigstens still sitzen. Es ist ein Jammer um die eingeschlafenen Franzosen.

//

Der Memoirenschreiber geht nach Jugoslawien. Hoffentlich gefällts ihm da. Es soll sehr billig sein.

//

Hatché.
= =

[28./29. 3. 1935]

Q-Tagebuch
für Nuuna qdelka
=

«Gleichzeitig mit der Vergrößerung dieser Menschengruppe entwickelt sich die Kraft des an der Spitze der Bewegung stehenden Mannes, alles zu verantworten. In der zehnjährigen Vorbereitungszeit, die der großen Bewegung vorangeht, kommt dieser Mann mit allen gekrönten Häuptern Europas zusammen. Die gedemütigten Herren der Welt *können* dem sinnlosen ... Ideal von Ruhm und Größe *kein vernünftiges Ideal gegenüberstellen.* Wetteifernd suchen sie ihm ihre Nichtigkeit zu zeigen. Der König von ... schickt seine Gemahlin hin, damit sie die Gnade des großen Mannes erschmeichle; der Kaiser von ... erachtet es als eine besondere Huld, daß dieser Mensch die Kaisertochter in sein Bett nimmt; der Papst, der Hüter des Heiligtums der Völker, wirkt dienstbereit mit seiner Religion zur Erhöhung des großen Mannes mit. Nicht sowohl ... selbst bereitet sich auf die Durchführung seiner Rolle vor, als vielmehr bereitet ihn seine ganze Umgebung darauf vor, die ganze Verantwortung für alles, was geschieht, und noch geschehen soll, zu übernehmen. Jede seiner Handlungen, Übeltaten und unwürdigen Betrügereien, was er nur tut, alles nimmt in der Darstellung seiner Umgebung sofort die Form einer Großtat an. ... Die Unwissenheit seiner Kameraden, die Schwäche und Geringwertigkeit der Gegner, die wie Aufrichtigkeit aussehende Lügenhaftigkeit und die glänzende, selbstbewußte Beschränktheit dieses Menschen bringen ihn an die Spitze ...»

Wie bitte –?

Das steht in «Krieg und Frieden». Über Napoléon.

II

Dieses Buch ist alles in einem: Bibel, Kriminalroman, Essay und Gesangbuch und was Du willst. Es ist ein Wunder. Den Epilog zum Beispiel konnte nur ein Genie schreiben. Wie da die schwarzäugige, romantische, etwas sinnliche und muntere Natascha als Mutter und Frau gezeigt wird, «sieben Jahre später» – das ist inspiriert. Sie wird gezeigt, durchaus mit ihren Windeln befaßt, in denen – Gott sei gelobt! – statt eines grünen ein gelber Fleck zu sehen ist; sie ist nicht unsympathisch, aber auch nicht sehr angenehm; sie vernachlässigt sich und ihr Äußeres, ist aber maßlos eifersüchtig, sie ist eine gute Mutter und Gluckhenne – und das Leben geht, geht. Tolstoi zeigt das, er kritisiert es nicht, er hebt gar nicht die Stimme. Nur einmal bedauert ein ehemaliger Verehrer diese Veränderung ganz leise, ihr Mann ist damit durchaus zufrieden. Und dann wachsen junge Kinder auf, eine neue Generation, und es geht alles weiter. Es ist ein Wunder.

Bevor ich wußte, daß Hamsun zu den Nazis übergegangen ist, wäre ich vor ihm aufgestanden, wenn er hereingekommen wäre. Vor Tolstoi hätte ich geweint. Und das ist keineswegs literarische Hysterie. Ich hatte in Berlin einen juristischen Repetitor, der hat Tolstoi einmal in einer Kino-Wochenschau gesehn. «Man kann doch den lieben Gott nicht filmen», sagte er. Und Gorki schildert ihn, am Meer sitzend, «wie ein alter Stein, der zur See gehört».

Dabei ist er mir, wenn er moralisiert, unerträglich; es gibt im Deutschen ein Wort, das man von miauenden kleinen Kindern sagt: er greint. Dann schiebe ich ihn fort, ich mag das nicht. Aber als Gestalter, als Former, als Bändiger der Formen – das hat seinesgleichen nicht.

Ungefähr drei oder vier lange Kapitel sind in diesem

Roman, den man nur in einer ungekürzten Ausgabe lesen darf, der Lehre gewidmet, daß es nicht die Gedanken und nicht die Worte sind, also daß es nicht die Ratio ist, die den Menschen leitet. Das Irrationale in der Geschichte, das der Marxismus einfach nicht kennt, wird hier so klar ausgesprochen, soweit die Sprache, die vom Hirn kommt, etwas aussprechen kann, was im sympathischen Nervensystem begründet liegt. Wie «es» die Masse vorwärtsschiebt, warum? Weil.

Und eben darum glaube ich an den Fortbestand der Nazis in Deutschland – sie sind, es ist ihr Schicksal, es ist nicht eine Durchgangsstation, es ist eine Vollendung. Wieweit sie das selbst fühlen, steht dahin – aber es ist so.

//

Vu brachte einen grauenhaften Artikel über Deine Freundin Emmi und ihren Bräutigam. So lakaienhaft, so ranschmeißerisch, so grinsend-orientiert – es war recht widerlich. (Und sehr jüdisch.) Es ist nicht nur niedrig, es ist auch dumm: denn solche Artikel, die sich so gleich auf gleich setzen mit dem da, sind eine gute Reklame. Ich weiß noch, wie wir vor den Liebesbriefen dieses Burschen dasselbe Gefühl hatten: das will man nicht. Nie hätte ich dergleichen publiziert. Aber sie fühlen das nicht. Sie benehmen sich wie ... siehe oben.

//

Die Gräfin schreibt nette Briefe. Es steht eigentlich gar nichts drin, sie ist doch ein Dummchen. Aber wie in meiner zweiten Frau etwas (sehr leise) aus Rußland herüberkam, obgleich ihr Vater oder Großvater aus, mit Verlaub zu sagen, Gera stammte, so spricht da Frankreich. Was mich immer wieder bezaubert, ist nichts Erotisches, sondern ganz etwas andres: der Herzenstakt. Wenn ich an die Briefstelle denke, die wir damals aus dem Brief von Karlchens Freundin gepflückt haben, und die uns so mißfallen hat – dergleichen könnte die Gräfin gar nicht schreiben. Es ist, noch im Dalles, alles so hell und sauber gelüftet. Und welche Distanz! Nie eine Frage, nie zu nah heran, ein Jammer, daß dieses Volk sich so an die Wand drücken läßt.

//

Daß der Polizei-Ludwig aus Basel über die Grenze dräut und seine schwache Bürgerfaust herüberschüttelt, ist ganz munter. «Wenn sich das wirklich bewahrheitet, daß der Mann entführt worden ist, dann müßte die Schweiz protestieren und seine Auslieferung verlangen.» Das, was von dem Mann vielleicht noch lebt, kann man nicht von einem Zimmer ins andere transportieren. Übrigens wird gar nichts geschehen. Und diese Frage: «Was sollte die Schweiz tun?» läßt einen vor Verachtung schweigen. Was sie tun sollte: Zum Beispiel boykottieren. Zum Beispiel ihre Mannschaft nicht zu den Olympischen Spielen schicken. Zum Beispiel eine moralische Haltung zeigen, die eines «freien Volkes» würdig wäre. Krieg führen – nein, das verlangt kein Mensch. Repressalien – dumm. Aber eine Gegnerschaft zeigen, die . . . wie sollte sie das. Diese Gegnerschaft ist nicht scharf, nicht profiliert, nicht positiv genug vorhanden. Im Gegenteil. Im Gegenteil.

//

Nach wie vor: die Schuld an diesem Vorkommnis trifft natürlich nicht die Schweiz, sondern nur den Mann. Hätte der – ganz abgesehen von seiner maßlosen

Unvorsichtigkeit – «Krieg und Frieden» je begriffen, er hätte nie so gehandelt. Tolstoi setzt an etwa zehn Stellen auseinander, wie der nachher so klar erkennbare Gang der Ereignisse durch Intrigen, Klatscherein, Verleumdungen, Lügen und Knatsch aufgehalten und verdunkelt wird. Das Jammervolle und sich ewig Wiederholende ist doch, daß die meisten Menschen nicht fähig sind, über ihre Nasenspitze zu gucken. Wer in unserm Alter dieses «Ich kann Ihnen ganz vertraulich mitteilen, daß in der Subkommission der Antrag A nicht angenommen worden ist» nicht gebührend wertet, ohne etwa solche Nachricht für den Alltag ganz zu vernachlässigen –: der ist alles andere als ein Politiker.

Der Fall England liegt schlimmer. Die glauben ja alle, eine Übersicht über den ganzen Kontinent zu haben, und sie ist grundfalsch. Ich glaube nach wie vor, daß dahinter weder Heuchelei noch Böswilligkeit liegt, sondern ganz etwas andres: nämlich das ihnen selbst nicht bewußte Gefühl einer tiefen, tiefen Blutsverwandtschaft. Trotz des Hohnes. Trotz der ihnen unangenehmen Seiten der Boches. Trotz allem. Sie mögen keinen, der nicht Engländer ist – die Griechen nannten alle Nicht-Griechen Barbaren. Aber sie stehen zu den Deutschen und den Franzosen so wie jener Ostpreuße, den einer fragte: «Kennst Du dem Budjereit?» – «Näi.» – «Kennst du Du dem Altermann?» – «Näi. Denn kenn ich schon eher dem Budjereit!» – Die Engländer lieben die Franzosen noch weniger als die Deutschen, zu denen sie sich hingezogen fühlen, und davon profitiert Berlin.

//

Ein amerikanischer Bericht spricht davon, daß ein von Roosevelt angeforderter Rapport des amerikanischen Botschafters in Berlin sehr pessimistisch ausgefallen sei. Man solle keine Geschäfte mit den Deutschen machen, höchstens Grundeigentum erwerben, denn das sei das Einzige, das die Regierung nie zu beschlagnahmen wagen werde. Effekt? Eine Meldung nach der andern, daß die Deutschen Fortschritte im Tauschhandel machen: die draußen kreditieren und bekommen dafür deutsche Waren, wenn auch kein Geld. «Der Zug des Herzens ist des Schicksals Stimme» hießen in meiner Jugend Romantitel. Und so ist es denn auch.

//

Es ist nicht nur so, sondern noch schlimmer. Die Russen erbitten bei den Deutschen eine Anleihe von 200 Millionen, kriegen sie, aber wer erhebt Widerspruch? Einige Nationalsozialisten. Die also haben soviel Würde und Reste von Anstand, daß sie fühlen, man könne nicht gut den «Erbfeind» täglich verfluchen und ihm dann Geld borgen. Der doitsche Koofmich Schacht aber hat das – Geschäft ist Geschäft, lieber Freund! – durchgesetzt. Ich meine, man sollte doch wohl die nächste Einladung zum Schriftstellerkongreß nach Moskau entsprechend beantworten. Denn eben dies macht mir das Leben so zur Plage: zu sehen, daß überall kulessal unnachgiebig nach innen regiert wird, und nach außen der brave, alte Kuhhandel. Gegen den nichts zu sagen wäre, wenn es nicht Hohepriester täten: Mussolini, Hitler, Stalin und morgen die Nachtreter.

//

Der Besitzer des Hotels, in dem für Dich einmal so eine riesige Weihnachtstafel gedeckt war, soll der Nazipartei angehören. «Fachisme de maître d'hôtel» ist eine gute Formel. Aber wenn man bedenkt, wie Leuten, die sich erdreisten, Kommunisten zu sein, das Leben sauer gemacht wird, und wie hier von keiner Polizeibehörde auch nur eine Hand gerührt wird; wie die Fahnen eben dieser Kerle der Stadtverwaltung gegenüber im Winde wehen, denn, sehn Sie mal, wir haben doch Meinungsfreiheit – das alles zeigt: hier stirbt etwas. Wohnte ich auf dem Mars, so sagte ich: Bravo.

//

Es ist übrigens bezeichnend, daß es in allen Ländern, sicherlich auch in Amerika, dieselben Leute sind, die das mittun: kleine Zigarrenfritzen, Drogisten, Hoteliers, und dies mit einer Grausamkeit, die um so größer ist, je schlechter die Geschäfte gehn. Ich habe jahrelang gegen diese zum Sturm geblasen, Du weißt, mit welchem Erfolg. Die Gegner, marxistisch geschult, heißt das Klischee, sehn dann aus wie der italienische Freund der Tachtel. Dabei gibt es hochanständige Arbeiter, tapfere Leute, die ihre müden Knochen abends aufraffen, um Zettel zu kleben, die – nach einem Achtstundentag – noch arbeiten, die sich schlagen – und die unweigerlich an die Wand gedrückt werden von den entlaufenen Volksschullehrern, von den wehenden Vollbärten, von den Mäßigkeitsaposteln und den Stadtverordnetengrößen, wie sie bei Euch und überall wild wachsen. Das liegt, zum Teil, an der falschen Lehre.

//

Hiller hatte so gejammert, ihm sei ein Buch über die Juden gestohlen worden, das vergriffen ist. Ich habe mir das hier beschafft. Es ist philosemitisch, also kaum zu gebrauchen. Immerhin behauptet der Verfasser, die sog. Judennase nur in 15 % angetroffen zu haben, und ähnlich scheint es mit vielen andern Behauptungen der Antisemiten zu stehn. Gut und schön. Aber wenn er von «achtzehnhundertjährigen Verfolgungen» der Juden spricht, so darf man doch fragen: Warum –? Und wenn man das mit angesehen hat, wie sich eine halbe Million willig und brav die elementarsten Menschenrechte nehmen läßt, so fragt man das nicht mehr.

Daß Juden, die ein Pogrom in Russisch-Polen miterlebt haben, für ihr Leben lang eine Psychose weghaben, ist richtig – vor so viel Leid verstummt alle Kritik. Aber die deutschen Juden? Sie bekommen statt der Wehrpflicht einen besondern Arbeitsdienst.

Diese Lage ist ihnen eben angemessen, und sie dürfen sich nicht beklagen.

//

In einem schwedischen Blatt steht, auch der Dienstbotenernschtl habe eine Aufforderung bekommen, nach Basel zu kommen, sei aber nicht gegangen. Unter uns: ich verstehe das ja alles im tiefsten nicht. Bei dem Buffalo Bill mag den Ausschlag gegeben haben, daß er Vertrauensleute in Deutschland hatte, was sie mächtig geärgert hat. Aber der andere? Sage mal – was schadet er ihnen eigentlich mit seinen hohlen Reden? Macht Simon deshalb eine andere Politik? Ich wundere mich, daß sie den mischpochalen Ärgerreizen so nachgeben. Im Grunde ist das doch alles janz ejal.

//

Mein liebes Nuunchen, in Amerika ist eine Ehe geschieden worden, weil der Mann sich geweigert hat, der Frau den Rücken zu kratzen.

Möchte Dir das nur mitgeteilt haben.

Also nur so.

Also ohne weiteren Kommentar.

Möchte das nur.

Gach.

//

Die Affaire B. J. nimmt einen Verlauf, den ich nicht verstehe. Hier ist irgend etwas, das ich nicht weiß – mir fehlen Glieder in dieser Kette.

I.) Neurath gibt glatt zu: Jawohl, wir haben ihn, er sitzt im Gefängnis. Ob das nun noch wahr ist oder nicht –; nun muß doch die Schweiz anstandshalber protestieren, Neurath wird sich korrekt entschuldigen, aber ausliefern? Das kann ich nicht glauben. Wenn nicht

II.) die Franzosen etwas kochen. Dankbarkeit und Anständigkeit in politischen Dingen kennen die nicht. Wenn also der so trockne *Temps*, den der *Canard* immer «Tank» nennt, sich dieser Sache annimmt und daraus eine Cause célèbre macht, wenn sogar die Agence Havas mittut, obgleich das gar nicht auf französischem Gebiet geschehen ist, so kann das zwei Gründe haben: Entweder der Mann war so geschickt, daß er sich dort Reserven geschaffen hat, denn so behandelt man keinen, den man bezahlt – niemals setzt sich eine Regierung für ihre bezahlten Spione ein; oder die Franzosen brauchen das, um zur Zeit auf Deutschland zu pauken.

Auf alle Fälle nützt ihm das – wenn er noch lebt. Wenn die Nachricht von der Verhaftung eines bestimmten Mannes in Deutschland richtig ist, und wenn das der ist, den ich im Auge habe (sein Name kommt häufig vor), dann muß der Junge sehr, sehr geschickt gearbeitet haben, und dann hat er wirklich «zersetzt». Was im auffälligen Gegensatz zu seiner Unvorsichtigkeit in Basel steht.

Das Ganze ist, wie immer solche Affairen, recht undurchsichtig und verworren.

Und wenn Du mich tothaust: ich glaube an den Nutzen aller dieser Sachen nicht. Von daher wird der Verlauf der Ereignisse selten bewegt, und von ihm gar nicht.

Immerhin: ein tapferer Mann, der sicherlich bis zuletzt sagen wird: «Ihr könnt mich.» Ein zweiter Dimitroff.

//

Wenn einer in Berlin auf Simon ein Attentat gemacht hätte, was ja nur ein Verrückter tun kann, so hätten die Engländer gemurmelt: «Sorry. Memel? Danzig? Österreich gefällig? Etwas Korridor? Etwas Rußland? Sorry.»

Es sind die Verderber Europas, was sie übrigens keineswegs sein sollen. Wenn das wahr ist, was Du mir geschickt hast, daß die deutschen Konservativen für eine mildere Haltung gegenüber den Engländern eingetreten sind, und Hitler für eine schärfere, so hat Hitler den bessern politischen Instinkt. Man muß ihnen mit Pferdehufen ins Gesicht treten, und sie werden noch flüstern: «Sorry. Memel. Danzig. Aufrüstung. Österreich. Sorry.»

= = = = =

[3. 4. 1935]

[Anfang fehlt]
Norddeutsche drin stand, falsch – davon weiß er nichts, er kennt nur ihre Karikatur. Zu eng. Zu ghettohaft. Zu klein. Wien. Aber sehr begabt. Sehr begabt. Aber Wien.

//

Roby hat richtig gesehn. Die Erklärung für die automatenhafte Technik des deutschen Militärs ist einfach oder vielmehr zweifach: sie liegt in dem uns allen bekannten Geist, und ihre äußere Erscheinungsform offenbart sich in einer Tausendzahl von Wiederholungen, für die ein Schweizer keine Vorstellung hat. Erst wird der Mann vorgenommen. Dann übt den Griff die Korporalschaft. Dann mehrere Korporalschaften. Und das nicht, wie bei Euch, einige Wochen lang, sondern monatelang, immer wieder, immer wieder, bis der Mann eine Maschine geworden ist. Dann übt die Kompagnie. Dann sogar das Bataillon. Daß man Regimenter Griffe kloppen läßt, ist wohl heute nicht mehr üblich. Wenn zum Beispiel bei einer Kompagnie 250 Mann in das harte Holz des Gewehrs fassen, um es zu schultern, so gibt das ein klappendes Geräusch. Machen aber 24 Leute diese Bewegung um 1/8 Sekunde zu spät, so schleift das Geräusch nach; «die Griffe rauschen». Dafür haben die altgedienten Hauptleute ein musikalisch gebildetes Ohr. Und dann geht alles wieder von vorn los. Bis es so sitzt, daß Roby sich sagt: das sind keine Menschen mehr. Was er auf dem Film nicht gesehn hat, ist etwas viel Gefährlicheres.

Dieser Automatismus war bei der alten Armee genauso vorhanden, und mitunter war da nichts als das. Der einzelne Mann war, durch eine tölpelhafte und grobe Art des Drills, beinah verdummt. Vor allem bei der Infanterie. Im Kriege lockerte sich das.

Heute aber sind diese Leute außerdem noch auf ihrem Gebiet intelligent. Sie sind sportlich brillant durchgebildet; daß eine Kompagnie damals nur in Badehosen angetreten wäre, wäre ganz ausgeschlossen gewesen; es hätte die Würde des Leutnants verletzt und ist vielleicht nur als halber Spaß bei einer Eskadron vorgekommen, die ihre Pferde in die Schwemme geritten hat. Heute haben die Leute saubere Füße, die Körper der Aktiven sehen brillant aus, beinah athletenhaft, und vor allem: man hat sie erzogen, *selbständig* militärisch zu denken. Die Reichswehr besteht, in Wahrheit, aus soundso viel Unteroffizieren – nicht aus Gemeinen. Und was das heißt, wird Roby besser wissen als ich. Man kann sich da im Rahmen kleinerer militärischer Handlungen auf jeden Mann auch dann verlassen, wenn kein Offizier dabei ist. Es ist eine Cadre-Armee, stets als solche empfunden und angelegt, und wenn Galtier-Boissière den Franzosen erzählt, Foch habe 27 gesagt, die Entwaffnung Deutschlands sei vollkommen, so lügt zwar nicht er, wohl aber hat der General gelogen. Seit 21 haben sie das vorbereitet. Sie werden die Ostvölker und auch die Russen zu Kleinholz schlagen.

//

Dabei sind die Russen tapfere Leute. Das steht u. a. auch in Babels «Budjonnys Reiterarmee»; ein gutes Buch. Es ist sehr bezeichnend, daß dieses Buch über Rußland mehr aussagt als über alle Revolutionen; gut ist daran, was ewig ist: daß Männer gern reiten und jagen; daß man Gefahren meidet oder sie tapfer besteht; daß Menschen töten und getötet werden – alles Sinnliche daran ist sehr gut. Wie die junge Bäuerin über den Hof geht, «und ihre Brüste bewegten sich unter ihrer Bluse wie Ferkel im Sack».

Die andern Bücher Babels kann ich nicht lesen. Mir ist überhaupt die übliche russische Literatur ganz fern – für mein Gefühl ist das gar keine Kunst; das ist so, wie wenn man einem Maler lauter Schaufenster zeigt, und er sagt: «Ja gewiß, das ist ein gutes Schaufenster – und auch malerisch sehr hübsch – aber habt ihr keine Bilder?»

//

Wäre ich reich, so ließe ich für Lieschen eine Auswahl aus jenem «Wippchen» von Stettenheim machen, von dem ich Dir einmal gesprochen habe – vielleicht habe ich Dir auch das eine Bändchen gezeigt, das ich besitze. Es gibt sicherlich 20. Schade, daß diese trudlige Sprachbegabung gar keinen Kern hat, es ist ohne Gesinnung, und Scherz und Spaß sind ja nur als Kehrseite eines gewendeten Pathos haltbar. Immerhin, zu denken, daß das vierzig Jahre vor Pallenberg geschrieben worden ist! Das müßte ein Fressen für Fritz Mauthner gewesen sein, der eine «Kritik der Sprache» geschrieben hat, übrigens sind die ästhetischen Untergründe an diesem Vergnügen ganz dunkel. Kein Wunder, es gibt so wenig gute Untersuchungen über das Wesen des Komischen («Le rire» ist Bergsons schwächstes Werk). Man kann die Stettenheimschen Späße natürlich sofort auflösen; es ist, wie wenn ein schwierig aussehender Knoten sich löst, aber dann starrst du die glatte Schnur an, da war doch ein Knoten, und dann bleibt eine kopfschüttelnde Verwunderung übrig. Und die löst sich in Gelächter auf.

Das wäre was für Lieschen! So etwas Herzzerreißendes wie «Die Kosaken haben ihm seine einzige Nase abgeschnitten», oder: «Wir könnten doch nun leben wie Kastor und Pollack» (ganz Pallenberg), oder dies (was ich für einen geradezu mathematisch schönen Witz halte): «Er trieb die Vielweiberei bis zur Bigamie.»

Und dann ganz aus Lieschens Topf: «Ich war so betrunken, daß ich abends vor dem Schlafengehen die Schlittschuhe an die Füße schnallte und die Mausefalle unter das Kopfkissen legte – *statt umgekehrt*».

Was der weggeworfen hat, davon können heute noch hundert leben.

//

Da schreiben Anglomanen so schöne Bücher über den todsichern Instinkt der Engländer. Ich finde ihn gar nicht so sicher. Ich spreche nicht von meinem Standpunkt aus, sondern von ihrem – sie sind nicht einmal ganz folgerichtige Egoisten. Alles ist, von Gott aus gesehen, Schicksal, gewiß. Aber hätten die Brüder zum Beispiel 1913 und 1914 klipp und klar erklärt (was ihrem Charakter höchst zuwider zu sein scheint), sie ständen auf Frankreichs Seite, wenn was passierte –: nie hätte Deutschland den Krieg gewagt. Die Kriegserklärung Englands rief in Deutschland tobende Entrüstung und vor allem Überraschung hervor. «Das ist doch unser Krieg, was mischen sich die da ein!» – Heute machen sie es gerade so. Dieser unsägliche Simon hat das große Maul Memel gegenüber, da wagt er es. Eden hat den Russen nichts versprochen, er kann also auch nachher nichts brechen. Nie werden sie gegen Rußland in den Krieg ziehen, das ist sicher; und niemals für Rußland. Und Englands Neutralität, das ist alles, was Deutschland braucht und haben will und bekommen wird.

//

Und wahrlich, ich sage Dir:

Die Popularität Adofs ist natürlich durch «seine» Einführung der Wehrpflicht gesteigert, bon. Und wahrlich, ich sage Dir:

In den «Hochs» und dem Tücherschwenken, das im

Oktober die ersten neu ausgebildeten Reichswehrtruppen in den kleinen Garnisonen begrüßen wird, steckt so viel: «Nie wieder SA!» und ein Aufatmen und eine Erlösung, gegen die Partei. Die Reichswehr ist nicht nazistisch. Hitler wird das böse merken.

Und auf der ersten großen Parade auf dem Berliner Tempelhofer Feld im nächsten Frühjahr, eine Parade, die einmal «Kaiserparade» hieß, wird da kein Mensch sein, der nicht fühlte: Hier fehlt der Kopf. Gewiß, Hitler. Ja, doch. Er wird die Front abgehn (nicht abreiten); die Truppen sind auf seinen Namen vereidigt. Und die alten Offiziere fühlen doch das Hakenkreuz als etwas Fremdes, und alle werden sich denken: Gut und schön – aber hier fehlt etwas. Hier fehlt einer.

Was in aller Strammheit aufrechterhalten bleibt, statt der mangelnden Sozialisierungen, statt der Monarchie, statt der Brechung der Zinsknechtschaft, wird der Judendrill sein. Und die verdienen es nicht besser, eher schlechter. (Sie bekommen offiziell keine Gasmasken.)

Aber auf die Dauer wird auch das nicht helfen. Kommt hier nicht bald ein siegreicher Krieg, dann ist der Nazismus in der ersten und zweiten Fassung gewesen. Der Mohr hat seine Schuldigkeit getan.

//

Wenn die Nazis den Jacob bereits angeschlagen haben, kommt er niemals mehr heraus; da kann die Schweiz lange protestieren. Dieser Fall liegt deshalb so ungünstig, weil nur das Auswärtige Amt nachgeben will, auf der andern Seite aber Göring steht und die Reichswehr.

Hinrichtung oder Todesfolter – ich glaube nicht an eine Rettung.

//

Nachtrag zu Wippchen: Der Berichterstatter kommt an die russische Grenze. Da will er den Zollbeamten ein Trinkgeld geben, «dessen Annahme sie aber verweigerten, bis ich sie durch Bestechung dazu zwang». Bei solchen Sätzen ist mir immer, wie wenn sich einer auf den Kopf steigt. Im übrigen ist manches gar nicht so inaktuell. Als damals Arnheim diesen Zimt «Betunie wie die Blume» veröffentlichte, witterte ich sofort einen Fortsetzungstyp. Nun, dazu ist es zu spät. Schriebe ich dänisch, so fände sich gewiß eine Zeitung; die zum Beispiel dies von Stettenheim glatt brächte. Da fand doch damals bei dem Herzog von Kent und seiner Marina eine Probe-Trauung statt. Die Witze, die damals darüber gedruckt wurden, waren recht matt. Nun hats das schon einmal gegeben, bei einer Zarenkrönung. Stettenheim: «Es handelte sich darum, festzustellen, ob der Metropolit so gut gelernt hatte, daß er den Zaren *auswendig trauen konnte.*»

Kurz und gut: es ist schade um so viel verstaubten und vergrabenen Witz.

//

Meine Telligenz reicht gewöhnlich dazu, die Banalität von morgen zu produzieren. Ich schäme mich manchmal richtig. Diese Blätter bleiben doch gewöhnlich ein paar Tage liegen. Da finde ich denn manche Sätze nachher im *Temps* oder in seinen Zitaten, und zwar fast wörtlich. Da die auch nicht die Weisheit mit Löffeln gegessen haben . . .

//

Die Wandlung in Deutschland in ideologischer Hinsicht muß doch weiter sein, als wir wissen. Die protestantische Kirche, die es sonst in Feigheit mit dem Papst aufnimmt, hat von den Kanzeln etwas verlesen lassen, das denn doch eine muntere Unverschämtheit gegen das Regime ist. «Die Juden haben unsern Herrn Jesus Christus erschlagen und sind deswegen ein verachtetes und verfolgtes Volk geworden. Die Regierung möge sich an deren Schicksal erinnern, bevor sie weitere Verfolgungen auf uns, die Protestanten, herunterprasseln läßt . . .» Na, ganz munter.

So etwa im Herbst sind die ersten Wirtshausprügeleien zwischen Reichswehr und SA fällig. Vielleicht kommt das gar nicht in die Zeitungen: es wird auch sofort geschlichtet werden, auf beiden Seiten gibt es Arrest und gut. Aber was daran wichtig ist, das ist: wohin kippt die Sympathie der Bevölkerung? Na, brausend zur Reichswehr hin. Da kann der nächste Parteitag noch so opernhaft gemacht werden, und er wird, und noch dicker und noch größer und noch mehr Millionen . . . es hilft alles nichts.

Nur ähmt, die Nüangsse, die ist Ihnen nicht gar so groß.

//

[9. 4. 1935]

Q-Tagebuch
für Nuuna qbinke

In Bordeaux hat ein österreichischer Arzt kullessal rrevolutionären Kalibers Sterilisationen an einigen Arbeitern vorgenommen. Er ist geflohen; man hat einige seiner Helfer verhaftet. Dergleichen hatte sich schon einmal in Österreich abgespielt; damals war ein bekannter Anarchist unter nicht sehr klaren Umständen in die Sache verwickelt. Ich halte diese Prozedur für unnatürlich, nicht für wünschenswert und niemals für eine Lösung, sondern höchstens für eine verzweifelte Flucht.

Nun aber:

Wie der Teufel hinter der armen Seele, oder vielmehr, wie der Papst hinter den Ketzern (falls die nicht zurückschlagen können), so ist der Staat hinter diesen Übeltätern her. Das ist nun gar erschröcklich. Murrend erhebt der Beamtenkörper sein Haupt; hier wittert die Papyrokratie das Verbrechen der Verbrechen, dasselbe, das Hauptleuten im Kriege Tränen entlockt hat: nämlich das Verbrechen, die Zahl ihrer Untertanen zu verkleinern. Der Hauptmann ist komisch; der Staat ist verbrecherisch und unverschämt.

Eine Bürokratie, die auf der Indifferenz und der Ungerechtigkeit beruht, ein Korps von Lümmeln, von denen sich auch nicht einer Sorge macht, den Kindern, die sie mit Gewalt ans Licht ziehen, das elementarste Recht zu garantieren, das es für den Menschen gibt: das Recht auf Arbeit. Sie verbieten solchen Kindern zu Hunderttausenden die Arbeit, sei es, weil die statt grüner rote Papiere haben, oder weil sie die «Eignung» nicht haben, und wer bestimmt das!, sei es, weil gar keine Arbeit da ist oder weil sie so schlecht bezahlt wird, daß die, die arbeiten können, vorziehen, herumzulungern. Wie jene etwas demagogische Redensart sagte, die ich irgendwo aufgelesen habe: «Le contrat social est rompu.»

Es ist jetzt in Frankreich ein argument de réunions publiques, jemandem arguments de réunions publiques vorzuwerfen – und es ist sehr dumm.

Dieser Staat, wie er da ist, hat kein Recht, Kinder hervorzulocken. Ich mag keine Anarchisten, ich ließe mich niemals sterilisieren – aber ich verstehe die armen Teufel, die es satt haben, für jede Umarmung ein Jöhr an den Kleidern hängen zu haben, das nachher in schlumpigen Büros von unwirschen Schreibern angefahren wird, das in Schulen mehr schlecht als recht unterrichtet wird und das zum Schluß, wenn alle Fahnen wehen, in einem Ackergraben verreckt.

Etatismus ist eine Krankheit und ein Vorwand für alle Verbrechen, die im Menschen schlummern. Also? Also Ordre Nouveau (als Weg).

//

Wenn Du einmal genau wissen willst, was ich immer mit der negativen Haltung Europas Deutschland gegenüber meine, so werde ich Dir ein schönes Beispiel geben. Der *Temps* kritisiert, nicht unscharf und nicht unklug, einen Propagandafilm, den Hitler jetzt vom Parteitag machen läßt, weil er fühlt, daß er diese große Oper der Reichswehr gegenüber notwendiger als je braucht.

> Il va sans dire que l'habile truquage du film multiplie l'enthousiasme – d'ailleurs réel – qui régnait à Nuremberg. L'impression est celle d'un peuple à la fois délirant et discipliné, dont la passion est guidée par une puissante main. Mais ce qui intéressera le plus les psychologues, c'est l'étude du visage de M. Hitler. Rarement on eut

l'occasion d'observer un personnage dans un rôle réel (non plus un rôle de théâtre) avec cette insistance, cette précision et cette variété dans le détail. Il faut recommander ce film aux hommes d'Etat qui se proposent de négocier avec le Führer.

R. L.

Hier hast Du es nackt, was ich meine.

Ich habe nie Psychologie studiert und kann mich nicht ausdrücken wie ein Professor. Aber ich fühle mit allen Fasern, daß hier der schwerste psychologische Fehler vorliegt, den man überhaupt begehen kann, und zwar fühlt das jener Teil in mir, der funktioniert, wenn ein großer Hund kommt. Ich bin doch ein Stadtmensch und daher ist dieser Teil fast ganz verkümmert – aber es ist doch noch etwas da, man kann das nennen, wie man will. Dies eben ist falsch, was da gemacht wird.

Studiert Hitler die Gesichtszüge Simons? Nein.

Genau, aber genau das Umgekehrte muß man tun:

Seinen eigenen Willen, seine eigenen Ideale, wenn es deren hat, herauszuarbeiten, so zu kräftigen, so an sich zu arbeiten und so stark zu werden, daß man im Augenblick der Konferenz gesiegt hat, wenn man die Tür aufmacht. Diese armseligen Hunde. Der Stärkere hat recht.

Da haben sie in Lyon den Parteitag der Radikalsozialisten, verzeihen Sie das harte Wort, wir sind in Frankreich, da bedeutet es nichts. Onkel Guido, der niemals etwas andres als Bürgermeister von Lyon hätte sein sollen, Onkel Ernst aus Lyon, der falsche, dicke Herriot mit der Uhrkette auf dem Bauch, stellt sich hin und sagt: «Das und das hat Deutschland getan. Wir sagen kein Wort gegen das so fleißige deutsche Volk . . .»

Gute Nacht. Hier kann man nur nach Hause gehn; ich müßte die Schreibmaschine schließen, hierzu ist nichts zu sagen.

Ich verstehe, daß ein Franzose Abscheu vor diesen schäumenden Tiraden à la Jaurès hat, von den minderen zu schweigen, gerade Lateiner empfinden die Öde dieser Rhetorik, die man auf Schulen lehrt, besser als Deutsche, die [auf jeden] Vorstadttapezierer hereinfallen. Aber zwischen diesen Tiraden und einem Lob ist doch noch mancher Unterschied. Onkel Guido weiß es nicht. Dieser faux bonhomme kann im Grunde nichts darüber sagen, er lebt in einer ganz abstrakten und irrealen Welt und ist sich sicherlich sehr klug vorgekommen, «nichts Nationalistisches gesagt zu haben und nichts Chauvinistisches». Wie ein Arzt, der einen Verunglückten verbluten läßt, um nur ja nicht dasselbe zu tun, was sein verhaßter Konkurrent getan hätte: nämlich den Mann zu verbinden.

Und es handelt sich überhaupt nicht um das, was man hätte sagen sollen oder nicht.

Es handelt sich um das, was einer *ist*.

Eben, daß dieser Uhrkettenonkel und hunderttausende mit ihm nicht so beschaffen sind, daß in ihnen eine Flamme aufspringt, wenn so etwas geschieht; wenn man ihnen von allen Grenzen her sagt: «Ihr seid degenerierte Feiglinge; eure Regierungsform ist ein überholter Dreck» – wer sich da nicht wehrt, der gibt dem andern recht. Das hat mit politischer Polemik gar nichts zu tun. Was sie sagen oder nicht sagen ... Sie *sind* nichts.

Deutschland hat lauter Juden zu Gegnern.

//

Der brave Wesemann, der übrigens hornochsendumm sein muß, denn wenn er gestanden hat, so kann er sein Leben verspielt haben, der hat sich verrechnet. Hätte er das in Frankreich gemacht, so wäre wahrscheinlich viel weniger Lärm entstanden, und ich bin sicher, daß die französische Regierung sich nicht zu der, immerhin wackern Haltung des Bundesrats aufgeschwungen hätte. Eine scharfe Note für einen Emigranten? Nie im Leben. Da benimmt sich Bern, wer hätte das gedacht, schon besser. Nun kanns ja nichts mehr tun; was nun noch kommt, sind wohl nur noch brave Rückzugsgefechte. Schließlich könnt Ihr ja keinen Krieg führen.

Sehr häßlich wird nur die von der Hotellerie ausgehende rückläufige Bewegung dieser Sache aussehen: Wir hätten doch nicht nötig, für einen solchen hergelaufenen Patron . . . und man müsse doch auch . . . das, nur das ist jener Krebsschaden, den ich in allen demokratischen Staaten herausfühle. Morsch. Weich. Krank. Alt. Lappig. Hol sie der Teufel.

//

Unwiderruflich letzter Nachtrag zu Wippchen.

Jeder Brief, ich glaube, durch zwanzig Jahre, den diese Figur an die Redaktion richtete, hörte mit einer Bitte um Vorschuß auf. Wie der Mann Hunderte von Malen diese Bitte drehte und neu einführte, das ist nun zum Entzücken gar. Ich weiß jetzt auch, warum ich dabei immer an Lieschens Humor denken muß. Es ist der Schein von Logik im Aberwitz. «Um diesen Brief nicht noch einmal öffnen zu müssen, bitte ich Sie, bevor ich ihn zulecke, um einen Vorschuß von 30, schreibe sechzig Mark.» Und dann dieser Satz, der eines Nestroy würdig ist:

«Seit dem letzten Mal habe ich keinen Vorschuß von Ihnen bekommen.»

In diesem Wahnwitz steckt übrigens ein Sophismus, den Frauen und Kinder häufig anwenden.

//

Großes Geschrei im schwedischen Reichstag: ein Drittel der Bofors-Aktien gehören Deutschland. Was dachten Sie? Wir sind nämlich alte Vickinger, und nicht, wie Sie dachten, les commis de l'Allemagne. Und bei der Flugzeugindustrie ist es hier oben ebenso. Und «man kann doch den Arbeitern nicht das Brot nehmen», und die wieder kennen einen Streik aus ethischen Gründen überhaupt nicht, und so geht das. Aber: ein Norweger, der sich hier, obgleich ausgewiesen, widerrechtlich aufhält, bekommt 6 (sechs) Monate Gefängnis. Schön ist die Souveränität des Staates. Er sieht aus ... wie sagte jener? Er sieht aus wie ein Heiratsschwindler.

//

Ich erkenne immer mehr, daß die Diplomatie der großen Staaten ein Klub ist, mit eigenen Gesetzen, mit einer unerbittlich strengen Ballotage, die nur eine Ausnahme von der Regel kennt: den großen Erfolg der Brutalität, denn wer von diesen feinen Herren hätte mit dem Artillerieleutnant Buonaparte oder mit dem Dekorationsmaler Hitler gesprochen, bevor ... Diese Diplomaten halten sich deshalb, weil sie auf der wirklich vorhandenen Gleichgültigkeit ihrer Steuerzahler ruhen, man beauftragt sie gar nicht, man erträgt sie. In kleineren Staaten ist das etwas anders. Wenn jener alte Herr in Paris sich da mit seiner Madame eine Art höherer Diplomatie vorspielt, so teilt das die eidgenössische Bevölkerung aber gar nicht, er bleibt damit hübsch allein. Das Foreign Office, der Quay d'Orsay und die Wilhelmstraße aber unterliegen, neben den Beeinflussungen durch die jeweiligen Industrien, ihren eignen Gesetzen, ihren Bräuchen, ihren Formen und deren Inhalten. Was weiß der russische Bauer von den Drehungen Litwinows? Die mir übrigens recht armselig vorkommen. Was kümmert den schottischen Bauer dieser unsägliche

MacDonald, der nun Lord werden wird und sich dann mit seiner bisher schwer getragnen Verantwortung aufs Land begibt? Was kümmert den Weinbauern der schieberische Advokat Laval? In Deutschland ist die Teilnahme fingiert und hysterisch. Nur bei Euch und in den kleinen Ländern kann noch so etwas wie eine Anteilnahme bestehen. Der Rest ist: laisser faire.

Ich hätte nicht gedacht, daß ich auf meine alten Tage Föderalist werden würde. Ich bin es.

//

In Schweden hat sich ein ehemaliger deutscher Sportsmann daran gemacht, die olympische Besatzung von einer Teilnahme an den Spielen abzubringen. Man hat ihn sofort ausgewiesen.

Selbst wenn man den Standpunkt der geistigen Autarkie akzeptiert: «Wir wollen unter keinen Umständen, daß sich ein Fremder in unsere Sachen einmischt», so hat der Mann ja immerhin nichts Strafbares getan, nichts, als den Herren Johannsson und Andersson abgeraten, in Berlin Fußball zu spielen. Nämlich: mit einem Volk von Rechtsbrechern Fußball zu spielen. Dafür Ausweisung –? Hm.

Wofür man aber den Schweden ins Gesicht spucken müßte, ist, daß sich in ihrer großen Presse keine Stimme erhebt, die diese Propaganda einer Absage für gerechtfertigt hält. Man kann doch einen bestehenden «technisch organisierten Mechanismus» nicht aufhalten! Und hier, und nur hier, ist das Übel der Zeit. Das und nur das meine ich, wenn ich immerzu sage: Die Deutschen müssen und werden siegen, weil die andern nichts tun, nichts fühlen, nichts glauben. Wenn Du sagst: «Ich bin auch totalitär», so offenbarst Du damit mehr politische Klugheit, als der ganze Bundesrat zusammen, wozu ja nicht viel gehört. Da steckt es.

Da, wo Du nicht bist, da ist das Glück
oder:
Ihr habts gut!

Geh doch mal hin – sie sollen sehr gut sein.

Es hat keinen Sinn, wenn etwa ich loslegte – die Einwände sind zu billig, die Position ist unmöglich, und wem mans erst sagen muß, dem braucht mans nicht mehr zu sagen. Würde lehrt sich nicht.

//

Außer Dänemark hätte übrigens kein europäischer Staat eine solche Note abgeschickt wie die Schweiz es getan hat. Laval und François-Poncet hätten das in drei Tagen durch ein mot d'ordre als inopportun abgetan; jetzt haben die Franzosen das große Maul – sie haben gar keine Veranlassung dazu. Die Engländer handeln den Emigranten gegenüber «korrekt», worüber sich denn die beiden Frauen in London umgebracht haben (sie sind sicherlich nicht ermordet worden). Die Scheden niemals. Die Norweger niemals. Die Holländer niemals. Vielleicht die Belgier, aus altem Haß. Also –? Also hat Deutschland das Recht, so zu handeln, nicht vor Gott, wohl aber vor den Menschen.

= = = =

[12. 4. 1935]

Q-Tagebuch
für die wie eine Qrdin reitende
Nuuna

—

Binsch hat ihren Original-Riesenbrief. Dabei ist mir ein, wie ich glaube, höchst alberner Schreibfehler stehengeblieben. Da steht «Combes und der Positivismus». Nun war Combes ein französischer Staatsmann, und der Positivismus ist von Auguste Comte begründet worden. Was soll denn Roby von mir denken –! Dringdrahte das ihnen sofort, weil wir sonst keine Sorgen haben.

//

Iwan ist nicht zurückgekommen. Die alte Kinderfrau behauptet mit strahlender Miene, sie habe ihn abends bei Mondschein erkannt, an den Augen und am Schwanz. Also was soll ich dazu sagen. Er sei ihr aber fortgeloffen. Natürlich war er es gar nicht. Gott segne dieses späte Mädchen.

//

Wir haben doch mal die concha media gedichtet, ich weiß sie aber nicht mehr. En voici une autre.

Das spielt in London. Dort lebt ein politischer Emigrant – aus einem Lande, dessen Name keinerlei ernsthafte politische Assoziationen aufkommen läßt, sonst ist die Spannung fort, also aus Transpleithanien oder aus Portugal oder sonst aus einem Lande, das es gar nicht gibt. Der Mann lebt, wie er das bei Wallace gelernt hat, in einer einsamen Vorstadtvilla, hat nur eine Zugehfrau, prüft alle Abend Laden und Tür, ist bewaffnet, weil er sich verfolgt glaubt.

Eines Nachts – sitzest Du bequem? – hört er ein verdächtiges Geräusch am Fenster, jemand drückt leise die Scheiben ein, ein Fuß erscheint hinter dem Vorhang, eine Gestalt will einsteigen, da schießt jener. Und trifft. Dem Verwundeten schießt er in den Kopf. (Leiser Wunschtraum des Verfassers.) Er wartet. Es erscheint ein zweiter, er schießt auch den nieder. Beide Leute sind tot. Er wartet. Nichts mehr. Er durchsucht die Taschen der Leute, findet Papiere, die ihm zeigen: das sind seine ihm feindlichen Landsleute. Er überlegt.

Ein Telephon hat er, aber die ländliche Telephonstation ist geschlossen. Heraus traut er sich nicht. Er sagt sich: Morgen muß ich das melden, dann kommt die Polizei, dann werde ich verhaftet, mein Englisch ist kümmerlich, und ich werde es schwer haben, das hier zu erklären. Das Beste wird sein, ich schreibe das jetzt alles zu meiner Rechtfertigung auf. Er geht aus dem Schlafzimmer, schließt aus Angst ab, geht den langen Korridor herunter in sein Schreibzimmer und verfertigt dort auf seiner Maschine eine lange Rechtfertigungsschrift, holt sich aus seinen Papieren zusammen, was er dazu braucht, und die Schreibmaschine klingelt und klappert ihm seine Angst fort. Manchmal lauscht er – nichts. Nach anderthalb Stunden ist er fertig. Er packt das alles zusammen, steckt es in die Brusttasche, nimmt seinen Revolver und geht zurück ins Schlafzimmer. Es ist morgens fünf Uhr.

Er öffnet die Tür. Der Vorhang weht im Winde, durch das eingedrückte Fenster kommt die Morgenluft. Das Zimmer ist leer. Keine Leichen. Keine Unordnung. Keine Blutflecke. Nichts. Der Mann fällt um wie ein leerer Sack.

Morgens findet man ihn, vollkommen verwirrt, delirierend, fiebernd, mit einer Selbstbezichtigung in der Tasche und in einem saubern Zimmer. Die Polizei prüft das, niemand ist als vermißt gemeldet, auf den das paßt, der Mann bleibt bei seinen halb sinnlosen Reden und wird in ein Irrenhaus zur Beobachtung gesteckt.

Da gibt es Kummer. Er bleibt bei seiner «fixen Idee», der Arzt kann sie ihm nicht ausreden, und die Wärter fühlen sich von seinen Geschichten gelangweilt. Besonders mit einem bösen, finstern Wärter hat er seinen Kummer; der Mann schikaniert ihn, es gibt Krach, und als er seine Geschichte zum 52. Mal erzählen will, haut ihn der hinter die Ohren. Der Mann beschwert sich, der Wärter wird entlassen, und es kommt ein neuer.

Der ist sanft wie eine Taube. Auch dem erzählt er seine Geschichte, immerzu sagt er das, was die andern so aufreizt, weil er das ständig wiederholt: «Aber da muß doch noch ein Dritter gewesen sein, ein Dritter!» – Und eines Nachts, als der Wächter seinen Rundgang macht, bittet er ihn an sein Bett und fängt wieder an, das alles zu erzählen. «Gewiß», sagt der Wächter sehr freundlich, «hat es da noch einen Dritten gegeben. Und das bin ich.»

Und dann erwürgt er den Mann.

//

Ich kann so etwas nicht gestalten, dann muß ich grinsen. Ich kann das nur im Spazierengehen daherreden, weil ich weiß, daß das Gespinst dieser Geschichte so dünn ist wie jene Stoffe, die ich einstmals für meine Kebsweiber (pfuch!) in Paris zu kaufen pflegte, das Zeug sieht aus wie ein ornamentenbemalter Rauch. Und Du bläst es fort. Aber wenn man es gestalten will, muß man daran glauben.

//

Der Berliner Berichterstatter der Basler *National-Zeitung* ist ausgewiesen worden. Wenn ich nicht irre, ist es derselbe Verlagsangestellte, der seine Artikel 33 mit einem kleinen Kreis zeichnete, ein Mann, dem man schon damals große Schwierigkeiten gemacht hat, was ihn nicht hinderte, mich einmal lausig anzugreifen. Das wäre mir gleich, obgleich es recht übel war: schuld an den Zuständen, schrieb er, seien immerhin Kerr und Ludwig und Remarque (glaube ich), Feuchtwanger und ich. Das hat er sicherlich nicht gemacht, weil man ihn dafür bezahlt hat, er wollte objektiv sein. Wenn es derselbe ist, so freut die Ausweisung mein Herz.

Aber:

Ob nun vielleicht die großen schweizer Zeitungen sich daraufhin mit den Baslern solidarisch erklären und alle ihre Korrespondenten abberufen! Das fällt ihnen gar nicht ein. Und hier ist ein Fehler, und eine Charakterlosigkeit. Die Sache wäre um so leichter, als diese Sonder-Korrespondenten kaum etwas andres berichten können als die großen Informationsbüros. Sie können höchstens auf Reisen mündlich berichten, das können aber andere Leute noch besser, die braucht man nicht so zu bezahlen, und so bespitzelt werden sie auch nicht wie die Korrespondenten. Aber Würde? Charakter? Klarheit? Schärfe?

Da können wir wohl einen kleinen Kreis drunter setzen.

//

Die deutsche Antwort-Note wird folgende These enthalten:

Ich lasse bei Dir einbrechen und Dir ein silbernes Tisch-Service stehlen. Das lege ich in meinen Safe. Dann verkaufe ich es. Du klagst. Ich erwidere:

«Das Tischservice habe ich in m e i n e n Safe gelegt und aus m e i n e m Safe genommen, um es zu verkaufen.

Verklage Du nur die Leute, die es Dir gestohlen haben.»

Darauf wird die Schweiz das Schiedsgericht anrufen; mehr kann sie offiziell nicht tun. Es wundert mich ein bißchen, daß sie nicht die Auslieferung der Entführer beantragt; im deutschen Strafrecht gab es einen sehr selten angewandten Paragraphen, der das Delikt des «Menschenraubes» bestrafte. Wenn es das im basler Strafrecht auch gibt, wäre die Forderung auf Auslieferung begründet.

Der Bundesrat benimmt sich korrekt. Aber das wird einschlafen, und viele Schweizer glauben, sie hätten etwas getan, wenn sie etwas von «chaibe Schwob» murmeln, und dabei bleibt es. Und immer wieder diese hilflos gestammelte, etwas gereizte Frage: «Ja, was sollen wir denn Ihrer Meinung nach tun?»

Wenn Dich eine Nutte aus der Bodega, diesem Paradies meiner Träume, fragt: «Also, üch meine, ich habe da meinen Koffer, den von Franz, bei dem Doktor versetzt. Und nun hat die Frau, die die Freundin von Arnold kennt, gewußt, daß er damals den Versuch gemacht hat, abzutreiben, was aber nicht wahr ist – wie soll ich den Koffer herauskriegen? Was soll ich tun?» – Dann denkst Du Dir auf alle Fälle: Mein liebes Kind, was Du da tust oder nicht tust – das ist ganz gleich. Dein Leben ist irrsinnig; das steht auf so schwanken Beinen, alles das ist so minder und verrückt, daß es auf die einzelne Handlung nicht ankommt.

Das Beispiel ist schnöde, denn die Schweiz ist gewiß keine Hure. Gut, ein andres. Würden wir beide in der Opéra in Paris gefragt, welche Kulisse sie aus ihrem Mottenkasten nehmen sollen, um eine Oper zu inszenieren, und hätten wir die Wahl zwischen No I und No II, so könnten wir doch, wenn man den Vorschlag, neue zu kaufen, abschlägt, nur raten: Schwarz anstreichen und verbrennen.

Die Affen meinen immer, man rate ihnen zum Krieg.

Aber selbst ein unbeteiligter christlicher, liberaler Norweger könnte ihnen nichts raten – hier ist nichts zu raten. Die Basis selbst ist schief. Wäre sie gerade, so ergäbe sich ein tatkräftiges, vernünftiges, würdiges Verhalten im Alltag von selbst: und ein Boykott auf allen Gebieten hätte Erfolg, wenn er von einer echten Gesinnung getragen würde.

So lasset uns denn Freudenfeuer am 1. August lodern lassen. Amen.

//

Die Stresa-Verhandlungen habe ich nicht gelesen. Hier kannst Du einmal sehen, was Scholastik gewesen ist: das Denken um des Denkens willen. Irgendwelche Beziehungen zur Welt hat das nicht; es ist ganz abstrakt. Es ist auch bezeichnend, daß die Völker, die das nachher ausbluten müssen, niemals genau orientiert werden, was da gekocht wird. Und es ist ebenso bezeichnend, daß es sie im Grunde auch gar nicht interessiert. Wirf ihnen nachher ein paar bemalte Leinenfetzen hin, nenn das Fahnen und appelliere an die ewig vorhandene Lust, zu töten ... und der Krieg ist da. Es gibt keine Religionskriege. Es gibt keine imperialistischen Kriege. Es gibt nur Anlässe und Vorwände zu Kriegen – Gelegenheiten. Was nicht ausschließt, daß das die Koofmichs ausbeuten wie alles andere auch. Aber der tiefere Grund dieser Dinge liegt im Menschen selbst, nicht in Stresa.

//

Nein, mehr aus Wippchen gibt es für Lieschen kaum – und lesen wird sie ihn gar nicht können. Es wäre eine Enttäuschung, eine staubige Aufzählung mehr oder minder verrenkter Wortfiguren. Nur manchmal Perlen, die nie herausgearbeitet sind. Zum Beispiel diese: Er hat mit seiner Redaktion einen sehr höflichen und feinen

Briefwechsel («Ihr wertes Gemetzel vom 6. haben wir erhalten»), und so hat er sich eine Liste von wüsten Grausamkeiten ausgedacht, ich weiß nicht mehr, in welchem Kriege. «Ich lenke Ihre Aufmerksamkeit besonders auf die 6. Grausamkeit, auf die ich mir besonders viel zugute tue.» Und fügt hinzu: «Ich habe mir knirschend eine neue Zigarre angesteckt, diese Grausamkeiten noch einmal durchgelesen und mir gedacht: Wie lange, Europa, wirst Du diese Scheußlichkeiten noch dulden!» Das erinnert nun ganz an eine der besten jüdischen Geschichten: «In der neuen Gaß lauft ä Lachs!» (Kennst Du die?) – Aber bei Stettenheim bleibt das alles so nebeneinander aufgereiht; man kann nur zitieren, nicht lesen.

//

Habe ich Dir eigentlich über «Viva Villa» geschrieben –?

//

Ich habe heute so ein Gefühl, wie wenn der kleine Jacob doch mit dem Leben davonkäme. Aber das kann ich mit nichts beweisen oder belegen, alle rationale Wahrscheinlichkeit ist dagegen. Es könnte sein . . .

Nach wie vor behaupte ich, daß die beiden Frauen nicht hingerichtet worden sind – hierin bin ich ganz sicher. Sehr fraglich, ob das Gegenteil jemals herauskommt.

//

Wenn Du Deine Obligationen (die wo weniger sind) also nicht die der letzten Verlosung selber nachsehen willst, schicke ich Dir die Liste. Sonst kann ich es auch für Dich tun, dazu müßte ich das Verzeichnis haben. Wir wollen auf alle Fälle – Du oder ich – die Bank nachkontrollieren. Ziehung ist wohl dieser Tage.

//

Es muß jetzt nicht leicht sein, außerhalb Rußlands Kommunist zu sein. Die Gläubigen trompeten ja alles nach, was der Muezzin von der Moschee in Moskau ruft, und wenn er ruft: Nieder mit dem Kommunismus! – so beten sie das auch nach.

Abgesehen von der russischen Gewissenlosigkeit, der Ruchlosigkeit und der Niedrigkeit, Geschäfte mit den Leuten zu machen, die immerhin ihren Torgler, ihren Thälmann quälen: was soll ein französischer Kommunist eigentlich tun? Demonstriert er gegen die 2 Jahre Dienstzeit, so können ihm doch die Gegner sagen, und sie tun das auch: Aber wir schließen ja mit Rußland, mit Euerm Rußland, ein Militärbündnis, also habt Ihr doch ein Interesse daran, uns so stark wie nur möglich zu machen. Es gibt natürlich keinen talmudischen Dreh, den die nicht anwenden, um zu «beweisen», daß das gerade das «Richtige» sei. In Wahrheit bricht damit Rußland, dem seine Staatsinteressen, wie jedem andern Petroleum-Staat auch, vorgehen, der revolutionären Bewegung in Europa den Hals. Dagegen wäre nichts zu sagen, wenn sie sich nur nicht die Führung aller kommunistischen Parteien anmaßten, denen sie heute zumuten, sich für die rein russischen Interessen, *die nicht mehr die Interessen des Weltproletariats sind*, auf den Kopf zu stellen. Es muß schwer sein.

//

Es scheint, daß «Menschen in Weiß» (endlich habe ich einen neuen Namen für Dich) hier als Film gelaufen ist. Die gothenburger Ärzte waren begeistert. «Nein, und so natürlich! Reine wie ins Leben!» – Was mich an diesen Romantisierungen so anekelt, ist der uralte sophistische Trick, wesentliche Bestandteile eines Berufs als prickelnd auszugeben. Das sind sie auch – aber nur für den Außenseiter. «Wie die Nacht am Lokomotivführer vorüberbraust» – für den Anfänger bis zu dem Moment, wo ihn der Ingenieur anschnauzt, er solle auf die Feuerung aufpassen, und vielleicht bei einem ganz alten Kerl, der seinen Dienst mechanisch macht und dabei zu den Sternen hochsieht: wird wohl regnen heute nacht. Der weiße Kittel, das Geklapper der Instrumente vor der Operation, der Geruch der Medikamente – das sind nicht die Dinge, die Euch bewegen, denn Ihr habt das alle Tage. Euch bewegen ganz andere Sachen und von denen ist füglich in solchenen Stücken nicht die Rede: Stank der Herren Kollegen untereinander; wissenschaftliches Interesse; Geldschneiderei; Aufopferung und echte Selbstlosigkeit, wo der Patient weder finanziell noch in seiner Einsicht anerkennt, was da um den Operationstisch in einer entscheidenden Minute vorgegangen ist, nach der alle aufatmen: «Es hat noch einmal gut gegangen» – gerade das dankt dem Arzt selten einer. Früher hing bei den Ärzten im Wartezimmer jenes Bild, auf dem ein vollbärtiger Schafskopf sinnend ein betörend schönes, wenn auch nur halbnacktes Weib ansah, das, man denke, tott vor ihm lag. Der Tod, dachte jener, ist Ihnen doch e großes Mischterium. Und so war es denn auch. Aber Du hast ganz recht: wenn Anatanomieklempner romantisieren, dann sicherlich nach der falschen Seite. Haarus.

//

Als ich die Ankündigung las, Max Braun aus der Saar wolle in der Stadt sprechen, dachte ich: O weh. Und so ist es auch gekommen. Wie von der Tarantel gestochen, ringelte sich ein Mehlwurm aus seinem Mehl: der schwedische Verwaltungsbeamte, der bei der Zählung beteiligt war. Hier war ein Monopol angegriffen und die Allheiligkeit der Staatsidee, da darf ein Schwede nicht schweigen. Wie er gearbeitet hat – und überhaupt nicht geschlafen, sechs Wochen lang – und keineswegs sind Wahlfälschungen vorgekommen! Ha! – Dieser Bursche, namens Rhode, war ein paar Wochen in der Saar und weiß es natürlich alles ganz genau.

Abgesehen davon: findet sich denn niemand, der einem solchen unbedeutenden Menschen wie dem Braun sagt, was er da macht? Il promène une défaite. Wie kann man! Nun ist das denkbar ungeschickt: denn er hat nicht einmal strikte Beweise für die Wahlfälschung, die nun vorgekommen sein mag oder nicht – aber öffentlich sagt man das nur, wenn man das klar beweisen kann. Sonst hält man – ô miracle! – das Maul. Der Braun, der in der Tendenz immer recht und in der Ausführung immer unrecht gehabt hat, verdirbt mehr als man glaubt. Das reizt die andern zur Gegenwehr.

Sein Vortrag ist, «wegen Änderung der Reiseroute» abgesagt.

//

[17. 4. 1935]

Q-Tagebuch
für die stets die Qr geschnitten haben wollende
Nuna

—

Unsere sel. Grete hat immer sehr nett und lustig von einem Mann erzählt, dessen Buch «Die grüne Front» Du gern gelesen hast. Das Buch ist, glaube ich, unter dem Pseudonym Jan Bargenhusen erschienen, was mir eine vage Erinnerung an den deutschen Bauernkrieg zu sein scheint. Er war noch 33 beim *Berliner Tageblatt*, was mich baß, nein, nur bariton, verwunderte.

Gestern komme ich an einen Zeitungsstand, da liegt das *Berliner Tageblatt*, denn die Schweden müssen doch genau wissen, was ihre industriellen Auftraggeber treiben. «Der General. Zu General Ludendorffs 70. Geburtstag. Von . . .» Allemal. Von Dr. Edwin Topf.

Der Mann war jahrelanger Mitarbeiter bei uns. Früher nannte er sich, glaube ich, Erwin. Es wird ja wohl nicht 2 solcher Töpfe geben.

Jedenfalls paßt unsere sel. Grete gut auf diesen Topf.

//

April-Nummer vom *Esprit*. Alte Juden lesen Zeitschriften gern von hinten, das muß wohl atavistisch sein. Das habe ich hier auch getan, hätte es aber lieber nicht tun sollen. Mir ist richtig übel geworden, aber ganz real. Mir war zumute wie einem, der in einem rattenüberfluteten Land eine Zufluchtsstätte hat. Und als er nach Hause kommt, liegt da sein Kind, angefressen von vielen Ratten.

«La course à la guerre» von Maurice de Gandaillac, mit einem Nachwort des Herausgebers.

Ja, die Deutschen sind gefährlich. Ja, die deutschen Generäle und die deutsche Industrie bereiten den Krieg vor. Ja, gewiß. Aber:

Man muß doch auch Vertrauen haben. Und die marchands de canons versetzen die Franzosen systematisch in Furcht. Und dann kommen, wortwörtlich, alle nacheinander, alle Argumente der deutschen Propaganda, aber alle, alle. (Im selben Heft vorn eine hervorragende Studie über das Wesen der Reklame. Die Herren hätten nur nachzuschlagen brauchen.) Das letzte Manifest Hitlers sei, an denen Mussolinis gemessen, geradezu pazifistisch, kein Wort der Drohung, il se place résolument sur le plan du droit pur.

Und da es auf der Welt, seit Buddha, nur eine Kunstform und nur eine Form der Überzeugung gibt: nämlich die der Wiederholung, was in den Reden Buddhas zu studieren ist, über Loyola bis Ford immer nur die Wiederholung, so hat sich das Gehirn selbst dieser Leute in sanfte Lähmung versetzen lassen, und wäre ich Franzose: dies ist nun wirklich ein Verrat französischer Interessen.

Und welche schwache, eierlose, weiche Würdelosigkeit!

«Ne l'oublions pas, en tant qu'individus, peu d'Allemands nous détestent, même sans mot d'ordre ils nous reçoivent beaucoup mieux, dans les villes et dans les campagnes, que nous n'accueillons nous mêmes chez nous leurs compatriotes souvent encore traités de Boches. (Weine nicht, Nunchen, es geschieht so viel Unrecht auf der Welt.) Mais, prise dans son ensemble et considérée comme nation, la France leur apparaît non sans raison comme l'ennemie traditionelle de leur unité et de leur honneur.» Und so fort. Ich mag es gar nicht ausschreiben.

Es hat keinen Sinn, wenn ich es für Dich widerlege. Du weißt ja, ein wie tiefer Mangel an Psychologie hier zu fühlen ist; wie falsch das alles ist; daß das einer geschrieben hat, der nie mit Deutschen gelebt hat, der nicht weiß, wie das bei ihnen nebeneinander liegt, wie sie wirklich dieselben Leute, die sie gestern nett empfangen haben, morgen auf die Bajonette spießen. Es hat keinen Sinn, daß ich ihnen schreibe – meine Position ist unmöglich, von vornherein unmöglich. Es hat keinen Sinn, daß ich Dich bitte, einen solchen Brief zu zeichnen – sie werden alles, aber auch alles andere ersinnen, warum Du das wohl schriebest, nur nicht das eine, nur nicht die Wahrheit. Es ist aussichtslos.

Eine vier Seiten lange Apologie des armen, verfolgten Deutschlands in demselben Heft, in dem der *Temps* auf das Schärfste angeprangert wird; in dem Chiappe einen auf die Nase bekommt; in dem die Zeit, wie sie ist, auf das Beste erkannt und geschildert wird – wen Gott verderben will, dem nimmt er den Verstand.

Man müßte wurmlange Broschüren schreiben, um ihnen zu zeigen, wie das alles falsch ist: wie die Deutschen ihre «Ehre» im Maul führen, aber nicht da, wo sie ein Lateiner zu sitzen hat; wie dieser Koloß, der sich im Osten mit Blut vollsaugen wird, sich eines Tages auf die andere Seite wälzen wird, und dann wehe Frankreich! Wie Nachgiebigkeit Hysterikern gegenüber eine Todsünde ist, und wie es der Wärter auszubaden hat; wie alles: Ehre, Versailles, Schmachfriede und Gleichberechtigung wie eine Seifenblase zerplatzt wäre, wenn seit 1919 auch nur einmal einer die Konsequenz und den Mut aufgebracht hätte, den wir fünfzehn Jahre lang reklamiert haben. Umsonst.

Heute, 1935, stehen im *Temps unsere* alten Artikel beinah wörtlich. Aber stets, wie noch gestern, mit einem Achselzucken – ja, wenn die deutsche Sozialdemokratie Charakter gehabt hätte – – Der *Temps* ist als erster qualifiziert, der deutschen Linken etwas zu erzählen, er, der sie nie, nie unterstützt hat, aus Furcht vor dem Bolschewismus, mit dem er heute Bündnisse eingeht. Heute sehen die französischen Rechten, aus welchen Motiven immer, wenigstens teilweise die Gefahr. Aber ... Aber? Aber nichts. Achselzucken. Man kann da halt nix machn. Rechts nichts als: stumpfsinnig rüsten, aber psychologisch ganz unwirksam. Seit 1933 ist aus Frankreich von offizieller Seite auch nicht ein einziger Satz für die Demokratie gesprochen worden, wie wenn sie sich dieser Demokratie schämten. Links nur ein Wahn: nachgeben helfen. Dann werden sie doch ... wenn man ihnen noch dieses gibt, dann ...

Weiß Gott, daß Örebro das einzige für uns ist. Ich schliefe gut, wenn Frankreich zerstampft würde – früher hätte ich das nie für möglich gehalten. Ich schliefe gut. Wer nicht leben kann, wer nicht um sich beißt, der soll untergehen. Das ist das Gesetz der Natur.

//

Danzig scheint mir zu zeigen, daß sie in der Saar doch gemogelt haben. Das schien hier nicht so zu gehen, und in der Stadt Danzig, nicht in den Landbezirken, sind die Nazis eklatant hereingefallen, und zwar trotz eines Terrors, der grotesk gewesen sein muß. Übrigens hat Danzig einen Kommissar des Völkerbunds. Der hat sich das alles mitangesehn.

Die Schuld am nächsten Krieg ist in so unendlich kleine Partikel zerspellt, daß man mit einem Paradox sagen kann: Auch Hasi trägt seine Schuld. Ja, Du lachst. Aber wer hat sie denn? Wir alle. Nicht einer. Nicht der Chlorodont-Lächler Eden. Nicht dieser unsägliche Simon, von dem ich nicht gewußt habe, daß er schon 1914 versucht hat, als Justizminister England zu bewegen, Frankreich im Stich zu lassen. Damals ist es ihm nicht gelungen. Heute?

Ich verstehe, daß ein englischer Staatsmann sagt: Meine Hauptaufgabe ist, für die englischen Frauen und Männer einen Krieg zu verhindern. Bon. Aber dann misch Dich nicht in die Affairen der andern, sondern bleib zu Hause. Und deute keine Bündnisabsichten an, wenn Du keine hast. Sie bestärken Deutschland in seinen Kriegsabsichten.

Und keiner, keiner rührt sich.

//

Zu den Indianerbüchern meiner Jugend gehörten die Memoiren von Weressajew, aus dem russisch-japanischen Krieg. Was mir heute auffällt, ist die Gleichförmigkeit des Tons: Tolstoi, Dwinger, Babel, Weressajew (ein Kollege von Dir), es ist immer dasselbe. Natürlich ist es immer dasselbe: nämlich Rußland. Im Blättchen ist zwar in drei Zeilen Antworten entschieden worden, Rußland werde den Krieg auch dann nicht verlieren, wenn Japan, Polen und Deutschland ihn zugleich führen – aber ich fürchte, Bellona ist nicht abonniert. Es wird ihn verlieren.

Übrigens genügt es für den Anfang, daß die Ostsee-Randstaaten zerstört werden.

//

Der wahre Preis und Wert des Mannes

La nationalité française par le mariage. – Nous avons signalé, hier, que le service des renseignements généraux de la préfecture de police avait ouvert une enquête au sujet de mariages blancs contractés par de jeunes étrangères désireuses d'acquérir la nationalité française. C'est une officine installée dans le quartier Richelieu-Drouot qui se chargeait des démarches.

Au nombre des jeunes filles ayant contracté de tels mariages figure une sténo-dactylographe allemande,

Mlle Alice Waller, qui versa 6,500 francs et fut mise en présence de son futur conjoint, M. Toussaint Benoît, âgé de 68 ans, hospitalisé à Bicêtre.
Avant de se rendre à la mairie, M. Benoît exigea la remise d'un calçon chaud, d'une pièce de dix francs et stipula qu'il recevrait un camembert après la cérémonie. Mlle Waller satisfit à toutes ces demandes et offrit mème à son époux un déjeuner. En outre, depuis qu'elle porte son nom, l'ex-Mlle Waller ne manque pas de se rappeler au souvenir de M. Benoît par des envois hebdomadaires de friandises.

Werde seinerzeit auch meine Bedingungen zu stellen wissen.

//

Wenn mich nicht alles täuscht, ist die schwedische Presse weitaus übler als Eure. Da haben sie also vor Jahren die Leute, die an der Rauferei um den Zuhälter Wessel beteiligt waren, wegen Totschlags zu hohen Zuchthausstrafen verurteilt. Man hat das Verfahren wieder aufgenommen, es in schwerer Durchbrechung des alten Satzes «Ne bis in idem» noch einmal von vorn angefangen und sie nun wegen Mordes hingerichtet. Das berichtet eine liberale Zeitung hier unter der Überschrift:

Horst Wessel gerächt.

Hier hast Du alles in einem: die Dämlichkeit, die auf die fremde Propaganda hereinfällt, wie wenn jeder Schwede zu wissen hätte, wer dieser Lude war; der Triumph; die Verschweigung, daß hier ein schweres Justizverbrechen vorliegt; und die Verschweigung der Qualität Wessels. Es ist nicht mal Bosheit – es ist die blanke Dummheit, Wehrlosigkeit der Stadtgehirne, die auf jeden Reiz reagieren müssen, es ist Leere, Niedrigkeit, Mangel an Würde. Koofmichs.

Wer hat recht?

Wer recht behält.

//

Und genauso mit der Hochzeit Görings, eines Brandstifters. Hofmannsthal, der sich mit Richard Strauss sehr gut auf Reklame verstand, hat mal gesagt: «Wenn sie nur schreiben!» Und das steht bei Wilde auch: «Es gibt nur etwas, das schlimmer ist, als daß Leute schlecht über uns sprechen: daß sie überhaupt nicht über uns sprechen.» Aber sie photographieren. Sie müssen.

//

Macht unsre Bücher billiger! …

[20. 4. 1935]

Q-Tagebuch
für Nuuna Qnigunde (in Weiß)

= =

George Grosz scheint, nach dem *New Yorker* zu urteilen, drüben Erfolg zu haben. Mich freut das mächtig. Das ist wenigstens einer, der nicht weiter dieselbe Suppe serviert, sondern der einsieht, daß man etwas Positives machen muß. Er ist aber auch ein großer Könner, und seine Kunst ist international.

//

«Ces pauvres innocents d'émigrés, à qui la Providence a heureusement laissé l'aveuglement en compensation de leurs misères, s'étaient imaginé que X travaillait pour eux. – Ils sont de même persuadés que ce règne de X et de son système politique passera dans vingt-quatre heures . . . Moi, je vois un pouvoir immense aux mains d'un homme qui saura s'en servir et qui a pour lui le public et l'armée.»

Das ist im Jahre 1800 geschrieben, einige Monate, nachdem Bonaparte Konsul war. Und Barbey d'Aurevilly, der das zitiert, fügt hinzu:

«Quoi qu'il puisse nous en coûter et de le reconnaître, cette monotonie dans l'erreur et dans l'illusion est le signe caractéristique de la mort des partis, qui, comme tous les êtres vivants, sont tenus de se renouveler, pour continuer de vivre. Il n'y a que les morts, et les morts devenus momies, qui gardent ainsi leur figure quand le temps a changé la sienne.»

//

Ja, richtig, also wer ist dagegen, daß man die deutsche Aufrüstung auch nur theoretisch tadelt?

Die Dänen.

Bei denen geht es in Schleswig hoch her; die Deutschen kaufen die Grundstücke im dänischen Lande auf, um nachher eine deutsche Majorität behaupten zu können; ein Nazist hat dänischen Unteroffizieren und Offizieren der Reserve einen Eid auf Hitler abgenommen; die Schulen werden unter Propaganda gesetzt.

In Dänemark regiert eine sozialistische Regierung.

//

Hier ist ein mächtiger Stank in Malmö entstanden: in einem Heim für schwer erziehbare Kinder sollen jahrelang Mißhandlungen vorgekommen sein. Das kann überall vorkommen.

Als Gripsholm erschien, schrieb eine kleine schwedische Provinz-Zeitung, es sei für die schwedischen Belange abträglich, wenn solche Mißhandlungsgeschichten gedruckt würden. (Dabei steht in dem Buch, die Frau sei eine Deutsche.) Wer hat das geschrieben? Der schwedische Lektor der Universität Berlin. Das ist natürlich sein Recht, auch, wenn es dumm und falsch ist. Aber:

Der Mann ist was? Jude. Und hat was getan? Sich in Deutschland naturalisieren lassen. Jetzt sitzt er in Schweden.

Ein Kärtchen:

Herzlich willkommen in . . .

wäre nicht übel. An Behrens auch. Aber so viele Kärtchen gibt es gar nicht.

//

In Paris gibt es einen Chansonnier Goupil, ein Mann zweiten Ranges; in Erinnerung sind mir nur noch zwei kleine, flinke, infam glitzernde Rabenäuglein. Der hat, wie der *Temps* zitiert, eine Geschichte erzählt, die höre ich mit den scharfen, überkandierten Blechstimmen der Französinnen:

– Mais bonjour, ma très bonne, d'où venez-vous?

– De l'Institut de Beauté.

– Il est donc fermé?

//

Die Franzosen machen kein Schwippstégue. Schade. Du hättest es sicher gewonnen, weil Pferdeverstand.

//

Irgendwo hatte ich einen Buchtitel aufgepickt, und ich habe mir das Buch bestellt, eine deutsche Publikation über den Bauernkrieg. Das war bisher die Domäne der Sozialisten; es gibt ein gutes Buch von Ernst Bloch über Thomas Münzer.

Ich bekam das Buch, erschienen 1933. Von einem Privatdozenten. Der Mann, offenbar kein Nazi, hat das in aller Eile, nach achtjähriger Arbeit, noch einmal mit allen Buntstiften bearbeitet; es ist ein Jammer zu sehen, wie er vor Angst schwitzt. Es hört mit einem Panegyrikus auf die deutsche Revolution auf, in der der deutsche Bauer sein deutsches Ziel erreicht habe. Das hat er ja wohl. Und dann eine bezaubernde Stelle; vielleicht ist das überall so, aber es ist doch sehr deutsch: «Bezeichnend ist auch, daß zwar einzelne Juden verfolgt und ausgeraubt wurden, daß aber die Judenfrage in diesem Aufstand keine Hauptrolle spielte.» Und das begründet er ganz naiv damit, daß es gegen die Kapitalisten und die Wucherer ginge.

Nun ist der Satz «Es gibt überall schlechte Menschen» eine Wassersuppe, mit der man nichts anfangen kann. Der Jude ist von Natur Händler; die Umstände, unter denen er das Leben akzeptierte, haben diese Anlagen verstärkt. Es gab sicherlich auch böse Wucherer unter ihnen; schlimmer: Anreißer, so, wie heute die Agenten der Abzahlungsgeschäfte. Aber:

Die deutsche Bauernschaft war – siehe «Grüne Front» – nie sehr tüchtig; sie sind heute mit ihren Produktionsmethoden hinter Kanada um 100 Jahre zurück. Sie waren zur Inflationszeit fast alle schuldenfrei und sind heute schon wieder bis an den Hals verschuldet. Sie hatten vor 400 Jahren den Adel auf dem Buckel, hatten aber alle so viel Geld, daß die entsetzlichen Strafen nach der Niederschlagung des Aufstandes sie nicht sehr niedergedrückt haben. Wer hat die Schulden gemacht? Die Juden? Nein. Was muß man tun, wenn man seinen Verpflichtungen nicht nachkommen kann? Die Gläubiger schädigen. Das ist ihr Volkscharakter.

Und mit derselben Kälte, mit derselben Schärfe, mit derselben Rücksichtslosigkeit sollte man sie behandeln. Sie empfänden das als natürlich.

Was geschieht statt dessen?

//

Du wirst, in Anlehnung an das vorige, nicht verlangen, daß ich das Blättchen kommentiere. Es ist arm. Pol findet kein Wort gegen die Juden, die da noch ausharren, und die sich das gefallen lassen. Das empfindet er als natürlich. Il en est.

Es reicht bei diesen Kerlen gerade so weit, daß zum Beispiel Kuh – o du mein Wien! – von Elisabeth Bergner sagt «die kleine Jüdin». Die Frau hat sich mit immensem Fleiß zu einer englischen Schauspielerin gemacht; was dazu gehört, weiß jeder, der das Theater kennt. Das ist eine große Leistung. Die ist nicht klein. Ich habe gegen sie viele Einwände; ich halte sie heute für überschätzt, ihr Gemiau ist in die Hände der Vergnügungsindustrie gefallen, und mit Kunst hat das wenig zu tun. Aber «kleine Jüdin»?

Ghetto. Das Schicksal dieser Juden ist ihr ihnen zukommendes Schicksal.

//

Die Butter kostet hier etwa 2.25. Nach dem Ausland wird sie für 90 Öre verkauft. Nach Deutschland wird viel verkauft, die schwedischen Exporteure zahlen die Fracht. Schweden hat eine sozialistische Regierung.

Denn eine Handelsbilanz, das verstehst Du nicht, muß aktiv sein.

Lévy-Bruhl brauchte, um die Mentalität der Primitiven zu studieren, nicht so weit zu reisen. Der Neger, der um Regen trommelt, und der Bankdirektor, der dieses veranstaltet – wer ist der Klügere –?

//

Vor 35 Jahren hat Rémy de Gourmont von der katholischen Kirche gesagt:

«C'est un protestantisme hiérarchisé.»

Da hat aber mein Herz gelacht.

//

Daß die Front nur 3 % bei Euch hat, ist ja sehr herrlich. Aber da liegt die Gefahr fürs erste nicht. Ihr werdet Euch auf keinen Diktator einigen, da kann der Herr Tobler schreien, soviel er will. Jedennoch:

Jede Vermehrung der Zentralgewalt; jede noch so leise lex Häberlin; jede Verstärkung der bundesrätlichen Gewalt ist, wie die Dinge liegen, eine große Gefahr. Der Kantönligeist hat heute sein Gutes – so dumm und dumpf auch seine Träger sein mögen. Denn der Bundesrat, Motta an der Spitze, wird versuchen, der Bevölkerung Angst einzujagen: Angst vor den Russen gestern und vor den Nazis morgen, und die Annexionsfurcht ist nur das Zeichen seiner Instinktlosigkeit. Dergleichen mag an deutschen Stammtischen ausgesprochen werden, wo man vergessen hat, daß ein uraltes deutsches Sprichwort sagte: «Deutschland wird Schweiz werden.» Das Umgekehrte? Im Generalstab denkt daran kein Mensch – es wäre aktuell gewesen, wenn Italien ein deutscher Bundesgenosse gewesen wäre. Die Annexion kann aber von innen kommen, und das ist dann natürlich der Zerfall und das Ende.

Davor hat der Bundesrat berechtigte Angst; bittet er das Volk, ihm mehr Gewalt zu übertragen, so kann man nur hoffen, daß ihm keiner darauf hineinfällt. Das führt unausweichlich zur finstersten Reaktion. Ein Gesetz wird niemals in dem Sinne angewandt, wie sich das die Gesetzgeber gedacht haben; die frommen Sprüche, die man ihm mit auf den Weg gibt, halten sich nicht – es zählt allein der Wortlaut. Eine der gefährlichsten Waffen gegen die deutsche Republik ist das sog. Republikschutzgesetz gewesen, ich höre noch Harden dagegen wettern, und ich habe das damals nicht gleich verstanden. Das war «gegen rechts» beabsichtigt, mit einem besonderen Gerichtshof, und was machte der nach einigen Jahren? Er wandte es gegen links an, natürlich.

Etatismus, Zentralismus, Bundesratsreligion – es gibt nichts Gefährlicheres für Euch. Sie werden eine eidgenössische politische Polizei haben wollen, um sie gegen die Nazis anzuwenden, wie sie sagen. Das legt sich. Die Polizei aber bleibt, und ihre besondern Befugnisse auch. Dergleichen ist der Anfang vom Ende.

Die einzige Hoffnung ist nicht etwa die Einsicht des Bundesrats, der denkt zentralistisch, soweit er überhaupt denkt. Die Hoffnung ist die Dreiteilung der Schweiz.

//

Die Franzosen machen doch (oder nüt ... doch!) ein Sveabstegh, und zwar deren zwei! Du wirst sie alle beide gewinnen, weil Verstand wie 2 Pferde, welche dumm. Le Grand Prix de Paris et le Prix de l'Arc du Triomphe oder so etwas. Übrigens bin ich niemals dahin arriviert, zu verstehen, was dieses Swibbsteck eigentlich ist. Weißt Du es –?

//

(Möglich, daß ich das schon geschrieben habe – alte Leute wiederholen sich so oft):

Neulich habe ich mir eine Nummer der *Humanité* gekauft. Ja, also wenns so ist, dann wundert einen das ja nicht, daß sie keinen Erfolg haben.

Stelle Dir ein Blatt vor, das aus lauter ganz kurzen, gebellten, heiser hervorgestoßenen kleinen Meldungen und Aufrufen besteht. Frankreich; les gars du bâtiment; China; ein bißchen Deutschland; China; irgendeine «Affaire»; die Faschisten in Frankreich; China und China. Und zum Schluß jedes dieser kleinen, ganz unzureichenden, völlig desorientierenden Telegrammchen ein Gebell: Das internationale Proletariat wird für ... (nach Belieben auszufüllen) einzutreten wissen! Verhindert, daß ... gerichtet wird! Protestiert gegen ... für ... und so etwa dreißig Mal in einer Nummer.

Nun bin ich in Sachen Wirkung von Zeitungen kein guter Richter. Ich habe den *Völkischen Beobachter*, solange ich ihn gelesen habe, immer für ein sehr, sehr langweiliges Blatt gehalten, schlecht gemacht, zum Einschläfern. Ob die Begeisterung für die schlechte Sache stärker war oder was sonst: die Leute lasen ihn doch. Vielleicht ist das also da links die richtige Taktik. Aber das kann doch nicht sein: denn wo ist der Erfolg?

Ich halte diese Taktik, den Arbeitern das Vorhandensein einer sog. Internationale einzureden, dann für ein Verbrechen, wenn sich diese kühne Annahme nicht in allerkürzester Zeit realisieren läßt. Dann ist die bergstürmende Suggestion «On les aura!» gut; alle Siege werden so gewonnen. Aber «Begeisterung ist keine Heringsware, die man einpökelt für viele Jahre» (ausnahmsweise wirklich Joethe). Und nun geht das Tag aus Tag ein: China, Protest! Krach, China, die Faschisten . . . Es ist ganz falsch.

Daher kommen dann solche Protestaktionen wie die damals vor dem deutschen Konsulat, wo das schweizerische Weltproletariat (welches man stets zürichdeutsch aussprechen sollte) antrat, 80 Mann hoch. Und am nächsten Tag dann eine verlogene Berichterstattung: «Eine unabsehbare Menschenmenge . . .»

Politik ist keine Tanzstunde. Lügt, bon. Übertreibt. Bon. Aber das muß doch mit Erfolg gemacht werden; Fords Reklame ist gut gewesen (für ihn), dieselbe Reklame, angewandt von einem kleinen Lädchen hier an der Ecke, wäre sinnlos.

Dazu kommt noch ein andres. Man kann – in wichtigen Fällen und wo man wirklich etwas erreicht – einen Fall in fremden Ländern benutzen, um aus ihm Funken zu schlagen. Das kann spontan geschehen (Sacco und Vanzetti), man kann das auch organisieren, dagegen ist gar nichts zu sagen. Aber jeden Tag und jeden Tag und immer wieder China – was soll damit ein belgischer Arbeiter anfangen! Kirchturmpolitik ist beinah ein Pleonasmus, es ist gar keine Schande, sich erst mal um seine Sachen zu Hause zu kümmern. Dabei soll und wird man den Arbeitern immer wieder zeigen müssen, wie alles ineinander hängt, natürlich. Und die großen

Fälle soll man benutzen. Aber das hoffnungslose, wirkungslose, sinnlose Gebell, für irgend etwas alle Tage zu protestieren, etwas, was man nie gesehen hat, das ist Wahnwitz. Es wird auch gar nicht protestiert. Und daher kommt dann das Schlimmste: die Niederlage. Jeder Angriff, der den Gegner nicht umwirft, stärkt ihn – das müßte man in diese Kerle hämmern. Aber das ist wohl ein kleinbürgerlicher Satz ...

Die Arbeiterbewegung wird sehr oft von Menschen gemacht, die ihre acht Stunden heruntergearbeitet haben und wie! Müdegearbeitete Männer kleben in ihrer Freizeit noch Zettel, verteilen Broschüren und halten Zahlabende ab. Solchen guten Willen darf man nicht mißbrauchen. Der chinesische Bürgerkrieg mit seinen entsetzlichen Kommunistenverfolgungen ist eine wichtige Sache – ein paar gute belehrende Vorträge können nicht schaden. Aber solange die Kommunisten nicht die Macht haben, auch nur einen Stadtrat wegzubekommen, der ihnen nicht paßt, wäre es besser, sie erstickten zwar nicht im Kantönli, aber sie hielten sich an das, was für ihre Leute Realität hat.

Nieder mit ...! Hoch ...! Protestiert für ... gegen ...

Es ist ein Jammer. So viel guter Wille bei den Angeführten, wie es im Deutschen heißt. So gar keine Einsicht bei den kleinen Anführern. Und so viel bewußte Schlauheit aus Moskau her.

Le résultat ne tardera pas à venir, comme dit l'autre.

//

Der Schwager des einen Frökens ist ein in Schweden geborner, jüdischer Ingenieur, der die Telegraphendrähte des Königreichs in Ordnung hält. (Bätsch, wir haben einen König, ihr habt keinen.) Der Mann war einmal vor Jahren bei mir; er hat einen kleinen Augenfehler, was ihm einen ungeheuer verschmitzten Ausdruck gibt, er ist es aber gar nicht. Ein braver, pensionsberechtigter, wohlhabender Kaffer. Derselbe hat neulich gesagt: «Ich weiß gar nicht, was Du für komische Ideen über die Judenverfolgungen in Deutschland hast. Sieh mal, uns Juden können sie doch tun, was sie wollen – wir haben eben doch etwas Aristokratisches.»

//

[24. 4. 1935]

Q-Tagebuch
für Nuuna aus Qstarica

—

Entschuldige bitte: ich habe Dir etwas Falsches geschrieben: die nächste Ziehung ist erst im Juni. Du kannst also das Verzeichnis mitbringen. Wenn der Scheck kommt, wird das bestellt.

//

Das andere Fröken bekommt das Blättchen nicht mehr. Bitte sei doch so freundlich, für den Fall, daß sie es Arnold noch weiter schicken, ihm das, was wichtig und interessant ist, herauszureißen und zu schicken. Ganze Nummern wohl nur, wenn es lohnt. Wer möchte statt des Weines Cakes? Ich keineswegs.

//

Für Hasi

Kinder, ihr müßt euch mehr zutrauen!
Ihr laßt euch von Erwachsenen belügen
Und schlagen. – Denkt mal: fünf Kinder genügen,
Um eine Großmama zu verhauen.

Ringelnatz

//

Juste réparation. – Récemment revenait dans son pays d'origine, à Genlis, petit bourg des environs de Dijon, un nommé Joseph Wendling, qui, émigré en 1910, aux Etats-Unis, y fut victime d'une grave erreur judiciaire. Accusé du meurtre d'une fillette de Louisville, localité où il travaillait, il fut jugé en quelques jours et condamné à la détention perpétuelle. Mais le 23 janvier dernier, le véritable meurtrier ayant avoué son forfait sur son lit de mort, Joseph Wendling était remis en liberté, après avoir passé plus de vingt-trois ans dans la prison d'Eddyville.

Ne pouvant plus trouver de travail et n'ayant aucune ressource, Joseph Wendling résolut de regagner la France et son petit pays natal.

La famille de la victime, qui possède une importante brasserie à Louisville, aurait offert, par l'intermédiaire du consul de France à Chicago, une indemnité de 250000 francs à M. Wendling, mais celui-ci ne veut pas s'en tenir là. Il a manifesté son intention de demander aux tribunaux américains sa réhabilitation et de réclamer une indemnité à l'Etat de Kentucky. C'est Me Gaston Gérard, du barreau de Dijon, qui défendra ses intérêts.

Nun, das ist nichts Neues – dergleichen hat es immer gegeben und überall. Daran sind aber nicht nur die amerikanischen Geschworenen schuld, sondern auch die Richter, die Staatsanwälte und jener Apparat, der den einfachen Leuten so imponiert. Während er doch nur durch Kooptation entsteht – kein Staatsanwalt macht Karriere, wenn er nicht dem Beamtenkorps gefällt, wenn er «auffällt».

Es gibt, soweit mir bekannt ist, ein einziges Buch über Justizirrtümer, das juristischen Wert hat. Auf den Universitäten wird fast niemals davon gesprochen.

Die Spezialisten von heute werden zum Hochmut erzogen, niemals zur Bescheidenheit. (Höchstens zur Bescheidenheit vor ihren Obersten.) Statt daß sie den jungen Juristen nicht nur abstrakt etwas über die Psychologie der Zeugenaussage erzählen, sollten sie ihnen lieber von einer höhern Warte aus einprägen: Was ist der Mensch – auch der mit einem Talar! Die Gottsähnlichkeit dieser Kerle ist so widerwärtig – und über die Psychologie der Richter, der Richtenden, gibt es kein Werk, das auf Universitäten besprochen wird. Sie wollen es gar nicht.

So, wie Nager seine Schüler vielleicht zur Sorgfalt erzieht, aber nicht zur Demut vor der Natur, was er mit Demut vor dem Patienten verwechselte, die ja unsinnig wäre. Die Natur? Die Natur verleiht keinen Professortitel und interessiert nicht.

Gegen die Kirche wird so viel gewettert. Es ist gegen sie nur zu sagen, daß es keine gibt. Wie nötig wäre sie, um diesem Hochmut ein Gegengewicht zu bieten.

//

Henry Barbusse hat in Genf einen Vortrag halten wollen und ist an der Grenze zurückgewiesen worden. Das hat nun der Bundesrat gemacht, nicht Nicole, natürlich.

In einem alten Roman Max Brods kommt eine Schauspielerin vor, die vor Temperament zuckt; wenn sie mit ihrem Geliebten spazierengeht, reißt sie oft fremde Türen auf, schreit hinein: «Protest!» und knallt die Tür wieder zu. So darf man diese Sache nun nicht betrachten.

Es wäre zunächst gut, zu wissen, ob er denn auf schweizer Gebiet Strafbares begangen hat; hat er das, dann ist die Zurückweisung berechtigt. Denn:

1.) Die bestehenden Gesetze in den meisten Staaten reichen aus, um umstürzlerische Vorbereitungen, wenn auch nicht im Keime, so doch im ersten Stadium zu ersticken; wenn die Zentralbehörden das anders sagen, so lügen sie, um ihre Macht zu verstärken. Fordert Barbusse in einer öffentlichen Versammlung auf, den Bundesrat zu stürzen, und zwar auf illegalem Wege, so tut er etwas, was auch dem Roby verboten ist, mit Recht verboten ist, und der Fremde wird dafür so bestraft wie der Schweizer.

2.) Sagt er nichts Strafbares, dann können die in Bern sagen: Wir haben an unsern Leuten Schwierigkeiten genug – wir wollen nicht noch Fremde dazu haben, und wir lassen uns nicht von einem Franzosen erzählen, daß die Schweiz ein Sowjetstaat werden muß. Hm. Diese geistige Autarkie ist nicht sehr heiter, aber verständlich.

Keinesfalls, keinesfalls aber sollen diese Büroesel sagen: «Sie verlangen doch, daß so auch gegen die Nazis verfahren wird – also . . .» Es gibt keine objektive Politik, das ist Blödsinn. Zu erwägen ist: bringt der Fremde Vernünftiges, ferner: ist er überhaupt gefährlich? Ich halte diese Reden Barbussens für nicht gefährlich, wobei ich nicht zulasse, daß er sich etwa auf den Standpunkt «Ich bin ein Künstler» zurückzieht – er ist ein militanter Politiker und muß sich als solcher behandeln lassen. Aber die Zurückweisung schmeckt nicht. Man fühlt, was dahintersteht. Es steht auch etwas dahinter.

Jede Zentralbehörde wird Selbstzweck. Die unsagbare Staubigkeit, die geistige Dürftigkeit dieser Institutionen, die nicht nur in den Reden dieser traurigen Beamten hörbar wird, läßt an den wundervollen Ausdruck denken, der mal einem Pensionsträger in Deutschland entrutscht ist: «die nicht beamtete Bevölkerung.» Und sie wittern noch im gemeinsten Nazi den Bundesgenossen für das Autoritäre, für das Lebensfeindliche, für den religiösen Begriff: die Behörde, mit drei großen B. Daß die russischen Kommunisten genauso autoritär sind, weiß Herr Motta nicht; so weit langts nicht. Aber er spürt, und das mit Recht, daß die nicht-russischen Kommunisten eben das Personalistische, das Echt-Revolutionäre, das Anti-Staatliche in sich tragen, vielleicht, ohne es zu wissen, vielleicht gegen den Willen Rußlands, das diese Leute stets verraten hat und verrät.

Und noch in so einem Fall wie Barbussen seiner spürt man: das Tote gegen das Lebendige.

Coda:

Du hast mal neulich geschrieben, daß Dir mein Geschwätz nicht zu viel wäre. Ich schreibe dieses hier hauptsächlich, um sozusagen jeistig bei Dir zu kuscheln. Und ich bitte Dich inständigst und herzlich, zu glauben, daß ich nicht hier sitze und schäume – und schon gar nicht immer und ewig gegen die Schweiz. An Miesigkeit nehmen es die hier oben mit der alle Tage auf. Und sind denn die andern besser? Ich würde nie, niemals auch nur eine Zeile hiervon veröffentlichen, auch dann nicht, wenn ich in der Schweiz naturalisiert wäre. Diese Glossen haben öffentlich keinen Sinn mehr. Man muß ganz etwas andres tun:

Man muß, wenn man diesen Kampf kämpfen will, positiv eine Doktrin aufbauen, in der der Staat seiner religiösen Gewänder beraubt wird, in der er nicht auf die «Nachtwächterrolle» zurückgeführt wird, wie die Kommunisten sagen, sondern in der er seine ihm angemessene Rolle zugewiesen bekommt, die nicht metaphysisch sein darf. Das ist ganz gegen die Zeit und 50 Jahre zu früh.

Was herauskommt, wenn man großmächtige Orrnisationen aufbaut, haben wir hundertmal gesehn. Große Männer bedingen Hammelherden. Ich bin aber kein Hammel. Daher und nur daher kommt Dein und auch mein Widerstand. Uns wäre am wohlsten in einem mittleren Gemeinwesen, wo der Berufspolitiker geistig möglichst ausgeschaltet ist. Es sind nicht die besten Bauern, die sich zum Bürgermeister wählen lassen – die haben nämlich keine Zeit dazu. «Man wähle von zwei Politikern das kleinere.» (Roda) Ceterum censeo: Hier ist ka Geschäum und kein Getobe und «Schkandal!» und solche Sachen. Nichts ist mir abscheulicher. «Nimm es mit der Ruhe, Petersen», heißt es in der schönsten Sprache der Welt, auf dänisch. So auch dieser hier.

//

Wenn ich nun zum Beispiel zu einem nationalistischen Franzosen öffentlich sagte: «Sie sind von der Schwerindustrie bezahlt!» – was in den meisten Fällen in dieser plumpen Form falsch ist, was wäre dann? Dann verklagte er mich, und ich fiele herein. In einer Versammlung «Sie Hammel!» zu brüllen – das soll man gewiß nicht bestrafen, wohin käme man da. Aber das da ist doch mehr, das ist doch eine schwere, ja eigentlich die schwerste Verleumdung, die es für einen Politiker geben kann: zu behaupten, er sei bestochen.

L'objecteur de conscience
n'avait pas été diffamé

René Gérin, cet objecteur de conscience dont nous avons eu l'occasion de parler, et qui purge actuellement à Paris une peine d'emprisonnement, avait fait, à Yvetot, en février dernier, une conférence sous le titre: «les Bobards de la paix.»

Au cours de cette conférence, donnée sous les auspices de la Ligue des combattants de la paix, René Gérin fut pris violemment à partie par certains auditeurs. L'un d'eux, M. Poisson, d'Yvetot, lui aurait dit: «Vous êtes payé par les Boches», alors que M. Delavigne, agriculteur à Ecreteville-les-Baons, lui criait: «Vous êtes payé par Hitler!».

Relevant ces propos, René Gérin, se jugeant diffamé, poursuivit leurs auteurs devant le tribunal correctionnel d'Yvetot. MM. Poisson et Delavigne viennent d'être acquittés.

Attendu, dit notamment le jugement, que la conférence, sous l'égide des combattants de la paix, avait été précédée d'une distribution de tracts et de prospectus dont le libellé, par sa violence et son excitation à la guerre civile, devait susciter de la part de certains des assistants des réactions et des protestations non moins violentes, visant la propagande faite par ladite ligue dans des termes qui présentent incontestablement le caractère de la provocation directe et immédiate, ce qui constitue l'excuse légale édictée par l'article 33 de la loi du 29 juillet 1888.

//

Die Kunst in totalitären Staaten

Une vérité éclate ici, qu'il faut reconnaître. C'est que l'art est la seule chose inaccessible au mensonge. Fils du cœur, de l'inspiration naive, il ne comporte pas l'alliage du faux, il ne se laisse pas violer, il crie, et si le faux triomphe, il meurt. Tout le reste s'imite et se joue. Ils ont bien pu faire une théologie au seizième siècle, une morale au dix-septième. Mais un art, jamais! On peut simuler le saint et le juste; comment simuler le beau? . . . Tu es laid, pauvre Tartuffe, laid tu resteras, c'est ton signe. Toi, atteindre jamais le beau, y toucher jamais! Mais ce serait impie par delà toute impiété . . . Le beau, c'est la face de Dieu.

Michelet
«Le prêtre»

//

Mich haben sie falsch geboren.

Meine Bildung in deutscher Literatur ist schon sehr soso, aber in der französischen ist es gar erschröcklich, und ich lese erst jetzt Bücher, die jeder wirklich kultivierte Franzose im Bauch hat. Und muß sagen:

Die Deutschen tun sich so viel auf ihre Tüfe zugute. Nun, gerade da, wo sie nur noch stammeln, wo sie vor lauter Ergriffenheit nicht mehr sprechen können, ja, manchmal vor echter Scham nicht – dahinter, viele, viele

Meilen dahinter steht der leuchtend klare, zu Ende formulierte Satz des Lateiners, der diesen Ort längst passiert hat, das alles schon lange weiß und es auch sagen kann, was er weiß. Da wird nicht gestammelt. Und zwar meine ich nicht jene unerträglichen sprühenden Epigonen des 18. Jahrhunderts, die im 19. und besonders im 20. so tun als ob ... sondern die echten, guten, großen Franzosen.

Das ist nie mehr einzuholen. Man muß dort in die Schule gegangen sein, das Regiment, die Universität – nie mehr einzuholen ist das. Welche Mühe habe ich auf eine Sprache und auf ein Volk verschwendet, das mir nichts mehr sagt. Ich schreibe auch nicht mehr das Deutsch, das man heute spricht und schreibt – ja, gut oder nicht: die lebendige Sprache hat immer recht, und man kann da nicht archaisieren.

Das, was die Franzosen heute machen, ist eine Sünde am Geist: sie tragen Brillen und germanisieren. Es gibt keinen noch so blöden, philosophischen, deutschen Schwindel, der dort nicht schwer begeisterte Adepten fände. Heidegger! Ein Philosoph, der nur aus Pflaumenmus besteht – das ist mal schön! Man versteht kein Wort – he, das ist nicht so, wie bei unsern albern klaren Schriftstellern! Dahinter muß doch etwas sein. Es ist eine Sünde.

O. N. und *Esprit* sind leider etwas monotesticular (das darfst Du nie sagen, Hedwig – das bedeutet etwas sehr Häßliches) – aber sie tun ein Gutes: sie führen die Franzosen auf gute Quellen zurück. Ob das gelingt –?

So falsch aber sind die Deutschen lange nicht gewesen wie heute, wo sie echt sein wollen.

//

Le Canard Enchaîné über einen Film «Golgatha»:

«Il n'y a que Jésus qui ne parle pas. Pourquoi? Jésus était un rhéteur cent pour cent, un bavard intarissable, un incorrigible vendeur de piano.»

Abgesehen von dem schauerlichen Caféausdruck «hundertprozentig» –: Dieses spiele ich nicht mit.

Voraufgeschickt sei, daß ich nicht zu jenen Juden gehöre, die stets ein Pogrom in der Luft hängen sehen, wenn jemand eine Gotteslästerung begeht. Ferner bin ich auch nicht gar so feinfühlig – die Katholiken sind es nämlich auch nicht, wenn unsere Interessen in Frage stehen (Pazifismus). Des weiteren habe ich die Figur Christi niemals richtig verstanden – ich fühle wohl, daß da etwas Großes ist, aber ich weiß nicht genau, was. Ich lese seine Predigten fast nie – in meinem Leben spielt die Gestalt keine große Rolle. Nun aber:

Man kann echte Gotteslästerungen begehn, was bekanntlich nur ein Gläubiger tun kann. Schwarze Messen – das ist eine Sache für Katholiken. Man kann die Religion ignorieren. Man kann alles mögliche. Aber diese billige, widerwärtige Weinreisenden-Ironie – das geht nicht. Es trifft nicht. Wenn das richtig wäre, dann war Buddha ein Bananenverkäufer. Das ist Ihnen ja kullessal witzig. Das ist so sehr Café de Commerce, das ist eine Gewagtheit ohne Risiko, das ist überhaupt nichts.

Der *O. N.* prangert immer wieder richtig an: die kleinen Leute der «gauche» und die kleinen Leute der Sakristei. Sie sind einander wert. So nicht. So nicht.

//

[25. 4. 1935]

Q-Tagebuch
für die bald in einem
Qpé fahrende Nuuna

—

Dabei brauchten sich die + + + Engländer nur in ihrer eignen Literatur umzusehen, da stehts. In den bei ihnen hochberühmten Junius-Briefen ist zu finden:

«Measures not men is the common cant of affected moderation – a bare counterfeit (das schreibt man wohl heute anders?) language, fabricated by knaves and made current by fools. Such gentle censure is not fitted to the present degenerate state of society.» Und dabei ein Zitat Popes: «To reform and not to chastise, I am afraid, is impossible. To attack vices in the abstract without touching persons, may be safe fighting indeed, but it is fighting with shadows.»

Hinter die Ohren. Hinter die Ohren.

So, und nun müßte ich eigentlich das Glückwunschtelegramm des Königs George V. an Hitler aufkleben. Stolzes England – stolzes England.

//

Der Prokurist einer grossen Firma fährt von Zürich nach Basel; der Zug verunglückt, der Mann ist tot. Hat die Firma einen Funken von Anstand, so wird sie dem langjährigen Angestellten eine kleine Totenfeier arrangieren, das Personal tritt an, jemand hält eine mehr oder minder dumme Rede ... Und je kleiner die Firma ist, desto inniger wird, je nach der Beliebtheit des Mannes, die Anteilnahme des Personals sein. Sie haben ihn vielleicht alle gekannt, man gewöhnt sich so an die täglichen Gesichter der Arbeit. Schon bei diesen Anlässen pflegen die Worte des Trauer-Vokabulariums etwas aufgedunsen zu sein, «schwögig» nennt man das auf hamburgisch. Aber schließlich: ein Held? ein Held der Arbeit? Das wohl nicht.

Nun stürzt der französische Generalgouverneur einer Kolonie mit dem Flugzeug ab. Der wird in Paris gefeiert wie ein toter König, denn der Staat muß doch zeigen, was er ist und was er kann und überhaupt. Fahnen; Militär; Reden, Reden. Der Mann war nicht der beste Bruder; er trat schmollend zurück, als man den nicht ungefährlichen Herrn Chiappe herausgeschmissen hat (der sich nun wieder als Präsident des Pariser Stadtrates in die Politik schmuggeln möchte, pour l'ordre contre le désordre, welche Ordnung!) – und statt daß die Regierung dem zurückgetretenen Präfekten der Seine, eben diesem Generalgouverneur, gesagt hätte: Also gut – Du willst nicht mehr, bleib, wo Du bist, bot sie ihm diesen sehr einträglichen Posten in Afrika an. Der Mann hat eine reiche Amerikanerin zur Frau, man kann nie wissen; reaktionär war er auch, so etwas darf nicht unbenutzt in der Ecke stehen. Er machte eine Inspektionsfahrt mit dem Flugzeug, mit der Frau, fiel herunter, und alle waren tot. Beileid.

Reden, Reden.

> Leurs sacrifices n'auront pas été vains et peut-être, si la ligne de notre humanité n'est pas isolée sur le plan de l'infini et si elle participe à l'ordre et à l'harmonie universelles, étaient-ils nécessaires.

Das kann man noch begreifen, das fällt in die rhétorique, man hat das so auf der Schule gelernt, und das heißt eben im Französischen so.

> Mais il ne suffirait pas de glorifier ces héros et ces nobles victimes; il faut encore protéger leur œuvre contre des détracteurs impies qui trop longtemps ont bénéfi-

cié de notre faiblesse et qui désormais connaîtront les rigueurs de la loi.

Ce serait trahir la mémoire de nos grands morts, que de permettre à la haine de venir impunément détruire ce que leur amour a construit.

Freunde, welche Töne? Was ist das-? Woso? Am Sarge? Hat die jemand gemordet? Sind sie durch Sabotage umgekommen? Wer sind diese fürchterlichen détracteurs?

Wenn damit die Farbigen gemeint sind, die in den Kolonien unter der Sauerei leiden, die die Franzosen da anstellen, so ist der Kolonialminister, Herr Rollin, ein ganz nettes Bankfrüchtchen.

Aber er wird wohl die Antimilitaristen gemeint haben. Welche Lüge! Wo ist bei denen der Haß? Und wo ist bei den andern die Liebe? Die französischen Kolonien sind nicht das Werk der Liebe, sondern das Werk der Großbanken und der Unternehmer (nur die ersten Eroberer waren tapfere Männer, auch, wo sie ein unrechtes Werk verrichteten). Dem französischen Kleinbauern geht es keineswegs besser, weil Frankreich diese Kolonien hat. Die Kolonien sind gut für die höheren Beamten, die da mit Reitpeitsche und Check herumregieren, die Neger schinden, ihnen Arbeitsstunden und Lohn vorschreiben (wer nicht kommt, wird bestraft) – mit Liebe hat das gar nichts zu tun.

Die Rede ist eine dreiste Unverschämtheit.

Der Staat, dieser blutige Lotterieunternehmer, hats nötig, andern Leuten etwas zu erzählen. Er kann seinen Kindern nicht mal Arbeit garantieren, nicht einmal das. Und wagt es, das Maul aufzumachen. Schließt es ihm niemand? Es schließt ihm niemand.

//

Doch. Manchmal.

In Frankreich sind die Volksschullehrer scharfe Pazifisten. Wieweit das nun heute richtig ist; wieweit ihre Politik Deutschland gegenüber klar sieht – das ist eine andere Frage. Aber ihr Prinzip ist doch zum mindesten sittlicher als das andere: Soldaten in Ackergräben verrecken zu lassen unter frdl. Mitwirkung von, wie der *Canard* sagt, «Crupp und Kreusot».

Die Lehrer sind tapfer. Der Staat hört's nicht gern.

M. André Lavenir, instituteur à Lyon, secrétaire général de la section du Rhône du Syndicat national des instituteurs, vient d'être l'objet d'une sanction de l'autorité académique dans les circonstances suivantes: à la suite d'un article de presse, M. Peissel adressa à M. Carillon, délégué cantonal à Poleymieux, une lettre dans laquelle il s'élevait contre la petite minorité d'instituteurs «qui commettent un abus de confiance envers le pays et envers les parents qui leur confient leurs enfants». La lettre de M. Peissel déplut à M. Lavenir. Le secrétaire général de la section du Rhône du Syndicat national la reproduisit dans le *Bulletin corporatif* de cette organisation, en l'accompagnant de commentaires qui se terminaient par les phrases suivantes:

Que les enfants manquent l'école et risquent de devenir illettrés, que les maîtres soient en butte aux violences des fanatiques, M. Peissel ne s'en inquiète pas. L'école n'est, pour lui, qu'une annexe de la caserne, et il ne lui connaît guère d'autre utilité que de cultiver l'amour de la patrie. Les enfants doivent aimer la patrie, car la patrie aime ses enfants; elle en consomme beaucoup.

Cette manière, pour un instituteur, d'exposer ses idées sur la patrie attira l'attention de l'autorité académique. M. Rouède, inspecteur d'académie, adressa à M. Lavenir la lettre suivante:

J'ai lu avec un profond regret la phrase suivante parue sous votre signature dans le *Bulletin corporatif* du 5 avril: «Les enfants doivent aimer la patrie, car la patrie aime ses enfants; elle en consomme beaucoup.» Cette phrase, surtout dans les circonstances présentes, constitue une faute des plus graves que je ne saurais laisser passer sans sanction. J'ai l'intention, en conséquence, de vous infliger la peine de la réprimande, avec inscription au dossier et aux actes administratifs. Vous aurez la faculté de consulter votre dossier, comme la loi le prévoit, le lundi 15 ou le mardi 16 avril, de 10 heures à 11 h. 30.

L'inspecteur d'académie
P. Rouède.

A cette lettre, M. Lavenir a répondu en ces termes:

Je m'étonne de votre intention de m'infliger une peine disciplinaire, alors qu'il ne m'est fait aucun grief d'ordre professionnel, alors que le conseil départemental du Rhône, réuni le 17 novembre 1934, a constaté que tous les Français sont également libres dans l'expression de leur pensée ou de leurs convictions. Si j'accepte entièrement le contrôle de mes chefs sur mon activité professionelle, j'estime qu'il est de mon devoir de défendre ma liberté de citoyen, et je ne puis participer aux formalités qui accompagnent une peine disciplinaire n'ayant aucun motif d'ordre professionnel. En conséquence, je ne crois pas utile de prendre connaissance de mon dossier, parce que ce serait reconnaître un pouvoir de contrôle administratif sur mon activité extra-professionnelle.

Veuillez agréer ...

André Lavenir

Le bureau du syndicat a affirmé sa solidarité avec son secrétaire général.

Das gibt eine böse Nationalversammlung in Versailles. Die kommt. A qui Lavenir?

//

Bei Ojetti steht in «Mio Figlio Ferroviere», den ich deutsch gelesen, aber wieder vergessen habe, eine gute Sache. Er spricht da über die Feigheit der Bürger der jeweiligen politischen Meinung gegenüber. Da ist eine Hure; wenn die von italienischen Kleinbürgern gefragt wird, welcher Gesinnung sie denn sei, dann hebt sie die Röcke hoch, so daß man ihre Hosen sieht – die sind grün-weiß-rot. Und wenn die Kommunisten sie fragen, dann hebt sie die Röcke auch hoch, aber so, daß man nur das Rot sieht. Die Röcke hebt sie auf alle Fälle hoch.

Sollten wir dieses, kann sich der freundliche Betrachter zu bemerken nicht enthalten, bereits einmal erlebt haben –?

//

«Viva Villa» habe ich hier gesehen; ich bin extra in ein Vorstadtkino gefahren. Nun ging es mir wohl an dem Abend nicht so ganz gut.

Der Beery ist sehr, sehr gut, vor allem in dem, was er nicht macht. (Wenn ich denke, was Ämil sich da alles für Großaufnahmen eingelegt hätte!) – Einzelideen sind ausgezeichnet, gewiß. Aber was ich vermisse, ist die Einheit des Stils. Manchmal ist es ganz ernst, dann wieder ganz kindisch, dann Farce, dann sentimental – man weiß nie so ganz, wohin das läuft. Wahrscheinlich liegt das Hauptmalheur wohl in der Zensur. Diese Revolution ist so knüppeldick geschildert, so mit entsetzlich schindenden Übeltätern und schwärzlich-grinsenden Schurrken – sie besteht meist aus galoppierenden Pferden und Geschrei. Natürlich – denn wenn der Film ernsthaft wäre, wäre er verboten worden. Und Mexiko ist so schön weit weg. Was hier die Zensur aus dem Film gemacht hat, wäre zu untersuchen – vielleicht habe ich gar nicht «Viva Villa» gesehen, sondern eine protestantische Bearbeitung. Die schwedische Filmzensur braucht ihre Verbote und Schnitte überhaupt nicht zu begründen; das geht ganz im Dunkeln vor sich. Und die Polizei will hier nicht, daß «einsichtslose Menschen sich im Kino verhetzen lassen». Und so war denn zum Beispiel diese wunderbare Szene der abgehängten Gehängten sicherlich gekürzt – denn die wirkt ja nur, wenn sie ganz kraß bis in die Einzelheiten kommt. Man sah eine Sekunde lang die Gehängten, dann ihre Schatten, dann nichts mehr. Ob es übrigens an meinen Augen lag oder an was sonst: mir laufen diese Filme alle viel zu schnell.

Die kluge Moral hast Du herausgelesen; drin steht sie wohl nicht. Das Publikum hier nahm die Sache als Klamauk – sehr typisch war, daß der Tod des Helden nicht als rührend, sondern als Jux empfunden wurde. Ja, aber das ist Schuld des Regisseurs – und der Zensur. Wäre der Film so, wie er sein sollte, dann müßten auch die hiesigen Arbeiter fühlen: nostra res agitur. Es war für sie aber eine Filmkomödie mit Reiterkavalkaden und Witzen.

Schade. Ein sehr gutes Thema. Mit einem großen Schauspieler.

//

Siehst Du, Nunchen: Gott wacht über Dich!

– Mme Marcelle Menanteau, 34 ans, demeurant à la Rochelle, propriétaire d'un dixième de billet de la Loterie nationale qui, le 12 mars, gagna le gros lot de 2500000 francs, avait été atteinte, depuis, de troubles mentaux très accentués; elle a été trouvée errante, hier, au bord de la mer et a dû être conduite à l'asile d'aliénés.

So soll es allen bösen Menschen gehn, die Dir die guten Millionen weggewinnen!

//

Man wird nach den Stadtratswahlen in Frankreich sehen, wie weit die etatistischen, in Paris stets überakzentuierten Gedanken in der Provinz aufgenommen werden. «Gegen die Front der Sozi und der Kommunisten!» ist ja gewiß ein sehr intelligentes Programm, aber geht das durch? Die Kandidatur des widerwärtigen Chiappe ist eine Unverschämtheit. Kann aber durchgehen, er hat sich in einem sehr sicheren Arrondissement aufstellen lassen und macht dort in Ordnungshüter, Familienbewahrer und bien-pensant, daß es einen graust. Sans une goutte de sang, rühmt er sich, habe er Paris verwaltet. Ich habe die Sacco- und Vanzetti-Demonstrationen mitgemacht, bei der die vorher systematisch betrunken gemachte Polizei angriff wie eine Kavallerie-Schwadron. Man lese die alten Charakterisierungen der napoleonischen Innen-Politik, die über dem Glanz der Außenpolitik stets vergessen wird, und man hat das alte, das ewige Bild: Polizeiherrschaft, das Ideal aller Diktatoren, Bundesräte (wenn man sie machen ließe), Zentralregierungen, die straff und einheitlich regieren wollen.

Wenn man sieht, was auf diesem Gebiet an Manifesten, Ehrenreisen, Empfängen, Verabschiedungen, Frühstücken, Reden, Einweihungen, Verleihungen, Audienzen geleistet wird, so darf man fragen: Wann arbeiten die eigentlich –? Man muß ja nicht vergessen, daß eine fruchtbare Arbeit nach einem starken Frühstück mittags um 2 und bei diesem Betrieb sehr schwer ist – wann arbeiten die –?

Mandel wird dieses Ideal auf das Schärfste, auf das Wirkungsvollste vertreten – und die Leute werden sagen, besonders die, die Geld haben: Endlich herrscht Ordnung! Aber das ist gar keine – es ist die Stille und Ordnung des Gefängnisses. Die Franzosen werden das nicht erdulden? Sie haben es unter beiden Napoléons erduldet, brav und übel, aber sie haben es erduldet. Sie werden es heute, ratloser denn je, Opfer ihrer eigenen Indifferenz in außenpolitischen Dingen, wiederum erdulden.

Der Föderalismus hat seine schweren Nachteile, das ist sicher. Eine für alle gültige, ja auch nur für ein Volk gültige Form, die das Paradies garantiert, gibt es nicht. Also sollte man Formen finden, die der menschlichen Bosheit, der Stumpfheit, der Gemeinheit wenigstens, so sehr es geht, Grenzen setzen. Der Bürgermeister und sein Sekretär in Uetlikon können ihre Macht mißbrauchen, das ist denkbar. Ihre Aufsichtsbehörde aber auch. Auf alle Fälle haben die kleinen Machthaber mehr Fühlung mit den Regierten, und wenn die lokale Macht nicht zu groß ist, geht es an. Der Minister aber in Paris weiß ja in Wahrheit von den Pyrenäen gar nichts, wenn er nicht zufällig dort geboren ist. Er regiert also ins Abstrakte hinein, und es ist typisch für die Radio- und Kino-Erziehung aller Bankkunden, daß sie das Großzügige, das Kartothekhafte, das Jroßaufgezogene sehr lieben. In Wahrheit hat davon niemand etwas, oder, wie der *O. N.* richtig sagt: nur auf den Gebieten, wo das Quantitative dominiert, kann man auch quantitativ arbeiten. Die Spurenweite für die Bahnen Europas sollte einheitlich sein; das Maß-System auch. Aber nichts darüber hinaus. Die Soldatendörfer des Zaren Nikolaus zu Beginn des 19. Jahrhunderts hatten das: Tausende von Häuschen, alle ganz gleich; alle mit denselben Amoretten auf der gußeisernen Ofentür; alle mit denselben Fenstern, denselben Vorhängen; an Fenster IV mußte dieser Vorhang (dies ist kein Scherz) um eine bestimmte Stunde heruntergezogen werden, weil sich dann dort die Mädchen auszogen . . . und so fort. Und es war überhaupt alles so herrlich, daß man sich fragt, warum denn der, der es organisierte, nämlich ein sadistischer Grundbesitzer, dort nicht wohnte. Nein, der natürlich nicht. Der Zar auch nicht. 's ist komisch . . .

Aber keine Großbank wird das wollen. In Frankreich sind es, mit Verlaub zu sagen, die großen Versicherungsgesellschaften, die, wohl aus Angst vor der Sozialisierung, die Croix de Feu unterstützen. Das Kapital will die «großzügigen Verhältnisse», man versteht, warum. Der Mensch aber, der Mensch ist dabei nicht glücklicher – die großen geschichtlichen Gebilde haben (mit Ausnahme der uns wenig bekannten Inkas?) wenig Glück gebracht, außer natürlich für die Funktionäre, für die es das Ideal war: ungestraft, mit niemand über sich, denn die Behörde waren sie ja selbst, nur mit Konkurrenten neben sich, zu strafen, zu befehlen, zu orrnisieren . . .

Ich bin kein Hammel. Lieber vier Kantönli, als einen ganzen Napoléon und den halben! Mussolini.

Der Aargau fängt an, mir sympathisch zu werden.

//

Der richtige Cyrano de Bergerac (nicht der von Fräulein Rostand) war ein ganz amüsanter Schriftsteller. Was ich nicht gewußt habe, ist, daß die Ausgabe seiner Schriften von seinem Verleger – wegen Angst vor der Kirche – stark zensiert worden ist. Dies zum Beispiel fehlt: Son interprétation du mythe du serpent, dont la femme peut, à son gré, faire lever ou baisser la tête, est assurément un peu risquée, mais tout de même d'une bonne qualité d'esprit gaulois.

250 Jahre vor Freud.

//

[24. 5. 1935]

Q-Tagebuch
für die bald herqmmende Nuuna
= =

Des préoccupations du même ordre se manifestent dans différents pays. C'est ainsi qu'en Suisse la décision est prise de constituer un corps de police spécial appelé à se déplacer rapidement sur tout le territoire de la Confédération en cas de bagarre politique ou autre. Le chef de cette nouvelle organisation policière fédérale sera le colonel Jacquillard, directeur de la police de Lausanne, qui, lors de l'arrestation à Annemasse des deux complices du criminel de Marseille, a obtenu des précisions importantes sur le passage en Suisse de la bande de terroristes croates se rendant à Paris et Marseille.

Hier ist die Entwicklung, die ich für so gefährlich halte. Natürlich wird der jetzige Bundesrat nichts machen. Aber Menschen kommen und gehen, Einrichtungen und die Möglichkeiten, die sie bieten, bleiben. Bleibt der föderalistische Geist in der Schweiz lebendig, kann Euch nichts geschehen. Einigen sie sich auf den allmächtigen Bundesrat, ist es aus. Es wäre schade. Ihr seid eine Insel: in Holland haben die Faschisten 8 % aller Stimmen, in der Tschechei sind sie die zweitmächtigste Partei, in Belgien geht es munter voran. In Frankreich . . . das weiß man nicht. Ich glaube da eher an Thiers den Zweiten, England steht fest, Mosley wird es nicht erreichen. Der Staat ist wirklich ein Moloch.

//

Das Buch «Moorsoldaten» scheint einen großen Erfolg zu haben, auch hier, es ist übersetzt. Die Welt sieht inzwischen so aus:

PROLONGATION D'UN CRÉDIT ÉTRANGER.

Le crédit accordé en 1930 au Reich par un groupe international sous la conduite de Lee Higginson et qui venait à échéance le 9 mai a été encore une fois prolongé pour un an, c'est-à-dire jusqu'au 11 mai 1936. Le taux d'intérêt a été en même temps abaissé de 4 à 3 1/2 %.

//

Der *O.N.* ist nichts mehr, es ist so schade. Aber wie geht denn das auch an, wenn zum Beispiel Denis de Rougemont oder sonst einer in Italien spricht. Wie macht er das? Einer wird dabei belogen: entweder der *O.N.* oder die Italiener. Merkwürdig, wie instinktlos diese jungen Franzosen sind. Im *Esprit* haben sie Kasimir Edschmid als großen deutschen Dichter ausgeschrien: Zeichen der Zeit, sagt der Kritiker, eben jener Rougemont, glaube ich, Claudel nicht in die Académie gewählt und Edschmid nicht gelesen. Da kannst nix machen.

Für Hasi

Dieser Rémy de Gourmont muß etwas gewesen sein. Ich habe die Bände leider zu früh abgegeben, es waren noch ein paar dicke Zitate da zu haben. Es war alles wie von heute und wie für heute. Die Welt ändert sich nicht; mein Gott, haben sie uns einen Unsinn in unserer Jugend beigebracht!

//

Ich bin zu faul, Dir das alles abzuschreiben. Kaufe Dir und auch Lieschen «Clio» von Péguy, es ist ganz billig, die gewöhnliche Ausgabe. Und lies, da man niemandem zumuten kann, über den entzückenden Anfang hinauszulesen, auf Seite 152 unten «Tout celui qui a perdu la bataille en appelle au tribunal de l'histoire», nun komme ich ins Rutschen, ich muß es doch abschreiben. «Au jugement de l'histoire. C'est encore une laïcisation. D'autres peuples, d'autres hommes en appelaient au jugement de Dieu et nos anciens même en appelaient quelquefois à la justice de Zeus. (Die Göttin der Geschichte spricht, es ist ein Monolog.) Aujourd'hui ils en appellent au jugement de l'histoire. C'est l'appel moderne. C'est le jugement moderne. Pauvres amis. Pauvre tribunal, pauvre jugement. Ils me prennent pour un magistrat, et je ne suis qu'une (petite) fonctionnaire. Ils me prennent pour le Juge, et je ne suis que la demoiselle de l'enregistrement.» Und lies diese Diatribe, die sich steigert wie eine italienische Arie, ohne aber im leisesten eine zu sein, lies das bis zu dem grandiosen Schluß auf Seite 156: «C'est proprement la religion du papier.»

Und was Roby ist, so soll er seinen Hasi ansehen, der, wie mir dabei unversehens einfällt, nicht Peter heißt, und soll lesen die Seiten 174: «L'histoire a les bras longs, mais elle n'a pas de bras» bis Seite 177. Und dann soll er dem lächerlichen Lümmel einen Kuß geben.

//

ÜBERSCHRIFT
Die heiteren Künste.

Konservatoriums-Saal Moskau

ULIZA GERZENA

Werke emigrierter Komponisten

Freitag, 17. Mai 1935.

Programm:

1. Chöre aus der „Massnahme" (Brecht)	Hanns Eisler
2. Bauernrevolution. Chorwerk	„ „
3. Sonate op. 50 f. Violine und Klavier	Ernst Toch
4. Klavierstücke op. 19	Arnold Schönberg
5. Sinfonietta	Franz Szabo
6. Thaelmann Lied	Paul Arma
7. Udarniklied	Hans Hauska
8. Quintett f. 2 Klarin., 2 Saxoph. u. Fagott	Herm. Reichenbach
9. Marsch u. Variationen f. 2 Klaviere	Stephan Wolpe
10. Konzertsuite n. d. „Dreigroschenoper"	Kurt Weill

DIRIGENTEN: SWESCHNIKOW und ANOSOW

Mitwirkend: Der Moskauer Radiochor

Den Text zu diesem Lied möchte ich gern schreiben.

//

Über Kleist:

«Und nun denke man sich einen Menschen, der alle Kämpfe in seinem Innern und den Kampf, den er gegen die Welt, da er sich ihr als Individualität entgegenstellt, führen muß, mit der größten Intensität empfindet, der der Zeiten Schande: die Unterdrückung seines Volkes wie eine persönliche tätliche Beleidigung aufnimmt, und der in dieser erbärmlichsten Periode unseres Vaterlandes in verzweiflungsvollem Ringen Werke schafft ...»

Wie bitte? Das ist von Wilhelm Herzog. Ürrtum! Ürrtum!

Am 1. Mai waren hier die üblichen Demonstrationszüge. Noch nie in meinem Leben habe ich so stark empfunden, daß ich damit nichts mehr zu tun habe. Mit denen nicht und mit ihren Gegnern auch nicht – es ist eine mir fremd gewordene Ebene.

Du hättest Dich gut amüsiert. Auf der breiten Avenue standen zwei Autos hintereinander, und um mit diesem Verkehrs-Tohuwabohu fertig zu werden, tänzelte ein Schutzmannspferd, mit einem sehr aufgeregten Mann oben («Die Dümmsten sitzen zu Pferde») und regierte kulessal. Und die Kommunisten kamen vorübergeblasen, wenn sie sangen, hörte sich das an wie: «In-ter» (ganz lang und dann ganz schnell) «naschunalen» und so war es denn auch. Brave Kleinbürger mit allen neuen Pfingst- und Sommersachen, obgleich es saukalt war. Diese Partei ist in dieser Form ein Verbrechen; sie stachelt die Gegenkräfte auf, die viel, viel stärker sind als der vermeintliche rote Schrecken, nebbich. Es ist kein Spiel mit dem Feuer, es ist ein Spiel mit dem Dynamit. Sie merken das nicht. Es war jämmerlich anzusehen.

//

«Mit höchster Verachtung sprach Hilferding, *Hilferlieschen*, in jener Zeit von der starren und passiven deutschen Sozialdemokratie, ihr die österreichische Aktivität gegenüberstellend. Diese Kritik jedoch ging über den Rahmen der vier Wände nicht hinaus. Offiziell blieb Hilferding ein literarischer Beamter im Dienste der deutschen Partei und nichts weiter. Wenn er nach Wien kam, besuchte er mich und brachte mich eines Abends in einem Café mit seinen austro-marxistischen Freunden zusammen. Kam ich nach Berlin, besuchte ich auch ihn. Gemeinsam mit ihm hatten wir in einem berliner Café eine Zusammenkunft mit MacDonald. Dolmetscher war Eduard Bernstein. Hilferding stellte Fragen, MacDonald antwortete. Ich erinnere mich jetzt weder an eine Frage noch an eine Antwort, denn sie zeichneten sich durch nichts andres als durch ihre Banalität aus. Ich fragte mich in Gedanken: wer von diesen drei Menschen ist am weitesten entfernt von dem, was ich gewohnt bin, als Sozialismus zu betrachten? Die Antwort bereitete mir Schwierigkeiten.

Während der Brester Friedensverhandlungen erhielt ich von Hilferding einen Brief. Ich konnte nichts Bedeutsames erwarten, und doch machte ich das Couvert nicht ohne Interesse auf: nach dem Oktoberumsturz war es die erste direkte Stimme aus dem sozialistischen Westen. Und nun? In diesem Brief bat mich Hilferding um die Befreiung eines Gefangenen der verbreiteten Gattung der Wiener ‹Doktoren›. Die Revolution war im Brief mit keinem Wort erwähnt. Der Brief aber war per ‹Du› geschrieben. Ich glaubte Hilferding genug zu kennen. Mir schien, ich hätte mich über ihn keinen Illusionen hingegeben. Und doch traute ich jetzt meinen Augen nicht. Ich erinnere mich, wie lebhaft Lenin fragte: ‹Man sagt, Sie hätten von Hilferding einen Brief bekommen?› – ‹Ich habe einen Brief bekommen.› – ‹Nun?› – ‹Er bittet um die Freilassung eines gefangenen

Landsmannes.› – ‹Und was sagt er über die Revolution?› – ‹Über die Revolution sagt er nichts.› – ‹Nichts?› – ‹Nichts!› – Lenin sah mich mit aufgerissenen Augen an.»

Trotzki «Mein Leben»
(ein wundervolles Buch, aufschlußreich, auch da, wo es das gar nicht sein will.)

//

Der französische Wallace heißt Georges Simenon. Er schreibt wohl alle acht Tage einen Roman und zwischendurch Zeitungsartikel. Leben wird er wohl erst, wenn er tot sein wird. Aber:

Einige dieser Romane sind, ohne wilden Umschlag, bei der *N.R.F.* erschienen. Sehr merkwürdig.

Dieser Mann hat die große und so seltene Gabe des epischen Erzählers, o h n e e t w a s z u e r z ä h l e n. Seine Geschichten haben meist gar keinen Inhalt, schon gar keine Fabel, kaum einen Knoten, der so dünn ist, so dünn ... Und Du kannst das Buch nicht aus der Hand legen – es reißt Dich, Du willst wissen, wie das weiter geht, aber es geht gar nicht weiter. Es kommt auch nichts dabei heraus. Doch ist seine Gabe, eine beklemmende Atmosphäre zu schaffen, nicht alltäglich. Er ist ganz leer, aber mit welchen Farben ist dieser Topf bemalt!

//

Im *New Yorker* schläft ein besoffener Neger, und eine alte Frau steht da mit einem Besen. Sie ruft: «Moses, heb Pappy auf, damit ich unter ihm fegen kann!»

N i e würdest Du das tun. Und das ist Ordnung.

Hatché.

= = = = =

[27. 5. 1935]

Q-Tagebuch
für die qnstfertige Nuna

Hamsun ist wohl nicht Blut, Boden und Scholle – obgleich auch der Gartenzwerg etwas Ähnliches an ihm monierte: nämlich die überbetonte Sehnsucht nach dem Lande, die so nur ein Nicht-Bauer empfindet. Damit ginge auch gut zusammen, daß er sich den Titel «Schriftsteller» schwer verbittet, er sei Bauer. Gerade das ist er nicht – er pflügt nicht, und wenn die Wirtschaft nicht klappt, buttert er einen Scheck des Verlegers hinein. Natürlich ist da ein Bruch, Du hast ja immer von ihm gesagt, er sei im Grunde ein Vagabund. Ich kann ihn aber erst wieder lesen, wenn er tot ist, und dann auch nie mehr so wie vorher. Dieser Mangel an Instinkt ist unerlaubt.

//

Unsere schwedisch-dänische Prinzen- und Prinzessinnen-Hochzeit ist hier mit einem Aufwand von Schmockerei gefeiert worden, die sehr, sehr widerlich war. «Ganz Schweden lauschte am Radio», sagte eine Überschrift, «wie der Kronprinz sein Jäh sagte», so klingt das dänische Ja nämlich. Die Zeitungen waren ein rauschendes Meer von Blödheiten. Das Radio also scheint eine Volksverdummungsanstalt ersten Grades zu sein. Im übrigen sehe ich, daß nach dem Tode des schwedischen Kronprinzen etwas auf den Thron kommt, das die hier schlummernden Bürger-Energien aufs böseste aufwecken kann. Er: ein dumm-trotziger, eigensinniger und ganz herzloser Bursche. (War auf dem Vortrag bei Heß in Stockholm.) Sie: die Tochter eines Koburgers, der begeisterter Nazi ist; sie sieht böse aus, etwas verkniffen und sehr herrschsüchtig. Wird das hier mal schick, Nazi zu sein – dann ist es alle Welt mit herrlich gutem Gewissen. Unter dem Kronprinzen, der nach dem jetzt regierenden Tennisspieler herankommt, wird es nicht schick sein – er wirkt wie ein anständiger Mensch; sie ist eine stille Engländerin. Das Volk aber wäre dieser Seuche widerstandslos hingegeben; von Würde, Bürgerfreiheit, Klarheit des Denkens ist nichts zu spüren. Breitbeinig liegt das da: Nimm mich hin. Es braucht nur einer zu kommen.

//

Der Pen-Club hat in Barcelona eine Resolution angenommen. Nun müssen sie doch bald alle sein.

//

Mir fällt auf, wie heute beinah jeder Erfolg den hysterischen Charakter einer geistigen Epidemie an sich trägt, und die Kaufleute rufen das auch, wo sie nur können, bewußt hervor. Automarken; Mode; Bücher; Einstein; Faschismus – alles hat diesen atemlosen, jappenden, anilinfarbigen Zug. Es gibt etwas, das Zellophan oder so ähnlich heißt – eine glänzige Sache, die man als Buchumschlag und zu andern Zwecken benutzt. Alles ist davon überzogen; wie Raupenschleim, aber durchsichtig. Hochglanz in der Sonne ... Wir sind wohl von gestern. Oder so: es hat das immer gegeben, und wir hätten es niemals gemocht.

//

Ich lese gerade «Napoléon le Petit» von Victor Hugo. So leid es mir tut: Farrère, dieser Coiffeur für pensionierte Seeleute, hat leider recht: der Mann war dumm, Hugo nämlich. Das Pathos ist nicht hohl – aber es beruht auf einem Idealismus, der nie sehen will, daß sich die Schweinereien seines Zeitalters immer so abgespielt haben. Davon abgesehen: was hat man uns auf der Schule belogen! Dieser Staatsstreich Napoléons III., der wirklich ein Lump gewesen ist, erinnert sehr an die Ereignisse in der Bochie – dieselbe gefälschte Abstimmung, das bedenkenlose Morden . . . und –? Und nichts. Nur die Religion, und zwar die reine, nicht an die Koofmichs verkaufte, wäre imstande, über diesen Wahnwitz hinwegzuhelfen. Die scheint es aber nur in Ecken zu geben, die mir nicht erreichbar sind. Auch will keiner, auch ich nicht, bei sich selber anfangen, sondern sucht den Lehrer oder den Heiligen. In Rom sitzt er nicht. Der Ratti könnte auch Börsenvorstand sein; er hätte die volle Billigung aller praktisch denkenden Bankiers. Und die hat er ja auch.

//

Hast Du das französische Schwäppstiek gespielt? Nein. Also gut, das mag noch hingehn. Aber hast Du es wenigstens gewonnen? Auch nicht? Tu exagères.

//

Ich bin schwer begeistert, und wenn ich jemals noch von den Toten auferstehen sollte und etwas hinschreibe, dann wäre es dies:

Zellophan, Dynamit und Kunstseide kommen alle gemeinschaftlich vom Holzzellstoff her. W i e das ist, weiß ich nicht, denn ich kann keine Chemie – aber eine Verwandtschaft ist da. Es ist ganz himmlisch und endlich mal eine Allegorie, die gleichzeitig ein Symbol ist und real untermauert. Besser kann man die Zeit nicht charakterisieren.

//

Seit Monaten habe ich mir einmal alle vier Wochen ein Los in einem kleinen obskuren Zigarrengeschäft gekauft, in der Nähe der Bibliothek. Das Geschäft lachte mich an. Diesmal habe ichs nicht getan. Worauf das große Los dorthin gefallen ist. (Man beachte den Köchinnenglauben, es wäre, hätte ich es gekauft, mir zugefallen.) Lotterien muß man organisieren, nicht daran teilnehmen.

//

Nunna heißt auf schédisch die Nonne. Na, dann man los.

– – – –

Hatché

[3. 6. 1935]

Q-Tagebuch
für die das Qrsbuch blätternde
Nuna
= =

Habe soehmt einen Knaben auf schédisch aus dem Gachten herausgewiesen. Ach, leider lerne ich nichts dazu – ich bin etwas tott. Etwas viel Schulklassen laufen hier herum – opp man doch nicht an die See macht? Na, komm man erst her.

//

Ein kleines Mädchen hat an die Kronprinzessin 5 Kroner geschickt, mit dem Zusatz, sie «könne sich dafür kaufen, w a s sie wolle».

//

Ich kaufe mir nur selten die Zürichtante – ich mag diese Wucherpreise nicht. Wenn ich sie lese, so fällt mir auf, daß sie zwar schärfer geworden ist als zu meiner Zeit – aber auch, wie sie nie, niemals das E i n f a c h e sagt. Hoffentlich hat sich wenigstens einer in der Schweiz gefunden, der sich z. B. verbittet, daß Hitler Zeugnisse darüber ausstellt, ob die «Regierung der Schweiz legal» sei oder nicht. Was ist denn das alles? Totenstille. Totenstille wohl auch darüber, daß Deutschland den Litauern Unmenschlichkeit vorwirft, weil die ihren Hochverratsparagraphen anzuwenden wagen. Ist denn da keiner, der ihnen sagt . . . Da ist keiner. Ich halte eine dieser albernen «Weltkonferenzen» für bevorstehend, da wird dann der Vertrag von Versailles ohne Krieg aufgehoben werden, und alles geht weiter. Lasset uns getrost sein: in Wien hat dafür der Paneuropäische Kongreß getagt. Das ist wirklich ein schönes Gefühl.

//

Bitte vergiß die Liste der Obligationen nicht! Diese Enttäuschung sollen Arnold und Emilie gemeinsam erleben.

//

Leber, Galle, Blähung oder mein Alter – ich spüre deutlich so etwas wie eine religiöse Ader in mir aufspringen. Sagte ich das jemandem anders als Dir, so dächte der: Aha, dickere Juden in den Vierzigern haben häufig diese Sehnsucht nach dem Weihrauch. Grade die habe ich nicht. Mir wäre das so fatal wie Dir – dagegen habe ich einen fast protestantischen Widerwillen. Aber hätte ich Geld –: was ich von einem theologischen Lehrmeister erwartete, wäre genau das Gegenteil des Weihrauchs: nämlich Klarheit, soweit es die gibt. Ich spüre in mir eine Zerknirschung, die nichts, aber auch nicht das geringste mit Bußgeheul zu tun hat, wovor einen der lb. Gott bewahren möge. Wohl aber das Gefühl des Unzureichenden: wie dieser glasharte Hochmut und Stolz bei der geringsten Annäherung der Wirklichkeit zerbricht, er ist zu nichts nütze. Wie ich ganz unten wieder anfangen müßte – nicht bei der Heilsarmee oder bei der Ocksfordbewegung †††, sondern ganz anderswo. Ein altes von S. J. oft zitiertes Wort vor theoretisierenden Schauspielern hieß: «Speelt man god!» So könnte einer zu mir sagen: Sei nur ein guter Bahnwärter, Schriftsteller, nein, das nicht, sondern irgend etwas, was mit den Menschen in Berührung steht – der Rest kann dann von ganz allein kommen. Krecke ist eben mehr als ein katholischer Konvertit, der die Welt verflucht und morgens zur Messe stürzt. Ich weiß das alles, mir fehlt aber ein directeur de conscience. Das wird immer schärfer; lese ich hochgebildete Schriften, besonders die marxistischen, so frage ich mich: Gut – aber wo bleibt dabei Gott, oder besser: das Göttliche? Es ist nicht da. Ich empfinde es als . . . ich kann das nicht charakterisieren, was mich überläuft, wenn ich lese, daß einer der Schmöcke des *Vu* eine russische Fallschirmkünstlerin gefragt hat, ob sie nicht Angst hätte, wenn sie so ins Leere springt. «Scandalisée elle me répondit: J'ai confiance au travail de nos mécaniciens.» Das, genau das nennt Péguy: «Cette rage de vouloir faire, d'espérer, de compter faire de l'éternel avec du temporel.» Unmöglich albern. Es ist eine große Not. Und ich bin nicht dumm genug, Tische rücken zu lassen oder Mazdaznan-Kost zu fressen. Von da kommt es nicht.

Die Terminologie ist verrückt: d'Ormesson, wirklich une andouille mondaine de premier ordre, zeigt das Heidentum der Deutschen auf, immer mal wieder. Aber das ist ja Unfug: man müßte sich zuvor darüber einigen, was eigentlich «Heiden» sind. Für die Katholiken sind die Mohammedaner auch Heiden, was komisch ist; tiefe Naturreligionen, vor denen man nur knien kann, heidnisch; die Weddas auf Ceylon, die nur Furcht, aber kaum Götter haben, Heiden. Die Deutschen aber glauben keineswegs an Thor, warum sollte man nicht. Sie sind leere Vorstädter.

Franz Blei, dieser verlogene Hund, hat einmal gesagt: man hält heute so oft das leer Rationale für das Irrationale. Das ist sehr gut. Die Deutschen glauben gar nichts, sie krümeln vielmehr arme Ideale der Nation auf dem Tisch umher, das Auto, die Technik . . . Heiden sind das nicht. Nicht einmal.

Vielleicht kommt das aus der Leber. Aber alles wohl nicht. Immer suchen ist nicht schön. Man möchte auch mal nach Hause.

//

Das mit der Post während der Abwesenheit ist doch geregelt? – Bon. Und vergiß auch nicht, den alten Diplomaten als Reserve anzustellen, und verabrede etwas für den Fall, daß die Kiste nicht ankommt. Vorsicht ist besser als kein Kaffee.

//

Nun spricht also der Vicomte Snowdon bereits offen davon, daß ein Bündnis «zwischen den beiden Völkern gleicher Rasse und gleichen Blutes» Europa von Grund auf verändern könnte. Das will ich meinen. Die Franzosen sind daran nicht unschuldig – daß es aber so schnell ginge, hätte ich nicht gedacht. Die Deutschen haben allen Grund, die Außenpolitik Hitlers divinatorisch zu nennen. Zu denken, daß einmal Victor Hugo von England und Belgien aus die schärfsten Angriffe gegen den «legalen» Napoléon hat richten dürfen – heute wäre das unmöglich. Der Staat ist heilig geworden – innen und außen. Die Anarchie aber, in der diese Staaten mit- und gegeneinander leben, wird durch ölige Arrangements à la Eden überstrichen, wie jetzt zwischen Jugoslawien und Ungarn. Man kann anpacken, wo man will, man stößt immer wieder darauf: es gibt keine geistige Macht über den Staaten. Vielleicht hat es die nie gegeben. Aber bei der deutschen Suprematie in Europa, gegen die sich außer Frankreich heute niemand mehr ernsthaft wehrt, fällt uns mehr als das Weltbild von der Wand: die raison d'être, wenn man nicht reich ist, ist dahin. (Oder franziskanisch arm – was mir nicht gegeben ist.) Erwarte dringend, daß mir hier von meinem Besuch der Sinn des Lebens entschleiert wird.

//

Wäre ich nur gesund – ich käme, zwar um 88 Jahre gealtert, aber immerhin abgebrühter aus dieser Kanalröhre heraus. Diesmal gibts aber kaane Würschtl. Darm hast Du gelernt. Bei Nase warst Du nicht zu Hause. Jetzt lege ich mir noch einen Säuglings-Brechdurchfall zu, und da mußt Du ran. Du willst aber natürlich nur einen Versicherungs-Befund (mit anschließender 19 % Provision) aufnehmen. Pfaulpelz.

//

Ich bin nicht in Ordnung – mein Urteil ist also getrübt. Doch kommt es mir vor, daß der *Temps*, dessen Druckbild aus der alten gleichmäßigen Ruhe nun auch langsam in die Fettbuchstaben hinüberrückt, immer leerer wird. Es stehen hauptsächlich Staatsaktionen drin, Einweihungen, Reisen oder Gottsöbersten ... aus. Nie, niemals eine Sache, die gefährlich ist, zu Ende behandelt. Neulich war in Paris ein Streik der Midinettes. Man müßte nun meinen, daß eine Zeitung einmal schreibt (meinethalben auf der Seite der Arbeitgeber): soundso viel bekommt so ein Mädel, das ist als Reallohn soundso viel – mehr können die Arbeitgeber nicht zahlen, denn ... dafür verlangen die aber ... und so fort. Kein Wort. Ein Fölljeton. Wegen niedlich. Aber ich weiß keine Zeitung, die man lesen mag. Ich will mir mal ein paar Nummern des *Journal des Débats* und des *Figaro* schicken lassen – aber bei beiden ist der Auslandsdienst sehr mäßig. Der *Temps* bringt wenigstens das Gröbste.

//

L'ALLEMAGNE AGIT

Un regard maintenant du côté de l'Est. Indifférente à toutes les discussions, l'Allemagne prépare calmement ses Jeux. Son comité d'organisation n'a cure ni des décisions de certaines fédérations internationales, ni des ukases du comité international olympique.

Ses nationaux ont reçu le mot d'ordre: libéralité afin qu'il vienne à Berlin le plus d'athlètes possible.

L'Allemagne veut faire grand. Pour cela elle a réussi à mettre sur pied pour 1936 le programme le plus touffu, le plus serré, que l'on ait jamais connu. Certaines journées de la quinzaine olympique verront se disputer simultanément les épreuves de douze sports différents.

Mais ce n'était pas suffisant. En dehors des compétitions purement sportives, des démonstrations réuniront des milliers de participants venus des cinq parties du monde.

Prenant à sa charge tous les frais de deux grandes manifestations organisées en dehors des Jeux, l'État allemand a invité trente étudiants de cinquante nations, soit mille cinq cents étudiants étrangers, qui se joindront à autant d'étudiants allemands. Ces invités viendront à Berlin aux frais du comité organisateur des Jeux pour être hébergés du 23 juillet au 17 août 1936, et aussi trente scolaires de chacun de ces mêmes cinquante pays dont la troupe joyeuse sera réunie avec d'autres jeunes Germains sur les bords de la Sprée du 30 juillet jusqu'au 17 août également.

Als Agenten für den Faschismus

Les invitations sont déjà parties et toute l'organisation est assurée.

Keiner wird den 3000 nebenbei Eingeladenen sagen, daß sie dort auf Kosten der Geschädigten ihres Heimatlandes wohnen; kein Land, auch die Schweiz nicht, und die hier schon gar nicht, wird die Einladung ablehnen. Dagegen beschäftigt die Sportpresse eine wichtige Frage. Du meinst, man könne doch nicht dorthin fahren, wo ...? I wo. Sondern, ob der C.F.B. berechtigt ist, Amateure abzulehnen, die der O.I.T. als solche anerkannt hat oder ähnliches. Wenn die in den Konzentrationslagern eingesperrten Sozialisten, Juden und Katholiken Radio haben, so können sie das Hoch hören, das ihre Genossen an dem Tag auf Deutschland ausbringen. Und dann wissen wirs wenigstens, wofür sie da sitzen.

//

Das hiesige Käsblatt zeigt an: Frankreich vom Staatsbankrott bedroht. Frankreich – nicht Deutschland, dessen Registermark im Sommer steigt, und an dessen Währung die hiesigen Reeder, beschissen, wie man sie hat, eisern glauben und welche sie, mit Verlaub zu sagen, hochhalten. In Frankreich begehen die Bankiers einen glatten Landesverrat: sie exportieren ihr Gold, um eine Panik hervorzurufen. Es liegt weiter kein Anlaß vor als die hirnlose Ratlosigkeit der leitenden Koofmichs: die Bevölkerung denkt klein-kapitalistisch, noch nicht einmal amerikanisch, und die Banken suchen sich einen Grund für die rätselhafte Erscheinung, daß die Prosperität nicht wiederkommt. Daß das Produktionssystem nicht klappt, denn es klappt ja auch in England nicht, da ist nur der Raum der Dominions größer: das sehen sie nicht ein. Also muß einer schuld sein. Wer ist schuld? Die Kommunisten. Die Sozialisten. Die Arbeiter. Auf sie! Sie erzwingen also mit dieser sinnlosen Panik, die das Land um keine Weintraube mindert, um keine Parfümflasche, um nichts, nur um das Vertrauen, sie erzwingen sich: les pleins pouvoirs; die Nationalversammlung, mit dem Frauenstimmrecht, einer Beschneidung der Parlamentsrechte, die, wenn sie vernünftig gemacht würde, durchaus diskutabel wäre – und natürlich wird das alles gar nichts helfen. Die katholische Kirche auf der falschen Seite immer feste mit. Ich glaube dort an keinen Bürgerkrieg, an kein Aufstechen dieses schwärenden Eiters, der da steckt – sie ziehen sich hin. Und verlieren unterdessen außenpolitisch alles Prestige, um das sie sich ja kaum kümmern. (Ja, gesellschaftlich. Une réception réunit hier les personnalités de Vienne . . .)

Hier wie überall: keine der großen Zeitungen, kontrolliert durch eine Bank oder durch einen Geschäftskonzern, wagt oder weiß das Einfache zu sagen. Daß die Verräter am Land – davon darf man hier wirklich sprechen – dieses Mal auf der rechten Seite sitzen; daß die Arbeiter dabei auf alle Fälle die Dummen sein werden, und daß sie unterliegen müssen, weil es keine Internationale gibt, weil die französische Linke hohl ist. Du wirst das sehen, wenn es jemals zum Klappen käme. Die Firma Mandel & Chiappe wartet.

Übrigens können einem die deutschen Emigranten in Frankreich leid tun.

//

Hatchö.
= = = =

Der Aufenthalt an der See wäre billiger als der Haushalt – trotz der kleinen Reise. Das entscheidest nachher Du.

Re-Hatchö.

[15., 18. oder 21. 8. 1935]

Ober-General-Edel-Vollmilch-Tagebuch
(mit Vollschwingachse)
ausge4t 4 Nuuna

——————

Ich bin zu faul, das herauszusuchen: ich besinne mich aber ziemlich genau, daß in einer Nummer der *Litteratur* oder so etwas Ähnlichem der Russen auseinandergesetzt wurde, ich sei ja ein ganz annehmbarer kleiner Mann, weil ich die Bürger zersetzte, aber im Grunde ... Bon. Und wie ist das nun heute –? Wenn ich nun heute loslegte, dann ist das falsch. Die werden sagen, und sie sagen das ja auch Trotzki: Was 1919 richtig war, kann 1935 falsch sein. Das ist ebenso unbestreitbar richtig, wie die «permanente Revolution» Trotzkis, dieser echten tragischen Figur, unrichtig ist, denn die gibt es nicht. Jedennoch bleibt ein böser Nachgeschmack. Es soll heute auf einmal richtig sein, beinah alles, aber auch alles aufzugeben; die alte Offiziersgesinnung im russischen Heere wieder aufleben zu lassen, denn es sind ja nicht nur die Orden und Gradabzeichen, die da neu aufleben, da ist noch etwas andres ... Was ich daran als so teuflisch und so niedrig empfinde, ist, daß die Kerle russische Politik machen und den Arbeitern aller Länder einreden, das geschehe zu *ihrem* Nutzen, die Sprache läßt hier einen Doppelsinn entstehen, und genau so ist es. Rußland ist für einen denkenden Proletarier längst keine Hoffnung mehr. Es hat eine große Aufgabe in der Welt verfehlt: die Arbeiterbewegung zum Siege zu führen. Und es hat eine große Aufgabe in der Welt erfüllt: dem Bürgertum längst erstorben geglaubte Kräfte einzuhauchen. Opportunismus? Gar nicht schlecht. Aber was das Hassenswerte auf der Welt ist, das ist, wie die sel. Sozialdemokraten: ein Judas ohne Silberlinge.

//

Vom Sprachschauplatz: heute habe ich zum ersten Mal das Gefühl gehabt, daß ich – wenn auch mit Beschwer – l e s e n kann. Ich übersetze mir nichts im Kopf, es geht wie ein Wassergeriesel. Ich habe in der Zeitung einen Aufsatz über Chemie gelesen, von dem ich keine Silbe verstehe, aber ich habe grammatikalisch alles, und von den Vokabeln beinah alles gewußt. Das ältere Schwedisch der Leute aus dem 18. Jahrhundert geht auch viel schneller. (22 Seiten neu am Tag. 15 Seiten Wiederholung. 2 Zeitungsseiten, sehr viel Vokabeln, Grammatik und eigenes.) Hier kann mir die M. vorlesen – manche Arbeiter verstehe ich gar nicht, die Reinmachefrau, die jetzt das Haus säubert, ganz und gar, das Dienstmädchen beinah ganz. In etwa vier Wochen gehe ich in einen Vortrag – vorher nicht, denn ich möchte mir das nicht verekeln, und wenn man nichts versteht, wird man beese und schläft ein.

Wenn es hier nur eine Presse für Erwachsene gäbe –! Die gibt es aber nicht. Dieses Niveau ist ganz entsetzlich. Na, ich lese also Frank Heller, und das ist wenigstens zum Aushalten. För övrigt skall Fröken Müller veta att det är ett språk som gröt. Ja.

//

«Herr-man sagt doch Tookio!»

Bruno Frank ist der Schwiegersohn der Massary, ein sehr netter, feiner und bescheidner Mann. Nicht dumm. Aber es ist lustig und typisch: das da galt und gilt in Wien und in Berlin als kulesal pariserisch, und nun kommt es dahin, und dann ist es natürlich aus. Denn es ist gar nicht pariserisch, es ist budapesterisch. Und die

Pariser wollen Bernstein. Der Ausruf in den couloirs ist ganz echt – wenn ein ungarischer Jude gut, sagen wir, tanzt, dann hält er sich für einen Pariser. Dieses ist ein Ürrtum.

«Nina» à la Comédie des Champs-Elysées

Le joli mot de la soirée est un mot de couloirs. Un compatriote de l'auteur, – c'est M. Bruno Franck, – ou de l'interprète, – c'est Mme Lydia Buschova qui vient de Prague d'or; Zlata Praha, – s'écriait, impatient de notre froideur: «Vous autres, Latins, vous ne pouvez pas comprendre . . .»

Oh! monsieur! . . . Nés malins, nous reconnaissons très bien notre vaudeville, même quand il veut s'enfler en comédie de caractères; et notre opérette, même sucrée de *Gemuth* conjugal, et privée de petits airs, comme il y en a dans *Giroflé-Girofla.* Et nous discernons aisément si un joli sujet a été traité, ou esquivé.

Nina Gallas dont le succès, à l'écran, égale celui de Marlène, a un mari qu'elle aime, et qui est malheureux; car, maîtresse de l'univers, Nina n'a guère le temps de câliner son époux . . . Il veut rompre. Mais la façon dont elle le regarde, assise au piano, en soupirant un chant moelleux nous en dit long, long, long. Nina ne laissera pas partir Étienne. Elle fera un entr'acte, dans sa carrière. Anulka va la remplacer.

Anulka ressemble à Nina; mais comme Sosie à Mercure. Une niaise, écrasée de peur devant le terrible metteur en scène Hyrkam, ce génie turbulent qui a formé Nina . . . Jusqu'ici elle n'a doublé Nina que de dos. Qu'Hyrkam essaye de la modeler. Anulka s'appellera Nina pour les deux hémisphères, qui ne devineront pas.

Nous, Latins, nous rêvons, sur ce thème, toute une série d' «actions and reactions» psychologiques; d'orgueil, d'amertume, de regrets, de griseries. Le «menu» est superbe! On ne nous sert que quelques mendiants.

La seconde Nina apparaît, ébouriffante, pailletée, autoritaire, criarde, sûre de soi . . . Infernale! Le pauvre Hyrkam l'a épousée . . . or, ce soir, par erreur, au lieu de projeter la version définitive du nouveau film, où la fausse Nina peut faire illusion, on projette une bobine d'essai, chargée de tous les balbutiements et trébuchements d'Anulka. Hyrkam se croit perdu. Mais les plus fins connaisseurs, réunis à Paris, ne s'aperçoivent de rien. C'est signé Nina. Ils rugissent de joie . . . Et la vraie Nina, tentée de reprendre sa place, se retire avec de philosophiques sourires. La fausse Nina règnera. Nous ne méritons pas davantage.

Ajoutez donc à ce petit conte, ô Latins, toutes les significations que vous voudrez. Applaudissez galamment Mme Buschova, qui s'agite, grimace, câline, et trépide. Et M. Tissier, grandiose cinéaste. – *F. D.*

[22. 9. 1935]

Golozzales General-Tage-Buch
aufgefihrt 4 Nuna

= = = =

SUÈDE

Une leçon à l'antisémitisme hitlérien

Le docteur Ehrenpreis, grand rabbin de Stockholm, a été nommé professeur, titre honorifique d'une haute valeur en Suède lorsqu'il est décerné aux personnes qui ne sont pas chargées d'un enseignement. Cette nomination, bien qu'elle soit, pleinement justifiée par les travaux scientifiques et littéraires du docteur Ehrenpreis, ne laisse pas d'emprunter à ce qui se passe en Allemagne une signification particulière.

nebbich
(schwedisch, soviel wie: osser)

Hier hast Du alle Fehler mit einem Mal: die überschätzung eines Faktums, das von der großen Masse gar nicht oder doch nicht so aufgefaßt wird; die kindische Überschätzung solcher Sache; und vor allem und am schlimmsten: das Hinschielen aufs Katheder: «Was wird der Herr Lehrer nun aber dazu sagen-?» Eben das macht mir das alles so verächtlich: dies sind doch nun keine Juden, die das schreiben, aber es ist ganz jüdisch. Doppelt: einmal, daß sie sich geehrt fühlen (der ausgebliebene Fußtritt), und zum zweiten, daß sie sich von der Gegenseite das Niveau, die Melodie, das Primäre vorschreiben lassen. Statt die zu ignorieren und zu sagen: «Das ist eben bei uns so. Wie es bei Euch, den Barbaren, ist, interessiert hierorts nicht.»

Der Faschismus hat keine Gegner. Er hat nur eine Kehrseite, und die sieht so aus, wie Kehrseiten auszusehen pflegen.

//

Der sehr kitschige schwedische Maler Carl Larsson («Das Haus in der Sonne») kam einmal auf eine stockholmer Gesellschaft, wo seine alten Freunde saßen. Er sah sich im Kreise der Geschiedenen und wieder Verheirateten um und sprach: «Da sitzt Ihr nun mit Euern neuen Frauen, und ich komme hier mit meiner alten Martha.» So auch ich.

Bei Kierkegaard steht (habe ich Dir das geschrieben?), ein schwedischer Pastor habe einmal eine Predigt gehalten, bei der die Zuhörer in Tränen zerflossen. Darauf sagte er begütigend: «Kinder, heult nicht so! Vielleicht ist das alles Lüge.» Aber ich glaube nicht, daß sich die Geschichte in Schweden ereignet hat – das ist so unschwedisch wie nur möglich.

//

Die M. erzählt, hier sei ein aus der Bochie herausgeprügelter und geflüchteter jüdischer Mann gewesen, der sich hier kümmerlich durchschlägt. Seine Frau ist ihm im Kindbett gestorben – wonach er sich, nebenbei gesagt, nicht gut benommen hat, aber das gibts ja überall. Nun aber:

Er traf zusammen mit einem hiesigen Rabbiner, der, ein Schussel, ein Hammel und ein Torfkopp, immerhin sagte: «Was wollen Sie? Das ist Deutschland.» Worauf jener, den sie noch vor einem Jahr da herausgeklopft haben, das Land gegen den andern verteidigte. «Man kann doch nicht eine Hand voll Braunhemden mit einem ganzen Land gleichsetzen.» Und dann: seine (christlichen) Schwiegereltern hätten ihm einen so rührenden Brief zum Tode seiner Frau geschrieben.

Wahrlich, ich sage Euch: Die Juden sind so, nicht, weil sie im Ghetto gesessen haben, sondern sie haben im Ghetto gesessen, weil sie so sind. Sie gehören nirgendwo anders hin.

//

Wenn man das Leben Herweghs liest, so hat man nicht den Eindruck, daß es sich lohnt, in Sachen der Bochie auch nur den Finger zu rühren. So waren sie, so sind sie, so werden sie sein. Der Mann war kein bedeutender Mensch, auch kein großer Dichter, obgleich er im Februar 1871 Verse wie diese geschrieben hat, die ich bis auf die Interpunktion genauso zitiere, wie sie im Buch stehn:

Dies Volk, das gegen Blut und Eisen
Jungfräulich schüchtern sich geziert,
Um schließlich den Erfolg zu preisen,
Womit man Straßburg bombardiert.

Dies Volk, das im gemeinen Kitzel
Der Macht das neue Heil erblickt
Und als «Erzieher» seine Spitzel
Den unterjochten «Brüdern» schickt.

Die Erfahrungen, die er mit und in der Emigration gemacht hat (seine eignen schweren Fehler nicht eingerechnet) –: es ist alles wie heute, genau, genau wie heute.

//

Neues vom Sprachschauplatz:

Ich glaube, ich bin gerettet. Ich kann jetzt eine schwedische Grammatik lesen, und zwar fließend, und da ich ein alter Pedant bin, mit einer (unerwiderten) Liebe zur

Philologie, so geht es nun viel besser. Ich lese neben der Zeitung, die ich präpariere und mir vorkaue, Schwedisch aus dem 18. Jahrhundert. Nicht dumm. Gefällt mir aber etwas besonders gut, ist es besonders gut geschrieben und klar und überhaupt richtig, dann ist es entweder eine Übersetzung aus dem Französischen oder aus dem Lateinischen.

Was übrigens der alte Protestantismus den Leuten für Waffen in die Hände lieferte, wenn sie nur Hände hätten! Da gibt es einen Schweden, den sie natürlich des Landes verwiesen haben, der hat den Behörden einen gegeigt, aber das ist springaktuell! Die heutigen Schweden aber sind viel zu etatistisch, als daß sie den deutschen Glaubensbrüdern zu Hilfe kämen. Zu den Olympischen Spielen kommen sie schon eher.

Wie stark das Etatistische hier ausgeprägt ist, kannst Du aus folgender Geschichte sehn:

Ein Mann oder wohl mehrere ärgern sich über einen Schuster, nehmen dessen schlecht besohlte Stiebeln und stellen sie, ihm grade gegenüber, in einem Schaufenster aus. Was geschieht nun? Mein juristisches Gemüt, und wohl auch Lieschen ihrs, würde sagen: Das kann eine Schadensersatzforderung begründen ... das kommt auf den Fall an, den man genau kennen müßte. Nichts dergleichen. Die Schadensersatzforderung wird abgewiesen, aber die Aussteller bekommen eine Geldstrafe wegen Erregung öffentlichen Ärgernisses. Allah il Allah!

//

Die wollten hier mit ihrem Neubau bis Weihnachten fertig sein. Sie sprengen noch. Ein Tischler soll eine Sperrung des Baues bewirkt haben, dazu Streiks ... also Klassenkampf ist das nicht, denn sie haben Zehntausende von Arbeitslosen. Es ist der falsch verstandene

Zunftgeist von Kleinbürgern, nichts weiter. Schon Svedenborg merkt an, das sei ein armes Land, und deshalb und aus Herrschsucht suchten so viele Staatsstellungen. Vor 200 Jahren.

Ich muß einen kleinen Splitter im Auge haben, daß ich das so sehe.

Na, Du wirst ihn mir ja dann ausziehen.

Amen.

= = = = =

[2. 10. 1935]

Qu-Tagebuch
Für Frau Q-é.
//

Diese Geschichte geht mir doch mächtig im Kopf herum. Im Blatt stand also gestern, daß er an erster Stelle stehe, und er wisse das und sei daraufhin ganz zusammengebrochen. Das kann sentimentaler Zusatz sein, möglich ist es. Da die andern Kandidaten ganz ausscheiden und, soweit ich unterrichtet bin, dort direkt keine neuen aufgestellt werden, sondern nur über die bereits aufgestellten abgestimmt wird, so sieht das also anders aus, als wir gedacht haben.

Ich habe immer noch ein leises Schuldgefühl. Ich hätte sollen . . . ich hätte selbst auf diesen Einfall kommen sollen, der mir, wie ich sagen muß, absurd vorgekommen wäre – ich hätte sollen die Energie haben, das durchzusetzen pp.

Und dann ist da etwas, das ist stärker als ich selber – so, wie englisch lernen oder mit der Fridi ein Verhältnis anfangen – also, es geht nicht.

Ob ich es mir antun soll, hinzufahren, wenn es soweit ist, steht noch dahin. Mir ist diese Penclub-Atmosphäre anglo-saxonischer Weiberligen furchtbar, und so etwas Ähnliches wird es ja werden. Von der Karikatur der Chefin will ich gar nicht sprechen. Wenn ich daran denke, wie ekelhaft sie in Zürich über den Mann gesprochen hat: «Ja, damit kann ich mich nun nicht mehr abgeben – es tut mir ja sehr leid – aber . . .» und jetzt, wird sie nachlässig näselnd sagen: «Ja, mein Blatt hat den Preis bekommen. Meine Blätter bekommen immer Preise.» Also gut – solche Lächerlichkeiten sind ja wohl mit jeder Sache untrennbar verbunden. Aber abgesehen von dieser grauslichen Person, die jenen nun anpumpen wird, er muß das Blatt finanzieren, und sie wird von seinem Ruhm leben – abgesehen von dieser erfreulichen Pflanze:

Wie denn nun weiter? – Über die Nützlichkeit der Sache *für den Mann* ist kein Wort zu verlieren – ich habe gegen ihn auch nicht den leisesten Einwand, sondern die allergrößte Bewunderung. Der hats verdient – von mir aus das Zehnfache. (Übrigens ist dieser Preis größer als die andern – ich glaube etwa 240000.) Auch über die Nützlichkeit des Schrittes nach außen können keine Einwände erhoben werden: in der Welt wird es gut gedeutet werden, und dieses Mal sogar – wie ich glaube, zum ersten Mal – auch in Couillonien. Und zwar des vielen Geldes wegen. Also: Proteste, Preise, Ehrungen . . . das ist ja gut und nett. Aber Geld –? Das ist seriös. Bitte nimm an, der Preis bestände in einem Lorbeerkranz, und Du wirst fühlen, was ich meine. Aber so viel Geld –? Das gibt einen bösen Schlag durch viele Gebeine. Aber:

Aber nun weiter –? Was ist dann –? Wenn der Mann weiterkommen will, muß er konformistisch werden. Es liegt nicht in seiner Natur, aber er muß. Er wird dann – besoldet oder unbesoldet – eine Stellung als Fachmann für Ethik bekommen, in Fa. Nansen sel. Nachfolger, wozu er übrigens nicht der Mann ist. Also etwa die Stellung, die der Dienstbotenernschtl immer angestrebt hat. Jener eignet sich gar nicht dazu, er hat keine Locke, kein silberweißes Timbre . . . also gut. Und dann?

Dann ist gar nichts.

Für ihn schon allerhand – die große amerikanische Presse druckt ihn dann mit Kußhand, Interviews, Aufsätze, gut und nett. Aber das alles ist für mich noch kein Grund, mitzumachen. Ich kann nicht.

Es ist mir in der Substanz der Couillons etwas so in die Kehle gekommen, daß es nicht geht. Und wenn man mitmacht, dann muß man doch ernsthaft mitmachen.

Und es geht nicht. Ich fühle das. Es mag an meinem Zustand liegen, ich nehme nicht recht teil, ich nehme nicht mehr richtig auf, ich sehe alles black und nochmals black – aber es ist sicherlich noch etwas anderes. Es zieht mich nicht mehr. Über die nützliche Wirkung der Sache nach außen denke ich sehr hoch – aber im übrigen wollen wir uns in einem Jahr wieder sprechen. Ich glaube, ich werde mich in dieser Angelegenheit, so schwer es mir manchmal fällt, tot stellen.

//

Herr Seebecker seinerseits hat nicht verfehlt, mir mitzuteilen, wie verschuldet dieser hier sei und so fort. Und kommt man nach Zürich, so sagen die Leute: «Mit d e m verkehren Sie –?» Merkwürdig, daß das erste, was einem die Leute mitzuteilen haben, das Miese ist. Aber das ist wohl das Präponderante.

//

[9. 10. 1935]

[Anfang fehlt]

Anbei ein Manifest der Herren Franzosen. Die rot unterstrichene Stelle, nous ne voulons ni de cette guerre ni de ces sanctions, hat mich sofort, aber auf Anhieb, an den unsterblichen Vers Ringelnatzens erinnert:

> Außerdem war da gar nichts zu kaufen;
> Denn dort gab es nur Löwen mit Schlangeleiber,
> *Sonst weder keine Menschen als auch keine Weiber.*

Es ist beispiellos. Richtig ist, daß große Kolonialmächte wie England und Frankreich es nicht nötig haben, die Entrüsteten zu spielen – der Dicke macht ja nur offen, was die en cachette immerzu tun und getan haben. Jedennoch: die Abessinier zu beschimpfen, weil sie keine Christen sind, die christliche Gesinnung damit beweisen zu wollen, daß man auf Wehrlose Bomben abwirft, die gemeine, üble und nur ein paar Syndikaten zugute kommende Geschäftsgebarung als «colonisation» auszuposaunen – alles das zeigt, was diese Bande wert ist. (Wer ist schuld? – Rußland.)

Laval macht das Dümmste, was man überhaupt tun kann – die *Basler* hat es verstanden, aber nicht scharf genug formuliert. Er sitzt zwischen allen Stühlen. Er bekommt die Unterstützung Englands nicht, weil sich das nicht festlegen will; er wagt nicht, wegen Deutschland, auf England zu verzichten (das nützt ihm aber gar nichts), er traut sich nicht, Italien glatt zu unterstützen – die Franzosen gibt es in außenpolitischer Beziehung schon lange nicht mehr. Aber Laval ist nicht schuld.

Er ist nur der Ausdruck seines ganzen Volkes, dem Europa so pipe ist, wie nur irgend etwas. Ils s'en fichent. Ja, aber wer nichts riskiert, gewinnt nichts. Sie wollen auch nichts gewinnen? Man kann sich aber *nur aggres-*

siv verteidigen, das ist so, und das ist das, was das im Grunde tief friedliche französische Volk nicht begreift. Wenn die nicht gepufft werden, tun sie gar nichts.

Habeant.

//

Hier gibt es einen Zwillingsbruder von Theodor Wolff, das ist der Herausgeber der *Handelstidning*, Du kannst Dir nicht denken, wie die sich gleichen. Genau die gleiche Feunheit; die gleiche Blutleere; die gleiche Instinktlosigkeit in allen männlichen Dingen – es ist ganz trostlos.

Am Tage des Kriegsausbruchs sah man auf der ersten Seite seines Blattes eine Reihe fetter Kofmichs im Zmoking – das große Konzerthaus in Göteborg wurde eingeweiht. Das bezahlt, was das Defizit angeht, ein jüdischer Bankier, der nur ein Verdienst im Leben hat: aus einer Bank herausgegangen zu sein, als Kreuger eintrat. Von Musik versteht er nicht viel – er pflegt natürlich die Halbtalente, die machen dann wohl Musik wie damals im Botanischen Gachten unseligen Angedenkens: er verkehrt auch munter mit den Couillons, wenn sie nur Musik machen. So etwas von unanmutiger Schmockerei habe ich lange nicht gelesen. Es war einfach schamlos. Das gibt es in der ganzen Schweiz nicht – keiner läse das, keiner schriebe das. Beispiellos und ekelhaft. Und so selbstzufrieden und so satt und so gänzlich unangerührt von allem, was wirklich ist. «Sie sitzen da und hochachten einander» sagt man hier. Aber dann: Pazifismus, und zwar von jener Sorte, der nie, niemals an die Sachen herangeht – Trusts, Benzinerhöhung (wegen Abessinien), «Verteidigung» der Küsten, dümmster Patriotismus – und dann fein, leise und nicht grob auftretend: wir sind natürlich gegen allen Krieg.

Gegen Italien machen sie dreckige Bemerkungen, die einen Italiener aufs Blut verletzen müssen – aber ganz ohne Grundlage von Denken, einfach so. Na, trostlos.

Jeistig sind sie nich. Und telephonieren immer.

//

Natürlich mache ich im Falle Johann nichts mehr. Ich hatte erst an eine Eingabe an diese Stadt gedacht, wo das gemacht wird – aber ich bin zu müde. Und vor allem: es ist viel zu spät. Ich bin entsetzt, nach wie vor, was da alles versäumt worden ist – auch vom Gartenzwerg, Gott hab ihn selig. Das ist doch das Erste und das Wichtigste: erst einmal das M a t e r i a l über ihn populär zu machen – jetzt, jetzt soll man das machen? Ja, vor einem Jahr, vor zwein –– nein, da ist kein Mark, kein Wille, kein Blut – das ist alles so lasch – pazifistische Weiber . . . ich möchte damit nichts mehr zu tun haben.

Hoffentlich überlebt ers.

//

Hatché.

[9. 11. 1935]

Super-Kargo-Expreß-Luxus-Tagebuch
ge4t 4 Nuna

Anbei der *Temps* über die Réception Bainvilles, der ein wirklich bedeutender Historiker ist. Was in mir côté vieille femme ist, freut sich bei diesen Geschichten halbtot. Ich habe beide Reden gelesen – von einer so bezaubernden objektiven und subjektiven Verlogenheit, daß man erst böse wird, wenn man weiß, was Vater Poincaré alles angerichtet hat.

Daß ich nicht dabeigewesen bin – das tut mir wirklich leid. So viel Verrat auf einem Haufen war noch gar nicht da. (Doch. Alle Tage.) Bainville verrät die Action Française, wo über le nain lorrain und die Académie das drin steht, was Du ja weißt. Die Académie nimmt zwar keinen «Verschwörer» auf, hat sich aber in ihrer löblichen Absicht, der Republik einen auszuwischen, nur in der Schublade vergriffen, was bei dem Alter der Herren entschuldbar ist. Sie halten nämlich die A.F. für ein faschistisches Cadre, was sie erst wieder nach dem Tode oder Abgang, also Tode von Maurras, und nach Daudets Tode sein wird, und dann ist sie längst von andern abgelöst. Monseigneur in Belgien ist viel klüger als Daudet, der ja gar nicht weiß, daß es so etwas wie eine soziale Frage überhaupt gibt.

Und wie sie nun alle diese Beredsamkeit nachschmecken; wie sich alle hochachten und sich spinnefeind sind; wie sie sich ansüßen («Wir lachten vor Wut» steht in der ‹Honorable Partie de campagne›) –: das ist wirklich schön. Schade, die schönsten Sachen entgehen einem, wenn man nicht dabei ist.

//

Der in die Liebe gefallene Klever ist in Paris. Ob er nun grade bei der Gräfin wohnt – jedenfalls verbindet ihn und sie eine, wie er mir neulich schrieb, gute Freundschaft. Ich weiß nicht, ob ich Dir geschrieben oder erzählt habe, daß sie im vorigen Winter herkommen wollte – ich habe das abgelehnt. Ich wünschte nur, so viel französisch zu können, um das so abzulehnen, wie das in der Tradition ist. Also ich sage keinen Muck und lasse «die jungen Leute gewähren». Sie ist nicht hunnnndsordinär, es erweckt also keine Kompleckse bei mir. Was mir an dieser Frau gefällt, das ist im tiefsten Grunde «es», das aus ihr spricht. Am Schluß eines Briefes (bei dem er angeschrieben hat) sie: «Croyez à toute mon affection qui ne change pas.» Dergleichen hat sie noch nie geschrieben, ich meine, so fein. Natürlich muß ich lachen. Aber ich finde es doch reizend – wie viel angeborene Höflichkeit spricht daraus, welche Freude an den Spielregeln, wie viel Nettigkeit. Net amol. Ich bin kein Masochist, ich meine gar nicht sie: ich meine das französische Volk. «Ich mache, was ich will – übrigens, ich habe es Dir ja angeboten – Du wirst doch nicht verlangen, und wenn Du es verlangst, so blase ich Dir einen, mais croyez toujours à mon affection . . .» Das ist doch besser als diese Trampel, die «grade und frisch heraus» alles sagen, wies ihnen ums Herze ist. Und die klobig lügen.

//

Das bezieht sich nicht auf die Schweizer. Arnold hat der Bibliothek seines Kantons, oder vielmehr der federalen Bibliothek Duplikate des Blättchens angeboten, eine Menge Jahrgänge bis 1933, und zwar war im Angebot gesagt, daß es sich um ein Geschenk handele, daß das Ding konfisziert und verboten und nicht mehr im Handel sei. Also diese Antwort kommt zurück (ohne Dank, ohne Hochachtungsvoll):

«In Beantwortung Ihres Briefes teile ich Ihnen mit, daß die Bibliothek kein Interesse an der Zeitschrift hat, weil sie weder die vorhergehenden Jahrgänge *noch die späteren* besitzt.»

Hat aber das Wahlrecht, das da. Also dann schon lieber: «Croyez à mon affection qui ne change pas.» Sie changiert auch nicht – das andere Gefühl auch nicht.

//

Nämlich zu einem Volk, das offenbar nur zwei Leidenschaften kennt: Schnaps und den Erbfeind Rußland. Vom Fressen und Telephonieren gar nicht zu reden. Diese Tüchtigkeit, Sauberkeit in vielem, eine gewisse Ehrlichkeit, nachdem die Institution ausgeräubert hat – das muß man teuer bezahlen. Der Betrieb ist völlig entseelt. Lieber Gott, wenn das nur erst vorbei wäre.

//

Ja, also wer soll nun den Nobelpreis bekommen? Oh, wir haben schon einen . . . aber dieses Mal gehts leider nicht, er ist zu spät angemeldet worden, aber es wird schon werden. Wer? Deine Waschfrau – nein, das könnte eine Pazifistin sein, das geht nicht. Der Gögö, weil Nachkomme – gar nicht dumm. Nein, falsch.

Prinz Carl. Wie? «Sie kennen Herrn Pollack nicht, den Pollack aus Neutitschein», wie ein altes Lied aus Budapest singt? Es gibt hier unter den vielen Prinzlichen auch einen, der tut viel für das Rote Kreuz, ist ein humaner und braver und charitativer Mann, und der soll das also bekommen. Denn Verwundete aufsammeln, die die Angestellten der Petroleumgesellschaften und besoffen gemachte Kleinbürger zerschossen haben –: sehn Sie, d a s ist Pazifismus.

//

Gott ist groß. Max Donald wird in jeder Wahlversammlung ausgepfiffen. Das hindert allerdings nicht – Gott ist hinwiederum auch klein, in seiner allmächtigen Größe kann er sich das erlauben – hindert die Arbeiter nicht, in jenen Gegenden, wo ganze Generationen noch nie in ihrem Leben gearbeitet haben, die Labour ruhig weiterzuwählen. Aber jedenfalls diesen Burschen – hoffentlich nicht. Von dem Snowdon, der es gewiß nicht nötig hat und der merkwürdigerweise einen Zug von Johann im Gesicht trägt, naß, leicht verkniffen, ein verregneter Rabe – von dem Snowdon gesagt hat: «MacDonald wird den Leuten als Sozialist präsentiert, wie ein entwöhnter Säufer.»

Wir haben hier einen sozialistischen Ministerpräsidenten, der neulich seinen 50. Geburtstag gefeiert hat. Die Reden waren genauso. Entwöhnter Säufer.

Der Jammer ist, daß diese Leute sich Sozialisten nennen, das ist der größte Schade, den sie der Idee, falls das noch eine ist, zufügen können. Sozialismus? Sie haben hier eine kleinbürgerliche Zunftidee, die auf die Spitze der Lächerlichkeit getrieben ist. Der Elektriker kommt nicht, er hat keine Zeit. Ich könne ja den aus dem Nachbarort nehmen. Aber es darf sich hier im Ort kein anderer auftun – er hat das Monopol. Wenn das Sozialismus ist, dann bin ich allerdings Faschist.

//

Ein pensionsberechtigtes Volk. Die sentimentale Woge für Abessinien, die nun bald in allen Ländern zurückgedämmt werden wird, weil die Bankiers keine der Pleite-Diktaturen fallenlassen werden – war hier im vollen Schwange, da rüstete jener oben berührte Prinz eine Rotekreuzexpedition aus. Die Krankenschwestern machten mit. Aber, sagten sie, wo bleib ich? Und verlangten per Hose eine Sicherstellung von 100000 Kronen oder die Statuierung einer Pension.

Ich habe gar nichts gegen vernünftige Abmachungen – das können Töchter sein, die ihre alte Mutter ernähren, jewiß doch. Aber dann: laßt Euch nicht in den Zeitungen photographieren; dann geht nicht herum und streicht Euch den Bart, Bart, wie gut, wie christlich, wie hilfsbereit das alles ist. Immer Nummer Sicher. Und dann – nachdem statuiert ist, daß zur Eröffnung eines neuen Buchladens 10000 (zehntausend) Kronen nötig sind, für die man das Recht, nichts als das Recht kauft, ihn zu eröffnen – dann: höflich, nett, sauber.

Jedoch haben wir eine aktive Handelsbilanz, und Sie müssen selbst zugeben . . .

//

Zum 567. Mal: Mir könnte keiner einen größern Tort antun, wie wenn er diese Briefbeilagen veröffentlichte. Nicht nur, weil sie stilistisch nicht bearbeitet sind. Sondern weil sie einen ganz falschen Eindruck geben.

Wer von jedem Mausedreck im Alltag das Äußerste fordert, der endet gewöhnlich nachher im dicksten Kompromiß. Wie z. B. der selige Karl Kraus. Es hat keinen Wert, dauernd der Welt das Neue Testament auf den Kopf zu schlagen – wir wissen ja, daß das ein unangenehmes Geräusch gibt. Aber über die Köpfe hinweg muß mans ab und zu sagen: Selbstzufriedenheit ist eines der wenigen Laster, die es gibt.

//

Bei Kierkegaard stehen mitunter, wie Blitze, bezaubernde Sachen. «Er liebte sie nicht – er sehnte sich nur nach ihr.»

//

Eine 2. Bibliothek hat dann ganz anders, liebenswürdig und bejahend geantwortet – Du weißt ja, warum dieser ganze Betrieb ist.

//

Gegenbeispiel, wie man es nicht machen soll.

Hier sitzt als Landshövding ein ganz braver reformistischer, harmloser Sozi, ehemals Professor an der Universität. Der hiesige Theodor Wolff war sehr für seine Ernennung zum Beamten. Bon. Jener läßt vorigen Winter bei den Nazis Waffen beschlagnahmen, große Prozedur, die beschweren sich.

Nun kenne ich weder das schwedische Gesetz noch die Akten; ich könnte mir denken, daß die Nazis auf ihre Beschwerde recht bekämen, denn es kann ihnen dabei ein böses Unrecht geschehen sein. Ja, ich könnte mir sogar denken, daß der Landshövding auf dem internen Dienstweg einen herausbekommt, das hängt von so vielen Umständen ab. Die Regierung ist sozialdemokratisch. Was tun sie?

Sie klagen den Mann wegen Dienstvergehen an. 1/2 Jahr vor der Wahl.

Die Folge wird sein:

1. Die Nazis verdoppeln ihre Stimmen im Städtchen. Und sie werden – mit vollem Recht – nicht etwa die lächerliche «Gerechtigkeit» der sozialdemokratischen Regierung anerkennen, sondern sich sagen: Immer los. Dann gehts schon.

2. Jeder kleine und höhere Beamte im Lande wird sich das nächste Mal sagen: «Waffen beschlagnahmen? Ich nicht. Daran verbrenne ich mir nicht die Hände. Ich nicht.»

3. Der Landshövding muß wahrscheinlich gehen.

Der einheimisch geschätzte Theodor Wolff sieht, daß diese Gerechtigkeit Leuten gegenüber ausgeübt wird, die gar keine haben und auch keine predigen. Ja, aber das Gesetz ... Und nun, wortwörtlich, bis aufs letzte Tüpfel, dieselben Redensarten wie sein Vorbild, das Du kennengelernt hast: Wenn das Gesetz solche Folgen hätte, dann müsse man das ändern. Und, in einem Atem: Im übrigen (und nun wieder wörtlich wie dunnemals) sei Schweden gegen solche Ansteckungen gefeit, und verantwortungslose junge Leute ... für die man ein Gesetz ändert? ... und ja, da könne man denn weiter nichts machen. Und nennt das da «nassarna», macht also den Spitznamen populär. Alle Fehler auf einmal.

Du hast mir immer mit Recht gesagt: die andern sind in einem solchen Falle auch nicht schlauer, und das ist oft richtig. Aber einmal sind sie jünger, und dann werden sie vom Ausland geführt und hier und da wohl auch bezahlt, soweit der kl. Vorrat reicht. Und das wäre dann also das Prinzip, auf dem guten Teppich ein bißchen Feuer anzumachen, denn «es wird schon nicht brennen». Na, ja, das kann gewiß auch. Nur, ehmt, ob das Politik ist ... das möchte ich bezweifeln.

//

Alles, was ich hier schreibe, muß man mit dem Müdigkeits- und Krankheits-Koeffizienten multiplizieren. Das weiß ich, und Du fühlst es. So negativ ist die Welt nicht, sie sieht nicht einmal so aus, sie sieht für mich jetzt so aus. Gut. Aber:

Die Schuld des einzelnen ist fast stets ganz gering – und es fällt nachher auf ihn das ganze Malheur. So viel hat er nicht angerichtet, wie er in einem Kriege (immer für alle) büßt.

Also –? Also soll Roby vielleicht hingehn und sagen: «Ich diene einer Geldeinrichtung, die mir widersinnig erscheint und es, von einer hohen Warte gesehn, auch ist. Ich trete aus.» Was wäre dann? Dann hätte er an

Frau und Kind ein Verbrechen begangen und seinen Platz für einen Arbeitslosen freigemacht. Ich nehme absichtlich ihn als Beispiel, weil Du weißt, wie gern ich ihn habe, und wie sehr ich seine Sauberkeit und seine Tapferkeit bewundere. Schließlich ist das ja keine Freude, da zu sitzen. Viel mehr Schuld aber trägt keiner – manche mehr.

Zum Beispiel Frank Heller, der eine Reise durch Deutschland macht, für den von den Boches beleidigten hiesigen Ullstein schreibt, der nun in Bild und Wort seine Unparteilichkeit aufzeigt (manchmal pikante Witzchen wie die in Prag, manchmal Bilder, immer aber Reklame) – und nun also Heller.

Zu berichten, daß die Deutschen ihren Ober blind verehren, daß auch die Juden wie geschreckt und gebannt auf ihn sehen, ist halbrichtig, das letztere ganz. Denn auch Hanni und alle andern, die Dich, falls Du noch die Geduld hast, Dir das anzuhören, anspeicheln: «Verstehn Sie mich recht . . .» können nicht kieken. Geschimpft wird überall – wichtig ist, was geschieht.

Aber auf diese infame «Tüchtigkeit» hinzuweisen, die zu loben, wie die ihm imponiert, diesem weichlichen Schweden, wie er das «doch allerhand» findet, daß ein Filmschieber nach London fährt, der kein Wort englisch kann, sich dort einen Vertrag über 10000 Pfund holt («Wieviel muß ich Ihnen sagen, daß Sie glauben: zehntausend?») – wie er von der reizenden Einrichtung der Touristenmark berichtet, ohne sich auch nur einen Augenblick zu fragen, wie es denn komme, daß ein Land zwei Währungen hat, und auf wessen Kosten das geht; wie er sich also diese Mark kauft und an der bayrischen Grenze angebrüllt wird: «So viel haben Sie ausgegeben? Das ist unmöglich! Das kann nicht mit rechten Dingen zugehn! Kommen Sie mal mit!» – und wie er dann grade noch loskommt (er hat auch nichts Unrechtes getan, nehme ich an), wie er aufatmend das Lokal verläßt –: das ist mehr als Unparteilichkeit. Das ist Sympathie.

Man könnte den Schweden, grade denen, einen Bericht aus Deutschland geben, ihn umfrisieren, ihnen erzählen, das alles sei in Rußland geschehen. Sie nickten begeistert mit dem Kopf. Da sieht man es! Und im Augenblick, wo Du dann trocken sagtest: Nein, das stammt alles aus Deutschland – dann würden sie Dich zweifelnd ansehen, Dich im Herzen, falls vorhanden, als Bolschewisten registrieren, und sie würden kein Wort, kein einziges Wort glauben.

Der einzige Mann, den ich in dieser Sache kenne, bist Du. Du zappelst nicht, Du schimpfst nicht, Du kollerst nicht – Du sagst nur freundlich und bestimmt: Nein.

Und das hat sicherlich nichts mit mir zu tun, ich habe Dich vielleicht insofern darin bestärkt, als Du durch mich mehr weißt –: das ist vielmehr Deine Erziehung, Dein Land, Du selbst. Was ich sonst auf weiter Flur sehe, ist mit Ausnahmen: Motten, die ins Licht taumeln. Frage mal Gögö, wie man es machen muß. Jedes Kind, fast jedes Kind will tyrannisieren. Es versucht es zum mindesten. Du weißt das ja besser als ich. Es kommt also alles auf die Mama an.

Mit Diktaturen ist das genau so. Denn was ist Stärke –?

Die Schwäche der andern.

= = = = = =

[14. 11. 1935]

General-Luminal-Edel-Vollmilch-Gala-Tagebuch
ge4t 4 Nuna
= = = =

Kleine Bitte: Wenn ich wieder mal mich in Schwelgerein über irgendwelche Bücher ergehe, so bitte ich Dich herzlichst, das nicht als einen Wink mit dem Tzaunspfahl aufzufassen. Erstens winke ich gern direkt. Zweitens sind die Zeiten nicht danach, und was ich wirklich für das Schwedische brauche, kann ich mir immer leihen. Drittens und wichtigstens: das ist nur eine alte Angewohnheit von früher, mich über dies und genes zu begeistern – aber ich muß nicht alles haben. Es gibt natürlich einen Haufen französischer Sprachwerke, die ich gern hätte und einen wunderbar eingebundenen Péguy, aber jeder hat schon mal gemecht, und wünschen macht auch Spaß. So wie die Dinge liegen, ist mein Besitztrieb so gut wie erloschen. Niemals, hörst Du, niemals, ist mir das ein Kummer, und wenn ich so loslege, dann besagt das weiter nichts und entspringt eigentlich nur meinem Mitteilungsbedürfnis. Mir tut es beinah mit dem Kierkegaard leid, obgleich er mir große Freude macht.

//

Habe jedennoch so etwas noch nie gesehn. Doch, der Herausgeber, Übersetzer und Verfertiger seiner Biographie kann dänisch. Aber im übrigen ist sein erstes Wort: «Ob Kierkegaard, das oder das . . . ist mir gleichgültig und interessiert mich nicht» – ja, wer hat ihn denn gebeten, sich diese Höllenarbeit zu machen? Und sein zweites ist: «ohne sich dabei von Kierkegaard tyrannisieren zu lassen.» Gott segne denselben – eine Vorrede ist denn auch aus Stuttgart-Degerloch datiert, was offenbar Lieschen erfunden hat. Es ist unsagbar. Er hat auch gestrichen, hinzugesetzt und geändert – Übersetzungen, meint er, wären Vertrauenssache. Woraufhin ich mich meines letzten Frödingsgedichts sehr geschämt habe – man darf eben doch nicht hineindichten.

Kierkegaard war ein Konfusionsrat, oder vielmehr, ein wirrer Mensch. Der Übersetzer hingegen hat nicht nur einen Bart, sondern auch vermicelles darin, was die Sache sehr kompliziert, wenn man ihn kämmen wollte. (Zusatz für Lieschen, zwar aus dem *Canard*, aber doch gut: «Il avançait, précédé de sa barbe.») Manches bei K. ist matt, vieles unlesbar, ein merkwürdiges Gemisch aus Kleinstadt, armer Hund und ein Fetzen religiösen Talents ersten Grades. Hier und da, genau wie bei dem viel größeren Péguy, Silber und Gold, in Geröll verpackt – man könnte ruhig eine Anthologie herausgeben. Er hat den barocken Humor der Romantik, schreibt alles durcheinander, manchmal ist man versucht, zu sagen: «Also gut – Sie haben die Verlobung mit Regine Olsen gebrochen, und das können Sie nicht vergessen. Herr! daraus haben Sie ein unsterbliches Buch zu machen oder das Maul zu halten.» Dann wieder geht er ganz nach oben, aber wieweit das etwas taugt, kann nur ein geschulter katholischer Theologe beurteilen. Echt scheint mir das meiste zu sein – ganz dänisch dabei ist seine prickelnde Freude an der Polemik mit Gott weiß wem. Es ist etwas sehr Seltsames.

//

Da wir grade beim Tackatack sind: Du kannst Dir nicht denken, was Du mir für eine große Freude mit dem *Esprit* gemacht hast. Die letzte Nummer war gut – viel besser als der *O.N.* Welch letzterer mit der «Normandie» angegeben hat – also wenn man das schon tut (sie entarten immer mehr zu einer Zeitschrift), so haben diese Peitschenhiebe durch ganz Frankreich zu hallen. Statt dessen: Ja, sehr schön finden wir das ja auch nicht ... Im *Esprit* die merkwürdige Studie eines entgleisten Journalisten, die mich erschüttert hat. Heißt Petit, irgendein Niemand. Das ist, soweit ich die französischen Zeitungsverhältnisse kenne, ganz wahr, so hoffnungslos traurig, vieles darin ist mir so nahe, ohne daß ich sagen könnte, warum – manche Bemerkungen aus der großen Maschinerie eines Betriebes, der ja viel unpersönlicher ist als etwa Deiner, ist ausgezeichnet gesehn – und das Ganze so traurig wie straßenkotbespritzte Stiefel. Aber sehr gut.

Unverständlich bleibt mir ihre Überschätzung der Filmkritik. Die ist doch nur möglich, wenn man zwei Dinge ununterbrochen sagt und nochmals sagt: Die Zensur und die «Hosenhändler der Filmindustrie» (das stammt von Johann). Nur so kann man einen Film verstehen. Sie aber werten ihn, wie wenn das ein reines Kunstwerk sei, entsprungen aus dem Hirn eines freischaffenden Künstlers. Lächerlich. Ich denke, es muß wohl so eine Art Ventil für den Machtwillen junger Leute sein, sonst haben sie ja nicht viel. Aber einen Film schlachten oder gar Cocteau ... ich habe für diese Sorte, expertus scio, nicht mehr viel übrig. Ich weiß, wie leer das ist. «Als wir jung gewesen sind ...» worauf Bierbaum einmal: «Wind, Wind, Wind ...» gereimt hat. Aber sonst ist es eine Zeitschrift, die sich sehen lassen kann. Nochmals Dank.

//

Barbussens letztes Buch über Stalin. Gutgläubig, sauber (ich habe ihn gekannt), das ist ganz rein, beinah einfältig. Kann auch nicht in den höheren Regionen denken. Was mich angekotzt hat, ist die Schilderung der

Rolle Trotzkis. Wenn dessen Memoiren alle nichts als Lügen wären, wie kommt es, daß der Mann offiziell in Rußland gefeiert worden ist wie ein Gott? Nun heißt es: «Überall, wo an der Front gegen die Weißen Not am Mann war, wurde Stalin hingeschickt.» Und Trotzki bekommt aufs Dach, weil er die «falsche» Revolutionsthese verfochten hat, weil er *zu* revolutionär gewesen sei und weil er überhaupt «oppositionell» war. Das erinnert nun haargenau an die alten Kirchenstreitigkeiten, wo Persönliches, Sachliches, Halbwahres alles bunt durcheinanderging, bis der Ruf ertönte: «Ketzer!» – Das ist zum Speien. Ja, woher wissen denn diese Gottgesalbten und Unfehlbaren, daß sie nicht die «Opposition» sind? Als Lenin auf einem Kongreß in Stockholm 1905 mit seinen Leuten überstimmt wurde, sagte er, wie Barbusse lobend anmerkt: «Wir werden uns schon durchsetzen, denn wir haben recht.» Bon. Und warum dürfen das nachher die andern nicht mehr sagen? Es ist völlig hirnlos. Und sehr übel.

Ganz großartig das etwas demagogische Kolossalgemälde, das er von der faschistischen und, wie er sich sehr glücklich ausdrückt, von der préfaschistischen Welt entwirft. Das ist wirklich gut. Von der Schweiz sagt er nur, sie sei «foncièrement inhospitalière», was für seinen Fall stimmt. Aber das ist mir zu wenig und tut der Schweiz unrecht.

Man muß doch die Ziffern, und zwar die relativen Ziffern der Emigranten sehn, bevor man darüber spricht. England – das ist eine Scheibe. Und gar hier! Hier mögen 1933 etwa 1200 Menschen, aber das ist das Maximum, hereingekommen sein. Und sie winden sich in Krämpfen, wenn sie für einen Fremden etwas tun sollen. Das ist für 6000000 eine Schweinerei. Daß man nicht alle diese 1200 in denselben Positionen, die sie draußen eingenommen haben, aufnimmt – wer verlangt denn das! Aber die Geste, die Geste! 20 Ärzte und 10

Juristen und 300 Arbeiter – das ginge nicht? Natürlich geht das. Sie wollen nicht.

Bei der Schweiz wäre höchstens anzumerken, daß ihnen das fehlt, was der Franzose «Mais il y a de la manière» nennt. Sie begehen sicherlich keine Grausamkeiten – aber unnötige Bürokratismen, die armen Leuten das Leben zur Hölle machen können. Im Falle Barbusse haben sie sich einfach verhauen. Sie mußten wissen, daß das nicht ein Straßenredner ist, der die Errichtung des Sowjets Uetlikon fordert, sondern der au-dessus de la mêlée spricht. Aber sonst seid ihr wirklich, was die Behandlung der Fremden angeht, eine Insel an Anständigkeit. Mit Schweden nicht in einem Atem zu nennen. Und wo bleibt Wesemann –?

//

Gewisse Sachen scheinen hier stereotyp zu sein. Aus dem Buch eines lustigen Malers, der nicht viel kann, aber, wenn besoffen, sehr komisch gewesen ist, ein Deutscher, der lange hier gewesen ist:

«Bei einem Bäckermeister (in Nordschweden) brannte der Schornstein. Von der Feuerwehr weit und breit nichts zu sehn. Zwei beherzte Männer von den Zuschauern stürzten sich jedoch in den Rauch und hatten in kurzer Zeit den Brand gelöscht. Als sie fertig waren, kam die Feuerwehr mit Pumpen und Leitern angezuckelt. Alle hatten gutsitzende Uniformen und sahen sehr schneidig aus. Der Brandmeister mit funkelndem Helm ließ sich von den beiden Männern den Brand und das Löschverfahren erklären. Und schnauzte gewaltig herum, weil sie es total falsch gemacht hätten.» Und:

«Der Punsch ist gut, aber das Bier – meine Herren – das Bier! Es nennt sich ‹Pilsner dricka›, ist gelb und ohne jede Spur von Alkohol. Es ist so schwach, daß es kaum aus der Flasche herauslaufen kann. Byström sagte aber, daß Schwäche ein Zeichen von Güte sei.»

Und man sollte es direkt in den Nachttopf gießen.

Wenn ich das einem Schweden zeigte ... ich kenne nicht einen, der so viel Humor aufbrächte, darüber zu grinsen. Er könnte ja dann sagen: besser so ein Bier als versoffne Menschen – aber das sagte er gar nicht erst. Aber daß seine Einrichtungen nicht tadellos wären ...! brrr, welche Selbstzufriedenheit.

//

Die disputatio über die *Basler* würde ich in dieser Form niemals öffentlich führen – ich schreibe ja an Euch Briefe. Außerdem achte ich Dich s e h r als Junggesellen, und Gottseidank denken wir nicht über alles gleich, das wäre ja fürchterlich. Das, was an der Sache zu bejahen ist, das, was die Zürichtante nicht wagt, jene aber doch –: alles das ist völlig klar, hier denke ich genau so wie Du.

Aber der Rest ... liebe Nuna – ich habe ja dieselben Fehler hinter mir, ich habe sie tausendfältig von andern machen sehen, und ich weiß: Das führt zu nüt. Werde nicht ungeduldig, wenn ich das sage – ich w i l l ja nichts. Meine Position dabei ist unhaltbar. Hebe ich auch nur eine Planke bei Dir ab, so ist darunter: «Ach was. Na, und was macht er? Und was hat er erreicht?» Ich weiß das. Deshalb schweige ich ja auch. Aber ich weiß auch, daß ich nicht ungeduldig geworden bin, leider, leider nicht, als man mir 20 Jahre lang auf die Schulter geklopft hat und gesagt hat: «Das Publikum geht nicht weiter mit. Das da ist schon sehr viel. Sie müssen die Leute nicht vor den Kopf stoßen.» pp. Ich kann das alles auswendig. Und ich weiß, daß selbst, wenn das Blatt in erträglicher deutscher Sprache geschrieben wäre (die Leitartikel immer ausgenommen), daß das nur ein amüsantes Gesellschaftsspiel ist, ein moralischer Verdauungsschnaps, der die Leute lähmt und sie dispensiert, nun noch etwas weiteres zu tun, denn sie haben ja die Ia-Ironie genossen, die da verzapft wird. Der *Völkische Beobachter* war viel schlechter – aber dahinter stand ein Wille. Hier aber ist gar nichts. Matte Abwehr. Genukkel. Schärfe, wo sie nichts kostet. Und niemals lese ich dort das, was allein mein Herz erfreute:

Waren werden vernichtet, damit sich der MARKT hält. Die Schweiz läßt genau wie 1914 alle Transitwaren für den Krieg durch. Die Handelsverträge werden erneuert, und so fort. Also gut, vielleicht muß das so sein. Aber wenn es so sein muß, dann schweigt und verschont den Leser mit abgestandenen Witzen über irgendwelche deutschen Karikaturen. Das ist kein Weg. Das ist ein Boskett um eine Bedürfnisanstalt. Amen.

= = = = =

Anbei ein Bericht über die deutschen Juden – wie ich denke, der letzte. N'en parlons plus. Sie sind, wie auf der Rückseite vermerkt. Nun aber, wenn auch die Deutschen Geschäfte mit den Polen und Chinesen machen, so wird es doch, das frage nur Herrn Zetkin, eine Macht auf der Welt geben, die das nicht mitmacht. Eine, die Dimitroff aufgenommen hat wie einen König – eine, die weiß, was sie sich und den ihr attachierten Arbeitern schuldig ist, denen, die an sie noch glauben, die wird doch – –

LES RELATIONS ÉCONOMIQUES AVEC L'UNION SOVIÉTIQUE

Notre correspondant particulier de Berlin nous téléphone mercredi matin 6 novembre:

On accorde une certaine attention, dans les milieux diplomatiques de Berlin, aux tentatives de rapprochement entre l'U.R.S.S. et l'Allemagne.

On sait que les relations économiques entre les deux

pays ont considérablement souffert depuis que le national-socialisme est au pouvoir. Les ventes allemandes à l'U.R.S.S., jadis très importantes, se sont réduites à l'exécution de commandes anciennes. Mais il existe un crédit allemand de 200 millions de marks, consenti le 9 avril 1935 par le Reich, que les Soviets n'ont pas utilisé et sur lequel il serait question aujourd'hui de passer des commandes à l'industrie allemande. Il va sans dire que celle-ci déploie toute son activité pour que de nouvelles affaires aboutissent. On ne dédaigne même pas d'employer des émissaires israélites que l'on sait en bons termes avec l'administration soviétique. On peut noter également que le dixième anniversaire des accords commerciaux entre l'Allemagne et l'U.R.S.S. a été célébré dernièrement par un banquet auquel assistaient des représentants des deux pays.

Auf Wiedersehn.

= = = = = = =

Was noch N. B. bemerken wollte: die Zionisten, die in Luzern den Boykott gefordert haben, können natürlich sagen: Wir kaufen ja gar keine deutschen Waren – das ist nur der Gegenwert für das den deutschen Juden geraubte Gut. Und ich will Dir mal was sagen:

Ich weiß, daß man ohne Kompromisse nicht leben kann. Ich weiß, daß es auch dummen Heroismus gibt, dämliches Heldentum, mit dem Kopf bumbumm immer an die Wand – das gibt es.

Nicht zu sehen aber, daß es auch einen Heroismus gibt, *der nun außerdem auch noch das bessere Geschäft ist,* das ist der angeblich kommerziellsten Rasse, nebbich, vorbehalten geblieben. Hättest Du im April 1933, wo auch der Blindeste hätte sehen müssen, was los war, den deutschen Juden gesagt: Pathetischer und heroischer Exodus, Zwangsverkäufe, heraus! – sie hätten gespeichelt: «Lieber Freund, Sie sind, also was soll ich Ihnen sagen, ä Literat. Sie verstehen das nicht. Ich, sehn

Sie, ich bin ä Kaufmann. Mein Geschäft wirft mir bar, also unter uns, ich versteure das natürlich nicht, mein Geschäft hat einen Reinumsatz von 56000 Mark im Jahr, repräsentiert also ... einen Moment mal (telephoniert) repräsentiert also einen Reinwert von 000000000 Mark. Und wenn ich heute verkaufe, so bekomme ich nur m Mark. Nicha? Das sehn Sie doch ein! Is ja lächerlich.»

Und da darf man denn mit Halperin fragen: *«Und was ist jetzt?»*

Das Verhalten dieser Menschen wird nicht von rationalen Motiven diktiert. Das ist nicht wahr. Sie können gar nicht heroisch handeln, wenigstens nicht als Gruppe. Einzelne mögen anständig gewesen sein, viel tapfrer als ich. Aber der Geist der Gruppe ist einen Dreck wert. Und: sie haben nicht einmal etwas davon. Und: sie werden es morgen genau wieder so machen. Sie akzeptieren das Ghetto – und Ghetto, das ist das Produkt zweier Geisteshaltungen: derjenigen, die es verhängen, und derjenigen, die es annehmen. Da soll man nicht stören. Was ich auch nicht mehr tun werde.

Gute Nacht.

= = = = = = =

[16. 11. 1935]

Q-Tagebuch
und Qddelmuddel für Nuna

= =

In Norwegen hat eine Arbeiterzeitung behauptet, der Großbetrieb des Hitler gehörigen Verlagsunternehmens (das ihm durch Zwang-Abonnements Millionen einbringt) reiße alle kleinen Nazi-Druckereien an sich. Protest des deutschen Botschafters in Oslo. Nun habe ich den Artikel nicht gelesen; der Klammerzusatz ist von mir, und ich weiß nicht, ob die Zeitung Hitlern beleidigt hat. Norwegen hat eine Arbeiterregierung. Wenn Du glaubst, daß sie den Protest höflich, aber fest zurückweist . . .

Nun bin ich auch überzeugt, daß es mit dem Friedenspreis nichts werden wird. Sicherlich sind längst Vertrauensleute bei dem Comité gewesen: es würde doch einen sehr schlechten Eindruck in Deutschland machen, wenn -- und die guten Beziehungen zwischen Norwegen und Deutschland sollten doch -- Und Norwegen hat eine sozialistische Regierung. Und sie wird schweigen. Und kuschen.

//

In Frankreich hingegen hat die sozialdemokratische Gruppe des Parlaments Stampfer, den ehemaligen Chefredakteur des Berliner *Vorwärts*, des Sozi-Organs, empfangen und mit ihm darüber beraten, wie man unter den jetzigen Umständen . . .

Du bist ja gut durchs Leben gekommen und hast den *Vorwärts* nie zu lesen brauchen. Er war die am schlechtesten gemachte Zeitung Berlins. Einmal ist Zeitungsstreik gewesen; nur der *Vorwärts* erschien, und die nervösen *B. Z.*-Leser mußten also den kaufen. Tags darauf hatte er auch nicht einen Leser mehr, obgleich doch hätte angenommen werden können, daß sich die Zufallsleser zu regelmäßigen Lesern hätten entwickeln können. Mit Recht war nichts dergleichen. Dazu war Stampfer einer der schlimmsten Hilferdinge: allemal applanieren, übertünchen, die Sau-Politik der Partei schlecht entschuldigen . . . Und das wird empfangen, ernst genommen, berät . . .

Die französischen Sozialisten werden dafür gestraft werden. Geht es in Frankreich schief: sie werden die Leidtragenden sein. Und rechtens. Was fällt, soll man noch stoßen.

//

Die Einweihung der «Normandie»

Die Franzosen haben ein neues großes Schiff gebaut, die «Normandie», welches Wort sie abwechselnd als Maskulinum oder als Femininum gebrauchen, und in Le Havre haben sie es eingeweiht. Ging ja hoch her, dideldumdei . . .!

Der *Canard* hat nicht alles gesagt. Er hat nur erzählt, wie man zu den sehr opulenten Feierlichkeiten keineswegs die amerikanische pariser Kolonie eingeladen hat, die ja immerhin als Kundschaft in Betracht kommt, sondern les copains et les copains des copains et les copines comme de juste. Gut. Darunter gar viele Senatoren. Und, fügt der *Canard* hinzu, der ja als Besitzer der Canard-Line Bescheid weiß: wenn die Gesellschaft, die die «Normandie» gebaut hat, ein Defizit hat, dann werden die Senatoren ihr den Staatszuschuß nicht verweigern. Das ist richtig. Er hätte noch etwas hinzufügen können: Wenn das Schiff abbrennt oder untergeht, ohne daß die Rettungseinrichtungen funktionieren, so wird sich der Herr Generaldirektor das «richten», wie Deine österreichischen Freunde sagen. Eben diese Zusammengehörigkeit auf gesellschaftlichem Gebiet, der Jahrmarkt der Eitelkeiten, das bewirkt nachher, daß es funktioniert, wenn man die Exekutive oder die Legislative braucht. Da schimpfen die Leute immer auf die Freimaurer, die geschäftemachende Kleinbürger sind. Und das da –?

Man muß ja nicht glauben, daß die Senatoren funktionieren, weil sie Mayonnaise gekriegt haben. Nein, aber dazu gezählt werden; être une personnalité (wenn auch keine haben); eine bessere Kabine zu bekommen als der Nachbar; da durchgelassen werden, wo sonst abgesperrt ist – kurz: die soziale Geltung macht es aus.

Ganz Frankreich ist darauf aufgebaut. Man muß in dem höchst interessanten Buch Ullmans «Police» sehen, wie die Erpressungen Chiappes, wie der gesamte Polizeiapparat darauf steht: wenn jemand «quelqu'un» ist, dann ist er eben quelqu'un und unterliegt einer andern Art Gesetzesanwendung. Manchmal ist er auch ganz tabu, wie dunnemals die russischen Großfürsten. Daran sollten sich die Leute halten und nicht an ihre höchst albernen monarchistischen Märchen, ja, selbst der Marxismus langt nicht ganz, um das zu erklären. Gewiß, die Gewinnverteilung bei einem solchen Schiffsunternehmen ist absurd – ändert man das, so fällt schon einer der Hauptpfeiler dieses Wahnsinns. Aber da ist doch noch der Mensch, den es allerdings in Moskau nicht gibt.

Mir tut ja leid, daß ich so etwas nicht einmal mitmachen kann. Ich rieche diese höchst fatale Gala-Atmosphäre bis hierher; dieses unterwürfige, an diesem Tage leicht champagnerbeschwipste Personal (keine Trinkgelder heute!), das dreckige Husch-Husch-Pusch hinter den Kulissen, wo die Gläser höchst summarisch ausgespült werden, dieselben, die vorn wie eine Hostie kredenzt und präsentiert werden – und dieses ewige Monte-Carlo, das allem, was die Franzosen offiziell tun, anhaftet: mangelnde Vorbereitung (so hat man am Tage der Premiere entdeckt, daß das Schiffstheater alles hat, nur keine Akustik); das falsche Getue – es muß sehr heiter gewesen sein. Daß auf dem Schiff eine Kapelle ist und daß die vom Kardinal Verdier eingeweiht worden ist, bedarf keiner Erwähnung; wo ausgebeutet wird, wo es ungerecht zugeht und wo, man darf ruhig sagen, Gott ins Gesicht geschlagen wird, da darf die katholische Kirche nicht fehlen. Die ja wohl dem einzelnen so vieles gibt wie keine Institution in Europa – aber was sie als Kollektivum treibt, das ist Gotteslästerung. Die habens nötig, das Luthertum und die Gottlosigkeit zu bekämpfen. Sie sollen sich an die eigene Hostie fassen.

Wo viel Menschen sind, fehlt es nicht an Wanzen. Die Schmöcke waren alle da.

Ich bin kein Marxist, aber meine Abneigung gegen die Luft, die aus Rußland herüberweht, darf mich nicht verleiten, die elementaren Erkenntnisse der marxistischen Lehre (anders, als der Meister sie auffaßt) zu bejahen. Die Entwicklung eines im Grunde einmal anständig gewesenen Menschen wie Bertrand de Jouvenel, eines Reporters von *Vu*, der sich von den Chiappe-Horden hat verhauen lassen, diese seine Entwicklung bei dem Ullsteinjuden Vogel ist vorauszusehen. Er rutscht von Stufe zu Stufe. Noch beschwichtigt er sein Gewissen durch ganz leise Ironie-Blitze – aber schon macht er Weltgeschichte, wenn er mit Laval nach Rußland fährt, und was er auf der «Normandie» treiben wird, ist nur deshalb nicht bedeutungslos, weil sich hier eine ganze Klasse selber portraitiert.

Herr Vogel hatte den charmanten Einfall, die üblichen Zahlen des ungeheuern Kolossal-Riesen-Mammut-Proviants, den so ein Schiff mit sich führt, in die Form des biblischen Kapitels über die Arche Noah zu bringen. Daß einer die Bibel persifliert, stört mich nicht – das ist übrigens in katholischen Ländern viel öfter gemacht worden als anderswo, eben, weil die Bibel bekannter ist als anderswo. Aber haben wir das nicht alles schon einmal gelesen? Wann war das doch nur? 100000 Bestecke und 567845 Bettlaken und 45673 Flaschen Wein . . . wann?

Das war anno «Titanic». Karl Kraus hat das damals angegriffen, und wie! Donnernd und brüllend, allerdings mit jenem falschen Ton, der immer in ihm gewesen ist. Und es war genau dasselbe – alles genau dasselbe. Die Persönlichkeiten; und die Gala-Feste; und die 6710000 Hammelkeulen; und dann das Ende. Schriebe ich eine Satire über die «Normandie», die ich im Schlaf schreiben könnte, nur im Schlaf, so sagte ich, wie in einer Ecke das Schiffsorchester leise eine Probe abhält: sie proben «Näher, mein Gott, zu Dir».

Mit diesem Choral ging die «Titanic» unter.

Es ist auch dafür alles da: der brennbare Lack und die tausend Stuckaturen und alles . . . Und da die Franzosen keine Klingelleitungen legen können . . .

Es hat schon auf dem Schiff gebrannt; ein Arbeiter hatte geraucht, aber der erste Gedanke war: Sabotage! – Durch wen? Das ist doch sehr einfach.

Bei den Krönungsfeiern in Stockholm fielen einigen Zuschauern Eier auf den Kopf. Der erste Gedanke war: Die Kommunisten! Es waren aber Tauben, die auf einem Dach genistet hatten. Pardong.

Sähe man so ein Schiff abends durch die Fluten rauschen, wie jede bessere Zeitung das beschreibt, dann sieht man dort keineswegs ein Zeichen des Menschengeistes, welcher . . . sondern man sieht ein Monument der Ungerechtigkeit, des Wahnwitzes, der Sinnlosigkeit, derselben, welche Radio in die Autos legt; man sieht das Sinnbild einer Menschheit, qui a perdu le nord, um im Bilde zu bleiben.

Was negativ zu sagen, mir aber höchst überflüssig zu sein scheint. Das ist tausendmal gemacht worden; man kriegt einen trocknen Hals, wenn man das lange tut – es führt zu gar nichts.

Man muß den Menschen positiv kommen. Dazu muß man sie – trotz alledem – lieben. Wenn auch nicht den einzelnen Kulicke, so doch die Menschheit. Ich vermags nicht. Meine Abneigung gegen die Schinder ist viel größer als meine Liebe zu den Geschundenen – hier klafft eine Lücke.

Schade, daß die Päpste das Christentum für Baumwolle und Öl verkauft haben, diese livrierten Lakaien der Banken. Nun können sie sich nicht mehr rühren. Wäre ein Christentum da –: es wäre doch etwas, um sich daran festzuhalten.

Übrigens geht die Welt nicht unter, wie der Widerpart der *Neuen Freien Presse*, Kraus, das kreischend behauptet hat. Die «Normandie» kann schon eher untergehen – und wir werden dann lesen, wie sich Herr General Sicommun und Frau Präsident Aeppelblum tapfer verhalten haben. Die Zahl der Umgekommenen III. Klasse wird mit 1675 nicht zu niedrig gegriffen sein. Die Sterblichkeit in der I. Klasse ist weniger groß.

Und wer ist an alledem schuld – ? Die Juden. Die Kommunisten. Nichtzutreffendes ist zu durchstreichen.

//

Wer ist Jean Ajalbert?

Der *Temps* schrieb neulich, dieser habe ein etwas sauersüßes Buch über Italien veröffentlicht, was ja jetzt, wo große Liebe und Freundschaft zu Italien, ja stellenweise sogar zu Rußland gemimt wird, nicht ins Konzert paßt. Wenn der *Temps* so etwas tadelt, dachte ich mir: das muß doch was sein.

Und ob es etwas ist!

«L'Italie en Silence et Rome sans Amour.» Du wirst das lesen und Du kannst es dann Lieschen mitnehmen, die ja Italien kennt und noch viel mehr Spaß daran haben wird als ich.

Manches sagt mir nichts, weil ich nichts von bildender Kunst verstehe; manches ist eng, so die dürftige und arme Diskussion mit Croce, dessen Größe Ajalbert nicht versteht und dem er dumm entgegnet, weil der im Kriege für Deutschland gewesen ist – aber das letzte Drittel ist eine Fundgrube. Mein Gott, wo haben die Sozialdemokraten ihre Augen! Nun, man kann von einer untergehenden Partei nicht mehr verlangen.

Manches ist vielleicht nicht ganz richtig; manches ist unvollständig, aber für einen flanierenden Franzosen hat sich der Mann doch gut dokumentiert. Daß er Import- und Exportzahlen fälscht, glaube ich nicht – daß er sie offiziellen Quellen und nicht irgendeiner kommunistischen Broschüre entnommen hat, glaube ich schon deshalb, weil er sich als braver Republikaner gibt, gar nicht sehr wild, gar nicht sozialistisch.

Aus seinen Ziffern geht klipp und klar hervor: der Umsatz ist von 1928 auf 1933 um zwei Drittel gefallen. Es geht den Leuten säuisch. Die Kredite sind bis auf das Äußerste angespannt. Der Kurs der Lira ist künstlich. Die Arbeitslosen nehmen zu, viele bekommen gar keine Unterstützung und werden also nicht von der Statistik erfaßt, nur vom Hunger. Das Land ist freudlos; man denke sich das von Italien! Mussolini hat eine Methode, keine Grundsätze – er will . . . ja, was will er? Das weiß Ajalbert nicht – das weiß aber die Soziologie: er will die Aktion, seine Aktion. So oder so – seine Aktion. In manchem ist Ajalbert noch viel zu milde – so weiß er nicht, daß Mussolini, ähnlich wie Hitler, mit abgepreßten Aktien seiner Zeitungen, die man lesen *muß*, enorm verdient, daher also großzügig und theatralisch auf seine armen Bezüge verzichten kann. Aber «man wird ja nicht Tyrann, weil man friert». Spitzel; Polizei, Polizei, Polizei; unsinnige Ausgaben für die

Erhaltung des Regimes mit einem sinnlos aufgeblähten Beamtenapparat; 92 Provinzen statt 72, jeder Provinzpräfekt ist «Exzellenz»; Rechtlosigkeit vor der administrativen Verschickung; wahnwitzige Angst, irgend etwas zu sagen – Spitzel, Polizei, Geldverschwendung – Elend hinter den Kulissen. Autostraßen, leere Autostraßen, Fassade. Paris hat mehr Autos als ganz Italien. Armut. Großes Maul. Die Krise geht ihren Gang – ganz unbekümmert um die theatralischen Reden.

Das Buch ist sehr amüsant geschrieben – er zitiert das Wort über Laval «Il est une encyclopédie de l'ignorance», und so widerwärtig mir der fette Komödiant Mussolini ist, dessen bedeutende Aussprüche Banalitäten oder Unwahrheiten sind, so sehr fühlt man: Lateiner bleibt Lateiner. Pose, gewiß – aber nie wäre ein Deutscher dieser Pose fähig, die eben doch mehr ist als nur das. Was wäre Ihnen das Schönste als Nachruhm? fragt man den ewig jungen Großvater Benito. Nun hatte man grade eine Kulessal-Statü für ihn errichtet, die hexte, greßte, fest groß. «Das Schönste wäre», sagte er, «wenn die Liebespaare sich später verabreden: Heute abend – bei Mussolini.» Das versöhnt zwar nicht mit Matteotti, aber schön ists doch. Nur eben: ein lateinisches Volk wie dieses darf in den Städten nicht auf der Straße küssen, und nun gehen manche Liebespaare auf den Bahnhof, wenn die Züge abgehen, dort darf man.

Genau wie in Rußland: eine Schulklasse braver Schüler. Mit Gemucksch und Geschimpf – aber eben eine Schulklasse.

Ajalbert sagts auch: wir andern haben das wohl hinter uns.

Immerhin: was nur auf einem Zinsfuß laufen kann, hält sich an diesem Jammergespenst fest, kein Bankier, der das nicht bejahte. Erst, wenn es abgewirtschaftet hat, wenn keine Disseplin die Prosperität wieder zu erwecken imstande ist – erst dann werden, vielleicht, ach Gott, die Menschen entdecken, daß der wahre Feind in ihnen und unter ihnen steckt.

Schade, daß Du nicht längst reich geheiratet hast, und Deinen Herrn Mann mit Natriumbikarbonat in die Luft gesprengt hast; dann säßen wir an dem Grabsdenkmal und sagten:

Ich sehe hier von meinem Tier
auf das Gehudel unter mir.

Wenn man mitmachen muß, ists weniger amüsant. Italien aber wird aufatmen, wenn der stirbt.

//

Schlußbemeckerung des Q-Tagebuchs

Warum ich nicht lieber schédisch lernte?

Weil das Konzentration erfordert. Du darfst nicht vergessen, daß ich 20 Jahre Geschreibe hinter mir habe – ich klappre das so, wie Du einen Herzton abhörst. Ich überarbeite das nie, es ist nicht einmal die erste Niederschrift, es ist gar keine Literatur, sondern eine Briefbeilage. Daher mag ich auch nicht, daß das jemand Fremdes zu lesen bekommt. Um zu lernen, muß der Kopf offen sein. Der Bauch übrigens auch.

Deinen Eingang segne Gott – meinen Eingang gleichermaßen.

Amen.

= = = =

[Vermutlich eine Übersetzungsübung aus dem Spätherbst 1935]

Malt 70000 Kunstwerke jährlich für Skandinavien

Dänischer «Kunstmaler» standardisiert die Herstellung von Gemälden.

Kopenhagen, den 19. November

Berlingske Tidende hat einen Besuch bei dem produktivsten Maler der Welt, K. Nielsen-Ulvig in Jyderup, gemacht und einen interessanten Einblick in seine Werkstattgeheimnisse bekommen. Ulvig berichtet mit einem gewissen Stolz, daß er jährlich ungefähr 70000 «Kunstwerke» herstellt und auch verkauft, die über ganz Dänemark, Schweden und Finnland verbreitet sind. Er war Stubenmaler und Tapezierer, bevor er die Künstlerlaufbahn einschlug. In der Krisenzeit (darunter versteht man hier oben etwa 1920/22), als es schwer war, Tapeten zu bekommen und er oft arbeitslos war, kam er auf den Gedanken, sich zum Kunstmaler auszubilden. Er wollte indessen nicht wie andere Künstler herumsitzen und sich mit einem Gemälde mehrere Tage lang befassen, sondern seine Idee war, etwa 50 Bilder an einem Tag fertigzustellen.

Die Leute wollen nun einmal Bilder haben, die sie an die Wände hängen können, und warum soll man ihnen nicht die Möglichkeit verschaffen, diese Bilder für ein paar Kronen zu kaufen! Und so erfand er denn sein eignes System. Handgemalt mußten die Bilder sein, um Absatz zu finden. Ulvig zeichnete die Motive für eine Serie auf, die Strandbilder umfaßte, Landschaften aller Art, «Der alte Spielmann» u.s.w.

Die Art der Herstellung ist folgende: Ulvig nimmt zunächst ein Stück Leinewand und schneidet das nach Standardrahmen zurecht, oft in poliertem Messing. Er schneidet eine Menge solcher Tücher zurecht, die dann unter Zinkclichés gelegt werden und durch eine Reihe Drehmaschinen gedreht werden, wo eine Farbe nach der andern ausgedruckt werden wird, und zuletzt die Zeichnung. Das ist die Vorarbeit. Doch soll jedes Bild seinen Sonderzug erhalten, und nun kommt die Arbeit des Künstlers. Die feuchten Tücher werden auf großen Tischen ausgebreitet, und der Meister und seine Mithelfer setzen das Tüpfelchen auf das i, oder, besser gesagt, eine ganze Menge Tüpfelchen, so daß man sehen kann, daß das Ganze handgemalt ist. Manchmal arbeiten bis zu 10 Gesellen im Haus (und was nun kommt, hat Lieschen erfunden, steht aber wörtlich da:) und auch Frau Ulvig hilft mit, Blumen zu malen, wenn solche auf den Bildern vorkommen.

Wenn Not am Mann ist, werden noch ein paar Mitarbeiter aus Kopenhagen angenommen. Die lassen sich die frisch gedruckten Tücher zusenden und bemalen sie mit etwas frischem Laub oder braunem Herbstlaub auf einem Teil, lichtgrünem Frühjahrslaub auf andere und hier und da auch dunkelgrünem Sommerlaub. Abwechslung muß sein. «Die Leute wollen das so», sagt Herr Ulvig.

Auf diese Weise kommt die Fabrik auf eine Lieferungskapazität von 150 handgemalten Bildern am Tag – eine Zahl, die große Ansprüche an die Trockeneinrichtungen stellt. Eine Bestellung von 35 000 Stück ist dieser Tage expediert worden, und man ist grade mit einer Ladung von 15 000 beschäftigt, die nach Finnland gehen sollen. Der Lieferant muß auch berücksichtigen, ob die Bilder für Dänemark oder Schweden oder Finnland bestimmt sind. Die Kopenhagener wollen ihre Bilder am liebsten in lila oder beige haben. Auf dem Lande in Dänemark liebt man grüne Wälder und Felder und blaues Wasser, und auf den Bildern für die schwedische Kundschaft muß man violettgrüne Birken haben,

(Quatsch – steht aber da) – und das Ganze muß in scharfen Farben gehalten werden. «Das geht da besser», sagt Herr Ulvig.

= = = = =

Bis dahin ist diese Mischung von Kunst, handgemalt und Fabrik schon ganz heiter. Mark Twain pflegte, wenn er einen recht herzhaften Unsinn erfunden hatte, noch oben «ein kleines Lichtchen heraufzusetzen», wie einer seiner Kritiker richtig angemerkt hat. Le voilà:

Die schwedischen Maler haben am nächsten Tag in der Zeitung ganz ernsthaft protestiert und einen Schutzzoll für ihre Bilder gefordert.

Denn wenn Du den Europäer kratzt, dann fordert er das.

Gute Nacht.

[11. 12. 1935]

Original-Gala-Extra-5-Röhren-Tagesbuch

Ge4t 4 die 3e Nuna

= = = =

Esprit ist angekümmen. Du kannst Dir gar nicht denken, was Du mir damit für eine Freude gemacht hast und noch machst. Abgesehen davon, daß es ein Gischönk ist, abgesehen davon, daß es eine ausgezeichnet gemachte Zeitschrift ist –: ich stimme gewiß nicht mit allem überein, was da zu läsen steht. Manches mag ich auch gar nicht lesen. Aber es ist etwas, was mich so freut: ich kann mich daran festhalten. Wenn man in einem Meer von Konformismus zu ersaufen droht, dann ist das ein Labsal und ein Trost. Manchmal denke ich ja doch: Also ich bin so ein asozialer Mensch, vielleicht habe ich nun ganz und gar die Fühlung verloren. So habe ich neulich an einen Franzosen geschrieben, dessen Brief ich Dir dann einsandte, und der alles, was ich ihm geschrieben habe, als grundlose Befürchtung bezeichnete. *Esprit*:

«On a dit ici-même ce qu'on devait dire de l'attitude du gouvernement français dans le conflit italo-éthiopien. On ne répetera sans doute jamais assez quelle bassesse, quelle honte elle révèle. Un étranger, ami de la France, me disait hier (und hier jubelt mein Herz):

– C'est un événement comme nous n'avons jamais vu. La France est *en train de se retirer de la politique du monde*. Encore un peu de cet effacement volontaire que ne peut expliquer qu'une peur panique et stupide de vos gouvernants et vous, dont nous attendions tant pour servir la paix, vous ne compterez plus dans le monde.»

Und an einer andern Stelle:

«Or tout se passe comme si le gouvernement français,

hésitant à jouer la carte du fascisme à l'intérieur, la jouait systématiquement hors des frontières.»

Das einzige, was ich diesem Blatt vorwerfe, ist eine gewisse Art Naivität. Nachdem sie bis zur Bewußtlosigkeit den Vertrag von Versailles als injuste bezeichnet haben, nachdem sie das gute, artige Deutschland verteidigt haben und anfangs sogar in der Hitlerei irgend etwas Großes zu sehen versucht haben, wird ihnen jetzt mau. Nun – heute – 1935 – kommen sie geloffen. Jetzt kleiden sie die Ungerechtigkeit in einen Konzessivsatz, obgleich ... – «so müssen wir doch sagen ...» Zu spät.

Und eins sagen sie überhaupt nicht – und hier steckt das, weswegen ich den Einfluß der *Basler* für Null halte (anständig, aber Null), und das ist etwas, wovon im *Esprit* überhaupt kaum etwas zu lesen steht, und wenn, dann hat es nur dieser Dami gesagt:

Frage von Lyon bis in die Bretagne, in Paris und in Marseille nach europäischer Politik, und Du bekommst – neben den Zeichen der ungeheuerlichsten Ignoranz – nur eine, eine Antwort: «Je m'en fous.» Laval ist nicht allein schuld. Laval ist, wie alle Regierungen, nicht grade der Ausdruck des Volkes, aber der Ausdruck dafür, was ein Volk sich gefallen läßt. Diese Spanne: vom absoluten Willen bis zum absoluten Nein ist sehr, sehr weit – und da wohnen alle Regierungen.

Es ist, wie wenn die Lebenskraft der Franzosen als Weltmacht erlischt. Jedes Volk hat ja sein Auf und Ab – die Portugiesen waren einst eine Weltmacht. Dann Holland. Heute England. In der Zukunft Japan. Frankreich ist nicht, wie die deutschen Ochsen sich einbilden, degeneriert, aber müde. Es bewahrt, was es hat – es erobert nicht mehr. Es denkt auch im Wirtschaftlichen völlig anachronistisch, wie beinah alle Völker, aber dort ist es besonders übel. Elle s'en fout, c'est entendu – aber die andern auch – und es wird zum Schluß der Dumme sein. Was ich mir gewiß nicht als Weltuntergang vorstelle, sondern es versinkt zu einer Macht dritten Ranges. Warne sie heute – und Du giltst als Kriegshetzer. Und es ist auch viel zu spät. Sie haben 1919 einen Fehler gemacht, und ihn bis 1933 fortgesetzt, der sie hundert Jahre kosten kann. Mit Schläue allein kann man keine Politik machen. Und Kraft ist nicht mehr da.

//

Hier hat sich ein Weiberausschuß gebildet, um dem Prinzen Wilhelm oder Karl oder Wenzislaus den Nobelpreis für 1936 zu verschaffen. Er kriegt ihn natürlich, denn «er hat so viel für das Rote Kreuz getan».

Der alte Dunant hat jeden Preis der Welt verdient – wenn man genau denkt, nicht den Nobelpreis für den Frieden. Denn wer ein zuckendes und röchelndes Schlachtfeld absammeln geht, der ist ein Menschenfreund, aber noch lange kein Pazifist. Man möchte eher sagen: im Gegenteil. Denn er erkennt ja den Krieg beinah als eine Notwendigkeit an, als eine Sache, die man ausheilen muß, *nachdem* sie geschehen ist – mit Pazifismus hat das gar nichts zu tun. Immerhin: es ist eine Leistung gewesen, das Rote Kreuz geschaffen zu haben. Ihm heute beizutreten, dieser rein etatistischen Organisation, in der so viele höhere Offiziere prangen, et pour cause, beizutreten –: dazu gehört etwa so viel Mut, wie, der Armenverwaltung der Stadt Zürich 1000 Franken zu überweisen. Die schwedischen Damen, in deren Köpfen statt eines Gehirns Sülze liegt, argumentieren so: Der Prinz arbeitet gegen die Brutalität des Krieges. Aber das ist nicht wahr. 90% der Geheilten wieder «felddiensttauglich» zu machen – das ist ein Ziel. Was hat das mit dem Frieden zu tun? –

Folglich wird er ihn bekommen.

//

10000 deutsche Besucher eines in London stattgehabten Fußballmötsches haben sich diskret benommen, was eine schwedische Zeitung zu dem Ausruf veranlaßt hat: Goebbels versteht seine Sache (lies: So muß man uns dumm machen – wie wunnerbor!) und, was die Schweden nicht berichten, sie haben beträchtliche Quantitäten Butter nach Hause mitgenommen. Sehn Se, das ist Sport. Im übrigen: wenn das da zusammenbricht, dann müssen die Deutschen noch dümmer sein als sie sind. Eine Welt hilft ihnen: mit Schweigen; mit Anleihen; mit Duldung. Das arme Rußland, tout de même.

//

Ich finde die englische Verteilung des von den Italienern uneroberten Gebietes ganz großartig. Jene bekommen einen Zugang zum Meere, den sie nicht reklamiert haben, und die Unterlegenen kriegen Provinzen. Die Engländer sind das Verderben Europas.

//

Ich habe so oft auf Lieschen Nietzsche geschimpft – aber sie ist wirklich nicht allein schuld gewesen. Es gibt da ein Buch des Schweizers Bernouilli, das das Verhältnis Overbecks zu Nietzsche beleuchtet. Zunächst hat mal Lieschen ganze Stellen schwärzen lassen, man kann aber, wenn man die Seiten gegen das Licht hält, etwas lesen. Und das lohnt nicht.

So etwas von Geknatsch, von Stank, von Aufblaserei der einfachsten menschlichen Verhältnisse – dieser Mensch hat offenbar seine ganze Umgebung, die er sich ja ausgesucht hat, die also prädisponiert war, angesteckt. Es ist so, wie wenn wir unser Verhältnis in Phasen einteilten, wie wenn wir aus den simpelsten Äußerungen eine Geschichte machten . . . es ist ganz grauenhaft. Das Beste hat Burckhardt gesagt – wenigstens wird ihm das Wort zugeschrieben.

– «Dieser Nietzsche! Der kann ja nicht einmal einen gesunden Furz lassen!» Amen.

//

Die Buchhandlung hat mir einen deutschen Katalog geschickt. Der Eindruck ist ungefähr: erlaubte Kasernenliteratur. Nicht mehr mit der Totenangst im Rücken «Dabei kann mir aber nun gewiß nichts passieren», aber alles zugeteilt, brav, Kinderstube, Kadettenanstalt. Soweit ich das übersehen kann, völlig unmöglich. Der Oprechtsche ist nicht viel besser. Zunächst ist es nicht so, wie der gute Glaeser in der Einleitung schreibt, daß das nun die Autoren seien, die ihr Haupt gegen die Barrabarrei zu erheben wagten oder so. Sondern es sind auch viele dabei, die gut und gern in Deutschland passieren, und sie sind deshalb dabei, weil Oprecht an dem Versand ihrer Bücher verdienen will. Und die rrrevolutionäre Literatur – also ohne mich. Je vois ça d'ici: warum um alles in der Welt schreibt Olden eine Hitler-Biographie? Sieht er nicht, daß das eine Reklame ist? Es ist eine. Sie begreifen es alle gar nicht. Man soll seine Zeit nicht damit verlieren. Schick mir bitte nichts davon. Wenn Du mal in den Nachlaßband Wassermanns hineinsehen kannst . . . aber nicht kaufen.

//

Die Aushilfsgatze – um nun endlich auf wichtige Gegenstände zu sprechen zu kommen – hat sich von der unehelichen Freundin Iwans in einen Baum jagen lassen, woselbst vier Tage gesessen hat. Das hat die Entrüstung der Passanten erregt, wenn auch nicht meine. Darauf hat der Wäscherinnensohn sie mit einer

Leiter heruntergeholt. Darauf ist sie weggeloffen. Dann hat sie sich ein verstopftes Kellerfenster aufgekratzt und nun liegt sie irgendwo im Keller herum, und ich fürchte sehr, daß dort krepiert und zu stinken beginnen wird. Sie kommt nicht heraus. Das ist geine Gatze 4 mich.

//

Doch – es hat sich eine Stimme gegen den Weiberaufruf für die Nobelpreiserteilung an den Prinzen erhoben. Aber so: «Wenn ich Prinz Karl wäre, wäre ich verdutzt. Daß die Frauen erst einen Druck auf das Nobelcomité ausüben müssen, nein, so möchte ich keinen Preis haben. Und überhaupt die Damen.» – Diese Schweden haben ein Talent, das Allerunwichtigste in jeder Sache herauszuklauben, unter strenger Ignorierung des Wesentlichen . . .

Na, gut.

Hatchö.

= = = = = = = =

Den Brief Paulchens kann Lieschen sehn – es ist nichts Vertrauliches.

Bitte zurück.

[17. 12. 1935]

Ober-General-Sanktions-Wildleder-Edel-Tagebuch
ge4t 4 die 1ige Nuna

In einer der letzten *Basler*, die ich gesehen habe, was selten geschieht, las ich etwas, was auch in Oprechts Katalog stand: sie treiben da offenbar den europäischen Unfug munter weiter und glauben sich so fort(s)geschritten. Du lieber Gott.

Das ist eine Flucht ins Abstrakte, wo es am blausten ist. Es handelt sich nicht darum, ein guter Europäer zu sein, sondern es handelt sich vor allem einmal darum, ein guter Zürcher zu sein. Das eine ist ohne das andere gar nicht möglich, aber e r s t kommt das Engere. Und das ist nicht in Ordnung.

Zürich ist keine Großstadt. Aber schon da sieht man, wie Kommunalpolitik etwas ist, das eigentlich nur die unmittelbar Beteiligten angeht, und «ein guter Zürcher», das ist für das Stadthaus einer, der seine Steuern bezahlt und sich so wenig wie möglich um das Stadthaus kümmert. Nun liegt der rote Strich, bei dem die Zürcher aufmucken, ziemlich niedrig und lange nicht so hoch wie in Paris, wo Herr Chiappe und seine Topaze machen können, was sie wollen. Doch genügt das nicht. Es ist doch eine Schande, wenn die unmittelbaren Stadtangelegenheiten eigentlich kaum jemanden interessieren – es liest auch keiner das Budget, «dafür sind die Politiker da». Und nur bei Mißbräuchen mucken sie, was schon viel ist. Doch sollte die Verbindung eben viel enger sein – aber es sind Unfreie, die da herumgehen und glauben, sie wären frei, weil sie sich aussuchen, welchen (zensurierten) Film sie sich ansehen dürfen. Was der *Ordre Nouveau* will, ist sehr klar: man braucht nur an Eure alten Bauerngemeinden zu denken, die natürlich heute in dieser Form unmöglich sind – Trusts, Kartelle, Handelsverträge, die Anonymität des Besitzes haben das alles längst kaputtgemacht. Also –?

Also: Abschaffung aller abstrakten, anonymen Formen; Wiedereinführung der echten Verantwortlichkeit der Kaufleute, die heute aufgehoben ist; Abschaffung der aus Amerika stammenden Riesen-Mammut-Cyklon-Organisationen, die nichts sind als die schlimmste ökonomische Tyrannie, die wenigen dient.

Europäer sein aber ist gar nichts. Es ist kein Zufall, daß eine so trübe Existenz wie Üchtum – Üchtum dabei ist. Dahin gehört er auch.

//

Um auf Paulchens Brief, der mir einen gewissen Eindruck gemacht hat, zurückzukommen: Ganz so ist es nicht. Er hat schon recht: unsere Generation war wie Spreu. Aber er sieht den Grund nicht, und er sieht nur die letzten Ausflüsse, auf seinem Gebiet. Er hatte sich das so gedacht, daß alle nur für ihn Chansons machen und nur ihn loben – er ist ein Schauspieler. Das ist ein bißchen übertrieben. Er selber ist treu – aber Menschen, keinen Grundsätzen. Nun ist das in weiterem Sinne richtig: diese Gruppen wehte die Konjunktur lose zusammen, sie liefen auch wieder auseinander, und es hielt uns alle nichts, weil uns gar keine gemeinsame Gesinnung einte. Frage noch heute die unterschiedlichen Herren in Prag und Paris, was sie eigentlich wollen, und Du wirst die erstaunlichsten und die verschiedensten Antworten bekommen. Sie sind sich sehr einig, in dem, was sie nicht wollen –: das heißt also, daß sie vom Gegner geprägt werden, der stärker ist als sie. Sie wollen ihn *nicht*. Aber was an seiner Stelle?

Simmel hat die Soziologie der Gruppen entwickelt, die von einem Negativum zusammengehalten werden (die Freimaurer gegen die Kirche). Entwickelt sich aber daraus nicht mit der Zeit ein Positivum, dann wird es nichts. Und es ist ja auch nichts. Deswegen siegt das andere. Das Stück «Cäsar in Uetlikon» mag schwach gewesen sein, weil der Mann nicht auslangt – aber es kann kaum stark sein. Dazu muß man ein Programm haben. Das dann wieder erstarrt und einer neuen Revolution Platz macht, eine endgültige Lösung gibt es nur in Gott. Aber nicht mal ein Programm . . . es ist ein bißchen wenig.

//

Lieschen hat doch den unsterblichen «Schleifdackel» erfunden. Weiß sie eigentlich, daß der sel. Jakopp auf einem See in Holstein das Geflügel feinordentlich in «Gesichts-Hühner» und «Speise-Hühner» eingeteilt hat? Ja, hat er. Die einen konnte man nur sehn – die andern schießen.

//

Die Möbel sind nicht so leicht zu verkaufen – es kommen zu wenig Leute heraus, es ist zu weit. Schade. Ich versuche es weiter.

//

Die Artikel Hamsuns sind zu haben – das kostet etwas, aber das täte ich erst, wenn die Antwort aus Basel positiv ausfällt, was ich nicht glaube. Sonst interessiert mich das wenig, was dieses Vieh schreibt. Wieviel «Ich lebe noch – ich lebe noch!» ist dahinter – welch freche Ignoranz, ein Mann, der das Land überhaupt nicht kennt . . . Ich schäme mich ein bißchen; mein Gott, habe ich den verehrt! Aber mein Haß ist kleiner als die alte Verehrung – es ist mir ganz gleichgültig geworden, er gehört dazu, ich kann dafür keine Gefühle aufbringen.

//

Was ich – neben Onkel Guido – in ganz Europa entdecke, ist das System der «Reizspritze». Es ist überall so:

Die Gegner des Faschismus spritzen ihm ein Quantum Opposition ein. Das weckt Gegenkräfte, genau wie in der Medizin. Diese Gegenkräfte übersteigen an Maß bei weitem das Quantum, das sie hervorgerufen hat. Und dann wird es auf der Oppositionsseite ganz still, die so hervorgerufenen Gegenkräfte toben sich aus – es ist, wie wenn die Opposition vom Faschismus bezahlt wäre. Papst – Stalin – (man sehe sich das unendliche Unheil an, das die Kommunisten in Brasilien angerichtet haben!) – die deutsche Emigration – die französische Linke – es ist überall dasselbe. Aber wenn jemand Verstand besitzt und weiß, daß er mit seiner Sache nicht durchkommt, so ist es doch gar keine Schande, wenn er das Maul hält, und gar nichts sagt. Nein, sie müssen loslegen. Und den andern reizen. Und dann unterliegen sie. Ich verstehe das nicht.

//

Eine Broschüre gelesen «Les jeunes catholiques et la politique». So etwas Trostloses – das ist beklemmend. Das Ganze durchhallt von «Wir auch – wir auch!» Und: «Ja, darin ist uns eben die Freimaurerei über – warum nennen wir uns nicht auch ‹sozial› oder ‹antifaschistisch›»! Dies beinah wörtlich. Es ist so niedrig, so minder, so ganz und gar terre à terre – ein so völliger Verrat an den geistigen Gütern der Kirche, daß man sich fragen darf, ob es die überhaupt noch gibt. Und auch hier wieder: sie können es ja ganz gut, denn sie sind schlau (aber dof) – und doch können das eben die andern besser. Es ist ja auch gar nicht ihre Domäne. Ich halte den Papst für einen ganz dummen Menschen, der, aufgewachsen in einer Atmosphäre von Intrigen und Popeleien, sich ernsthaft einbildet, er sei ein geriebener

Politiker. Das ist er aber gar nicht. Denn er benutzt seine größte, seine schärfste Waffe nicht, die ihn freilich um Millionen ärmer machte, die ihm aber einen Sieg verschaffte, wie ihn die Kirche lange nicht gehabt hat –: den auf geistigem Gebiet. Davor hat er eine Heidenangst. Es ist eine schiefe Ebene – vielleicht hat Rom niemals etwas andres gemacht, als einen gradezu unerschöpflichen Vorrat an geistigen Gütern verschleudert, verhökert und verramscht. Wie macht das ein guter Katholik, sich mit dieser Kirche abzufinden –? Das muß schwer sein. Sein Verhältnis zu Gott hat damit ja gar nichts zu tun – aber er müßte sich doch in Grund und Boden über das schämen, was diese Lumpen da treiben. Sie sind – in Italien – zu einer irdischen Staatsinstitution geworden; in den andern Ländern zu einer Hure der Banken. *Esprit* ist viel zu milde mit ihnen.

//

Ich möchte beinah sagen: hoffentlich hast Du den Brief an die *Basler* weggeworfen. Dorthin gehöre ich nicht. Ich habe mir gestern eine Nummer gekauft, und durch einen Lotterie-Zufall war es die, worin eine Verteidigung Ossens stand. Es ist das Dümmste, das ich seit langer Zeit gesehen habe. Der Berichterstatter, Iwan Heilbut, ein anständiger Mann, berichtet zunächst aus Paris, die dortigen Leute hätten durch Kisch einen Appell an Hamsun gerichtet – er sei offenbar «mißbraucht». Das ist natürlich Unfug – aber so inexakt arbeitet Kisch häufig. Als ob er sich in Paris nicht das Osloer *Aftonbladet* kaufen könnte, worin diese Schweinerei seit Jahren vorgeht – keineswegs ist Hamsun mißbraucht, sondern er glaubt seins und sagt es und sagt es häufig. Neben matten Redensarten dann zum Schluß der dümmste Anwurf, nicht nur infam, sondern dumm, weil er Hamsun nicht trifft, dieser einzige trifft ihn nicht: er täte das des Absatzes seiner Bücher wegen. Ach, wäre es doch nur so –! Aber so ist es nicht, obgleich er feige ist und sich nie rührte, wenn es ihm schadete – aber so einfach ist es nicht; das ist, mit Verlaub zu sagen, jüdisch – und das eben trifft ihn nicht.

Was soll man von diesem Blatt erwarten! Stets ist der Leitartikel zwar kein Leitartikel, sondern eine kluge, gut geschriebene Glosse, aber der Rest!

Da ist von einem Radiospiel über Victor Hugo die Rede.

> . . . Über das Spiel selbst ist zu sagen, daß man atemlos zuhörte. Das wirkte manchmal als gradezu beklemmend aktuelle Wirklichkeit, ja, man hätte ganze Strecken weit lediglich die Namen zu ändern brauchen, um sofort auf traurige Zeitereignisse zu stoßen. Daneben gab es Sprüche des Schweizers, die Verwunderung darüber hervorriefen, daß sich unsere sonst so oft nahezu vor Vorsicht schlotternden Studios derlei Wahrheiten getrauten. U. a. hieß es da:

Na? Nun? Was hat es denn da Erregendes gegeben? Etwa Zitate aus der Broschüre gegen den Staatsstreich Napoléons, eines der aufregendsten Dokumente, die man sich denken kann – ein wirklich atemberaubender Protest gegen Mord, Mord gegen Wehrlose; Mord auf den Boulevards, mit der Schilderung der Soldaten, die blutbesoffen die bezahlte Ordnung verteidigten . . . Nein, das wohl nicht. Sondern:

> ‹Es wird uns niemand hindern können, zur rechten Zeit auch die Partei des Geistes zu ergreifen›; oder ‹Das Vaterland der Bürgerfreiheit›.

Und dann diese jämmerliche, traurige, 1848er Selbsterkenntnis:

und das alles in einer Zeit, in der die Fremdenpolizei mit Feuer und Schwefel dreinfährt, wenn in unserem Lande eine zufällig nicht einem Schweizer gehörende ‹Stimme des Geistes› ertönt. Glücklicher Victor Hugo, der Du in unserer Zeit nicht in unserem Lande die Stimme Deines Geistes erheben mußtest.

Ja, aber wer ist «die Fremdenpolizei»? Ist das ein der Schweiz fremdes Heer, das das Land besetzt hält? Nein, das ist die Schweiz selber. Ich sehe die großen Schwierigkeiten; ich billige, wie die Dinge liegen, jede Ausweisung, die einen Fremden betrifft, der dem Kanton Basel Mores beibringen will, denn das besorgen die Schweizer schon selber – aber nichts als schlotternde Furcht, wenn weiße und rote Russen ihre Fehden auf schweizer Boden auf geistigem Gebiet auspauken? Stören sie die Ordnung, vergehen sie sich gegen die Gesetze – so liegt der Fall ja einfach. Doch setzt die Ausweisung grade da ein, wo das Gesetz nicht langt – «und wir wollen keine Schwierigkeiten mit fremden Mächten haben», *die also dadurch munter auf schweizer Boden regieren* und die demokratische Freiheit aufheben. Die Basler haben recht: heute fände Victor Hugo kein gastfreies England, von dem aus er seine Bücher gegen den Schuft Napoléon schleudern könnte. Heute nicht. Denn Napoléon war doch eine anerkannte Autorität, eine Staatsmacht – und da kann man nicht ...

Hoffentlich sagen die Basler ab. Es wäre der schwerste Tanz, den ich je getanzt hätte. Ich möchte ihn gewiß nicht tanzen. Hätte ich nur das Maul gehalten.

//

Du bekommst dieser Tage eine amerikanische Zeitschrift *Esquire*. Der Ordnung halber: wenn ich immer so vom Buchhändler schreibe und so – die letzte Quartalsrechnung war 20 Kronen (doch, laß mich das berichten) – ich schmökere da nur so herum, kaufe mir hier und da einen Kriminalroman und eine Zeitschrift, den Rest meiner Weisheit beziehe ich aus der Stadtbibliothek, und bevor ich die nicht ausgelesen habe, kann ich mich nicht beklagen. Ja, also der *Esquire*.

Lieschen wird sagen: «Wahnwitz – aber vollkommen.» Ich sage: Vollkommen – aber wahnwitzig. Das Vollkommene bezieht sich auf die Form: diese Brüder können drucken und haben einen Geschmack für das Typographische, das ist in Europa nur in England vorhanden, woher sie es ja auch bezogen haben. Es ist vollendet. Die Witze sind, scheints, neuerdings etwas unanständig – Dich wird der Mann, der vor dem Riesenpopo seinen Hut abnehmen soll, sehr erfreuen, und Lieschen wird sich über die Dame amüsieren, die nicht weiß, was sie die übrigen 23½ Stunden anfangen soll, und über jene andere, die nun aber nächstes Week-end ausgehen will. (Ich höre sie bis hierher grinsen und verbitte mir solches im Namen der Männlichkeit.) Die Scherze sind unklebrig, da, wo sie französisch beeinflußt sind, zuckrig, im übrigen charakteristischerweise alle für die Frau und gegen den Mann (was ich sehr hübsch finde). Weniger hübsch ist, daß sie sich an Reiche und Arme nur so heranwagen, daß sie beides bis zur Groteske übertreiben, so daß es niemanden mehr trifft – und die rot angemalte redaktionelle Bemerkung am Anfang spricht Bände. (Vergessen anzumerken. Sie steht einzeilig unter dem Inhaltsverzeichnis.) Nur nicht anstoßen! Nicht umsonst heißen die Publishers, wie wenn sie von mir erfunden wären: Smart und Weintraub. Und so ist es denn auch.

Was ich daran so wahnwitzig finde, das ist die Warenanpreisung. Es ist ja gar keine Zeitschrift, trotzdem sie sich die teuersten Namen zusammengekauft haben, und Du wirst mir schreiben, wie die Artikel, die alle ordentlich ein Fähnchen tragen (Satire – Artikel – Fiction –) eigentlich beschaffen sind. Ich kann mirs denken. Wie können sie sein, in einem Geschäftskatalog, in einem Prospekt, wo Waren gelackt, glasiert und fein-fein angepriesen werden? Eben so. Dabei sind diese Waren sicherlich gut, viel besser als bei uns – mit einem großen Quantitätsgefühl – aber nie, niemals kommt diesen entsetzlichen Menschen ins Gehirn, daß die Warenverteilung, wie sie da vorgenommen wird, ein Wahnwitz ist, diese Produktion um der Produktion willen – nichts davon wird auch nur angerührt. Wenn das die vielgerühmte «Voraussetzungslosigkeit» der Amerikaner ist – da bedanke ich mich schön. Von dort kommt nichts, keine Erkenntnis, keine Besserung, nichts. Es ist die tobende Leere.

//

Dieser Simenon, was Kriminalromane schreibt, ist wirklich ein merkwürdiger Mensch. Er hat auf einer viel tieferen Stufe das, was Benoît in dem einzig guten Buch, das ich von ihm kenne, hat: den Zerfall. (Ich habe den Namen des Buches vergessen, «Iromango», oder so ähnlich.) In diesem hier, das ich Dir schicken kann, zeigt er, wie ein gestrandeter französischer Ingenieur in einem Negerviertel Panamas verkommt. Das Buch taugt nichts, und doch ist es seltsam, wieviel verschwendete Kraft darin ist. Er schrickt vor nichts zurück – auch nicht vor dicken pornographischen Schilderungen. Die mir immer noch lieber sind als etwa die bei Morand oder Drieu de la Rochelle oder besseren Herren, die ihren Penis schwenken. Das tut der gar nicht. Manches ist einfach auf Spekulation geschrieben – manches blitzartig gut. Die fünfzehnjährige Negerin, die fragt: «Tu veux l'amour?» und die mit einem goldenen Kreuzchen auf der Brust zu jenem ins Bett kriecht, dabei von der

Mutter «Véronique!» gerufen wird und (c'est elle qui règle le rythme de ses mouvements) dabei ruft: – «Oui!» – das finde ich eine trouvaille. Die Bücher hören alle auf, weil der Buchbinder keine Bogen mehr zum Heften gehabt hat – irgendeinen organischen Schluß haben sie nicht. Die mit den photographierten Umschlägen sind, bis auf eine Ausnahme, nur Eisenbahnromane – aber die bei der *N. R. F.* erschienen sind, haben alle denselben Charakter: traurig, Verfall, Zerfall, das Buch bröckelt so auseinander. Dieser Mensch hat ein Talent ... ich habe mal in der anatomischen Abteilung des berliner Virchow-Krankenhauses eine Mißgeburt gesehen, die hatte um den ganzen Körper herum lauter angedeutete Brustwarzen. Oder waren es Augen? Es war, wie wenn die Natur im Schaffen war und noch tippend, achtlos weitergeschaffen hätte – es kommt ja nicht drauf an. Lebenskräftige Organe waren es nicht, und das Ganze konnte nicht leben. Simenon ist so etwas.

//

[19. 12. 1935]

Edel-Voll-Saft-Milch-Stromlinien-Trocken-Beeren-Auslese-Tagebuch

ge4t 4 die un2felhafte Nuna

= = =

Ich kann mich irren: mir ist so, wie wenn aus meinem Brief nach Oslo etwas kommen wird. (Aus Basel wird gar nichts kommen.) Sollte das *Arbeiderbladet* nicht anspringen, wende ich mich an die Studenten, die einen großen, von hundert und mehr Namen unterzeichneten Aufruf für Oss erlassen haben. Es scheint doch da ganz anders auszusehen als hier. Die Frauen haben protestiert; einer schreibt über Hamsun «Feigling oder Narr», und es geht munter her; er hat mächtig auf den Kopf bekommen. Sein Aufsatz selbst ist nicht einmal hämisch – er ist so dumm, daß man gar nichts sagen kann. Nur einen Fußtritt. Melodie: O. habe ja fliehen können, er habe es selbst geschrieben. Aber das hat er 1932 geschrieben, als Antwort auf ein, sagen wir, ordnungsgemäß ergangenes Reichsgerichtsurteil – nicht jetzt, wo sie ihn widerrechtlich eingesperrt haben. Eine Frau berichtet in einem ausführlichen Artikel, wie es ihm geht. Mir fehlen natürlich manche Vokabeln, im großen ganzen sieht es so aus:

Der letzte Besuch, den er gehabt hat, soll im Juli 35 stattgefunden haben; die Besucherin (seine Frau) soll entsetzt gewesen sein über die Veränderung, die mit ihm vorgegangen ist. Ein alter Mann, der zittert. Viele Herzattacken, daraufhin Dispens von der Arbeit, dann Wiederaufnahme. Einer der Knechte: «Wenn ich dich Schwein niederschießen könnte, würde ich meinen Urlaub draufgeben!» Die Tatsache, daß er für den Nobelpreis vorgeschlagen worden ist, soll einen «Übergriff niederer Instanzen» bisher verhindert haben – andererseits ist die Gefahr gewachsen, weil er ihn nicht bekommen hat. Kameraden sollen ihm in der aufopferndsten Weise geholfen haben, aber das ist für sie selbst gefährlich. Bei den mindesten Vergehen gibt es Prügelstrafe – 25 Hiebe, die der Gefangene zählen muß, die Schläge, die er nicht zählt, gelten nicht und werden nachgeholt. Es sind bis zu 60 Schlägen vorgekommen. Nach der Schilderung habe ich den deutlichen Eindruck, daß sie ihn eines natürlichen Todes sterben lassen wollen. Er scheint im letzten Jahr nicht geprügelt worden zu sein.

Bitte lach mich nicht aus, daß ich immerzu hin und her schwanke – die Sache ist sehr einfach: ich habe ein böses Gewissen. Die Frage «Deutschland» ist für mich gelöst – ich hasse das Land nicht, ich verachte es. Aber im Falle Oss bin ich einmal nicht gekommen, ich habe damals versagt, es war ein Gemisch aus Faulheit, Feigheit, Ekel, Verachtung – und ich hätte doch kommen sollen. Daß es gar nichts geholfen hätte, daß wir beide sicherlich verurteilt worden wären, daß ich vielleicht diesen Tieren in die Klauen gefallen wäre, das weiß ich alles – aber es bleibt eine Spur Schuldbewußtsein. Dazu kommt, daß der Mann natürlich für mich wie für alle seine Mitarbeiter mit leidet. Daher mein Schwanken.

Lassen mich die in Oslo heran, so gehe ich so scharf heran, wie noch nie – und ich lasse mich auch davon nicht abbringen. Etwa im Stile der Frau, die mir im Sommer geschrieben hat ... also das nicht. Über den Nobelpreis werde ich nichts sagen und kaum etwas schreiben – darauf hat keiner einen Anspruch, und es erscheint mir als ein Denkfehler, die Kommission zu beschimpfen, die ihm den nicht gibt – natürlich aus Feigheit nicht gibt, was die Norweger auch ganz deutlich sagen. Aber diese Kritik gefällt mir nicht, wenn sie von mir kommt.

Daß ich ihm schade, glaube ich nicht. Alles Schweigen hat ja auch nichts geholfen. Natürlich schweige ich, wenn ich auf einen Widerstand in Norwegen stoße, mit Gewalt ist da nichts zu machen. Artikel in den Blättchen . . . davon verspreche ich mir gar nichts. Das mache ich unter keinen Umständen.

Im Grunde würde natürlich auch mein Appell wirkungslos sein – ich weiß das. Das, was die Kaffern «europäisches Weltgewissen» nennen, gibt es gar nicht. Aber, wie es in einem alten Stück heißt: «Man muß protestieren.» Wenn möglich, werde ich das tun.

Und ich habe den Eindruck, daß da ein ganz anderer Widerhall sein wird als hier, im Lande des Kartoffelmehls.

Woselbst – ohne die ungeheuerliche Ironie zu ahnen – ein nach der bürgerlichen Seite umgefallener Mann neulich bei dem hiesigen Ullstein geschrieben hat: «Der König, der am sichersten in Europa auf seinem Thron sitze, sei der hiesige. Vorausgesetzt, daß alles so bleibt, und daß die Monarchisten nicht zur Macht kommen. Aber solange er von Sozialdemokraten umgeben sei . . .» Dies aber durchaus nett gemeint. Genauso sind sie. Eine verächtliche Gesellschaft.

Und während der im Konzentrationslager leidet, muß man photographiert sehn, wie der große Sportredakteur Stockholms wohnt . . . wie ein Fürst. Er wird zu den Olympischen Spielen fahren, und es wird ein großer Erfolg sein.

//

Brüning hat um die Erlaubnis gebeten, nach Deutschland zurückzukehren. Ein Jude, auch er. Wenn Du damals erlebt hättest, wie dieser Kerl, der den Faschismus vorbereitet hat, das Maul aufgerissen hat, wie er Hitlern bekämpft hat . . . und nun kommt er gekrochen. Natürlich haben die Deutschen verlauten lassen, sie hätten ihm nie den Aufenthalt in Deutschland verboten. Wie sagt Halperin? «Und was ist jetzt –?» Aber sage das den Herren Brüning, Wolff pp. – sie werden es gar nicht verstehen.

//

Aus den Erinnerungen des alten berliner Zeichners Zille:

In der Malplaquet-Straße war ein Pferd gefallen. Schutzmann, Auflauf. Nun konnte aber der Schutzmann das Wort «Malplaquet» nicht schreiben. Daraufhin schleiften sie das Tier in die See-Straße, und da wurde denn das Protokoll aufgenommen.

//

Die Argumentation von Frauen ist überall die gleiche. Bei Fontane, der das wohl bei seiner Frau gelernt hat, stehen solche Sachen. Die Zimmervermieterin, die mit ihrer Tochter ins Theater zu «Kabale und Liebe» geht, sagt, als der alte Kammerdiener auftritt: «Sieh doch mal auf dem Zettel nach, wie der heißt – er zittert ja so furchtbar», eine logische Verbindung, die nur eine Frau fertigbringt. Und ganz herrlich bei Simenon, wie der Held seiner kleinen Negerin (die mich übrigens merkwürdig an die Gräfin erinnert, in ihrer Vogelhaftigkeit – o wie o) – also er macht ihr Vorwürfe, sie habe mit einem Neger etwas gemacht. «Mais ça ne fait rien», sagt sie, «je ne le connaissais même pas.»

//

Aus dem einzigen pornographischen französischen Buch, das ich besitze: «Elle ne savait si le savoir-vivre de cet acte réclamait qu'elle avalât tout. Une femme de bonne éducation ne crache pas.»

//

Daß ich mein Leben zerhauen habe, weiß ich. Daß ich nicht allein daran schuld bin, weiß ich aber auch. Mein Gott, wäre ich in Frankreich geboren . . .! Ich brauche mich nur ans Klavier zu setzen und an den Heggitschwyler zu denken, dessen Namen ich nie richtig schreiben werde, und mir fallen die Chansonskizzen haufenweise ein. Ich will nicht sagen, daß das alles so herrlich witzig und schön auf Anhieb ist – ich arbeite natürlich nichts aus, denn wozu? Dazu müßte ich die Stadtchronik kennen, mit dem Kollegium, das diese Sachen da baut, zusammen saufen, lachen und leben – dann flutschte es nur so. Wie also zum Beispiel der Emil unter einem triefenden Regenschirm steht, alles an ihm trieft, und hinter der Bühne arbeitet eine Regenmaschine (Erbsen auf Blech, das kostet gar nichts), und er singt ein Lied, dessen einzelne Strophen alle anfangen:

Wenn es in Zürich regnet ––

ein langsamer Walzer in Moll. Und dann zählt er lauter Sachen auf, die man bei Euch vermißt, und dann heißt es immer: z. B. (Daß die – wo die Fronten verwalten – auch ihre Versprechungen halten –)

Das ist mir noch nie begegnet –
Wenn es in Zürich regnet ––

Texte im Dreivierteltakt kann man übrigens nicht aufschreiben, dazu gibt sich die deutsche Sprache nur sehr schwer her. Ich kenne Noël-Noël (den Du nicht versäumen solltest, wenn er mal im Film auftritt, wo er eine Figur namens Ademai erfunden hat) – ich weiß, wie man das macht. Französisch könnte ich das natürlich nie – dazu muß man mit einer Sprache aufgewachsen sein. Aber ich weiß, daß dieses Talent in mir beinah tot schlummert – wenn man Bellmann, den Schweden, und die französischen Chansonniers nicht ermuntert hätte, dadurch, daß man ihnen zuhört, wären sie auch nichts geworden. Mich haben sie falsch geboren.

//

«Menschen in Weiß» sollte man ganz anders auffassen. Heute, wo sich jeder einen weißen Schutzrock anzieht, wenn er seine Sache macht, bekommt dieser Rock eine gradezu symbolische Bedeutung. Nämlich die der Verantwortungslosigkeit nach außen. Es ist viel leichter, in der Schweiz das Kaisertum einzuführen, als vom Publikum her den Fahrplan der städtischen Straßenbahn zu ändern. Wer Humor hat, prüft sich selbst –: wir sind alle so. («Da könnte ja jeder kommen – irgend jemand von außen!») Diese Selbstaufgabe des Individuums, wenn es in der Gruppe aufgeht, ist eine Sache, die jedesmal, im Einzelfall, fast mystisch vernebelt wird – aber wäre dieses soziologische Gesetz, denn es ist eines, ins Bewußtsein der Massen gehoben, wäre manches getan. Die Vergottung der Institution und ihrer Spielregeln ist etwas unsagbar Widerwärtiges. «Aber sonst könnte keine Ordnung sein!» – Ohne Regeln: nein. Ohne Vergottung: ja. Wieviel Fehler werden damit verborgen.

//

Daß Du mich nicht für einen Troppel hältst: ich schreibe dieses alles so kunterbunter für Dich auf, dies ist ja keine Literatur. Ich gebe mich also bezüglich Oslos keinen Illusionen hin – wenn ich dahinkäme, wird es so aussehen wie überall auch. Kaffern – die dicken Koofmichs – idealistische Studenten, die leider, leider, ihren Idealismus nach dem russischen Winde hängen – ich weiß das alles. Irgendeine Hoffnung für die Zukunft ist das nicht. Aber immerhin ---

//

Daß Bern einmal ein Exempel an einem Boche statuiert hat, freut mein Herz. Dieser Bundesstenograph, der erst dem Nationalsozialismus abgeschworen hat, um seine Pension nicht zu verlieren, ist so recht ein schönes Beispiel für die Couillons. Entweder und oder. Behandelte man sie aber alle so, hätte man diese Sache von Anfang an so behandelt –: wir ständen heute anders da.

Über die klägliche Haltung Brünings gibt es übrigens eine Prophezeiung Ossens aus dem Jahre 1932, die etwas Staunenswertes hat. Diese Satire, die damals wild ausgreifend erschien, wirkt heute fast zahm – sie ist zu optimistisch. Aber er hat gesagt, Brüning bitte dann um Eintritt in die Reichswehr, unter Schleicher als Feldwebel. Im Geistigen ist das ganz richtig. Und schließt, im Hinblick auf die liberalen Republikaner, Ullsteine und andern:

«Wir haben keine Wähler mehr und keine Leser, man hat uns windelweich geprügelt, man hat uns das Rückgrat gebrochen, aber nicht unsere unbeugsame Entschlossenheit, uns so lächerlich wie möglich zu machen.»

Heiliger Hilferding! Bitte für uns.

P. S. Daß der Mann im Februar nicht gegangen ist, halte ich jetzt für eine klare Haftpsychose.

//

Pladderadatsch. Die Osloer haben gesagt, wenn es etwas früher gekommen wäre, dann hätten sie sich sehr gefreut. Das glaube ich deshalb, weil sie der Sache sehr viel Raum gewidmet haben – man kann da nichts sagen. Schade. Ich berichte dann weiter; ich muß mal sehn, ob ich man nicht doch etwas drehn kann.

//

Anhang

Editorische Bemerkungen

Die Blätter der «Q-Tagebücher» lagen den Briefen Kurt Tucholskys an Dr. Hedwig Müller in Zürich, als «Briefe aus dem Schweigen 1932–1935, Briefe an Nuuna», 1977 veröffentlicht, bei. Es handelt sich um 218 maschinenbeschriebene DIN-A-4-Seiten, die gelegentlich mit handschriftlichen Rand- oder Schlußbemerkungen versehen sind. Das erste erhaltene Q-Tagebuch ist Fragment, es gehört zum Brief vom 13. September 1934; das letzte schrieb Tucholsky am 19. Dezember 1935. Häufig klebte er Ausschnitte von Zeitungsartikeln ein. Die Originale der Q-Tagebücher befinden sich, wie die erhaltenen Briefe an Hedwig Müller, im Tucholsky-Archiv des Deutschen Literaturarchivs in Marbach. Weder an den Originalen der Q-Tagebuchblätter noch an jenen der Briefe sind irgendwelche Veränderungen oder Streichungen vorgenommen worden.

Die chronologische Anordnung der undatierten und nicht geordneten Tagebuchblätter bot große Schwierigkeiten. Sie waren zunächst zu den ursprünglichen zwei- bis sechs- oder siebenseitigen Einheiten um die entsprechenden Titelblätter zu gruppieren. Anhaltspunkte dafür und für die Datierung boten Erwähnungen von zeitlich feststehenden Ereignissen wie dem Attentat auf den jugoslawischen König in Marseille, die Einführung der allgemeinen Wehrpflicht in Deutschland, eine Unterhausdebatte oder eine schweizerische Volksabstimmung. Öfters wies Tucholsky in einem Brief auf das mitgesandte Q-Tagebuch hin, manchmal bezog sich ein Abschnitt im Tagebuch auf einen eingeklebten oder beiliegenden oder mit Datum erwähnten Zeitungsartikel, meist aus der *Neuen Weltbühne* oder dem *Temps.* Große Bedeutung für die Erschließung der Chronologie haben auch Hedwig Müllers Antwortbriefe, weil sie oft auf die eine oder andere Tagebuchmitteilung einging. Für die Zeit nach September 1935 versiegt jedoch diese Hilfsquelle: die Nuuna-Briefe der letzten Monate müssen als verloren gelten. Die Herausgeber hoffen, die ursprüngliche Reihenfolge der Q-Tagebuch-Beilagen mit annähernder Sicherheit rekonstruiert zu haben. An einigen hat Tucholsky zweifellos mehrere Tage geschrieben.

Herausgeber und Verlag haben sich trotz gewisser Wiederholungen und paralleler Textstellen in «Briefe aus dem Schweigen» entschlossen, sämtliche erhaltene Tagebuchblätter ungekürzt wiederzugeben, einschließlich der zahlreichen und oft recht langen französischen Zitate. Um die Geschlossenheit der Q-Tagebücher nicht zu beeinträchtigen, wurden die Übersetzungen dieser Texte, für die wir Delf Schmidt danken, in den Anmerkungsteil aufgenommen.

Wie im Band «Briefe aus dem Schweigen» haben wir Ergänzungen durch die Herausgeber, vor allem also die Datumsangaben, mit [] gekennzeichet. Kursivdruck bedeutet wiederum Unterstreichung im Original; Sperrungen wurden beibehalten. Korrekturen im Text betreffen nur Flüchtigkeits- oder Tippfehler. Die Orthographie wurde in der Regel dem heutigen Gebrauch angeglichen. Die auch in den Tagebüchern häufigen Beispiele von Kurt Tucholskys eigenwilliger Privatorthographie und -syntax sowie Namen- und Wortverballhornungen sind originalgetreu wiedergegeben. Buchtitel sind in Anführungszeichen, Zeitungs- und Zeitschriftentitel sind kursiv gesetzt. Die Texte der eingeklebten Zeitungsausschnitte sind durch einen kleineren Schriftgrad abgehoben. Bei den Anmerkungen hielten sich die Herausgeber an das System des Bandes «Briefe aus dem Schweigen», aus dem sie auch eine Anzahl der Erläuterungen übernommen haben. Trotz intensiver Bemühungen blieben auch diesmal einige Hintergründe und Bezüge ungeklärt.

Rottach-Egern
Zürich
Oktober 1977 Die Herausgeber

Anmerkungen

Die Übersetzungen aus dem Französischen besorgte Delf Schmidt.

13.9.1934

1. *Ich hatte Dir und mir mal 7 empfohlen:* «Sept», französische katholische Zeitschrift; erschien auf Veranlassung des Vatikans von März 1934 bis August 1937. Redakteur Pater Bernardot.

2. *«. . . objection de conscience»:* «Kriegsdienstverweigerung aus Gewissensgründen».

3. . . . *die paar Askonesen:* Schon zu Tucholskys Zeiten lebten im Tessin, vor allem auch in Ascona am Langensee, viele Deutsch-Schweizer und Deutsche. Auch Hedwig Müller besaß in Ascona ein Haus.

21.9.1934

1. . . . *im Blättchen:* Gemeint ist *Die neue Weltbühne.* Ab Frühjahr 1932 erschien unter dem Titel *Wiener Weltbühne* eine Wiener Parallelausgabe der Berliner *Weltbühne.* Dieses Ausweichquartier war wegen der Befürchtung gewählt worden, daß die *Weltbühne* bereits unter dem Regime Schleicher/Papen verboten werden könnte, vor allem aber auch, weil die *Weltbühnen*-Herausgeber und -Mitarbeiter bereits mit der Möglichkeit eines Hitler-Regimes rechneten.
Tucholsky hatte in Wien u. a. mit Willy (William) Schlamm verhandelt. Die Wiener *Weltbühne* war Eigentum eines Verlags, der Frau Edith Jacobsohn und dem Wiener Industriellen Dr. Hans Heller zu gleichen Teilen gehörte. Sie erschien unter der selbständigen Redaktion von W. S. Schlamm, der in der jeweiligen Ausgabe etwa die Hälfte der Berliner *Weltbühne* übernahm, deren Fahnen ihm zugeschickt wurden; hinzu kamen ein Leitartikel von Schlamm sowie einige Wiener Beiträge.
Nach dem Verbot der Berliner *Weltbühne* verblieb die Chefredaktion bei W. S. Schlamm, der die Zeitschrift mit der Nr. vom 14. 4. 1933 in *Die neue Weltbühne* umbenannte und das

Blatt von dieser Nummer an in Prag herausgab. Nachdem Dollfuß in Wien bereits das Parlament aufgelöst hatte, war das Unternehmen aus politischen Gründen auch in Wien gefährdet. Frau Jacobsohn war nach Zürich gezogen, ihr Partner in Wien geblieben.
Aus pressetechnischen Gründen wurden im Impressum «verantwortliche Redakteure» genannt, in Österreich Adolf Bauer, in Prag Ernst Fröhlich; beide Verlagsangestellte hatten die österreichische respektive die tschechische Staatsangehörigkeit. Als sogenannte «Sitzredakteure» konnten sie im Notfall eine Gefängnisstrafe absitzen, ohne daß dadurch die Weiterführung des Blattes gefährdet wurde. Die altgewohnte Bezeichnung «Blättchen» behielt Tucholsky für die *Neue Weltbühne* bei, auch in den Briefen an Nuuna.
Der österreichische Gesellschafter verkaufte seine Anteile an der *Neuen Weltbühne* an die Gruppe Jacobsohn–Budzislawski. Im März 1934 übernahm «der neue Mann» Dr. Hermann Budzislawski die Redaktion. Wie «das Blättchen» schließlich in kommunistische Hände geriet, nachdem Edith Jacobsohn im Sommer 1934 auch ihre Anteile verkaufte, ist auch durch die detaillierte Untersuchung Hans Albert Walters in «Deutsche Exilliteratur 1933–50», Band 7, nicht restlos aufgeklärt. Im August 1939 erschien die letzte Nummer der *Neuen Weltbühne.* Seit 1946 erscheint die Zeitschrift in Ostberlin, wieder unter dem Titel *Die Weltbühne.* Das Impressum heißt: 1905 begründet von Siegfried Jacobsohn
1926–1933 geleitet von Carl von Ossietzky
Herausgegeben von Maud von Ossietzky und Hermann Budzislawski (seit dem Tod von Ossietzkys Witwe entfällt ihr Name im Impressum).
2. . . . *die Rede mit «Vohlksgenossen!»:* Parodie von Anton Kuh auf eine Führerrede auf dem Nürnberger Parteitag 2934, zur «Tausendjahrfeier».
3. *Die russischen Berichte:* In der *Neuen Weltbühne* berichtete u. a. F. C. Weiskopf über den Ersten Unionskongreß der Sowjetschriftsteller im Juli 1934 unter dem Präsidium von Maxim Gorki. Als Gäste nahmen u. a. Ernst Toller, Gustav Regler, Klaus Mann, Oskar Maria Graf, Martin Andersen-Nexö, Louis Aragon und André Malraux teil. Auch Tucholsky hatte eine Einladung zum Kongreß erhalten.

4. ... *Spaziergang nach L:* Lysekil an der schwedischen Westküste, wo Hedwig Müller ihren Sommerurlaub 1934 bei Tucholsky verbracht hatte.
5. ... *militärischen Pseudonym «Blücher»:* Wassilij Konstantinowitsch Gurow (1889–1938), sowjetrussischer General, kommandierte die «Besondere Fernöstliche Armee». 1935 Marschall der Sowjetunion, 1938 im Zuge der Säuberungen erschossen.
6. ... *im Bundesrat:* Damit ist immer die sieben Mitglieder zählende Regierung der schweizerischen Eidgenossenschaft gemeint.
7. ... *duck soap oder so:* «Duck Soup» (deutscher Titel: «Die Marx Brothers im Krieg»), USA 1933, Regie: Leo McCarey.
8. *«Il eut de la véhémence ...»:* «Es war Feuer in seinen Reden, und er war von einer lebendigen und stürmischen Beredsamkeit, die das Volk mitriß und in Verzückung versetzte; *von außerordentlicher Kühnheit, wenn er sah, daß man ihm zustimmte und Beifall zollte*, und mit einem Ausdruck von Autorität, der seine Anhänger vor ihm zum Zittern brachte: so, daß sie nicht wagten, ihm zu widersprechen, weder im großen noch im kleinen.»
9. ... *und nicht sein Name:* Tucholsky hoffte zu diesem Zeitpunkt trotz aller Skepsis immer noch, daß Carl von Ossietzky den Friedensnobelpreis für 1934 erhalten werde. Seit dem 28. Februar 1933 war Ossietzky in Haft, seit dem 6. April 1933 im SA-Konzentrationslager Sonnenburg bei Küstrin. Den Friedensnobelpreis für 1934 erhielt aber Arthur Henderson (1863–1935), Vorsitzender der Labour Party und britischer Außenminister. Gleichzeitig wurde Sir Norman Angell (1874–1967), englischer Schriftsteller und Pazifist sozial-liberaler Richtung, der Friedensnobelpreis für 1933 verliehen; 1933 war der Preis nicht verliehen worden.
10. *Sacco und Vanzetti:* Nicola Sacco (geb. 1891) und Bartolomeo Vanzetti (geb. 1888) wurden am 22. August 1927 in Boston als Mörder hingerichtet, trotz weltweiter Proteste und Demonstrationen und obschon das in siebenjährigem Verfahren endgültig bestätigte Todesurteil ein auf politischen Hintergründen beruhendes Fehlurteil war. Die beiden als Anarchisten verfolgten Arbeiter italienischer Herkunft fielen der damaligen Radikalenhetze und dem Fremdenhaß in den

USA zum Opfer. Im Sommer 1977 sind sie durch den Gouverneur von Massachusetts rehabilitiert worden. Theobald Tiger reagierte in der *Weltbühne* vom 30. August 1927 mit dem Gedicht «7,7» («Gesammelte Werke», II, 870, Taschenbuchausgabe, 5, 300) mit Zorn und Bitterkeit auf diesen Justizmord.

11. *Lu: Vu*, von Lucien Vogel im März 1928 gegründete Pariser Illustrierte, Vorbild u. a. für *Life*, übernahm im Mai 1937 die satirische, militant antifaschistische Zeitschrift *Lu*, erschien bis März 1938 unter dem Titel *Vu et Lu*.

12. *Mot aus Couillonien:* Wort aus Deutschland. Couillons = die Deutschen, vor allem die Nationalsozialisten. In der französischen Umgangssprache bedeutet le couillon Memme, Dummkopf – als Kujon auch ins Deutsche übernommen. Une coujonnade = Nichtswürdigkeit, feiger Streich, Betrügerei.

27.9.1934

1. *In der «Poésie du Hasard»:* von Alexandre Arnoux (Grasset).

2. ... *meinem Reisebuch:* «Ein Pyrenäenbuch» (1927), «Gesammelte Werke», II, 577ff., Taschenbuchausgabe 5, 7ff.

3. ... *die Biographie Durands:* Vermutlich François Durand (1880–1959). Verfasser phantasievoll-poetischer Romane und Erzählungen, der École Fantaisiste nahestehend. Auch Lyriker. Romane: «Écrit sur de l'Eau» (1908, Prix Goncourt), «Das Herz und der Chinese» (1929 in Deutschland erschienen).

4. *«La guerre même ...»:* «Selbst dem Krieg ist es nicht gelungen, uns matt zu setzen. Leuten, die dann recht bereitwillig gestorben sind, hat man die Haare nie auf die vorgeschriebene Länge stutzen können.»

5. *Esprit:* Monatszeitschrift, gegründet im Oktober 1932 von Emmanuel Mounier (1905–1950), der stark von Charles Péguy beeinflußt war. *Esprit* vertrat einen avantgardistischen Linkskatholizismus mit föderalistischen Gedankengängen. Vom Vichy-Regime vom August 1940 bis 1944 verboten. *Esprit* gilt als eine der engagiert-fortschrittlichen Zeitungen Frankreichs.

6. *«Oui ou merde?»:* «Ja oder Scheiße?»

7. *«Ça n'a pas de couilles»:* «Eine Eierlosigkeit.»

8. . . . *die Sache Prince:* Gehört in den Zusammenhang des Stavisky-Skandals. Man fand 1933 die Leiche des stellvertretenden Staatsanwalts beim Pariser Strafgericht, Albert Prince, auf den Schienen der Eisenbahnstrecke Dijon–Paris. Es scheint sich eher um Mord oder Selbstmord als um einen Unglücksfall gehandelt zu haben; Prince war vermutlich eine der Haupttriebkräfte für die 19 Vertagungen der Gerichtsverhandlung gegen den von Gönnern in Politik, Justiz und Polizei gedeckten Millionenbetrüger Serge Alexandre Stavisky (1886–1934), der 1926 verhaftet, nach 18 Monaten bis zur Gerichtsverhandlung jedoch auf freien Fuß gesetzt wurde. Diese Verhandlung fand nie statt: als am 8. Januar 1934 die Polizei in seine Villa eindrang, erschoß er sich. Man nimmt an, daß die Polizei bei diesem Selbstmord die Hand im Spiel hatte, weil man den Mann nicht lebend haben wollte.
9. *«En résumé . . .»:* «Zusammengefaßt läßt sich sagen, daß die Person des Doktors . . . zu keinem Zeitpunkt der Untersuchung verdächtig erschien, genausowenig wie seine Handlungen während seines Aufenthalts in Dijon, und die Hartnäckigkeit, mit der bestimmte Leute die Anwesenheit dieses Volksvertreters in Dijon verdächtig finden, ist schwer zu erklären. Er scheint sich jeder politischen Betätigung zu enthalten; seine Vergangenheit und sein Umgang, unter anderem mit Herrn Elysée Bailly, Besitzer der ‹Grande pharmacie de Rome› in der Rue de Rome Nr. 15, lassen endgültig den Schluß zu, daß er mit dem Tod des Herrn Rat Prince nichts zu tun hat. Herr . . . ist Ritter der Ehrenlegion und Träger zahlreicher Auszeichnungen und ausländischer Orden. Sein Verhalten während des Kriegs kann als bemerkenswert bezeichnet werden.»
10. *«Vous connaissez . . .»:* «Kennen Sie diese Apotheke? Nun ja, mein Lieber, sie nimmt das ganze Gebäude ein, nicht wahr . . .»
11. *Ich will meinen Katz wiederhaben:* Tucholsky hatte Hedwig Müller und ihrer Schwester Dr. jur. Gertrud Elisabeth Dunant-Müller einen Band von Richard Katz (1888–1968), Deutsch-Prager Schriftsteller und Reisejournalist, geliehen. Die von Tucholsky meist Lieschen, Trudchen oder Binsch genannte Schwester erwartete die Geburt ihres ersten Kindes im November 1934.

12. *Jener, dessen Stück ich hier gelesen habe:* Das Schauspiel «Münchhausen» von Walter Hasenclever (1890–1940), 1934 im Exil entstanden. Tucholsky hatte es als «allerbester Hasenclever vom feinsten Jahrgang» gelobt.
Beim hier erwähnten Roman handelt es sich um «Irrtum und Leidenschaft», einen Bekenntnisroman, der 1969 postum erschien. Im Sommer 1977 Neuausgabe: «Erstmals entschlüsselt und mit Dokumentarfotos».
Tucholsky hatte gemeinsam mit Hasenclever 1931 ein Stück unter dem Titel «Christoph Columbus oder Die Entdeckung Amerikas» geschrieben, das 1932 in Leipzig uraufgeführt wurde.
13. ... *ein Aufsatz eines Göggitz:* Bezeichnung beider Briefpartner für Bankiers und Wirtschaftsexperten. In einem späteren Q-Tagebuch steht sie für die Göteborger Verwaltungs- und Handelsspitzen.
14. *Johann:* Carl von Ossietzky. Vgl. Anmerkung 9 zum Q-Tagebuch vom 21. 9. 1934.
15. *Frau Dollfuß:* Engelbert Dollfuß (1892–1934), Politiker der Christlich-Sozialen Partei und österreichischer Bundeskanzler ab 1932. Löste nach einem blutigen Aufstand des «Republikanischen Schutzbundes» im Februar 1934 alle Parteien auf und verkündete am 1. 5. 1934 eine neue Verfassung. Seine Politik richtete sich gegen die nationalsozialistische wie die sozialdemokratische Partei. Dollfuß wurde von Nationalsozialisten ermordet.
16. *Vu:* Vgl. Anmerkung 11 zum Q-Tagebuch vom 21. 9. 1934.
17. ... *die Juni-Ereignisse:* Der sogenannte Röhm-Putsch. Ernst Röhm (1887–1934), nationalsozialistischer Parteiführer, Stabschef der SA, wurde am 30. Juni 1934 auf Befehl Hitlers erschossen; mit der Niederschlagung dieser angeblichen Revolte wurden oppositionelle Kräfte innerhalb der NSDAP beseitigt.
18. *Der O. N.:* Die Zeitschrift *L'Ordre Nouveau* (1933–1938), herausgegeben von Arnaud Dandieu und Robert Aron, vertrat die Richtung des Personalismus. Zu dieser Bewegung gehörte Denis de Rougemont. Das Buch «La Révolution nécessaire» war ebenfalls gemeinsam von Dandieu (1897–1933) und Aron (geb. 1905) herausgegeben worden.

19. ... *von den Strassers entfernt:* Vermutlich der Zürcher Psychiater, Schriftsteller und Pazifist religiös-sozialer Richtung, Dr. Charlot Strasser (1884–1950), und seine Frau, die Nervenärztin Dr. Vera Strasser, mit denen Hedwig Müller gut bekannt war.
Zu Seite 37: L'horloger retiré des affaires: Uhrmacher im Ruhestand.

30. 9. 1934
1. ... *die junge Dame:* Gertrude Meyer, später verheiratete Prenzlau. Stammte aus einer wohlhabenden jüdischen Familie in Göteborg, war Tucholskys Sekretärin und Betreuerin. Ihre und ihrer Mutter Adressen dienten Tucholsky als schwedische Deckadressen. Auch als «Fröken» oder «die M.» bezeichnet.
2. *Die Sache mit Hamsun:* Im Sommer 1934 hatte der bedeutende norwegische Literaturkritiker Fredrik Paasche in *Aftenposten* Nazideutschland kritisiert. Am 10. Juli folgte im selben Blatt ein polemischer Angriff Hamsuns auf Paasche; Tucholsky ließ den Artikel übersetzen und schickte ihn an Walter Hasenclever und Hedwig Müller (siehe Tucholsky, «Briefe aus dem Schweigen, 1932–1935», S. 152f.). Tucholsky, ein großer Bewunderer von Hamsuns Werk, wandte sich nun enttäuscht und erbittert von ihm ab.
Hamsun, seit 1918 selber Bauer, war für die Blut- und Bodenmystik der Nationalsozialisten empfänglich. Dies und sein Haß auf England bewogen ihn zum Eintritt in Quislings Nasjonal Samling, die norwegische Spielart des Nationalsozialismus. Er kollaborierte nach 1940 mit der deutschen Besatzungsmacht; im Mai 1945 unter Hausarrest; dann zwei Jahre Freiheitsentzug in wechselnder Form (psychiatrische Klinik, Altersasyl). Im Dezember 1947 zu einer hohen Geldbuße verurteilt und auf seinen Bauernhof entlassen. Er starb 1952.
3. *In dem andern Blättchen: Das Neue Tagebuch*, 1933 bis 1940 in Paris erschienen. Nachfolgeorgan von *Das Tagebuch*. Dieses erschien 1920 bis 1933. Zunächst von Stefan Großmann, ab 1922 gemeinsam mit Leopold Schwarzschild, ab 1927 von Leopold Schwarzschild allein herausgegebene linksrepublikanische Wochenzeitschrift. Das Blatt erschien

bis 1924 im Rowohlt Verlag, Berlin, danach im eigenen *Tagebuch*-Verlag, Berlin. 1930 betrug die Auflage 14 000 Exemplare. Das *Tagebuch* verstand sich als eine strenger politische, weniger feuilletonistisch linke Alternative zur *Weltbühne.* 1933 wurden beide Zeitschriften verboten.
4. *«Tout ce qui passe ... tout le temps»:* «Alles was fließt, ist gut!» – «Das Dasein ist ein Fluß!» – «Ach ja, meine Freunde, was mich betrifft, wenn ich reich wäre, würde ich die ganze Zeit pissen.»
5. ... *der Herr Nicole:* Léon Nicole (1887–1965), linkssozialistischer Staatsrat (1933–1936) und Regierungspräsident im Kanton Genf; später Übertritt zum Kommunismus. Bei einem früheren Auftritt der Cabaret-Sängerin Marianne Oswald mit einem politischen Programm war es in der Comédie de Genève zu handgreiflichen Zwischenfällen gekommen, weil Mitglieder des Front national und andere Rechts- und Faschistenkreise die Veranstaltung sprengen wollten. Anfang September 1934 verfügte die Bundesanwaltschaft die Einreisesperre gegen Marianne Oswald, sie konnte in der Schweiz nicht mehr auftreten.

10. 10. 1934
1. ... *der Herr Mörder aus Kroatien:* Am 9. Oktober 1934 wurde der französische Außenminister Jean Louis Barthou (geb. 1862) von kroatischen Ustaschis erschossen, als er mit dem auf Staatsbesuch weilenden König Alexander von Jugoslawien durch die Straßen von Marseille fuhr. Auch König Alexander fiel den Kugeln der Mörder zum Opfer. Barthou, entschiedener Gegner der deutschen Wiederaufrüstung, hatte auf ein französisch-russisches Militärbündnis hingearbeitet. Der französische Ministerpräsident Gaston Doumergue (1863–1937) ernannte Pierre Laval (1883–1945) zu Barthous Nachfolger.
2. ... *hinter den corrompies et vendies:* Eine Bemerkung in einem späteren Brief Nuunas läßt darauf schließen, daß Tucholsky hier vermutlich eine des Französischen nicht ganz mächtige frühere Concierge zitiert, die angesichts der innerfranzösischen Zustände von Korrumpierten und Verkauften spricht. Hier aber auf die diktatorischen Verhältnisse im Königreich Jugoslawien bezogen.

3. ... *wenn Oprecht:* Emil Oprecht, Zürcher Verleger (1895–1952). Tucholsky greift ihn zuweilen zu Unrecht an. Der Oprecht und der Europa-Verlag brachten viel Emigrantenliteratur heraus, u. a. Werke von Silone, Bruckner, Hellmut von Gerlach, Friedrich Wolf, Koestler, Uhde, Heiden, Willy Brandt und Wolfgang Langhoff. Über Hedwig Müller bot Oprecht auch Tucholsky Geld an und lud ihn zur Mitarbeit ein; Tucholsky hat immer abgelehnt.
4. ... *über die Schanis:* über die Wiener.

15. 10. 1934
1. *Die Verwirrung mit 15:* Hedwig Müller hatte eine Nummernliste, nach der sie Tucholskys Post von Zürich aus weiterleitete. Agathchen war eine gute Bekannte von ihr; zeitweilig wohnten beide Frauen im selben Haus.
2. *«Difficile ...»:* «Schwierig, das Knäuel abzuhaspeln.»
3. *Algott Olssonien:* Schweden
4. *Arnold:* Einer der Decknamen Tucholskys.
5. *Opiumhöhle:* Schlafmittel
6. *Emilie:* Gelegentlicher Deckname Hedwig Müllers.
7. *Die Mellessin:* Medikament. Hedwig Müller schickte Tucholsky häufig Medikamente, Schlafmittel oder Hinweise auf neue Schlafmittel.
8. *L'Europe Nouvelle:* Französische politische Zeitschrift, erschien von 1918 bis 1939, trat für eine unabhängige Tschechoslowakei, für Briand und den Völkerbund ein. Louise Weiss, zunächst Redaktionssekretärin, dann Direktorin der Zeitschrift von 1923 bis 1934.
9. ... *über den Tod Mühsams:* Erich Mühsam (1878–1934). Dramatiker, Lyriker, Journalist. Begann nach kurzer Apothekerlehre in Berlin durch seinen Kontakt mit den Brüdern Hardt, mit Scheerbart, Peter Hille und Maximilian Harden erste Gedichte zu veröffentlichen, übersiedelte nach Wanderjahren durch Frankreich und die Schweiz 1904 nach München, wo er zum engsten Freundeskreis von Wedekind gehörte. Seine stark unter dem Einfluß von Gustav Landauer entstandenen anarchistischen Theorien formulierte er in verschiedenen Gedichtbänden und Dramen, vor allem aber in der von ihm 1911 gegründeten und herausgegebenen Zeitschrift *Kain*, die nur seine Beiträge druckte. (Später gab er von

1926–1931 die Zeitschrift *Fanal* heraus.) Wegen seiner führenden Teilnahme an der Münchner Räterepublik wurde Mühsam 1919 zu 15 Jahren Festungshaft verurteilt. Nach seiner Amnestie im Jahre 1924 übersiedelte Mühsam nach Berlin, wurde in der Nacht des Reichstagsbrandes verhaftet und durch verschiedene KZ-Lager (zeitweise gemeinsam mit Carl von Ossietzky) geschleppt und grausam gefoltert. Mühsam wurde am 10. Juli 1934 im KZ Oranienburg ermordet.
Der Aufsatz «Erich Mühsams Tod» in der *Neuen Weltbühne* vom 11. Oktober 1934 stammte von Kurt Hiller (1885–1972), rechtsphilosophisch-kulturpolitischer Schriftsteller, Mitbegründer der aktivistischen Bewegung; 1918 Vorsitzender des politischen Rats geistiger Arbeiter (Berlin); Gründer und Präsident der Gruppe Revolutionärer Pazifisten, zu der auch Tucholsky gehörte; 1933 bis 1934 KZ; Exil in Prag und London; Mitarbeiter an der *Neuen Weltbühne* und der *Sammlung*.
Wenige Wochen nach seinen Enthüllungen über den Mord Mühsams ließ Hiller bis in den Februar 1935 hinein eine Artikelserie «Schutzhäftling 231» folgen, in denen er seine Erlebnisse im Columbiahaus und in den Konzentrationslagern Brandenburg und Oranienburg schilderte.
10. *Bruderstadt:* Tucholsky nannte Prag Bruderstadt, weil dort sein Bruder Fritz lebte.
11. ... *anläßlich Marseilles:* Vgl. Anmerkung 1 zum Q-Tagebuch vom 10. 10. 1934.

24. 10. 1934
1. *Dein Kollege Zondek:* Bernhard Zondek (1891–1966), jüdischer deutscher Gynäkologe. 1934 bot ihm die schwedische Regierung Asyl an, was zu Protesten bei den schwedischen Ärzten führte. Zondek schlug das Angebot aus und ging an die Universitätsklinik von Jerusalem.
2. ... *wie ein Bruder Tachtels:* Wladimir Rosenbaum, Ehemann von Tucholskys Gastgeberin auf «La Barca» in Comologno im Sommer 1932.
3. *Als sein erster Bericht:* Kurt Hillers Aufsatz über den Tod Erich Mühsams. Vgl. Anmerkung 9 zum Q-Tagebuch vom 15. 10. 1934.
4. ... *verblasene Liebe des Gartenzwerges zu Briand:* Hell-

mut von Gerlach (1866–1935), Pazifist und ehemaliger Chefredakteur der *Welt am Montag*.
5. *Vu:* Vgl. Anmerkung 11 zum Q-Tagebuch vom 21. 9. 1934.
6. *Die Ähnlichkeit mit Ullsteins:* Mächtigster Zeitungskonzern der Weimarer Republik. Gegründet 1877 in Berlin von Leopold Ullstein. Die ersten Blätter des Konzerns waren die *Berliner Zeitung*, die sich als Konkurrenzblatt zu Mosses *Berliner Tageblatt* verstand, und die erste Berliner Abendzeitung *Abendpost*, die Redaktions- und Druckkapazität und eine bestimmte neu eingeführte Vertriebsmethode geschickt ausnutzte.
Später gab Ullstein, dessen fünf Söhne sich in die Leitung des Konzerns teilten, die *Berliner Illustrirte*, die *Morgenpost* und die erste regelrechte Boulevardzeitung *BZ am Mittag* heraus. 1913 erwarb das Haus Ullstein die renommierte *Vossische Zeitung*, für die Tucholsky ab 1924 als Frankreich-Korrespondent tätig war. Dem Konzern wurden zahllose weitere Blätter, Baukataloge, Modekataloge, Buchverlage, Reisebüros und schließlich ein eigener Nachrichtendienst angegliedert, und er hatte mit dem umfangreichsten Inland- wie Auslandkorrespondentennetz eine absolut führende Stellung im Pressewesen der Weimarer Republik. Nach Beschlagnahme und Enteignung während der Nazizeit wurde der Konzern in den ersten Jahren nach dem Zweiten Weltkrieg wiederaufgebaut und schließlich an den Axel Springer Verlag verkauft.
7. *Lelong:* Führender französischer Modeschöpfer.
8. *Die M.:* Vgl. Anmerkung 1 zum Q-Tagebuch vom 30. 9. 1934.
9. *«Air connu»: «Die* Melodie kennt man.»

1. 11. 1934
1. «Mon âme est sans secret . . .»:
«Meine Seele ist ohne Geheimnis, mein Leben ohne Mysterium. / Eine banale Liebe, wie jede andere entstanden. / Das Leid ist nun vorbei: welch Grund, es Euch zu verschweigen? / Die es mir antat, wußt' es sofort.
Nein! In ihrer Näh' bin ich nicht unbemerkt geblieben, / War immer an ihrer Seite, und war niemals allein, / Und bis ans Ende hätt' ich meine Erdenzeit durchlaufen, / Und ohne jede Bitte alles erhalten.
Doch sie, die nicht grad sanft und nicht grad zärtlich ist, / Geht

unbekümmert ihren Weg und achtet nicht / Auf ein Gewisper von der Liebe unter ihren Schritten.
Der herben Pflicht in steter Ungetreu ergeben, / Wird sie nichts lesen von den Versen, in denen nichts von ihr steht, / Und wird doch sagen: ‹Das bin ich›, und nichts versteh'n.»
Das Sonett von Félix d'Arvers lautet im Original:
/ «Mon âme a son secret, ma vie a son mystère: / Un amour éternel à un instant conçu. / Le mal et sans espoir, aussi j'ai dû le taire, / Et celle qui l'a fait n'en a jamais rien su.
Hélas! J'aurais passé près d'elle inaperçu. / Toujours à ses côtés, et pourtant solitaire, / Et j'aurais jusqu'au bout fait mon temps sur la terre, / N'osant rien demander et n'ayant rien reçu.
Pour elle, quoique Dieu l'ai faite douce et tendre, / Elle ira son chemin distraite et sans entendre / Ce murmure d'amour élevé sur ses pas;
A l'austère devoir pieusement fidèle,
Elle dira, lisant ces vers tout remplis d'elle:
‹Qu'elle est donc cette femme?› et ne comprendra pas.»
«Meine Seele hat ihr Geheimnis, mein Leben sein Mysterium: / Eine ewige Liebe, in einem Augenblick entstanden. / Das Leid ist ohne Hoffnung, verschweigen mußt' ich es, / Und die es mir antat, wußte niemals davon.
Ach! In ihrer Nähe wär' ich unbemerkt geblieben, / Und, immer an ihrer Seite, gleichwohl allein, / Und bis an's Ende hätt' ich meine Erdenzeit durchlaufen, / Ohne eine Bitte zu wagen, ohne jemals etwas zu erhalten.
Doch sie, auch wenn sie Gott gar sanft und zärtlich schuf, / wird ihren Weg doch voll Zerstreuung gehn / Und nicht des Liebeswisperns hinter ihren Schritten achten;
Der herben Pflicht in Frömmigkeit und Treu ergeben, / Die Verse voll von ihr vor Augen wird sie sagen: / ‹Wer ist denn diese Frau?› und nichts verstehn.»

2. *«Un rire qui . . .»:* «Ein Lachen, das ernst sein will.»
3. . . . *die Gefahr mit der Frau:* In dem von Tucholsky beantragten Einbürgerungsverfahren mußte auf einem Fragebogen den schwedischen Behörden u. a. auch Auskunft über die Vermögensverhältnisse gegeben werden. Da er damals über kein eigenes Vermögen verfügte, bat er Nuuna, einen Betrag auf seinen Namen bei einer Zürcher Bank zu hinterlegen.
Else Weil, seine erste Frau, von der er sich 1924 hatte scheiden lassen, beharrte auch nach 1933 auf den Unterhaltsbeiträgen, die ihr Tucholsky schuldete. Er hatte gelegentlich und unregelmäßig kleinere Beträge durch Nuuna überweisen lassen.

Else Weils Anwalt unterstützte die Zahlungsaufforderungen mit Pfändungsdrohungen. Mit einer Bankvollmacht für Nuuna sollte verhindert werden, daß Geld beschlagnahmt würde, das nominell zwar Tucholsky, tatsächlich jedoch Nuuna gehörte. Sie teilte am 7. November 1934 mit: «Die Sache mit der Überschreibung an Arnold wird gemacht. Wenns nur imposanter wäre!»

4. *Binsch:* Vgl. Anmerkung 11 zum Q-Tagebuch vom 27. 9. 1934.

5. *Klatsch mit Tarasp:* Im Sommer 1932 brachte Tucholskys Gastgeberin auf La Barca im Onsernonetal ihn zu einer Kur ins bündnerische Bad Schuls-Tarasp. Näheres konnte nicht ermittelt werden.

6. *Mit Johann also:* Über die Zürcher Deckadresse machte eine Mittelsperson Tucholsky gegenüber Anspielungen, Carl von Ossietzky sei unter Umständen aus dem KZ herauszuholen. Tucholsky und Hedwig Müller reagierten skeptisch und mißtrauisch. Nuuna am 29. Oktober 1934: «Was sind das wohl für geheimnisvolle Dinge mit unserem Johann? Glaubst Du noch an eine Möglichkeit für ihn?»

Tucholskys Vorsicht hinsichtlich seiner Post ist typisch für die Wachsamkeit, die er sich angewöhnt hatte. In Schweden erreichte ihn die Post über die Postfach-Adresse von Gertrude Meyer, gelegentlich auch von deren Mutter. Seine Briefe an Hedwig Müller richtete er ebenfalls meist an deren Postfach-Adresse. Am 7. November 1934 äußert sich Nuuna: «Den Johann erwarte ich noch nicht so bald. Vorläufig lassen sie wahrscheinlich keinen raus, der Propaganda machen kann.»

7. *Iwan:* Tucholskys Hauskater.

8. ... *Finsbo war nichts:* Der Sommerurlaub an der westschwedischen Küste hatte ihm nicht die erhoffte Heilung gebracht.

8. 11. 1934

1. *Der Ordre Nouveau:* Vgl. Anmerkung 18 zum Q-Tagebuch vom 27. 9. 1934.

2. *Revue des Deux-Mondes:* Französische kulturpolitische Zeitschrift mit großer kritischer Tradition (1828 gegründet).

3. *N. R. F.: Nouvelle Revue Française,* bedeutende französische Literaturzeitschrift des Verlages Gallimard, gegründet

1909, herausgegeben von André Gide. Unter dem Zeichen N. R. F. erscheinen bei Gallimard auch Bücher.
4. ... *in der Stadt:* in Göteborg.
5. *Die Beschimpfungen des Stürmer:* Antisemitische deutsche Wochenzeitschrift, von 1923 bis 1945 herausgegeben von Julius Streicher (1885–1946, hingerichtet).
6. ... *für das neue Kind Lieschens:* Am 13. November 1934 meldete Nuuna: «Wir haben also einen Sohn», und in vielen späteren Briefen kommt sie immer wieder stolz, liebevoll und auch unverkennbar wehmütig auf das Kind ihrer von Tucholsky meist Lieschen genannten Schwester zu sprechen. Der kleine Jean-Frédéric-Henri wurde in der Familie Hasi oder Gögö genannt und war auch für Tucholsky in Briefen und Tagebüchern ein vergnügliches Thema. Schon vor seiner Geburt hatte er ihm, offenbar aus dem Schwedischen, ein Märchen übersetzt.
7. ... *bei Lysekil:* Vgl. Anmerkung 4 zum Q-Tagebuch vom 21. 9. 1934.
8. ... *der Ghetto-Kuh, der sich mit dem Ghetto-Kraus herumschlägt:* Anton Kuh (1891–1941), österreichischer Aphoristiker. Karl Kraus (1874–1936), österreichischer Dichter und Satiriker, Herausgeber der *Fackel.* Beide waren Mitarbeiter der *Weltbühne*, Kuh auch der *Neuen Weltbühne.*
9. *Der Stückeschreiber und Memoirenmann:* Walter Hasenclever, vgl. Anmerkung 12 zum Q-Tagebuch vom 27. 9. 1934.
10. *Aber das kleine Buch über den «Politischen Aktivismus»:* Dr. Richard Behrendt, «Politischer Aktivismus. Ein Versuch zur Soziologie und Psychologie der Politik», C. L. Hirschfeld Verlag, Leipzig 1932.
11. *Der Stückeschreiber fragt, warum ich so einen Brief, wie ich an ihn schriebe, nicht veröffentlichte:* Briefe Kurt Tucholskys an Walter Hasenclever siehe in «Ausgewählte Briefe 1913–1935», Reinbek bei Hamburg 1962, Seite 240–309.
12. ... *als jener – ... – zurückgetreten sei:* Vgl. Anmerkungen 1 und 2 zum Q-Tagebuch vom 24. 10. 1934.

15. 11. 1934
1. *N. Z. Z.: Neue Zürcher Zeitung;* von Tucholsky im folgenden häufig als «Zürichtante» bezeichnet.

2. *Örebro:* Tucholsky verwendet öfters schwedische Einsprengsel; nicht alle sind erklärbar, er und Nuuna hatten auch in dieser Hinsicht ihre Privatsprache. So hat der oft auftauchende Name Örebro im Kontext nie etwas mit der gleichnamigen Stadt zu tun; er bedeutet eher «Glück haben», Hoffnung auf Reichtum. Und «der heilige Örebro» muß so etwas wie ein guter Geist für die beiden gewesen sein.
3. ... *der kleine Stier:* Tucholsky hatte ein Dienstmädchen entlassen.
4. *«La loi soviétique sur la trahison»:* «Das sowjetische Gesetz gegen den Verrat.
(Depesche unseres Sonderkorrespondenten)
Moskau, den 6. November
Letzten Juni hat der *Temps* über das neue Gesetz berichtet, das jedes Verratsverbrechen mit der Todesstrafe belegt und es gestattet, die nahen Verwandten des Verbrechers im Falle seiner Flucht als Geiseln zu verhaften.
Nun fand dieses Gesetz zum erstenmal Anwendung im Fall des Matrosen Woronkow vom Panzerkreuzer ‹Marat›, der während des Aufenthalts der sowjetischen Flotte im Hafen von Gdynia in Polen von einem Landurlaub *nicht wieder an Bord zurückkehrte.* Das Militärgericht, vor dem der Prozeß gegen den des Landesverrats angeklagten Woronkow stattfand, verurteilte ihn in Abwesenheit zum Tode und ordnete die sofortige Verhaftung seiner Eltern an, denen *eine zehnjährige Haft* als Geiseln bevorsteht wegen *‹des Verdachts auf Beihilfe auch passiver oder nicht vorsätzlicher Art.›»*
5. *«Grand vieillard»:* «großer alter Mann».
6. ... *untersucht Hiller im Blättchen:* Kurt Hillers Aufsatz «Ist der Pazifismus tot?», *Die neue Weltbühne*, 8. und 15. 11. 1934. Vgl. auch Anmerkung 9 zum Q-Tagebuch vom 15. 10. 1934.
7. ... *zeigt der Fall Rotter:* Die Brüder Alfred und Fritz Rotter leiteten im Berlin der Weimarer Zeit einen kommerziell ausgerichteten Theaterkonzern. Den Juden Fritz Rotter mußte die Auslieferung an Deutschland besonders hart treffen.
8. ... *Erika Mann ihr Cabaret:* Erika Mann und Therese Giehse gastierten von 1933 bis 1936 mit der «Pfeffermühle», einem betont antifaschistischen politischen Cabaret, in ver-

schiedenen Staaten. Im Herbst 1934 kam es in Zürich zu handfesten, von der nationalsozialistischen «Front» inszenierten Krawallen gegen diese «Hetzbühne». Stadtrat und Polizei schützten zwar die Darbietung, der in der Mehrheit bürgerliche Kantonsrat erließ jedoch 1935 ein Gesetz, das ausländischen Cabarets mit politischer Tendenz das Auftreten im Kanton Zürich untersagte. Andere Kantone folgten diesem Beispiel.

9. *Emigranten:* Ignaz Wrobel, *Weltbühne* 33, 18. 8. 1925, S. 270; in der Ausgabe «Gesammelte Werke» nicht enthalten. *Die Prophezeiungen der Zimmerwalder Russen:* Im Beisein von Lenin fanden 1915 in Zimmerwald und 1916 in Kiental internationale sozialistische Konferenzen statt. Den Vorsitz hatte der führende linke Sozialdemokrat und Nationalrat Robert Grimm (1881–1958).

10. ... *glückt es, was ich vorhabe:* Die Erlangung der schwedischen Staatsbürgerschaft.

21. oder 22. 11. 1934

Der zugehörige Brief, für den Nuuna sich bedankt hat, muß als verloren gelten.

1. *Über Matuschka:* Am 20. November 1934 war in Budapest Sylvester Matus(ch)ka zum Tode durch den Strang verurteilt worden, weil er in der Nacht vom 12. auf den 13. September 1931 auf dem Viadukt von Torbagy ein Sprengstoffattentat auf den Nachtschnellzug Budapest–Wien verübt hatte, das viele Tote und Schwerverletzte forderte. Der Attentäter wurde an seinem Wohnort Wien verhaftet und für ein im Januar 1931 in Niederösterreich begangenes Eisenbahnattentat zu sechs Jahren schweren Kerkers verurteilt. Gleichzeitig wurde aber seine Auslieferung an Ungarn verfügt. Internationalen Vereinbarungen zufolge konnte das Budapester Todesurteil nicht vollstreckt werden, weil der Verurteilte zuvor in einem Land vor Gericht stand, das die Todesstrafe nicht kannte. Daher wurde das Urteil in lebenslängliche schwere Kerkerhaft umgewandelt. Ob Matuschka tatsächlich 1953 von den Amerikanern als «koreanischer» Offizier gefangengenommen wurde, ist nicht geklärt.

2. *Le pavillon couvre la marchandise:* «Die Flagge deckt das Gut.» Im internationalen Seerecht besagt dieser Grundsatz,

daß Kriegführende keine Waren auf Schiffen unter der Flagge neutraler Staaten (le pavillon neutre) beschlagnahmen dürfen. Für Tucholsky ist dieser von ihm oft zitierte Satz eins der Symbole jenes von ihm zutiefst abgelehnten Nationalismus, der auf die unbedingte Souveränität des Einzelstaates pocht.
3. *Das Friedensinterview Hitlers:* Im Spätsommer und Herbst 1934 bestand in der Führungsspitze des Deutschen Reichs offenbar das Bedürfnis, Frankreich von den angeblich friedlichen Absichten der Naziführung zu überzeugen und einer künftigen Zusammenarbeit das Wort zu reden. Treffen von Frontkämpferverbänden beider Länder und Goodwill-Reisen von Rudolf Heß (geb. 1894) und Joachim von Ribbentrop (1893–1946) sollten dem Vorschub leisten. In diesen Zusammenhang gehört auch das Interview, das Hitler im September Jean Goy, Abgeordneter des Départements Seine, und Robert Monnier, Stadtrat von Paris, gewährte. Das Unternehmen der beiden Rechtspolitiker löste in Frankreich Pressekampagnen und eine parlamentarische Untersuchung aus, die allerdings folgenlos blieb.

24. 11. 1934
1. ... *an Knitsche schreibe:* Tucholskys Schneider in Paris.
2. *Was tun sie denn der dummen Erika Mann?:* Vgl. Anmerkung 8 zum Q-Tagebuch vom 15. 11. 1934.
3. ... *weil lillill:* Ein im Schwedischen nicht existierender Ausdruck, anscheinend in der abschätzigen Bedeutung von kleinlich, kleinkariert. Die Form «lilleke» wiederum, die es auch im Schwedischen nicht gibt, scheint eine Art Kosewort der beiden Briefpartner gewesen zu sein.
4. ... *oder wie im Falle Marianne Oswald:* Vgl. Anmerkung 5 zum Q-Tagebuch vom 30. 9. 1934.
5. ... *die Zürichtante:* Die *Neue Zürcher Zeitung.*
6. *Papa Mann in Küsnacht:* Thomas Mann lebte bis zu seiner Übersiedlung in die USA in Küsnacht am Zürichsee.
7. *Erst macht ihm der Klaus diesen Kummer:* Bezieht sich auf die Stellungnahme Klaus Manns in der *Sammlung* zum Treuegelöbnis, das im Oktober 1933 88 deutsche Schriftsteller für Adolf Hitler ablegten. Ein eher zweifelhaftes Dokument, denn einige Schriftsteller, wie zum Beispiel Oskar Loerke und Otto Flake, unterzeichneten, um ihre Verleger zu

schützen, in anderen Fällen wurden Unterschriften von Parteifunktionären ohne Wissen der Betreffenden geliefert.
8. *Candide:* Politisch-literarische Wochenschrift; 1924 von Arthème Fayard gegründet; Mitarbeiter u. a. Léon Daudet, Pierre Gaxotte, Albert Thibaudet. In den dreißiger Jahren zunehmend Sprachrohr rechtsextremer antiparlamentarischer und antisemitischer Propaganda.
9. *Die M.:* Vgl. Anmerkung 1 zum Q-Tagebuch vom 30. 9. 1934.
10. *«Plus de trente ans . . .:* «Eine mehr als dreißigjährige Erfahrung mit den kulturellen Beziehungen zwischen Frankreich und den englischsprachigen Ländern legt für mich die Vermutung nahe, daß auf der französischen Seite eine Neigung besteht, Vortragsreisen bedeutender und hochqualifizierter Persönlichkeiten zuviel Gewicht beizumessen und zuwenig vielleicht den Reisen ausländischer Schüler, die leidenschaftlich gern Frankreich kennenlernen möchten. Die Aufgabe ist zweifellos schwierig, aber man muß sich die Dringlichkeit des Bedürfnisses klarmachen. Die anderen Repräsentanten ausländischer Kultur, besonders die Deutschen und Italiener, arbeiten lebhaft daran, die von einigen für ungerechtfertigt erklärte Vorherrschaft der französischen Sprache und Kultur in den angelsächsischen Ländern zu untergraben. Zur gleichen Zeit erschweren die wirtschaftliche Krise und der Fall des Pfundes eine Reise nach Frankreich und verteuern den Kauf französischer Bücher, so daß seit drei oder vier Jahren die Gefahr besteht, daß die Kenntnis des gesprochenen Französisch wieder zu einem Privileg der Reichen und Aristokraten wird.
Einige Französischlehrer an den Universitäten und Public schools Englands und Französinnen, die aufopfernd an den Hauptschulen in London unterrichten, haben mir den Eindruck vermittelt, daß man um die Stellung des Französischen besorgt sein muß, denn sie ist von nun an bedroht. Das ist zum Teil eine Frage der Mittel, aber das ist, auf unserer Seite, auch und vor allem eine Frage des guten Willens und des gastfreundlichen Entgegenkommens, das wir unseren britischen Freunden zeigen. Robert-L. Cru.»
11. *Esprit:* Vgl. Anmerkung 5 zum Q-Tagebuch vom 27. 9. 1934.

12. *«Tout est à refaire»:* «Das müßte alles noch mal neu gemacht werden.»
13. . . . *halte ich für einen Schweizer:* Vermutlich Denis de Rougemont (geb. 1906), einer der Mitbegründer von *L'Ordre Nouveau* und *Esprit.*
14. *«Le Français . . .»:* «Der Franzose stimmt nicht für, sondern immer gegen.»
15. . . . *das bei Euch aufgeführte Stück:* Josef Halperin hatte in der *Neuen Weltbühne* vom 22. 11. 1934 die deutschsprachige Erstaufführung von Friedrich Wolfs «Professor Mamlock» (in Zürich unter dem Titel «Professor Mannheim») besprochen. Das deutsche Generalkonsulat und die nationalsozialistische Nationale Front entfachten eine wütende, vor brutalen Mitteln nicht zurückschreckende Hetzkampagne gegen Stück, Theaterleitung und Schauspieler – eine bisher am Zürcher Schauspielhaus nie erlebte Erfolgsserie von 42 Aufführungen und häufige Beifallskundgebungen auf offener Szene waren die Antwort des Publikums, eine unmißverständliche politische Demonstration.
Nuuna hielt Tucholsky in mehreren Briefen sehr anschaulich auf dem laufenden.
16. *«. . . on ne nous le fait plus!»:* «Uns erwischt man kein zweitesmal mehr!»
17. . . . *im Canard: Le Canard enchaîné,* französische satirisch-pazifistische Zeitschrift mit Linkstendenz.
18. *Das Fröken:* Vgl. Anmerkung 1 zum Q-Tagebuch vom 30. 9. 1934.
19. *«C'est dur un général!»:*
«Das ist hart, ein General!

Bestattungsanzeige

– Die endgültige Bestattung des General Heusch, ehemaliger Befehlshaber des fünften Armeekorpsbezirks, der letzten September verschied, wird Mittwoch, den 21. November 1934, um 10.30 auf dem großen Friedhof von Orléans stattfinden.
Es wird gebeten, diese Ankündigung als Einladung zu betrachten.

Um was zu machen?»

25. 11. 1934
1. *Prinzessin Marina:* George Edward Alexander Edmund

(1902–1942), vierter Sohn König Georgs V., wurde am 9. Oktober 1934 zum Duke of Kent ernannt. Am 29. November 1934 fand in London mit großem Gepränge seine Heirat mit Marina, der jüngsten Tochter des Prinzen Nikolaus von Griechenland statt.

2. *«Et maintenant voici . . .»:* «Und nun gibt es ein neues, sehr charakteristisches Anwendungsgebiet der Schallplatte. Ultraphon hat den Einfall gehabt, speziell für Mediziner und Apotheker eine Sammlung saftiger Lieder aus den Krankensälen zu pressen, ausgeführt in Soli- und Chorgesang, in begrenzter Auflage und reserviert für die Subskribenten. Diese ausgesprochen spezielle Sammlung heißt ‹Äskulap› (U.). Sie eröffnet die Technik der ‹berufsständischen› und vertraulichen Schallplatte, die bei einigen Schichten der Bürger den Geist der Tradition und die Erinnerung an ihre Jugendjahre aufrechterhalten soll. Wir begrüßen diese einfallsreiche Initiative und möchten sie den Medizinern unter den Lesern von *Temps* zur Kenntnis bringen.»

3. . . . *solche mots von France:* Anatole France, Pseudonym für Jacques Anatole Thibault (1844–1924), französischer Romancier, Historiker, Literaturkritiker und Aphoristiker. 1921 Nobelpreis für Literatur.

4. . . . *da ist nichts als gewendeter Faesi:* Dr. Robert Faesi (1883–1972), Schriftsteller und Literaturhistoriker. Privatdozent und von 1922 bis 1953 Professor für neuere deutsche Literatur an der Universität Zürich. Er gehörte zu Hedwig Müllers Bekanntenkreis. Tucholsky und Faesi lehnten sich gegenseitig aus persönlichen und politischen Gründen ab.
Faesi war Gegner des Sozialismus und hatte anfänglich, gemeinsam mit seiner Frau Jenny, mit dem Nationalsozialismus sympathisiert. Tucholsky benutzt die Namen «Faesi» und «Jenny» öfters zur Ironisierung von Personen, Geisteshaltungen oder Institutionen, die ihm unsympathisch sind.

30. 11. 1934

1. *Bericht von L. P.:* Ludwig Pietsch (1824–1911), Zeichner und Schriftsteller. Mitarbeiter der *Vossischen Zeitung*, Reise- und Gesellschaftsberichte.

2. *Der Herzog von Kent:* Vgl. Anmerkung 1 zum Q-Tagebuch vom 25. 11. 1934.

3. *Hitlers Friedensbekenntnis:* Vgl. Anmerkung 3 zum Q-Tagebuch vom 21. oder 22. 11. 1934.
4. *Die Saar-Kommission des Völkerbundes:* Durch den Versailler Vertrag wurde 1919 das Saargebiet auf 15 Jahre dem Völkerbund als Treuhänder unterstellt, der eine Regierungskommission einsetzte. Ihr letzter Vorsitzender war der Engländer Knox. Für den 13. Januar 1935 wurde die Volksabstimmung angesetzt, in der die Saarländer entweder für den Anschluß an Frankreich, den Anschluß ans Deutsche Reich oder den Status quo, das heißt das vorläufige Verbleiben unter Völkerbundstreuhandschaft stimmen konnten. Die Zustimmung zu letzterem hätte bedeutet, daß zu einem späteren Zeitpunkt eine weitere Abstimmung stattfinden würde. Mit 90,8 % stimmten die Saarländer jedoch nach einem von den Nationalsozialisten äußerst heftig und aufwendig geführten Abstimmungskampf für die Rückgliederung ans Deutsche Reich. Zur Gewährleistung und Überwachung der Saarabstimmung hatte der Völkerbund einen internationalen Dreierausschuß unter dem Vorsitz des italienischen Diplomaten Baron Pompeo Aloisi (1875–1949) eingesetzt.
5. *Die alte Morchel:* Buchhändlerin und Antiquarin in Paris, von der sich Tucholsky gelegentlich vergriffene Ausgaben französischer Autoren besorgen ließ.
6. *... über die Göggitze notiert:* Vgl. Anmerkung 13 zum Q-Tagebuch zum 27. 9. 1934.

2. 12. 1934
1. *Echo de Paris:* Katholisch-konservatives Massenblatt, gegründet 1884, erschien bis März 1942.
2. *In Spanien ist eine Revolution blutig niedergeschlagen worden:* Gemeint ist der Oktoberaufstand der überwiegend sozialistisch orientierten Bergarbeiter Asturiens. Er wurde von der Armee niedergeschlagen, die dabei zum erstenmal seit vierhundert Jahren wieder maurische Truppen nach Spanien brachte. Diese Kolonialtruppen aus Spanisch-Marokko standen unter dem Kommando General Francos.
3. *Der Herr de la Rocque von den Croix de Feu:* Casimir de la Rocque (1886–1946), Oberstleutnant, Chef der «Croix de Feu». Die Feuerkreuzler waren die stärkste der militanten rechtsradikalen Organisationen (Les Ligues) Frankreichs.

Die aktivste und wirkungsvollste war die royalistische «Action française» mit ihren militanten Verbänden «Les Camelots du Roi». Ihre Führer waren die Schriftsteller und Politiker Charles Maurras (1868–1952) und Léon Daudet (1867–1942). Sprachrohr der «Action française» war die gleichnamige Tageszeitung, die in der antiparlamentarischen und antisemitischen Polemik an vorderster Front stand.
4. *L'Humanité:* Zentralorgan der KPF.
5. *Vu:* Vgl. Anmerkung 11 zum Q-Tagebuch vom 21. 9. 1934.
6. . . . *die Prinzenhochzeit:* Vgl. Anmerkung 1 zum Q-Tagebuch vom 25. 11. 1934.
7. *Der Canard:* Vgl. Anmerkung 17 zum Q-Tagebuch vom 24. 11. 1934.
8. . . . *der damals Worowskij ermordet hat:* Der 1896 in Petersburg geborene Rußland-Schweizer Moritz Alexander Conradi erschoß am 10. Mai 1923 in einem Lausanner Hotel den Diplomaten Watzlaw Worowskij (1871–1923), der die Sowjetunion auf der griechisch-türkischen Friedenskonferenz vertrat. Nachdem das Lausanner Geschworenengericht den Mörder freigesprochen hatte, kam es erst 1946 wieder zur Aufnahme diplomatischer Beziehungen zwischen der Sowjetunion und der Schweiz.

11. 12. 1934
1. *«Les maladies . . .»:* «Du hast ja schon alle Krankheiten – was riskierst du also?»
2. *«Je suis donc . . .»:* «Ich bin von vornherein überzeugt, daß Pierre Laval in Genf auf Schwierigkeiten stoßen wird bei dem Versuch, Anthony Eden dazu zu veranlassen, den etwaigen Rahmen eines abgesicherten Status quo zu bestimmen, ebenso wie den – vorläufigen – Charakter eines antihitlerischen Plebiszits zu präzisieren. Es gibt zwei Gründe für diesen Widerstand. Regierung und öffentliche Meinung sind der Überzeugung, daß keine Macht der Welt es verhindern kann, daß die Mehrheit der Saarländer dem Appell und dem Ton der Pfeifen gehorcht, sich Hitlers Abteilungen wieder anschließt und erneut im Stechschritt marschiert, ungeachtet der materiellen und moralischen Gründe, die ihnen eigentlich gebieten sollten, für den Status quo zu stimmen. Die Anziehungskraft der Herde bleibt eben unwiderstehlich. Von daher

ist es unnütz, sich der Anstrengung zu unterziehen, den Status quo zu definieren und ein zweites Plebiszet ins Auge zu fassen. Man weiß, daß der Engländer mit seinen grauen Zellen noch sparsamer umgeht als mit dem Pfund Sterling. Zu dieser natürlichen Neigung kommt dann noch ein moralischer Skrupel hinzu. Die Vision einer fruchtbaren und freien, durch einen internationalen Rahmen abgesicherten Autonomie sowie die Garantie, auf ein neues Plebiszit zurückgreifen zu können, würden die Gefahr in sich bergen, einen Druck auf diese noch beeinflußbaren Wähler auszuüben. Nun muß aber der Völkerbund die Unparteilichkeit eines Gerichtshofes bewahren. Dieses legitime Hindernis ist aber für die antihitlerische Saar nicht gefährlich. Genügt es doch, daß Pierre Laval in Genf wiederholt, was er gerade in Paris erklärt hat: wenn die Saarländer sich für den Status quo aussprächen und gegebenenfalls die Forderung nach mehr Freiheiten, nach Eigentum an den Gruben und Garantie eines zweiten Plebiszits erhöhen, würde Frankreich der Realisierung dieser Wünsche kein Hindernis in den Weg legen, da es die Rechte des Saarlandes respektiere. Es verfolge nur ein Werk der Befreiung.
Wichtiger als die Uneinigkeit unter Juristen ist die Übereinstimmung der Politiker.»

3. . . . *ob sie den Korridor bekommen:* Der sogenannte Polnische Korridor, durch den im Vertrag von Versailles 1919 Polen zu einer Verbindung mit dem Meer kam, während Ostpreußen vom Deutschen Reich abgeschnitten wurde.

4. *Ordre Nouveau:* Vgl. Anmerkung 18 zum Q-Tagebuch vom 27. 9. 1934.

5. *Lillychen:* Schwester von Agathchen; vgl. Anmerkung 1 zum Q-Tagebuch vom 15. 10. 1934.

6. *«– ce qui ne tardera pas à arriver?»:* «Was nicht lange ausbleiben wird?»

7. *Heute mittag kommt der Preis in Oslo heraus:* Vgl. Anmerkung 9 zum Q-Tagebuch vom 21. 9. 1934.

8. . . . *die Entwaffnungskonferenz:* Die von 60 Staaten beschickte Genfer Abrüstungskonferenz von 1932/33 unter dem Vorsitz Arthur Hendersons – vgl. Anmerkung 9 zum Q-Tagebuch vom 21. 9. 1934 – scheiterte vor allem an der Frage, in welcher Form für die abrüstenden Staaten Sicherheit geschaffen und garantiert werden könnte.

9. . . . *daß er Kandidat gewesen ist:* Carl von Ossietzky war für den Friedensnobelpreis 1934 nicht offizieller Kandidat, weil er nicht fristgemäß, das heißt, bis 1. Februar gemeldet worden war. Hellmut von Gerlach und die Preisträger von 1927 – Ludwig Quidde – und 1931 – Jane Addams – taten dies für 1935.
10. . . . *die Witwe Dollfuß:* Vgl. Anmerkung 15 zum Q-Tagebuch vom 27. 9. 1934.

16. 12. 1934
1. . . . *in der Handelstidning: Göteborgs Handels- och Sjöfartstidning*, deren Chefredakteur Torgny Segerstedt einer der wenigen bürgerlichen Journalisten Schwedens war, die entschieden gegen die Nationalsozialisten auftraten. Tucholsky bezeichnete ihn als den «hiesigen Theodor Wolff». Theodor Wolff (1868–1943), Mitbegründer der Deutschen Demokratischen Partei, Chefredakteur des *Berliner Tageblatts* von 1906 bis 1933, zählte zu den fortschrittlicheren bürgerlichen Politikern und Journalisten der Weimarer Republik.
2. *Die Enthüllung des getöteten Ernst:* Vgl. Anmerkung 17 zum Q-Tagebuch vom 27. 9. 1934. Am 14. 12. 1934 hatte Nuuna berichtet: «Herr Goering hat sich für die Memoiren Röhms entschuldigt: Also werden sie wohl echt sein.» Vielleicht bezieht sich Tucholskys Bemerkung auch auf die damals in Schweden publizierten Aufzeichnungen des am 30. Juni 1934 ermordeten Berliner SA-Führers Karl Ernst.
3. *Zu nichts zu bruuuchn:* Zu nichts zu gebrauchen. In einigen Schweizer Dialekten bedeutet dieses Verb im Zusammenhang mit «Frau» auch «Geschlechtsverkehr haben».
4. *Zu Seite 107:*
Der handschriftliche Vermerk von Tucholsky lautet:
Jugendbild – aber immerhin.
Jetzt ohne Bart –
mehr: mittelhochdeutscher
Holzschnitt. Könnte auch
Carossa heißen.
Die Legende unter dem Foto von Hermann Stehr lautet:
Hermann Stehr
geboren am 16. Februar 1864 in Habelschwerdt (Schlesien), lebt in Dittersbach (Schlesien).

25. 12. 1934

1. *«... alors je suis fixé»:* «... dann weiß ich, woran ich bin.»

2. *«J'ai mon idée ...»:* «Ich hab so meine Vorstellung von den großen Geschäften von Handel, Bank und Industrie: sie hängen mehr in der Luft, sind unbeständiger, kurzlebiger, kreisender und beweglicher als die Phantasien der Dichter und die Halluzinationen der Opiomanen.»

3. *«... cela m'échappe»:* «... das geht über meinen Horizont.»

4. *... bei der Verleihung ihrer Tugendpreise:* Anläßlich ihrer öffentlichen Sitzung im Dezember verleiht die Académie Française Literaturpreise und Auszeichnungen für besondere Verdienste an Einzelpersonen, an kinderreiche Ehepaare oder an wohltätige Institutionen. Tucholsky hat den Begriff «prix de vertu» mit «Tugendpreis» leicht ironisch übersetzt; la vertu bedeutet neben Tugend und Sittsamkeit auch Kraft und Mut. Bei dieser Preisverleihung hält jeweils der Präsident der Akademie eine Rede, am 21. Dezember 1933 war dies der Romancier Abel Hermant (1862–1950), das Jahr darauf der Lyriker und Essayist Paul Valéry (1871–1945).

5. *Huguenin:* Elegante Café-Konditorei an der Zürcher Bahnhofstraße.

6. *Die Tachtel schwärmte so von ihm:* Vgl. Anmerkung 2 zum Q-Tagebuch vom 24. 10. 1934.

7. *«Un rare pour tous»:* In der hier vorliegenden Form nicht sinnvoll zu übersetzen. Es waren keine Belege dafür zu finden, daß das Adjektiv «rare» (selten, auch: komisch, außergewöhnlich, seltsam) als Substantiv verwendet wird. Vielleicht hat Tucholsky das Daudet-Zitat unvollständig wiedergegeben.

8. *... des Prager Simpel:* Deutsche Emigranten hatten in Prag ein politisch-satirisches Witzblatt gegen den gleichgeschalteten deutschen *Simplizissimus* gegründet, das sich *Der Simpel* nannte und dessen Chefredakteur der Schriftsteller und Journalist Heinz Pol (geb. 1904), ehemals Redakteur bei der *Vossischen Zeitung* und ständiger Mitarbeiter bei der *Weltbühne*, war. Ende 1935 ging *Der Simpel* ein.

9. *... denn die Zeitungen bleiben verboten:* Die Schweizer Zeitungen wurden im Dritten Reich zuerst wochenweise, später ganz verboten.

10. *Lysekil:* Vgl. Anmerkung 4 zum Q-Tagebuch vom 21. 9. 1934.

11. . . . *was bei den M. gekauft wird:* In der Familie von Gertrude Meyer. Vgl. Anmerkung 1 zum Q-Tagebuch vom 30. 9. 1934.

12. . . . *für Örebro einkaufen:* Vgl. Anmerkung 2 zum Q-Tagebuch vom 15. 11. 1934.

13. . . . *was der Hiller da im Blättchen über seine Haft berichtet:* Vgl. Anmerkung 9 zum Q-Tagebuch vom 15. 10. 1934.

14. . . . *in Couillonien:* Vgl. Anmerkung 12 zum Q-Tagebuch vom 21. 9. 1934.

15. . . . *die Photographie Brückners gesehn:* Hier ist Tucholsky eine Verwechslung unterlaufen, wie er im folgenden Q-Tagebuch selber feststellt. Bei dem Anfang Dezember 1934 gestürzten und offenbar umgebrachten Brückner handelte es sich nicht um den «alten Kämpfer» und Adjutanten Hitlers, Wilhelm Brückner, sondern um den Oberpräsidenten von Schlesien, Hellmut Brückner, der 1925 die NSDAP Schlesiens gegründet hatte und für eine Enteignung der Großgrundbesitzer eintrat.

2. 1. 1935

1. *Bofors:* Der Bofors-Konzern geht auf eine Gründung von A. Nobel, die Bofors Aktiebolag, zurück. Die Bofors-Werke in Värmland, Südschweden, produzieren überwiegend Rüstungsgüter, Werkzeugmaschinen, rauchloses Pulver.

2. *Rothermeres, Lavals u. Co:* Der englische Großverleger Harold Sidney Harmsworth (1868–1940), 1919 Viscount of Rothermere, Leiter des mächtigen Northcliffe Newspaper Konzerns, und Pierre Laval, damals Außenminister, später Chef der mit Deutschland zusammenarbeitenden Vichy-Regierung, stehen hier für jene englischen und französischen Politiker, deren schwächliche Haltung und wohlwollende Toleranz das Hitler-Regime stärkten.

3. . . . *daß auch nur eine Silbe davon an Robyn kommt:* Robert Dunant, Nuunas Schwager, aus der Familie des Genfer Rot-Kreuz-Gründers und Friedensnobelpreisträgers 1901 Henri Dunant (1828–1910). Roberts Vater, Minister Dunant, war der Chef der diplomatischen Schweizer Vertretung in

Frankreich. Er war Tucholsky im Mai 1934 behilflich, die nötigen Papiere für einen Besuch in Zürich nach seiner Kur im hochsavoyischen Challes-les-Eaux zu erlangen. Robert war Bankkaufmann, später Sekretär der schweizerischen Bankiersvereinigung.

4. ... *von all den herrlichen Odeonsprüchen:* Im Café Odeon am Zürcher Bellevueplatz trafen sich Künstler, Emigranten und revolutionär gesinnte Zürcher Jugend aus Bohème und Bürgertum. In den frühen zwanziger Jahren gehörte auch Nuunas Schwester zu diesem Kreis. Zu diesen Pseudolinken rechnete Tucholsky auch das halbe Dutzend Architekten der experimentellen Neubühl-Siedlung in Zürich-Wollishofen; sie versuchten dort Anfang der dreißiger Jahre, Bauhaus-Ideen und sozialen Wohnungsbau miteinander zu verbinden.

5. *Respekt vor Herrn Minger:* Rudolf Minger (1881–1955), der bernischen Bauernpartei entstammender volkstümlicher Politiker; von 1929 bis 1940 Mitglied des schweizerischen Bundesrats; Vorsteher des eidgenössischen Militärdepartements, 1935 Bundespräsident.

6. *Agathchen:* Vgl. Anmerkung 1 zum Q-Tagebuch vom 15. 10. 1934.

7. ... *dann siegt der Herr Bünzli:* «Ein Bünzli» bedeutet in Zürich «ein Spießbürger».

8. *Und der Herr Buchhändler O.:* Vgl. Anmerkung 3 zum Q-Tagebuch vom 10. 10. 1934.

9. *«Baudelairisme ...»:* «Baudelaireismus für Eisenbahnangestellte.»

15. 1. 1935

1. ... *nicht nur mit den Rieser-Juden:* Die Brüder Ferdinand und Siegmund Rieser. Ferdinand (1886–1947), ursprünglich Weinhändler, war von 1929 bis 1938 Direktor des Zürcher Schauspielhauses (damals Privattheater) und maßgeblich daran beteiligt, daß Emigranten wie Lindtberg, Kalser, Horwitz, die Giehse, Steckel, Ginsberg, Hirschfeld und Langhoff in Zürich unterkamen. Riesers Schwager Franz Werfel hatte Einfluß auf die Spielplangestaltung, so daß es zu Aufführungen von Exil-Dramatikern wie Broch, der Lasker-Schüler, Bruckner und Friedrich Wolf kam. Dr. Siegmund Rieser war

Rechtsanwalt; er und seine Frau gehörten zum Bekanntenkreis Hedwig Müllers.
2. *«Ils se rattrappent avec des sapins!»*: «Sie halten sich mit Tannengrün schadlos!» Vgl. auch Anmerkung 4 zum Q-Tagebuch vom 30. 11. 1934.
3. *«queue de poisson»:* «Fischschwanz».
4. *Kanada:* «Kanada» oder «die Insel» (auch «Ninsel») waren Symbole für Wunschträume Tucholskys und Nuunas, weitab von allem Unheil leben zu können.

18. oder 20. 1. 1935
1. *... die 10 %:* Gemeint sind die knapp 10 % der Stimmen, die bei der Saarabstimmung auf den Status quo entfielen. Vgl. Anmerkung 4 zum Q-Tagebuch vom 30. 11. 1934.
2. *Was wird der Dienstbotenernschtl nun machen?:* Ernst Toller (1893–1939). Dramatiker und Lyriker, dessen vom Ersten Weltkrieg geprägter Pazifismus ihn politisch aktivierte bis hin zur Teilnahme an der Münchner Räterepublik, aus deren Führung er von Eugen Leviné, der im Auftrag der KPD nach München gekommen war, verdrängt wurde.
Ernst Toller wurde wie Erich Mühsam zu Festungshaft verurteilt (aus der er 1924 entlassen wurde), die er in seiner 1933 in der Emigration erschienenen Autobiographie «Eine Jugend in Deutschland», in dem Gedicht-Zyklus «Das Schwalbenbuch» und in den «Briefen aus dem Gefängnis» beschrieb. Er nahm sich 1939 in der New Yorker Emigration das Leben.
3. *... vergessen unser Freund Johann:* Vgl. Anmerkung 9 zum Q-Tagebuch vom 21. 9. 1934.
4. *Die Figur des recht unbeträchtlichen Jago:* Gottlieb von Jagow (1863–1935), deutscher Diplomat; 1913 bis 1916 Staatssekretär des Auswärtigen Amts, 1914 stark mitverantwortlich für die unbedingte deutsche Unterstützung Österreichs gegen Serbien. Philippe Berthelot (1866–1934), französischer Diplomat; 1914 stellvertretender politischer Direktor im Außenministerium.
5. *Gut und schön mit den Basler Zeitungen:* Bezieht sich auf die bürgerlich-liberale Basler *National-Zeitung*, die Tucholsky im Gegensatz zur rechtsfreisinnigen *Neuen Zürcher Zeitung* schätzte und oft las.

6\. ... *die schrecklichen Erinnerungen Hillers:* Vgl. Anmerkung 9 zum Q-Tagebuch vom 15. 10. 1934.
7\. ... *der Memoirenschreiber geschickt hat:* Walter Hasenclever, vgl. Anmerkung 12 zum Q-Tagebuch vom 27. 9. 1934.
8\. *Zu Seite 129:*
Handschriftliche Vermerke von Tucholsky:
Überschrift links
Hasi als Mann
Personen von links nach rechts
Roby, Lieschen, Nuna, Hasi
Die Bildlegende lautet:
«Even as a boy he was never like the other children.»

28\. 1. 1935
1\. *Wir machen unseren nächsten Kriminalroman nicht mehr mit der concha media:* Halbmuschel (spanisch); vermutlich ebenfalls ein Begriff aus der Privatsprache der beiden Briefpartner.
2\. *Lieschen hat den Katz verkauft:* Vgl. Anmerkung 11 zum Q-Tagebuch vom 27. 9. 1934.
3\. *Wenn der Halperin so kluge Sachen über das Blättchen sagt:* Bezieht sich auf eine Briefstelle Nuunas vom 20. 1. 1935: «Er [H.] findet wie Du, das Blättlein [*Die neue Weltbühne*] schlecht informiert, falsch doktrinär und die Memoiren von H. [Hiller] peinlich.»
4\. *Die Faesis:* Vgl. Anmerkung 4 zum Q-Tagebuch vom 25. 11. 1934.

2\. 2. 1935
1\. *«Min skål ...»:* «Auf mein Wohl, auf Dein Wohl, auf das Wohl aller schönen Mädchen!»
2\. ... *das gewünschte Autogramm Ihres Lieblings:* Ein Brief des deutschen Schriftstellers Hermann Stehr (1864–1940).
3\. ... *für den Herrn Oberleutnant:* Für Nuunas Schwager Roby. Vgl. Anmerkung 3 zum Q-Tagebuch vom 2. 1. 1935.
4\. *«Un vieux marcheur ...»:* «Ein alter Sünder im Troß der Regimenter.»

7. 2. 1935
1. *Nachts um halb zwei weckte mich die alte Kinderfrau:* Tucholskys Dienstmädchen. Diesem zweiten Brand innerhalb weniger Wochen in Tucholskys unmittelbarer Nachbarschaft fiel in der Nacht vom Montag, 4. 2., auf Dienstag, 5. 2., das «Turisthotellet» zum Opfer. Wenige Wochen vorher war das «Hindås idrottsgård» (Sportheim) abgebrannt. (Vgl. die Schilderung vom 16. 12. 1934.)
2. *«... ce sont les dupes de leurs ennemis»:* «... sie gehen ihren Feinden auf den Leim.»
3. *«Grand jeu»:* «Le grand jeu», Film von Jacques Feyder (d. i. Jacques Frédérix, 1888–1948) aus dem Milieu der spanischen Fremdenlegion in Marokko unter dem Kommando Francos (1934). Feyder war mit der von Tucholsky oft gerühmten Schauspielerin Françoise Rosay (d. i. Françoise de Nalèche, 1891–1974) verheiratet.

19. 2. 1935
1. *In dem amerikanischen Hauptmann-Prozeß:* Bezieht sich auf den Prozeß gegen den illegal in die USA eingereisten Deutschen B. Richard Hauptmann, der beschuldigt wurde, das «Lindbergh-Baby», den ersten Sohn Charles A. Lindberghs, entführt und ermordet zu haben. Lindbergh hatte im Mai 1927 durch die erste West-Ost-Atlantiküberquerung im Alleinflug Weltruhm erlangt. Der Prozeß begann Anfang Januar 1935 und endete am 14. Februar mit dem Todesurteil. Trotz Beteuerung seiner Unschuld wurde Hauptmann auf dem elektrischen Stuhl hingerichtet.
2. *Deine Obligationen:* Seit 1918 legt Schweden Prämienanleihen auf, deren Obligationen keinen festen Zins abwerfen, aber jährlich zweimal zur Gewinnverlosung kommen. Auf den Fälligkeitstermin werden sie zum Nominalwert eingelöst. Wer bei den Verlosungen kein Glück hat, hat dem Staat sein Geld zinslos zur Verfügung gestellt. Die verlosten Gewinne waren hingegen viel höher als durchschnittliche Obligationenrenditen. Der Haupttreffer damals: 200000 Kronen, heute 500000 Kronen.
In den dreißiger Jahren wurden 3 solche Anleihen begeben: 1931, 1933 und 1936; heute viel häufiger.
Tucholsky und Nuuna versuchten nicht nur mit diesen Prä-

mienobligationen regelmäßig ihr Glück; sie spielten auch in der französischen Loterie Nationale.

3. . . . *diese deutsche Weiberhinrichtung:* In einem Prozeß vor dem Berliner Volksgericht wurden der polnische Rittmeister Sosnowski wegen Spionage für Polen zu lebenslänglichem Zuchthaus, seine Freundin Benita von Berg-Falkenhayn und Renate von Natzmer, Sekretärinnen im Reichswehrministerium, zum Tode verurteilt. Am 19. Februar 1935 erschien in Schweizer Zeitungen eine Agenturmeldung: «Die beiden Frauen sind am 18. Februar frühmorgens hingerichtet worden, nachdem der Reichskanzler vom Begnadigungsrecht keinen Gebrauch gemacht hatte.»

4. *Arnold und Emilie:* Kurt Tucholsky und Hedwig Müller.

5. *«Quels mœurs»:* Was für Sitten!»

6. *«Elle a l'horreur . . .»:* «Sie verabscheut das Einfache.» (Siehe auch letzten Satz Q-Tagebuch vom 3. 3. 1935.)

7. *Jenny:* Jenny Faesi, vgl. Anmerkung 4 zum Q-Tagebuch vom 25. 11. 1934.

8. *Die Gräfin:* Die Französin Jean de Montaignac, mit der Tucholsky befreundet war und auch in diesen letzten Jahren im Briefwechsel stand.

9. *«Mais qu'est-ce . . . des clients!»:* «Aber was können sie denn miteinander machen? – Nun, was schon, sie werden sich Kunden zuschanzen!»

23. 2. 1935

1. *Im* Tagebuch*:* Vgl. Anmerkung 3 zum Q-Tagebuch vom 30. 9. 1934.

2. *Mir graut ein wenig vor der Ziehung:* Vgl. Anmerkung 2 zum Q-Tagebuch vom 19. 2. 1935.

3. . . . *die alte Frau, die das Feuer entdeckt habe:* Vgl. Anmerkung 1 zum Q-Tagebuch vom 7. 2. 1935.

4. *Wie alt ist das?:* Nuuna antwortete am 27. 2. 1935: «Das zielbewußte Kind auf dem Photo (der kleine Amerikaner) ist etwa 6–7 Monate alt. Im übrigen haben oft schon Kinder von 6 Wochen ein richtiges Gesicht (Exemplum: Nuuna mit 6 Wochen, Du mußt doch dies berühmte Bild besitzen).»

5. *Bitte wieder Opiumkeller:* Schlafmittel.

6. . . . *in dem Hauptmannprozeß:* Vgl. Anmerkung 1 zum Q-Tagebuch vom 19. 2. 1935.

7. *O. N.:* Vgl. Anmerkung 18 zum Q-Tagebuch vom 27. 9. 1934.
8. *Dandieus Tod:* Arnaud Dandieu starb Anfang 1935 an den Folgen einer Bruchoperation. Tucholsky hatte in ihm den bedeutendsten Mann der *L'Ordre nouveau*-Equipe gesehen.
9. *... der Herr Olsson:* Ein Bekannter Tucholskys vom Sommeraufenthalt 1934 in Lysekil.
10. *«La paix est indivisible.»:* «Der Frieden ist unteilbar.»
11. *... die Ullsteine:* Vgl. Anmerkung 6 zum Q-Tagebuch vom 24. 10. 1934.
12. *Agathchen:* Hedwig Müllers Bekannte und zeitweilige Hausgenossin war Jüdin.
13. *«Nier l'evidence»:* «Das Offensichtliche abstreiten.»

26. 2. 1935
1. *Der de Man ist ein ausgezeichnetes Buch:* Vermutlich handelte es sich um «Le plan du travail» (1934) von Hendrik de Man (1885–1953), rechtsstehender belgischer Sozialdemokrat, Theoretiker und Kritiker des Marxismus, tendierte zeitweise zum Nationalsozialismus. Professor in Frankfurt a. M. und Brüssel, 1939 Präsident der Sozialistischen Partei Belgiens; emigrierte 1945 in die Schweiz, wurde 1946 von einem belgischen Gericht in absentia wegen Kollaboration mit der deutschen Besatzungsmacht zu 20 Jahren Gefängnis und 10 Millionen Franken Buße verurteilt.
2. *Der de la Rocque ist ... «le vide absolu»:* Der de la Rocque ist «die absolute Leere», das heißt ein Hohlkopf. Vgl. auch Anmerkung 3 zum Q-Tagebuch vom 2. 12. 1934.
3. *«Les oies de Pirou!»:* «Die Gänse von Pirou!»
4. *«Le 17 août ...»:* «Am 17. August vergangenen Jahres hatten zwei Freunde, Monsieur Jean de Fourmestraux und Monsieur René Debargue, den Abend in diversen Etablissements von Montparnasse verbracht und machten sich auf den Heimweg. Da wurde Monsieur René Debargue von einem Schluckauf befallen, der wirklich hartnäckig gewesen sein muß. Monsieur de Fourmestraux brachte also seinen Freund zu sich nach Hause, besann sich auf ein Mittel, das manchmal gegen Schluckauf hilft, nämlich den andern plötzlich zu erschrecken, und hielt Monsieur René Debargue einen Revolver unter die Nase. Ein Schuß ging los, und letzterer brach

tödlich getroffen auf dem Parkettboden zusammen. Monsieur Jean de Fourmestraux, belangt wegen fahrlässiger Tötung, erschien gestern vor der 13. Strafkammer, die ihn nach dem Plädoyer seines Verteidigers, des Rechtsanwalts Maurice Flach, zu drei Monaten mit Bewährung und einer Geldstrafe von 100 Francs verurteilte.»

5. *Der Katz:* Vermutlich handelte es sich um «Drei Gesichter Luzifers» (1934) von Richard Katz. Vgl. auch Anmerkung 11 zum Q-Tagebuch vom 27. 9. 1934.

6. *Der Bauch ist noch nicht besser:* Seit Mitte Februar klagte Tucholsky über Magen- und Darmbeschwerden, die er sich wegen eines verschluckten Hühnerknochens zugezogen haben wollte. Im Oktober begab er sich zur genauen Untersuchung für einige Tage ins Krankenhaus. Der Befund war negativ.

7. *Candide:* Vgl. Anmerkung 8 zum Q-Tagebuch vom 24. 11. 1934.

8. *«Ah, oui ...»:* «Ah ja, das hab ich vergessen. Ja, wenn Tintin (das ist der Kanin) sich mit Weibchen abgibt, dann spiel ich ihm irgend etwas vor, am besten einen Trauermarsch, denn nichts bringt ihn so in Fahrt wie eine traurige Melodie.»

9. *... paßt auf den Zürichberg:* Nobelviertel in Zürich.

10. *Euer Referendum:* Am letzten Februarwochenende wurde die Verlängerung der Rekrutenschule auf 117 Tage in einer eidgenössischen Volksabstimmung knapp angenommen. Auf ihrem Luzerner Parteitag von Ende Januar hatte die Sozialdemokratische Partei der Schweiz die Nein-Parole ausgegeben, obwohl auf demselben Parteitag in einer Programmrevision erstmals die prinzipielle Zustimmung zur militärischen Landesverteidigung beschlossen wurde, allerdings eher knapp im Verhältnis 4:3.

11. *«Mais c' est connu!»:* «Aber das weiß man doch!»

12. *«Le pavillon couvre la marchandise»:* «Die Flagge deckt das Gut.» *«Mais il couvre aussi l'homme»:* «Aber sie deckt auch den Menschen.»

3. 3. 1935

1. *Zusammenhang zwischen Psychoanalyse und Klassenkampf:* Bezieht sich auf den Aufsatz des österreichischen

Sexualpsychologen Wilhelm Reich (1897–1957) «Sexualität und Klasse» in der *Neuen Weltbühne* vom 28. 2. 1935. Vgl. auch «Replik» von Tucholsky in «Gesammelte Werke», III, 424ff, Taschenbuchausgabe, 8, 114ff.

2. ... *unsere sel. Grete:* Grete Wels, gelegentlich Welsine oder Grete Walfisch genannt, frühere Freundin Tucholskys.

3. ... *die Jennys unserer Länder:* Vgl. Anmerkung 4 zum Q-Tagebuch vom 25. 11. 1934.

4. ... *man bruuche eine Frau ...:* Vgl. Anmerkung 3 zum Q-Tagebuch vom 16. 12. 1934. Lenins «Glaswassertheorie» findet sich in Clara Zetkins Buch «Erinnerungen an Lenin», Verlag Literatur und Politik, Wien–Berlin, 1929. Die Autorin berichtet darin u. a. über eingehende Gespräche mit Lenin; in einem davon sprach sich Lenin gegen die hemmungslose Promiskuität aus und verwandte dabei das Bild, daß man Frauen nicht wie ein Glas Wasser benutzen könnte.

9. 3. 1935

1. *La Rocque nicht:* Vgl. Anmerkung 3 zum Q-Tagebuch vom 2. 12. 1934.

2. *Eure Abstimmung:* Vgl. Anmerkung 10 zum Q-Tagebuch vom 26. 2. 1935. Die Verlängerung der Rekrutenschule war in den katholisch-konservativen Kantonen der Innerschweiz stärker abgelehnt worden als in den Arbeiterbezirken, wo die Nein-Parole der SPS offenbar zu wenig durchschlug. Der orthodoxe Marxist Léon Nicole (vgl. Anmerkung 5 zum Q-Tagebuch vom 30. 9. 1934) war einer der Führer der Linkssozialisten, die das Bekenntnis zur militärischen Landesverteidigung strikt ablehnten.

3. *Herren Nicole & Co.:* Vgl. Anmerkung 5 zum Q-Tagebuch vom 30. 9. 1934.

4. *Konrad Falke:* (d. i. Karl Frey, 1880–1942), Schweizer Schriftsteller und Literarhistoriker. Gab 1937 bis 1939 zusammen mit Thomas Mann die Zeitschrift *Maß und Wert* heraus (Verlag Oprecht, Zürich).

5. *S. J.:* Siegfried Jacobsohn (1881–1926). Begann mit 20 Jahren als Theaterkritiker der *Welt am Montag* und war damit Berlins jüngster Theaterkritiker. In den Jahren der Weimarer Republik war er neben Alfred Kerr, Herbert Ihering und Monty Jacobs der bedeutendste Theaterkritiker. Von 1911 an

gab er jährlich eine Kritikensammlung *Das Jahr der Bühne* heraus (bis VIII, 1918/1919). Nach einem durch eine Plagiatsaffäre verursachten Auslandsaufenthalt gründete er 1905 die Theaterzeitschrift *Schaubühne*, die er 1918, nicht zuletzt unter dem Einluß Tucholskys, programmatisch in *Weltbühne* umbenannte. Damit hatte er ein politisch-literarisches Blatt geschaffen, das ab 1918 das einflußreichste Forum der gesamten linksstehenden Intelligenz der Weimarer Republik wurde. (Die erste Ausbürgerungsliste nach der Machtübernahme enthielt dann auch unter den 33 aufgeführten Namen fast sämtliche Mitarbeiter der *Weltbühne.*) Nach Jacobsohns Tod im Dezember 1926 übernahm Kurt Tucholsky, dessen Veröffentlichungen seit 1913 in der *Schaubühne* publiziert worden waren, die Herausgabe des Blattes und gab sie nach zehn Monaten an Carl von Ossietzky ab.
6. *«. . . pire qu'un crime, c'est une faute»:* «Schlimmer als ein Verbrechen, es ist ein Fehler.»
7. *Dank für Arnolds Konto:* Vgl. Anmerkung 3 zum Q-Tagebuch vom 1. 11. 1934.

15. 3. 1935
1. *«Contre le service de deux ans»:* «Gegen die zweijährige Dienstpflicht. Frankreich hat vierzig Millionen Einwohner, Deutschland achtundsechzig Millionen. Wenn Frankreich sich auf einen Wettkampf um die Truppenstärke einlassen will, gewinnt Deutschland automatisch die Partie. Jedes Überbieten wäre genauso untunlich wie 1914, als unser Land sich dadurch zugrunde richtete, daß es eine aktive Armee unterhielt, die zahlreicher war als die seines Nachbarn . . . dessen Bevölkerung ein Drittel größer ist.
Wenn die deutsche Regierung sich eine solche absurde Argumentation zu eigen machen würde, könnte sie sofort erklären, daß, angesichts der Tatsache, daß die russische Armee im Augenblick 940000 Aktive auf die Beine stellt, die Sicherheit des Vaterlandes nur unter der Bedingung gewährleistet werden kann, eine Million Feldgrauer unter den Fahnen zu haben . . .
Galtier-Boissière im *Canard Enchaîné* am 6. 3.
Der Mitarbeiter der *National Zeitung* berichtet dann von einem Gespräch, das der Führer kürzlich mit dem Botschafter

Englands wegen der zukünftigen deutsch-britischen Verhandlungen geführt hat.
Er fügt hinzu, daß der Führer auf eine Frage Sir Eric Phipps in der einzigen Sprache geantwortet habe, die die Vernunft einem Staatsmann diktieren kann. Er sagte zu ihm: ‹Wenn man den derzeitigen Stand der Rüstung der das Reich umgebenden Länder betrachtet, und wenn man besonders berücksichtigt, daß die russische Armee eine Stärke von 930000 Mann erreicht – die Luftwaffe nicht eingerechnet –, dann muß man schon anerkennen, daß eine deutsche Armee von 400000 Mann einfach unzureichend ist.›
Der *Temps* am 8. 3.»
2. *Ihre Drecks*-Jüdische Rundschau: Die jüdische Rundschau erschien 1896 bis 1938 in Berlin als Sprachrohr des Zionismus. Hieß ursprünglich *Israelitische Rundschau.* Auflage 1935: 38300 Exemplare.
3. *Rieser weiß ja nicht mal:* Vgl. Anmerkung 1 zum Q-Tagebuch vom 15. 1. 1935.
4. . . . *demonstrieren gegen das Weißbuch:* Gemeint ist das von der britischen Regierung im Zusammenhang mit der Unterhausdebatte vom 11. 3. 1935 herausgegebene «Statement Relating to Defence.» In diesem «Weißbuch» wurde die deutsche Aufrüstung geschildert und dargelegt, wie Großbritannien ihr mit einem eigenen Aufrüstungsprogramm zu begegnen gedachte. Hedwig Müller schrieb schon am 12. 3. 1935 über die Opposition der Labour Party gegen das Weißbuch:
«. . . aber sollen die Macdonalds helfen, England diesem Partner gegenüber noch mehr zu demütigen . . . Natürlich ist der konsequente Pazifismus das einzige. Aber diesen ausgeliefert sein, mitzumachen, was die diktieren? Ist das nicht fast schlimmer als alles andere?»

16. 3. 1935
1. . . . *im Odeon:* Vgl. Anmerkung 4 zum Q-Tagebuch vom 2. 1. 1935.
2. *Die Schrift Ferreros:* Guglielmo Ferrero (1871–1942), italienischer Historiker und Soziologe. Seit 1930 als Emigrant Professor für Geschichte an der Universität Genf.
Es handelt sich hier vermutlich um «La tragedia della pace»

(1923) oder «L'unité du monde» (1928, deutsch: «Die Einheit der Welt», 1928).

3. ... *der Mann Lieschen Förster-Nietzsches:* Dr. phil. Bernhard Förster, Gymnasiallehrer in Berlin, Gründer der Kolonie Nueva Germania in Paraguay.

4. ... *Schweden den Kinderaustausch eingestellt hat:* Der Austausch zwischen schwedischen und deutschen Schulklassen wurde auch nach 1933 fortgesetzt.

21. 3. 1935

1. *«Eh bien, cause!»:* «Gut, so sprich!»

2. *«La soupe au canard»:* Vgl. Anmerkung 7 vom 21. 9. 1934.

3. *Dieser lächerliche Baron Aloisi:* Vgl. Anmerkung 4 zum Q-Tagebuch vom 30. 11. 1934.

23. 3. 1935

1. *Die Sache mit dem jüdischen Buffalo Bill:* Bezieht sich auf Hedwig Müllers Falschmeldung vom 20. 3. 1935 über die Ermordung Berthold Jacobs (d. i. Berthold Salomon, 1898–1944), linksstehender pazifistischer Journalist; vor 1933 Mitarbeiter der *Welt am Montag*, der *Zukunft* und der *Weltbühne.* Hier veröffentlichte er seine Enthüllungen über die Schwarze Reichswehr. Mit den beiden Journalisten Paul Dreyfus und Christian Sander gab er die Zeitungskorrespondenz *Die Zeitnotizen* heraus.
Emigrierte 1933 nach Straßburg, wurde am 9. März vom Journalisten Hans Wesemann, einem Gestapospitzel, nach Basel gelockt und von dort nach Deutschland entführt. Auch Tucholsky schaltete sich in die internationale Kampagne für die Befreiung Jacobs ein. Seinem Brief an Nuuna vom 28. 3. 1935 legte er ein unverschlossenes Schreiben «an den Bundesrat der Schweizerischen Eidgenossenschaft» bei, das er Nuuna zu lesen bat. Sie hat es weiterbefördert, es trägt den Eingangsstempel der Bundeskanzlei vom 3. 4. 1935.
Im April forderte der Bundesrat in mehreren Noten die Auslieferung Jacobs; er drohte auch mit der Anrufung des Internationalen Schiedsgerichts. Diesem Druck gab die Reichsregierung nach und überstellte am 17. September 1935 Berthold Jacob den Schweizer Behörden, die ihn am 20. September nach Frankreich auswiesen, «weil seine Anwesenheit in der

Schweiz die äußere Sicherheit des Landes gefährdet», wie der Bundesanwalt formulierte. 1937 erschien in Willi Münzenbergs Editions du Carrefour Jacobs Ossietzky-Buch: «Weltbürger Ossietzky – Ein Abriß seines Werkes.» Das Vorwort schrieb Henry Wickham Steed, der Chefredakteur der Londoner *Times*. 1941 entkam Jacob nach Portugal, wurde ein zweites Mal von Nazispitzeln entführt und nach Deutschland gebracht, wo er nach KZ-Mißhandlungen 1944 im jüdischen Krankenhaus in Berlin starb.

Am 6. 5. 1936 wurde der Entführer Jacobs vom baselstädtischen Strafgericht wegen Freiheitsentziehung zu 3 Jahren Zuchthaus, zu einer Genugtuungssumme von 5000 Fr. an Berthold Jacob und zur Landesverweisung verurteilt.

2. *Karlchen:* Dr. Erich Danehl. Freund Tucholskys aus dem Ersten Weltkrieg; wurde 1933 als Polizeipräsident von Harburg-Wilhelmsburg abgesetzt. Nach 1945 Staatssekretär im niedersächsischen Innenministerium in Hannover. Gestorben 1952.

3. *... das Schicksal des Mörders von Horst Wessel:* Horst Wessel (1907–1930), Student und Zuhälter, ab 1926 Mitglied der NSDAP. Kam 1930 bei einem Streit im Milieu um; wurde von den Nationalsozialisten als Opfer im politischen Kampf geehrt. Sein Lied «Die Fahne hoch» war als «Horst-Wessel-Lied» neben dem Deutschland-Lied Nationalhymne.

Die an der Schlägerei Beteiligten waren seinerzeit zu Zuchthausstrafen verurteilt worden. In der Nazizeit wurde der Prozeß wiederaufgenommen, die «Mörder» wurden nun zum Tode verurteilt und Anfang 1935 hingerichtet.

4. *... sich so tapfer benimmt wie Dimitroff:* Georgi Michailowitsch Dimitroff (1882–1949), bulgarischer Kommunist, mußte im Reichstagsbrandprozeß vom September 1933 freigesprochen werden; er ließ sich auch durch brutale Attacken Görings nicht einschüchtern. Später Generalsekretär der Kommunistischen Internationale.

5. *«Ürrtum-Ürrtum»:* Gemeint ist der pazifistisch-sozialistische Schriftsteller Wilhelm Herzog (1884–1960, Pseudonym Julian Sorel), der damals in der Schweiz und in Frankreich im Exil lebte.

6. *An Arnold:* Tucholsky korrespondierte von Schweden aus mit Berthold Jacob.

7. *Der Gartenzwerg:* Hellmut von Gerlach; vgl. Anmerkung 4 zum Q-Tagebuch vom 24. 10. 1934.
8. *Der Professor Gumbel:* Emil J. Gumbel (1891–1966), Professor für Mathematik und Statistik in Heidelberg. 1921 veröffentlichte er «Zwei Jahre Mord» (1922 5. Auflage «Vier Jahre politischer Mord»). 1924 gab er nach jahrelangen, anfänglich von Justizminister Radbruch unterstützten Versuchen eine amtliche Denkschrift des Reichsjustizministeriums heraus. Radbruch hatte vor seinem Rücktritt als Reichsjustizminister den Druck der Denkschrift nicht erreicht, und sein Nachfolger hatte die Publikation abgelehnt. Gumbel – der im selben Jahr außerdem das Buch «Verschwörer. Beiträge zur Geschichte und Soziologie der nationalsozialistischen Organisation seit 1918» veröffentlicht hatte – sollte gezwungen werden, sein Lehramt in Heidelberg aufzugeben. Der mit ihm befreundete Arnold Zweig leitete mit einem Artikel «Gumbel – Heidelberg – Republik» in der *Weltbühne* vom 28. 8. 1924 eine Kampagne zu seiner Unterstützung ein.
9. ... *Artikel eines Dr. Humm aus Zürich:* Gemeint ist der Schriftsteller Rudolf Jacob Humm (1895–1977). In der von Klaus Mann herausgegebenen Zeitschrift *Die Sammlung* vom Februar 1935 stand Humms Aufsatz «Fronten, Freisinn, Faschismus.» Humm hat in den dreißiger Jahren vielen Emigranten in Zürich Unterstützung und Unterkunft verschafft.
10. *Der Dienstbotenernschtl:* Ernst Toller.
11. *Der Memoirenschreiber:* Walter Hasenclever.

28./29. 3. 1935
1. *Ich hatte ... einen juristischen Repetitor:* Dieser bereitete 1912 Tucholsky auf die Doktorprüfung vor. «Die alliterierenden Geschwister sind Kinder eines juristischen Repetitors ... Die Personen, an denen er das Bürgerliche Gesetzbuch ... demonstrierte, hießen ... Benno Büffel und Theobald Tiger, Peter Panter ... Wrobel – so hieß unser Rechenbuch ...». «Start» in «Gesammelte Werke», 2, 1004, Taschenbuchausgabe 5, 434.
2. *Vu:* Vgl. Anmerkung 11 zum Q-Tagebuch vom 21. 9. 1934.
3. ... *über Deine Freundin Emmi und ihren Bräutigam:* Im Zusammenhang mit der Göring-Hochzeit, die in Berlin im pompösen Stil gefeiert wurde.

4. *Die Gräfin:* Tucholskys frühere Freundin Jean de Montaignac.
5. *Karlchens Freundin:* Vgl. Anmerkung 2 zum Q-Tagebuch vom 23. 3. 1935.
6. . . . *der Polizei-Ludwig aus Basel:* Dr. Carl Ludwig, damaliger Baselstädtischer Regierungsrat, Vorsteher des Polizeidepartments. Zu Affäre Jacob vgl. Anmerkung 1 zum Q-Tagebuch vom 23. 3. 1935.
7. . . . *der italienische Freund der Tachtel:* Gemeint ist der Schriftsteller Ignazio Silone (Pseudonym für Secondo Tranquilli, geb. 1900). Lebte von 1930 bis 1944 im Exil in der Schweiz. Hielt sich 1932 ebenfalls in «La Barca» auf.
8. . . . *auch der Dienstbotenernschtl habe eine Aufforderung bekommen, nach Basel zu kommen:* Ernst Toller, vgl. Anmerkung 1 zum Q-Tagebuch vom 23. 3. 1935.
9. *Buffalo Bill:* Berthold Jacob, vgl. Anmerkung 1 zum Q-Tagebuch vom 23. 3. 1935.
10. *Canard:* Vgl. Anmerkung 17 zum Q-Tagebuch vom 24. 11. 1934.
11. *Ein zweiter Dimitroff:* Vgl. Anmerkung 4 zum Q-Tagebuch vom 23. 3. 1935.

3. 4. 1935
1. *Wenn die Nazis den Jacob bereits angeschlagen haben:* Vgl. Anmerkung 1 zum Q-Tagebuch vom 23. 3. 1935.
2. . . . *hat von den Kanzeln etwas verlesen lassen:* Bezieht sich vermutlich auf die am 10. 3. 1935 in den evangelischen Kirchen Preußens verlesenen Thesen, in denen u. a. die Vergötterung des Staates und seiner Vertreter scharf verurteilt wurde. Die Gefahr bestehe in einer neuen Religion, die eine Auflehnung gegen das erste Gebot darstelle.

9. 4. 1935
1. *Le contrat social est rompu:* «Der contrat social ist zerbrochen.» «Le Contrat social», ein Hauptwerk des Philosophen Jean-Jacques Rousseau (1712–1778). Auf Vernunft und Demokratie begründeter Vertrag zwischen Bürger und Staat.
2. . . . *einen Propagandafilm . . . vom Parteitag:* Schon 1933 übernahm «auf besonderen Wunsch des Führers» Leni Rie-

fenstahl (geb. 1902) die künstlerische Leitung der Reichsparteitag-Filme, 1933 unter dem Motto «Sieg des Glaubens», 1934 «Triumph des Willens.»

3. *«Il va sans dire . . .»:* «Es versteht sich, daß die geschickte Tricktechnik des Films den – übrigens wirklich vorhandenen – Enthusiasmus noch verstärkt, der in Nürnberg herrschte. Man hat den Eindruck eines zugleich rasenden wie in Zucht gehaltenen Volkes, dessen Leidenschaften von einer mächtigen Hand geleitet werden. Was aber die Psychologen am meisten interessieren wird, das ist das Studium von Hitlers Gesicht. Selten hatte man Gelegenheit, eine Person in einer realen (und nicht mehr theatralischen) Rolle mit soviel Eindringlichkeit, Genauigkeit und Variationsmöglichkeit im Detail zu beobachten. Man muß diesen Film all den Staatsmännern empfehlen, die die Absicht haben, mit dem Führer in Verhandlungen einzutreten. R. L.»

4. *Onkel Guido, Onkel Ernst:* Edouard Herriot (1872–1957), französischer Politiker; Führer der Radikalsozialisten, mehrfach Minister und Ministerpräsident, Bürgermeister von Lyon; 1947 bis 1954 Präsident der Nationalversammlung.

5. *Der brave Wesemann:* Vgl. Anmerkung 1 zum Q-Tagebuch vom 23. 3. 1935.

6. *Bofors-Aktien:* Vgl. Anmerkung 1 zum Q-Tagebuch vom 2. 1. 1935.

7. *. . . jener alte Herr in Paris:* Minister Dunant; vgl. Anmerkung 3 zum Q-Tagebuch vom 2. 1. 1935.

8. *. . . eine solche Note abgeschickt:* Vgl. Anmerkung 1 zum Q-Tagebuch vom 23. 3. 1935.

12. 4. 1935

1. *Iwan:* Tucholskys Hauskater.

2. *. . . die concha media gedichtet:* Vgl. Anmerkung 1 zum Q-Tagebuch vom 28. 1. 1935.

3. *Der Berliner Berichterstatter . . . ist ausgewiesen worden:* Der Berliner Korrespondent der Basler *National-Zeitung*, Eduard Behrens, zeichnete mit einem kleinen Kreis. Von 1935 an war die *National-Zeitung* wie alle wichtigen Schweizer Blätter bis Kriegsende in Deutschland verboten.

4. *Die deutsche Antwort-Note:* Vgl. Anmerkung 1 zum Q-Tagebuch vom 23. 3. 1935.

5. *Bodega:* Restaurant in der Zürcher Altstadt.
6. *Die Stresa-Verhandlungen:* In Stresa am italienischen Langensee-Ufer fand im April 1935 die Konferenz von Stresa statt, auf der Großbritannien, Frankreich und Italien eine Abwehrfront gegen die «einseitige Aufhebung von Verträgen» durch Deutschland vereinbarten. Es war eine Reaktion auf die Einführung der allgemeinen Wehrpflicht durch die Hitler-Regierung im März 1935.
7. *«Viva Villa»:* Von Jack Conway (1887–1952) nach einem Buch von Ben Hecht (1892–1964) gedrehter Film über die mexikanische Revolution von 1914 mit Wallace Beery (1889–1949) in der Hauptrolle. Vermutlich hat Conway auch Bildmaterial aus den 50000 Metern Film verwendet, die Sergej Eisenstein anfangs der dreißiger Jahre in Mexiko aufgenommen hatte. Eisensteins eigener Film «Que viva Mexico!» (1930–1932) ist Fragment geblieben.
8. *... daß die beiden Frauen nicht hingerichtet worden sind:* Vgl. Anmerkung 3 zum Q-Tagebuch vom 19. 2. 1935.
9. *Geschäfte mit den Leuten zu machen:* Bezieht sich vermutlich auf die Mission sowjetrussischer Unterhändler, die Anfang April 1935 mit der deutschen Regierung einen Vertrag über die Lieferung von Maschinen, Eisen- und Stahlerzeugnissen in Höhe von 200 Millionen Reichsmark abschlossen.
Ernst Thälmann (1886–1944), ab 1924 Vorsitzender der KPD, befand sich von 1933 an im Konzentrationslager, 1944 in Buchenwald ermordet. Auch der ehemalige Vorsitzende der kommunistischen Reichstagsfraktion und Mitangeklagte im Reichstagsbrandprozeß, Ernst Torgler (1893–1963), befand sich damals im KZ.
10. *«Menschen in Weiß»:* Schauspiel von Sidney Kingsley (geb. 1906), amerikanischer Dramatiker und Drehbuchautor. Wurde 1934 unter der Regie von Richard Boleslawsky verfilmt.
11. *Max Braun aus der Saar wolle in der Stadt sprechen:* Vor der Saarabstimmung Vertrauensmann der saarländischen SP und Chefredakteur der *Deutschen Freiheit* in Saarbrücken. Nachdem Braun im Oktober 1934 im Zürcher Volkshaus gesprochen hatte, verhängte der schweizerische Bundesrat im November das Einreiseverbot.

12. *«Il promène une défaite»:* «Er führt eine Niederlage spazieren.»

17. 4. 1935

1. *Unsere sel. Grete:* Vgl. Anmerkung 2 zum Q-Tagebuch vom 3. 3. 1935.
2. *Er war noch 33 beim Berliner Tageblatt:* 1871 von Rudolf Mosse (1843–1920) gegründet. Das *Berliner Tageblatt* war die am meisten gelesene deutsche Tageszeitung, sie vertrat eine bürgerlich-demokratische Richtung und war das Hauptblatt des Mosse-Verlags, der neben Ullstein und Scherl das Pressewesen beherrschte. 1933 verließ Theodor Wolff, Chefredakteur des *Berliner Tageblatts,* den Verlag. Das Verlagshaus Mosse wurde arisiert und nannte sich «Berliner Druck- und Zeitungsvertrieb A. G.». Am 1. 1. 1939 stellte das *Berliner Tageblatt* sein Erscheinen ein. Tucholsky war von Dezember 1918 bis April 1920 Chefredakteur des *Ulk,* der humoristisch-satirischen Wochenbeilage des *Berliner Tageblatts.*
3. *Esprit:* Vgl. Anmerkung 5 zum Q-Tagebuch vom 27. 9. 1934.
4. *«... il se place»:* «Er stelle sich entschieden auf den Boden des reinen Rechts.»
5. *«Ne l'oublions pas»:* «Vergessen wir nicht, daß nur wenige Deutsche uns als Einzelpersonen verabscheuen, ja, auch ohne ausdrückliche Anweisung nehmen sie uns in den Städten und auf dem Land viel besser auf, als wir bei uns ihre Landsleute empfangen, die auch noch oft als Boches beschimpft werden. (...)
Aber insgesamt genommen und als Nation, erscheint Frankreich ihnen nicht ohne Grund als der traditionelle Feind ihrer Einheit und ihrer Ehre.»
6. *Örebro:* Vgl. Anmerkung 2 zum Q-Tagebuch vom 15. 11. 1934.
7. *... in der Stadt Danzig ... sind die Nazis eklatant hereingefallen:* Bezieht sich auf die Wahlen zum Danziger Volkstag von Anfang April 1935. Die NSDAP erreichte die angestrebte Zweidrittelmehrheit nicht, die SPDanzig konnte ihren Stimmenanteil von 1933 halten. Kommissar des Völkerbunds war damals der Ire Lester.

8. *Hasi:* Nuunas Neffe, vgl. Anmerkung 6 zum Q-Tagebuch vom 8. 11. 1934.
9. *Bellona:* Römische Kriegsgöttin.
10. *«La nationalité française par le mariage»:* «Französische Staatsangehörigkeit durch Heirat – Gestern haben wir darauf hingewiesen, daß der Nachrichtendienst der Polizeipräfektur eine Untersuchung eingeleitet hat wegen der Scheinehen, die junge Ausländerinnen eingehen, die die französische Staatsangehörigkeit erwerben möchten. Es handelt sich dabei um ein Unternehmen im Viertel Richelieu-Drouot, das die Vermittlungen besorgt.
Unter den jungen Mädchen, die solche Heiraten eingingen, ist auch eine deutsche Stenotypistin, Fräulein Alice Waller, die 6500 Francs zahlte und dafür mit ihrem zukünftigen Ehegatten zusammengebracht wurde, Monsieur Toussaint Benoît, 68 Jahre alt und Patient in Bicêtre [Heim für Alte und Geisteskranke]. Vor dem Gang zum Rathaus forderte M. Benoît die Hinterlegung einer warmen Unterhose und eines Zehn-Francs-Stücks und bedingte sich einen Camembert nach der Zeremonie aus. Fräulein Waller erfüllte all diese Forderungen und spendete ihrem Gatten sogar noch ein Mittagessen. Seitdem sie seinen Namen trägt, versäumt das ehemalige Fräulein Waller es darüber hinaus nicht, sich bei M. Benoît durch die wöchentliche Sendung von Leckereien in Erinnerung zu bringen.»
11. *Rauferei um den Zuhälter Wessel:* Vgl. Anmerkung 3 zum Q-Tagebuch vom 23. 3. 1935.
12. *Und genau so mit der Hochzeit Görings:* Am 10. April 1935 heiratete der preußische Ministerpräsident und Reichsminister Hermann Göring in zweiter Ehe die Schauspielerin Emmy Sonnemann.

20. 4. 1935
1. *«Ces pauvres . . . a changé la sienne»:* «Diese armen unschuldigen Emigranten, denen die Vorsehung glücklicherweise, als Entschädigung für ihr Elend, die Blindheit gelassen hat, hatten sich eingebildet, daß X für sie arbeitete. Sie sind sogar überzeugt, daß die Herrschaft von X und seinem politischen System innerhalb von vierundzwanzig Stunden vorüber sei . . . Ich sehe aber eine ungeheure Macht in den Hän-

den eines Mannes, der sich ihrer zu bedienen wissen wird und die Öffentlichkeit und die Armee auf seiner Seite hat.»
«Was es uns auch kosten mag, es anzuerkennen, diese Einförmigkeit im Irrtum und in der Illusion ist das charakteristische Zeichen für den Tod der Parteien, die wie alle lebenden Wesen sich erneuern müssen, um weiterleben zu können. Nur die Toten, und zwar die zu Mumien gewordenen Toten, behalten ihr Gesicht, wenn die Zeit das ihre schon geändert hat.»

2. *Mais bonjour . . .:* «Guten Tag, meine Liebe, aber woher kommen Sie denn? – Aus dem Schönheitsinstitut. – Es ist wohl geschlossen?»

3. *Schwippstégue:* Sweepstake (englisch); besondere Art von Lotterie bei Pferderennen. Hedwig Müller war eine passionierte Reiterin gewesen und ritt auch damals noch mit ihrem Schwager aus.

4. *Ich bekam das Buch:* Es handelt sich vermutlich um «Der Deutsche Bauernkrieg» von Günther Franz (geb. 1902), seit 1970 emeritierter Professor für Geschichte und Agrargeschichte. Das Buch erschien 1969 in 8. Auflage.

5. *Daß die Front nur 3 % bei Euch hat:* Bei den Zürcher Kantonsratswahlen am 7. 4. 1935 kam die Nationale Front, die größte der vom Nationalsozialismus beeinflußten faschistischen Erneuerungsbewegungen in der Schweiz, auf 6,2 % der Wählerstimmen und sieben Sitze im hundertachtzigköpfigen Kantonsparlament. Tucholsky mußte sich verschrieben oder eine Fehlinformation erhalten haben. Dr. jur. Robert Tobler (1901–1962), Zürcher Gauführer und später Landesführer der Nationalen Front, errang zu seinem bisherigen Sitz im Zürcher Gemeinderat auch einen Kantonsratsitz. Er wurde bei den Nationalratswahlen im Oktober 1935 als einziger Frontist gewählt. In der ganzen Eidgenossenschaft kam die Front auf 1 % Wähleranteil.

6. *. . . jede noch so leise lex Häberlin:* Am 11. 3. 1934 lehnte das Schweizer Volk nach hartem Abstimmungskampf das «Bundesgesetz über den Schutz der öffentlichen Ordnung» mit 488 272 nein gegen 419 399 ja ab. Gewerkschaften und Sozialdemokratie waren die Hauptgegner der sogenannten Lex Häberlin II gewesen. Tags darauf trat Bundesrat Heinrich Häberlin (1868–1947) zurück. Es kommt in der Schweiz

ganz selten vor, daß ein Regierungsmitglied nach einer verlorenen Volksabstimmung zurücktritt.

7. . . . *ist das sog. Republikschutzgesetz gewesen:* Gemeint ist die zwei Tage nach der Ermordung von Reichsaußenminister Walther Rathenau (1867–1922) auf Grund von Artikel 48 der Reichsverfassung erlassene Verordnung zum Schutz der Republik vom 26. Juni 1922, die u. a. auch einen besondern «Staatsgerichtshof zum Schutz der Republik» beim Reichsgericht vorsah. Im Gedicht «Rathenau» forderte Theobald Tiger in der *Weltbühne* vom 29. 6. 1922 («Gesammelte Werke», I, 988, Taschenbuchausgabe, 3, 214) die Republik in geradezu pathetisch-beschwörendem Ton auf, sich nun endlich kraftvoll zur Wehr zu setzen.

8. . . . *ich höre noch Harden dagegen wettern:* Maximilian Harden (1861–1927). Hieß mit bürgerlichem Namen Felix Witkowski und wurde von den Nationalsozialisten Isidor Witkowski genannt. Schriftsteller und Journalist. Er gab von 1892 bis 1922 die Wochenzeitschrift *Die Zukunft* heraus, in der er zwar bestimmte Züge der Politik Wilhelms II. bekämpfte, sich aber für einen gereinigten Wilhelminismus einsetzte. Harden hatte einen persönlichen, ad personam ausgerichteten Polemikstil entwickelt, gab u. a. eine Sammlung seiner Polemiken unter dem Titel «Köpfe» heraus. Sein journalistischer «Hauptfall» war die Aufdeckung eines Kreises einflußreicher Homosexueller um den Fürsten Eulenburg in der unmittelbaren Umgebung des Kaisers.

9. *Sveabstegh:* Vgl. Anmerkung 3.

10. *L'Humanité:* Zentralorgan der KPF.

11. *«. . . les gars du bâtiment»:* «Die Burschen vom Bau.»

12. *Der Völkische Beobachter:* 1920 bis 1945 Zentralorgan der NSDAP, von 1923 an als Tageszeitung.

13. *«On les aura!»:* «Wir besiegen sie schon!»

14. *Sacco und Vanzetti:* Vgl. Anmerkung 10 zum Q-Tagebuch vom 21. 9. 1934.

15. *«Le résultat . . .»:* «Das dicke Ende kommt nach, sagt man.»

24. 4. 1935

1. *Das andere Fröken:* Gertrude Meyer (vgl. Anmerkung 1 zum Q-Tagebuch vom 30. 9. 1934) erhielt die *Neue Weltbühne* nicht mehr.

2. *Für Hasi:* Vgl. Anmerkung 6 zum Q-Tagebuch vom 8. 11. 1934.

3. *«Juste réparation»:* «Gerechte Entschädigung –
Kürzlich kehrte ein gewisser Joseph Wendling in seinen Geburtsort Genlis zurück, einen kleinen Marktflecken in der Umgebung von Dijon. Wendling war 1910 in die Vereinigten Staaten ausgewandert und dort Opfer eines schweren Justizirrtums geworden. Angeklagt des Mordes an einem kleinen Mädchen aus Louisville – wo er arbeitete –, verurteilte man ihn nach wenigen Prozeßtagen zu lebenslänglicher Haft. Aber am 23. Januar dieses Jahres wurde er nach einer Haftzeit von mehr als 23 Jahren aus dem Gefängnis von Eddyville entlassen, weil der tatsächliche Mörder auf dem Totenbett sein Verbrechen gestanden hatte.
Weil er keine Arbeit mehr finden konnte und völlig mittellos war, entschloß sich Joseph Wendling, nach Frankreich in seinen kleinen Heimatort zurückzukehren.
Die Familie des Opfers, der in Louisville eine große Brauerei gehört, soll durch Vermittlung des französischen Konsuls von Chicago M. Wendling eine Entschädigungssumme von 250000 Francs angeboten haben, doch dieser will sich damit nicht zufriedengeben. Er hat seine Absicht bekundet, bei amerikanischen Gerichten seine Rehabilitierung zu betreiben und will vom Staat Kentucky eine Entschädigung fordern. Rechtsanwalt Gaston Gérard von der Dijoner Anwaltskammer wird seine Interessen wahrnehmen.»

4. *«L'objecteur de conscience n'avait pas été diffamé»:* «Der Kriegsdienstverweigerer wurde nicht verleumdet.
Der Kriegsdienstverweigerer René Gérin, über den wir schon berichtet haben, und der gegenwärtig in Paris eine Gefängnisstrafe verbüßt, hatte letzten Februar in Yvetot einen Vortrag gehalten zu dem Thema ‹Der Schwindel mit dem Frieden›. Während des Vortrags, der unter der Schirmherrschaft der Liga der Friedenskämpfer stattfand, wurde René Gérin von einigen Zuhörern heftig angegriffen. Einer von ihnen, M. Poisson aus Yvetot, soll zu ihm gesagt haben: ‹Sie sind von

den Boches gekauft›, während M. Delavigne, Landwirt aus Ecreteville-les-Baons, ihn anschrie: ‹Sie sind von Hitler gekauft!›
René Gérin sah in diesen Sätzen eine Verleumdung und verfolgte ihre Urheber gerichtlich vor der Strafkammer von Yvetot. Poisson und Delavigne wurden nun freigesprochen. In Erwägung der Tatsache, so heißt es insbesondere im Urteil, daß dem unter dem Patronat der Friedenskämpfer stattfindenden Vortrag das Verteilen von Flugblättern und Prospekten vorausging, deren Wortlaut wegen seiner Heftigkeit und seines Charakters einer Anstiftung zum Bürgerkrieg, auf seiten einiger der Anwesenden nicht weniger gewalttätige Reaktionen und Proteste hervorrufen mußte, die sich gegen die von besagter Liga betriebene Propaganda richteten, die zweifelsfrei den Charakter einer direkten und unmittelbaren Provokation hat, ist der in Artikel 33 des Gesetzes vom 29. Juli 1888 vorgesehene Rechtfertigungsgrund gegeben.»
5. *«Une vérité éclate ici»:* «Hier wird eine Wahrheit sichtbar, die man erkennen muß. Daß die Kunst nämlich das einzige ist, das für die Lüge unzugänglich ist. Tochter des Herzens und der naiven Eingebung, verträgt sie das Bündnis mit dem Falschen nicht, läßt sich nicht schänden, schreit auf und stirbt, wenn das Falsche triumphiert. Alles übrige ist imitiert und gespielt. Man konnte wohl im 16. Jahrhundert eine Theologie, im 17. Jahrhundert eine Moral schaffen. Aber niemals eine Kunst! Das Heilige und das Gerechte kann man vortäuschen; wie aber das Schöne? Armer Tartuffe, du bist häßlich, und häßlich wirst du bleiben, das ist dein Zeichen. Wie solltest du jemals das Schöne erreichen, es berühren! Es wäre gottloser als alle Gottlosigkeit . . . Das Schöne, das ist das Antlitz Gottes.» Michelet, «Der Priester»
6. *Über einen Film «Golgatha»:* Film des französischen Regisseurs Julien Duvivier (1896–1967); deutscher Titel: «Das Kreuz von Golgatha.»
«Il n'y a que Jésus . . .»: «Nur Jesus redet nicht. Warum? Jesus war ein hundertprozentiger Rhetoriker, ein unerschöpflicher Schwätzer, ein unverbesserlicher Klavierverkäufer.»

25.4.1935

1. *Junius-Briefe:* 1769 bis 1772 erschienen im *Public Advertiser*, London, unter dem Decknamen «Junius» 69 Briefe, in denen König Georg III. und führende Politiker schonungslos angegriffen wurden. Der Autor, ein Meister politischer Polemik, ist unerkannt geblieben.

«Measures not men ...»: «Maßnahmen nicht Menschen, heißt der heuchlerische Gemeinplatz unehrlicher Mäßigung – eine leere, falschmünzerische Phrase, von Schurken geprägt und von Narren in Umlauf gebracht. Ein solch sanfter Tadel ist dem entarteten Zustand der heutigen Gesellschaft nicht angemessen.»

«To reform ...»: «Reform ohne Züchtigung ist, so fürchte ich, unmöglich. Laster an sich zu attackieren, ohne dabei Personen zu treffen, mag ein ungefährlicher Kampf sein, aber es ist ein Kampf mit Schatten.»

Die neueste Ausgabe der Junius-Briefe: «The Letters of Junius», ed. J. Cannon, Oxford University Press, 1977.

2. ... *das Glückwunschtelegramm:* König Georg V. von England hatte Reichskanzler Adolf Hitler am 20. April 1935 telegrafisch zum Geburtstag gratuliert.

3. ... *der französische Generalgouverneur einer Kolonie:* Es handelte sich um den tödlichen Flugzeugabsturz des Generalgouverneurs Renard von Französisch-Äquatorialafrika. Als Ministerpräsident Daladier am 30. Januar 1934 den rechtsstehenden Pariser Polizeipräfekten Jean Chiappe absetzte, trat Renard, damals Präfekt des Departments Seine, aus Solidarität mit Chiappe zurück.

4. *«Leurs sacrifices ... leur amour a construit»:* «Ihre Opfer werden nicht vergeblich gewesen sein, und wenn unsere Menschheit nicht allein steht in der Unendlichkeit und wenn sie teilhat an der Ordnung und der Harmonie des Universums, dann waren sie auch notwendig.»

«Aber es wäre nicht genug damit getan, diese Helden und edlen Opfer zu verherrlichen; man muß ihr Werk auch vor gottlosen Verleumdern in Schutz nehmen, die allzu lange aus unserer Schwäche ihren Vorteil gezogen haben und die von nun an die ganze Härte des Gesetzes kennenlernen werden.

Es hieße die Erinnerung an unsere großen Toten verraten,

wenn man es zuließe, daß der Haß ungestraft das zerstört, was ihre Liebe aufgebaut hat.»

5. *Crupp und Kreusot:* Verballhornung der Firmennamen Krupp und Schneider S. A., Le Creusot, beide hier als Symbole für die Waffenschmiede und «marchands de canon» in Deutschland und Frankreich.

6. *«M. André Lavenir . . .»:* «M. André Lavenir, Lehrer in Lyon und Generalsekretär der Rhône-Sektion der Nationalen Lehrergewerkschaft, wurde kürzlich unter folgenden Umständen von einer Sanktion der Schulbehörde betroffen: auf Grund eines Presseartikels schrieb M. Peissel einen Brief an M. Carillon, Bezirksabgeordneter in Poleymieux, in dem er sich gegen die kleine Minderheit von Lehrern wendet, ‹die einen Vertrauensmißbrauch gegenüber dem Land und den Eltern begehen, die ihnen ihre Kinder anvertrauen›. M. Peissels Brief erregte das Mißfallen von M. Lavenir. Der Generalsekretär der Rhône-Sektion der Nationalen Lehrergewerkschaft veröffentlichte ihn im ‹Bulletin corporatif› dieser Organisation und fügte einen Kommentar hinzu, der so endete: ‹Daß die Schüler Unterricht versäumen und Gefahr laufen, ungebildet zu bleiben, daß die Lehrer den Gewalttätigkeiten von Fanatikern ausgesetzt sind – das beunruhigt M. Peissel nicht. Die Schule ist für ihn nichts weiter als ein Annex der Kaserne, und er erkennt ihr kaum eine andere Nützlichkeit zu als diejenige, die Liebe zum Vaterland zu pflegen. Die Kinder müssen ihr Vaterland lieben, denn das Vaterland liebt seine Kinder; jedenfalls verschlingt es viele von ihnen.›
Diese Art eines Lehrers, seine Vorstellungen über das Vaterland darzulegen, zog wiederum die Aufmerksamkeit der Schulbehörde auf sich. M. Rouède, Schulinspektor, schrieb folgenden Brief an M. Lavenir:
‹Ich habe mit tiefem Bedauern diesen Satz gelesen, der, von Ihnen unterzeichnet, im ‚Bulletin corporatif' vom 5. April stand: ‚Die Kinder müssen ihr Vaterland lieben, denn das Vaterland liebt seine Kinder; jedenfalls verschlingt es viele von ihnen.' Dieser Satz stellt besonders unter den gegenwärtigen Umständen ein Vergehen dar, das ich nicht ohne disziplinarische Maßnahme durchgehen lassen könnte. Ich habe deshalb die Absicht, Ihnen einen Verweis zu erteilen, und dieser Verweis wird in den Akten festgehalten. Sie werden, wie das

Gesetz es vorsieht, die Möglichkeit haben, Ihre Akte einzusehen, und zwar am Montag, den 15., oder Dienstag, den 16. April, jeweils von 10.00 bis 11.30.
Der Schulinspektor
P. Rouède.›
Auf diesen Brief antwortete M. Lavenir wie folgt:
‹Ich nehme mit Erstaunen Ihre Absicht zur Kenntnis, mir eine disziplinarische Maßregelung zu erteilen, wobei mir aber keinerlei Beschwerde beruflicher Art vorgehalten wird und der Departements-Rat Rhône noch in seiner Sitzung vom 17. November 1934 festgestellt hat, daß alle Franzosen die gleichen Freiheiten des Ausdrucks ihrer Gedanken und ihrer Überzeugungen genießen. Wenn ich auch die Beaufsichtigung meiner beruflichen Tätigkeit durch meine Vorgesetzten vollständig akzeptiere, halte ich es jedoch für meine Pflicht, meine Freiheit als Bürger zu verteidigen, und ich kann nicht an Formalitäten teilhaben, die im Zusammenhang mit einer ohne beruflichen Beweggrund erteilten disziplinarischen Maßnahme stehen. Deshalb halte ich es nicht für ratsam, Einsicht in meine Akten zu nehmen, denn das hieße eine behördliche Aufsichtskontrolle über meine außerberufliche Tätigkeit anerkennen.
Hochachtungsvoll . . . André Lavenir›
Der Gewerkschaftsvorstand hat die Solidarität mit seinem Generalsekretär bekräftigt.»
7. *A qui Lavenir?:* Wortspiel, «Wem gehört die Zukunft?» (l'avenir = die Zukunft)
8. *«Viva Villa»:* Vgl. Anmerkung 7 zum Q-Tagebuch vom 12. 4. 1935.
9. *Ämil:* Emil Jannings (1884–1950), deutscher Schauspieler, Ehemann von Gussy Holl, Chansonsängerin und Schauspielerin, die Tucholsky sehr verehrte und der er einige seiner Chansons gewidmet hat.
10. *«Mme. Marcelle Menanteau . . .»:* «Madame Marcelle Menanteau, 34, wohnhaft in La Rochelle und im Besitz eines Zehntels des Loses der Nationallotterie, auf das am 12. März der Haupttreffer von 2500000 Francs fiel, befindet sich seither in einem Zustand starker geistiger Verwirrung; gestern wurde sie am Meer herumirrend angetroffen und mußte in eine Nervenheilanstalt eingewiesen werden.»

11. *«Sans une goutte de sang»:* «Ohne einen Blutstropfen.»
12. *Sacco- und Vanzetti-Demonstrationen:* Vgl. Anmerkung 10 zum Q-Tagebuch vom 21. 9. 1934.
13. ... *und sein Sekretär in Uetlikon:* Auf den fiktiven Ortsnamen kam Tucholsky wohl in Erinnerung an Zürichs Hausberg, den Uetliberg, offiziell Uto, mit dem Gipfel Uto-Kulm.
14. *Croix de Feu:* Vgl. Anmerkung 3 zum Q-Tagebuch vom 2. 12. 1934.
15. *Der Aargau:* Einer der 22 ziemlich souveränen Schweizer Kantone.
16. *Der richtige Cyrano de Bergerac:* Savinien de Cyrano (1619–1655), französischer Schriftsteller, Vorläufer der Aufklärung, bissiger Freigeist. «Cyrano de Bergerac», Schauspiel von Edmond Rostand (1868–1918), geschrieben 1897.
17. *«Son interprétation ...»:* Seine Deutung des Mythos von der Schlange, deren Kopf die Frau nach Belieben sich heben oder senken lassen kann, ist sicher ein wenig gewagt, hat aber trotzdem etwas vom guten gallischen Witz.

24. 5. 1935
1. *«Des préoccupations ...»:* «Anstrengungen derselben Art zeigen sich in verschiedenen Ländern. So wurde in der Schweiz beschlossen, eine Spezialtruppe der Polizei ins Leben zu rufen, die sich im Falle eines politischen oder sonstiger Krawalle schnell auf dem gesamten Gebiet des Bundesstaates bewegen können soll. Chef dieser neuen eidgenössischen Polizeiorganisation wird Oberst Jacquillard, Polizeidirektor von Lausanne, der bei der Festnahme der beiden Komplizen des Marseiller Verbrechers in Annemasse zu wichtigen Erkenntnissen gelangte über den Aufenthalt der kroatischen Terroristenbande in der Schweiz auf ihrem Weg von Paris nach Marseille.»
2. *Ich glaube da eher an Thiers den Zweiten:* Gemeint ist Georges Mandel.
3. *Das Buch «Moorsoldaten»:* Nach seiner Entlassung aus dem Konzentrationslager Börgermoor flüchtete der kommunistische Schauspieler Wolfgang Langhoff (1901–1966) 1934 in die Schweiz. In Zürich veröffentlichte er 1935 den autobiografischen KZ-Roman «Die Moorsoldaten».
4. *«Prolongation d'un crédit étranger»:*

«Prolongation eines ausländischen Kredits
Der 1930 dem Reich von einem internationalen Konsortium unter Führung von Lee Higginson gewährte Kredit mit Fälligkeit am 9. Mai ist noch einmal um ein Jahr prolongiert worden, nämlich bis zum 11. Mai 1936. Gleichzeitig wurde der Zinssatz von 4 auf 3 1/2 % gesenkt.»
5. *«Tout celui . . . mais elle n'a pas de bras»:* «Jeder ruft nach einem verlorenen Kampf das Gericht der Geschichte an, (. . .) Das Urteil der Geschichte. Das ist eine weitere Verweltlichung. Andere Völker und andere Menschen riefen das Urteil Gottes an und unsere Alten sogar manchmal die Gerechtigkeit des Zeus. (. . .)
Heute rufen sie deshalb das Urteil der Geschichte an. Das ist das moderne Verfahren. Das ist das moderne Urteil. Bedauernswerte Freunde. Bedauernswertes Gericht, bedauernswertes Urteil. Sie halten mich für die Obrigkeit, und ich bin nur ein (kleiner) Beamter. Sie halten mich für den Richter, und ich bin nur das Fräulein von der Registratur.
(. . .) Das ist nun wirklich die papiergewordene Religion. (. . .)
(. . .) Die Geschichte hat einen langen Arm, aber sie hat keine Arme.
6. *Während der Brester Friedensverhandlungen:* Im März 1918 wurde in Brest-Litowsk der deutsch-russische Friede geschlossen, der Rußland weite Gebiete im Westen kostete.
7. *. . . bei der N. R. F.:* Vgl. Anmerkung 3 zum Q-Tagebuch vom 8. 11. 1934.

27. 5. 1935
1. *Der Gartenzwerg:* Hellmut von Gerlach.
2. *Unsere schwedisch-dänische Prinzen- und Prinzessinnen-Hochzeit:* Am 24. 5. 1935 fand in Stockholm die Hochzeit zwischen Prinzessin Ingrid, der einzigen Tochter des schwedischen Kronprinzen Gustav Adolf, und dem dänischen Kronprinzen Frederik (später König Frederik IX.) statt.
3. *Der Pen-Club . . . hat eine Resolution angenommen:* Klaus Mann brachte auf dem XIII. internationalen PEN-Club-Kongreß eine Protestresolution gegen die Gefangenhaltung von Carl von Ossietzky, Ludwig Renn und Berthold Jacob ein.

4. *Der Ratti:* Papst Pius XI. (eigentlich Achille Ratti, 1857–1939); schloß 1929 mit dem Italien Mussolinis die Lateranverträge, 1933 mit Hitlerdeutschland ein Konkordat ab.
5. *Das französische Schwäppstick:* Vgl. Anmerkung 3 zum Q-Tagebuch vom 20. 4. 1935.

3. 6. 1935
1. *Die Zürichtante:* Die *Neue Zürcher Zeitung.*
2. *Arnold und Emilie:* Tucholsky und Nuuna.
3. *S. J.:* Vgl. Anmerkung 5 zum Q-Tagebuch vom 9. 3. 1935.
4. *Krecke:* Tucholsky las damals das Buch «Vom Arzt und seinen Kranken» von Albert Krecke (1863–1932), Inhaber einer chirurgischen Privatklinik in München.
5. *«Scandalisée . . . mécaniciens»:* «Entrüstet antwortete sie mir: Ich habe Vertrauen in die Arbeit unserer Mechaniker.»
«Cette rage . . . temporel»: «Diese Wut, das Ewige mit dem Zeitlichen zu planen, zu erhoffen, machen zu wollen.»
6. *«. . . une andouille»:* «Ein mondäner Waschlappen erster Ordnung.»
7. *Das mit der Post während Deiner Abwesenheit:* Am 8. Juni reiste Nuuna zu ihrem vierwöchigen Urlaub nach Hindås. In Zürich übernahm für diese Zeit Nuunas Schwester die Postvermittlung für Tucholsky. Nuuna sollte Minister Dunant (vgl. Anmerkung 3 zum Q-Tagebuch vom 2. 1. 1935) über ihre Reise informieren, für den Fall daß ihr (der Kiste) auf dem Transit durch Deutschland etwas zustieße.
8. *«L'Allemagne agit»:* «Deutschland handelt
Nun ein Blick nach Osten. Unbekümmert um alle Diskussionen bereitet Deutschland in Ruhe seine Spiele vor. Sein Organisationskomitee kümmert sich weder um die Beschlüsse einiger internationaler Verbände noch um die Verordnungen des Internationalen Olympischen Komitees.
Die Bevölkerung hat die Losung bekommen, liberal zu sein, damit möglichst viele Athleten nach Berlin kommen.
Deutschland will sich in großem Stil zeigen. Deshalb hat es für 1936 das vollste und gedrängteste Programm auf die Beine gestellt, das man bisher gesehen hat. An einigen Tagen der vierzehntägigen Olympiade werden die Wettkämpfe von zwölf verschiedenen Sportarten gleichzeitig stattfinden.
Aber damit nicht genug. Außerhalb der rein sportlichen

Wettbewerbe werden sich bei Kundgebungen Tausende von Teilnehmern aus allen fünf Erdteilen versammeln.
Der deutsche Staat, der die Kosten von zwei großen außerhalb der Spiele organisierten Demonstrationen trägt, hat je dreißig Studenten aus fünfzig Nationen eingeladen, das macht tausendfünfhundert ausländische Studenten, die mit ebenso vielen deutschen Studenten zusammentreffen. Die Gäste kommen auf Kosten des Organisationskomitees der Spiele nach Berlin und sind dort vom 23. Juli bis 17. August 1936 untergebracht; ebenso wie dreißig Schüler aus jedem dieser Länder; diese fröhliche Truppe trifft mit anderen jungen Germanen vom 30. Juli bis ebenfalls 17. August am Ufer der Spree zusammen.
Die Einladungen sind bereits ergangen, die gesamte Organisation ist gesichert.»
9. *«Une réception . . .»:* «Ein Empfang vereinte gestern die Persönlichkeiten Wiens.»

15., 18. oder 21. 8. 1935
1. . . . *in einer Nummer der* Litteratur*:* Gemeint ist vermutlich *Internationale Literatur*, Zentralorgan der Internationalen Vereinigung revolutionärer Schriftsteller im Verlag der *Literaturnaja Gaseta* in Moskau.
2. *Hier kann mir die M. vorlesen:* Vgl. Anmerkung 1 zum Q-Tagebuch vom 30. 9. 1934.
3. *«För övrigt skall . . .»:* «Übrigens soll Fräulein Müller wissen, daß es eine Sprache wie Brei ist. Ja.»
Die Schweden behaupten ihrerseits gerne von den Dänen, daß diese beim Sprechen Brei im Mund hätten.
4. *«‹Nina› à la Comédie . . .»:* «‹Nina› in der ‹Comédie des Champs-Elysées›
Das Witzwort des Abends ist ein Hintertreppenwitz. Ein Landsmann des Autors (Bruno Frank) oder der Darstellerin (Madame Lydia Buschova aus dem goldenen Prag), rief aus Ungeduld über unsere Kühle aus: ‹Ihr Romanen, Ihr könnt das nicht verstehen . . .›
Oh, mein Herr! . . . Schon mit Witz geboren, erkennen wir unser Vaudeville recht gut, auch wenn es sich zur Charakterkomödie aufblähen will; und unsere Operette, auch wenn sie mit ehelichem ‹Gemüt› verzuckert und um Gesangseinlagen

wie in ‹Giroflé-Girofla› beschnitten ist. Und wir können leicht erkennen, ob ein hübsches Thema behandelt wurde oder ob man ihm auswich.
Nina Gallas, deren Erfolg auf der Leinwand demjenigen Marlenes nicht nachsteht, hat einen Ehemann, den sie liebt und der unglücklich ist; denn als Herrin über das Universum hat sie kaum die Zeit, ihren Ehemann zu verhätscheln ... Er will mit ihr brechen. Aber wie sie ihn anschaut, am Klavier, ein zärtliches Lied schmachtend, das sagt uns viel, sehr viel. Nina wird Etienne nicht gehen lassen. Sie wird in ihrer Karriere eine Pause einlegen, Anulka soll sie ersetzen.
Anulka ähnelt Nina; aber so wie Sosias Merkur. Einfältig, erdrückt vor Angst vor dem entsetzlichen Regisseur Hyrkam, diesem rastlosen Genie, der Nina geformt hat ... Bisher hat sie Nina nur von hinten gedoubelt. Hyrkam soll nun versuchen, sie zurechtzumodeln. Anulka wird in beiden Hemisphären Nina heißen, und man wird es nicht erraten.
Wir Romanen träumen bei einem solchen Thema von einer ganzen Reihe von psychologischen ‹actions and reactions›, von Stolz, Bitterkeit, Schmerz und Rausch. Die Speisekarte ist superb! Man serviert uns aber nur Studentenfutter.
Die zweite Nina taucht auf, verblüffend, im Flitterglanz, herrisch, keifend, selbstsicher ... Die Hölle! Der arme Hyrkam hat sie geheiratet ... Nun werden an diesem Abend irrtümlich statt der endgültigen Fassung des neuen Films mit der täuschend echten falschen Nina Probeaufnahmen mit dem ganzen Gestammle und Gestolpere Anulkas vorgeführt. Hyrkam hält sich für verloren. Aber die feinsinnigsten Kenner, die sich in Paris getroffen haben, bemerken nichts. Nina ist ja angekündigt. Sie brüllen vor Freude ... Und die echte Nina, in Versuchung, ihren Platz wieder einzunehmen, zieht sich mit einem philosophischen Lächeln zurück. Die falsche Nina herrscht. Wir verdienen's nicht besser.
Gebt dieser Erzählung, o Romanen, jede Bedeutung, die ihr wollt. Applaudiert höflich Madame Buschova, die sich abrakkert, Grimassen schneidet, schmeichelt und zittert. Und Monsieur Tissier, dem grandiosen Cineasten. F. D.»

22. 9. 1935
1. *«Suède ...»:*
«Schweden
Eine Lektion für den hitlerischen Antisemitismus
Doktor Ehrenpreis, Oberrabbiner von Stockholm, ist zum Professor ernannt worden, ein Ehrentitel von hohem Ansehen in Schweden, wenn er Personen verliehen ist, die nicht mit Lehraufgaben betraut sind. Auch wenn diese Ernennung angesichts der wissenschaftlichen und literarischen Arbeiten von Doktor Ehrenpreis vollauf gerechtfertigt ist, drückt sie doch dem, was in Deutschland geschieht, einen besonderen Stempel auf.»

2. 10. 1935
1. *... daß er an erster Stelle stehe:* Gemeint ist, Carl von Ossietzky werde wahrscheinlich den Friedensnobelpreis für 1935 erhalten; vgl. auch Anmerkung 9 zum Q-Tagebuch vom 21. 9. 1934. Tucholsky überlegte sich bereits, ob er zur Preisverleihung nach Oslo fahren solle.
2. *Von der Karikatur der Chefin:* Edith Jacobsohn, die Witwe des *Weltbühnen*-Herausgebers, Siegfried Jacobsohn.
3. *... für den Mann:* Carl von Ossietzky.
4. *Also etwa die Stellung, die der Dienstbotenernschtl immer angestrebt hat:* Ernst Toller.
5. *Herr Seebecker:* Einer der wenigen schwedischen Bekannten Tucholskys namens Sjöbeck, ein Landschaftsmaler, den er offenbar im Sommer 1934 in Lysekil kennengelernt hatte.

9. 10. 1935
1. *Ein Manifest der Herren Franzosen:* Das von Persönlichkeiten der Rechten unterzeichnete Manifest vom 8. Oktober 1935 steht im Zusammenhang mit Italiens Angriff auf Abessinien von Anfang Oktober. «Wir wollen weder mit diesem Krieg noch mit Sanktionen etwas zu tun haben», heißt die von Tucholsky glossierte Stelle. Am 10. Oktober 1935 stellte die Völkerbundversammlung fest, Italien habe sich gegen ein anderes Mitglied des Völkerbundes «kriegerischer Mittel bedient», weshalb sie sich für Sanktionen gemäß Artikel 16 der Völkerbundstatuten aussprach. Der französische Außenminister Pierre Laval setzte sich aber von Anfang an gegen

wirksame Sanktionen ein, und so kam es nie zu dem von England vorgeschlagenen Ölembargo gegen Italien. Mussolini verschmolz das eroberte Abessinien mit Eritrea und Somalia zu Italienisch-Ostafrika. Nachdem Abessinien 1941 von britischen und Empiretruppen besetzt wurde, kehrte der seit 1936 im Exil lebende Kaiser Haile Selassie in das wieder unabhängige Abessinien zurück.
2. *Die Basler:* Basler *National-Zeitung.*
3. ... *einen Zwillingsbruder von Theodor Wolff:* Vgl. Anmerkung 1 zum Q-Tagebuch vom 16. 12. 1934.
4. ... *als Kreuger eintrat:* Ivar Kreuger (1880–1932, ermordet), schwedischer Unternehmer, baute nach 1913 den Kreuger-Konzern, einen Finanz- und Zündholztrust, auf. Machte 1931 Konkurs.
5. ... *im Falle Johann:* In der Angelegenheit des Nobelpreises für Carl von Ossietzky. Der Gartenzwerg: der inzwischen verstorbene Hellmut von Gerlach.

9. 11. 1935
1. ... *über die Réception Bainvilles:* Am 7. November 1935 wurde der Historiker und rechtsextreme Politiker Jacques Bainville (1879–1936) Mitglied der Académie Française. Er war einer der Gründer der royalistischen und nationalistischen Action Française, deren Führer Léon Daudet und der Schriftsteller Charles Maurras waren. 1938 wurde übrigens auch Maurras Akademiemitglied.
2. *«... le nain lorrain»:* «Der Lothringer Zwerg»; gemeint ist Raymond Poincaré.
3. *«Honorable Partie de campagne»:* Folkloristischer Gesellschaftsroman von Thomas Raucat aus dem Jahr 1924.
4. *Klever:* Walter Hasenclever. Tucholsky hoffte in diesen Wochen sehr auf einen Besuch Hasenclevers in Hindås.
5. ... *nun grade bei der Gräfin wohnt:* Tucholskys frühere Freundin Jean de Montaignac.
6. *«Croyez à toute mon affectation qui ne change pas»:* «Aber seien Sie stets meiner Zuneigung versichert.»
7. *Arnold hat der Bibliothek seines Kantons:* Im Zusammenhang mit seinem schwebenden Einbürgerungsverfahren hatte Tucholsky verschiedenen schwedischen Bibliotheken Bücher und *Weltbühnen*-Jahrgänge angeboten.

8. *Der Gögö, weil Nachkomme:* Vgl. Anmerkung 3 zum Q-Tagebuch vom 2. 1. 1935.
9. ... *einen sozialistischen Ministerpräsidenten:* Per Albin Hansson (1885–1946), schwedischer Ministerpräsident von 1932 bis 1946.
10. ... *eine Rotekreuzexpedition aus:* Wie Ägypten, Großbritannien, die Niederlande und Norwegen sandte auch Schweden unter dem Patronat eines Prinzen des Königshauses seit November 1935 dem schlecht ausgerüsteten äthiopischen Roten Kreuz Feldambulanzen zur Unterstützung. Am 30. 12. 1935 wurde die schwedische Rotkreuzambulanz von der italienischen Luftwaffe bombardiert.
11. *Eine 2. Bibliothek:* Vgl. Anmerkung 7.
12. *Hier sitzt als Landshövding:* (wörtlich Landeshäuptling) Ursprünglich Stellvertreter des Königs in einem län (Regierungsbezirk, Provinz), heute von der Regierung ernannter Präsident des länsstryelse, das heißt des Hauptorgans der Provinzialregierung. Schweden ist in 24 län eingeteilt.
13. *Der hiesige Theodor Wolff:* Vgl. Anmerkung 1 zum Q-Tagebuch vom 16. 12. 1934.
14. *Und nennt das da «nassarna»:* Spitzname für die schwedischen Nationalsozialisten. Die Abkürzung «nacist» (c wie ss gesprochen) ist lautverwandt mit «nasse» = Schwein, «nassarna» = die Schweine.
15. ... *für den ... hiesigen Ullstein schreibt:* Gemeint ist der von Albert Bonniers (1820–1900) gegründete und Stockholmer Verlag, der auch die Zeitungen *Dagens Nyheter* und *Expressen* herausgibt.
16. ... *wie er von der reizenden Einrichtung der Touristenmark berichtet:* Bezieht sich auf die Devisenordnung des Dritten Reichs. Gemeint ist die Registermark, die von im Ausland wohnenden Personen für Reisezwecke innerhalb Deutschlands verwendet werden konnte. Daher auch die Ausdrücke «Touristenmark» oder «Reisemark». Im Sommer 1935 z. B. betrug der Kurs für 100 Reisemark in Zürich Fr. 80,–, während der Notenkurs der RM Fr. 102–103 und der Devisenkurs Fr. 122–123 betrug.

14. 11. 1935
1. *Woraufhin ich mich meines Frödinggedichts sehr geschämt*

habe: Als Probe seiner «fabulösen Übersetzungskunst» hatte Tucholsky seinem Brief vom 6. 11. 1935 seine freie Übersetzung des Gedichts «Thersites» von Gustaf Fröding beigelegt. Fröding (1860–1911) gilt als einer der bedeutendsten schwedischen Lyriker der 2. Hälfte des 19. Jahrhunderts.

2. *«Il avançait, précédé de sa barbe»:* «Er kam vorwärts, sein Bart ihm voran.»

3. *Tackatack:* tack=danke.

4. *Welch letzterer mit der «Normandie» angegeben hat:* Der französische Ozeanriese war nach vierjähriger Bauzeit im Mai 1935 auf der Nordatlantikroute in Dienst genommen worden. Am 3. Juni kam er auf seiner Jungfernfahrt in New York an. Berichte im *Ordre nouveau*, in der Illustrierten *Vu* und im *Canard enchaîné* regten Tucholsky im folgenden Q-Tagebuch zu einer Glossierung der Einweihungsfeierlichkeiten in Le Havre an.

5. *Von der Schweiz sagt er nur, sie sei «foncièrement inhospitalière»:* «Äußerst ungastfreundlich.»

6. *«Mais il y a de la manière»:* «Aber das ist doch eine Frage der Lebensart.»

7. *... der die Errichtung des Sowjets Uetlikon fordert:* Vgl. Anmerkung 13 zum Q-Tagebuch vom 25. 4. 1935.

8. *«... au-dessus de la mêlée»:* «Von einem höheren Standpunkt aus.»

9. *Und wo bleibt Wesemann?:* Vgl. Anmerkung 1 zum Q-Tagebuch vom 23. 3. 1935.

10. *Die disputatio über die* Basler*:* Tucholsky hat sich in mehreren Briefen an Nuuna und deren Schwester Lieschen über die Basler *National-Zeitung* geäußert. Er achtete zwar deren außenpolitische Haltung Nazi-Deutschland gegenüber, warf ihr aber u. a. ihre handelspolitische Kompromißbereitschaft vor. Zürichtante: *Neue Zürcher Zeitung.*

11. *... das frage nur Herrn Zetkin:* Der Arzt und Sozialpolitiker Maxim Zetkin (1883–1965), Gründungsmitglied der KPD, Sohn Clara Zetkins (1857–1933), die von 1920 bis 1933 Mitglied der kommunistischen Reichstagsfraktion war. Zum anschließenden Zeitungsartikel vgl. Anmerkung 9 zum Q-Tagebuch vom 12. 4. 1935.

12. *... die Dimitroff aufgenommen hat wie einen König:* Vgl. Anmerkung 4 zum Q-Tagebuch vom 23. 3. 1935.

13. *«Les relations économiques ...»:*
«Die wirtschaftlichen Beziehungen zur Sowjetunion
Unser Sonderkorrespondent in Berlin gibt uns Mittwochmorgen, den 6. November, diesen telefonischen Bericht durch: In diplomatischen Kreisen Berlins schenkt man den Versuchen einer Annäherung zwischen der UdSSR und Deutschland eine gewisse Aufmerksamkeit.
Bekanntlich haben die wirtschaftlichen Beziehungen zwischen den beiden Ländern beträchtlich gelitten, seitdem der Nationalsozialismus an der Macht ist. Der einst sehr bedeutende deutsche Absatz in der UdSSR ist auf die Erfüllung alter Aufträge reduziert. Es existiert aber ein deutscher Kredit von 200 Millionen Mark, den das Reich am 9. April gewährt hat. Es soll die Rede davon sein, mit diesem Kredit, den die Sowjets bisher nicht in Anspruch genommen haben, der deutschen Industrie Aufträge zukommen zu lassen. Daß diese ihre ganze Aktivität entfaltet, damit neue Geschäfte zustande kommen, versteht sich. Man verschmäht es nicht einmal, jüdische Emissäre einzusetzen, von denen man weiß, daß sie mit der Sowjet-Administration auf gutem Fuß stehen. Gleichzeitig ist anzumerken, daß der zehnte Jahrestag der Handelsabkommen zwischen Deutschland und der UdSSR kürzlich mit einem Bankett feierlich begangen wurde, an dem Vertreter beider Länder teilnahmen.»

16. 11. 1935
1. ... *des Hitler gehörigen Verlagsunternehmens:* Der Zentralverlag der NSDAP Franz Eher Nachf. GmbH mit Sitz in München. Gegründet 1901 von Franz X. J. Eher, seit 1933 Auffangstelle für enteignete und zwangsverkaufte Druckerei- und Verlagsunternehmen. Hier erschien auch Hitlers «Mein Kampf» in Millionenauflagen.
2. *Vorwärts:* Zentralorgan der Sozialdemokratischen Partei Deutschlands. Wurde 1876 bis 1878 in Leipzig herausgegeben. Ab 1890 (Aufhebung des Sozialistengesetzes) war Berlin Erscheinungsort der Zeitung.
3. ... *und die nervösen B.Z.-Leser:* 1904 hatte Ullstein die *Berliner Zeitung* in das erste deutsche Boulevardblatt, die *BZ am Mittag* umgewandelt.
4. *«... les copains et les copains»:* «... die Freunde und die

Freunde der Freunde und, wie recht und billig, die Freundinnen.»
5. ... *der sich von den Chiappe-Horden hat verhauen lassen:* Am 6. Februar 1934 war es auf der Place de la Concorde zu blutigen Straßenkämpfen gekommen, als rechtsradikale Organisationen wie «L'Action Française», «Croix de Feu» und «Solidarité Française» das Parlament im Palais Bourbon zu stürmen drohten, weil Ministerpräsident Daladier am 30. Januar den rechtsstehenden Pariser Polizeipräfekten Jean Chiappe abgesetzt hatte. Diese Straßenkämpfe forderten an die zwei Dutzend Tote und Hunderte von Verletzten. Tags darauf trat die Regierung Daladier zurück. Weitere Demonstrationen folgten. Nach zwei Jahren innerer Unruhen kam es im Frühjahr 1936 zum Wahlsieg der in der Volksfront vereinigten Parteien der Radikalsozialisten, Sozialisten und Kommunisten. Am 7. 2. 1934 heißt es im Brief an Nuuna: «Ich halte den guten Chiappe für nicht ganz unbeteiligt.»
6. ... *bei dem Ullsteinjuden Vogel:* Vgl. Anmerkung 11 zum Q-Tagebuch vom 21. 9. 1934.
7. *«... qui a perdu le nord»:* «... die die Orientierung verloren hat.»
8. *Das versöhnt zwar nicht mit Matteotti:* Giacomo Matteotti (1885–1924), Generalsekretär der sozialistischen Partei Italiens; hielt im Parlament eine erbitterte Rede gegen die Faschisten und wurde kurz darauf von ihnen ermordet.

Undatierte Übersetzungsprobe
Der Text lautet im Original:

MÅLAR 70000 KONSTVERK
årligen åt SKANDINAVIEN
Dansk «konstmålare» standardiserar
tillverkningen av tavlor
– Från M. T:s korrespondent. –
KÖPENHAMN

19. nov.
Berlingske Tidende har gjort ett besök hos världens mest produktive målare K. Nielsen-Ulvig i Jyderup och fått en intressant inblick i hans yrkeshemligheter. Ulvig berättar med

en viss stolthet att han varie år fabricerar och även säljer omkring 70000 «konstverk», som spridas över hela Danmark, Sverige och Finland. Han var yrkesmålare och tapetserare, innan han slog sig på konsten. Under krisåren, då det var svårt att få tapeter och han ofta fick gå sysslolös, kom han på tanken att utbilda sig till konstmålara. Han ville emellertid inte som andra konstnärer sitta och plita med en målning i flera dagar, utan hans tanke var att kunna åstadkomma ett 50-tal dukar om dagen.

Folk ville nu en gång ha målningar att hänga på sina väggar, och varförskulle man inte ge dem möjlighet att skaffa sig tavlor för en spottstyver. Och så fann han på sitt speciella system. Handmålat skulle det vara för att gå i folk. Ulvig lade upp en serie, omfattande strandbilder och landskap av olika slag, «Den gamle spelmannen» o. s. v.

Tillvägagångssättet är följande. Ulvig tar först ett stycke duk och skär det efter standardram, ofta i polerad mässing. Han skär till en mängd sådana dukar, som sedan placeras under zinkklichéer och vevas genom en serie vridmaskiner, där den ena färgen efter den andra tryckes på och så till sist själva teckningen. Så är förarbetet gjort. Varve tavla skall emellertid äga sin särprägel, och nu är det konstnären som griper in. De fuktiga dukarna bredas ut på stora bord och mästaren själv och hans medhjälpare sätta pricken över i:et, eller rättare sagt, en hel mängd prickar, sår att man kan se att det hela är gjort för hand. Ibland kan det finnas ända til 10 gesäller i huset, och fru Ulvig själv hjälper til med att måla blommorna när sådana skola finnas.

När det är särskilt bråttom tas ett par medhjälpare från Köpenhamn i anspråk. De få de tryckta dukarna sig tillsända och måla litet friska löv här och var eller kanske bruna höstlöv på en del, ljusgröna vårlöv på andra och alltemellanåt mörkgröna sommarlöv. Det skall nämligen vara omväxling. Folk vill ha det så, påstår Ulvig.

På det sättet kan fabriken komma upp till en kapacitet av omkring 150 handmålade tavlor om dagen, en kvantitet som ställer stora anspråk på torkanordningarna. En beställning på 35 000 dukar har expedierats i dagarna, och man håller på med en laddning om 15 000, som skall gå till Finland. Leverantören måste också ta hänsyn till om tavlorna skola stanna i Danmark eller om de skola till Sverige eller Finland. Köpenhamnarna vilja helst ha sina dukar i lila och beige. På den danska landsbygden håller man på gröna skogar och fält och blåa vatten, och på de svenska kundernas tavlor måste man sätta violgröna björkar för att hålla det hela i skarpa färger. Sådant går bättre där, säger hr Ulvig.

11. 12. 1935

1. *«On a dit ici-même ... hors des frontières»:* «An dieser Stelle ist gesagt worden, was es zur Haltung der französischen Regierung im italienisch-äthiopischen Konflikt zu sagen gab. Man wird wohl nicht oft genug wiederholen können, welche Erbärmlichkeit und welche Schandbarkeit darin zum Ausdruck kommt. Ein Ausländer, ein Freund Frankreichs, sagte mir gestern (...).
Hier geschieht etwas, was wir noch nicht erlebt haben. Frankreich ist dabei, sich aus der Weltpolitik zurückzuziehen. Ein wenig mehr noch von diesem freiwilligen Zurücktreten, das nur mit einer panischen und dummen Angst eurer Regierenden zu erklären ist, und ihr, von denen wir so viel im Dienste des Friedens erwarteten, ihr zählt nicht mehr auf der Welt.»
(...)
«Alles sieht so aus, als wenn die französische Regierung zögerte, die Karte des Faschismus im Innern auszuspielen und sie dafür systematisch außerhalb der Grenzen einsetzte.»
2. ... *den Einfluß der Basler:* Basler *National-Zeitung.*
3. *«Je m'en fous»:* «Das ist mir (völlig) wurscht» oder «Das geht mich nichts an.»
4. *Der alte Dunant:* Henri Dunant, der Gründer des Roten Kreuzes, hatte 1901 den Friedensnobelpreis erhalten.
5. *Der Oprechtsche ist nicht viel besser:* Vgl. Anmerkung 3 zum Q-Tagebuch vom 10. 10. 1934.
6. ... *der gute Glaeser:* Ernst Glaeser (1902–1963), deutscher Schriftsteller, u. a. Roman «Jahrgang 1902» (1928), kehrte 1939 aus der Emigration nach Deutschland zurück.
7. *«Je vois ça d'ici»:* Ich sehe das von hier.
8. ... *warum um alles in der Welt schreibt Olden eine Hitler-Biographie?:* Rudolf Olden (1885–1940), auf der Überfahrt nach den USA nach deutschem U-Boot-Angriff ertrunken, Jurist und Schriftsteller; Verteidiger Carl von Ossietzkys im

1. *Weltbühnen*-Prozeß vor dem Reichsgericht (vgl. Anmerkung 1 zum Q-Tagebuch vom 21. 9. 1934). Seine Hitler-Biographie erschien 1935 in Amsterdam.
9. . . . *in den Nachlaßband Wassermanns:* «Tagebuch aus dem Winkel», Verlag Gute Schriften, Bern 1935.
10. *Den Brief Paulchens:* Paul Graetz (1890–1937), Schauspieler, dem Tucholsky mehrere Gedichte gewidmet und für den er Chansons zum Vortrag im Cabaret «Schall und Rauch» geschrieben hat. Graetz emigrierte 1933 nach London, dann in die USA.

17. 12. 1935
1. . . . *Herr Chiappe und seine Topaze:* Polizeichef Chiappe und seine skrupellosen Helfer. (Vgl. Anmerkung 5 zum Q-Tagebuch vom 16. 11. 1935.) Topaze, Held in Marcel Pagnols gleichnamiger Komödie, entwickelt sich vom bescheidenen ehrlichen Professor zum gerissenen, selbstsüchtigen Gauner.
2. . . . *eine so trübe Existenz wie Üchtum – Üchtum:* Gemeint ist der Schriftsteller Wilhelm Herzog; vgl. Anmerkung 5 zum Q-Tagebuch vom 23. 3. 1935.
3. *Das Stück «Cäsar in Uetlikon»:* Am 14. November wurde am Zürcher Schauspielhaus die bissige Komödie «Cäsar in Rüblikon» uraufgeführt. Der Gründer des Cabarets «Cornichon», Walter Lesch, zeigte in dieser Satire, irritiert vom Treiben der Frontisten, die Einführung der faschistischen Diktatur in einem Zürcher Oberländerdorf.
4. . . . *sel. Jakopp:* Tucholskys Freund Hans Fritsch.
5. . . . *wenn die Antwort aus Basel positiv ausfällt:* Tucholsky hatte seinem Brief vom 11. 12. 1935 ein mit dem 14. Dezember datiertes Schreiben beigelegt, das Nuuna an die Redaktion der Basler *National-Zeitung* weiterleiten sollte. Tucholsky fragte darin die Redaktion an, ob er in einem Artikel Carl von Ossietzky gegen die Angriffe Knut Hamsuns verteidigen dürfe, die am 22. 11. in zwei norwegischen Tageszeitungen erschienen waren.
6. . . . *neben Onkel Guido:* Tucholskys Bezeichnung für den französischen Radikalsozialisten Edouard Herriot (vgl. Anmerkung 4 zum Q-Tagebuch vom 9. 4. 1935), hier im weiteren Sinn für den Typ des zaudernden, schwächlichen Politikers Hitler-Deutschlands gegenüber.

7\. . . *die rot angemalte redaktionelle Bemerkung:* Ihr Wortlaut: «Use of any person's name in fiction, semi-fictional articles or humorous essays is to be regarded as a coincidence and not as the responsibility of *Esquire*. It is never done knowingly.»
«Die Verwendung des Namens einer wirklichen Person in erzählerischen, halbdokumentarischen oder humoristischen Beiträgen wäre rein zufällig und unterliegt nicht der Verantwortlichkeit von *Esquire*. Sie geschieht niemals wissentlich.»
Esquire wurde 1934 in Chicago als Herrenjournal gegründet.
8\. *«Tu veux l'amour? (. . .) . . . De ses mouvements»:* «Willst du Liebe? (. . .) (sie ist es, die den Rhythmus seiner Bewegungen reguliert)»
9\. *N. R. F.:* Vgl. Anmerkung 3 zum Q-Tagebuch vom 8. 11. 1934.

19\. 12. 1935
1\. . . . *wenn aus meinem Brief nach Oslo etwas kommen wird:* Am 17. 12. hatte Tucholsky beim Osloer *Arbeiderbladet* angefragt, ob er mit einem Artikel für Carl von Ossietzky eintreten und gegen Hamsun Stellung nehmen könne. Zwei Tage später erhielt er eine Absage und wandte sich daraufhin an den norwegischen Studentenverband; vgl. auch Einleitung und Anmerkung 2 zum Q-Tagebuch vom 30. 9. 1934.
2\. *O. habe ja fliehen können:* Nachdem am 20. 12. 1932 die vom Reichstag beschlossene «Weihnachtsamnestie» in Kraft trat, die sich auch auf «Landesverrat, der nicht aus Eigennutz begangen wurde», erstreckte, konnte auch Carl von Ossietzky vor Ablauf seiner achtzehnmonatigen Gefängnisstrafe die Haftanstalt Tegel verlassen. Nach Hitlers Machtergreifung war er also frei und hätte tatsächlich ins Ausland fliehen können. Hamsun spielte in seinen Artikeln jedoch auf eine mögliche Flucht 1932 vor Antritt der Gefängnisstrafe aus dem 1. *Weltbühnen*-Prozeß an. Das kam für Ossietzky, dem man sogar den Reisepaß gelassen hatte, aber nicht in Frage, da er damals den Kampf gegen den Faschismus innerhalb Deutschlands noch für möglich und aussichtsreich hielt. Er wollte durch eine vorzeitige Emigration weder sich mundtot machen noch die von ihm geleitete *Weltbühne* gefährden.

3. *Aber im Falle Oss bin ich einmal nicht gekommen:* Zum zweiten *Weltbühnen*-Prozeß vom 1. Juli 1932; vgl. Brief an Mary Gerold-Tucholsky vom 29. März 1932 in «Ausgewählte Briefe 1913–1935», Reinbek bei Hamburg, 1962, S. 494f.
4. *Etwa im Stile der Frau, die mir im Sommer geschrieben hat . . .:* In einem (bisher) ungedruckten Brief vom 14. 10. 1935 beklagte sich Tucholsky Nuuna gegenüber, daß ihm seine Interventionen für Ossietzky in der Nobelpreiskampagne «dumme Briefe» eingetragen haben. Vielleicht traf der hier erwähnte Brief im Juni, während Nuunas Anwesenheit in Hindås, ein.
5. *Artikel in den Blättchen . . .:* In der *Neuen Weltbühne*, im *Neuen Tagebuch* oder in anderen Emigrantenzeitschriften.
6. *. . . bei dem hiesigen Ullstein:* Vgl. Anmerkung 15 zum Q-Tagebuch vom 9. 11. 1935.
7. *«Mais ça ne fait rien . . . même pas»:* «Aber das macht doch nichts», sagte sie, «ich kannte ihn ja nicht einmal.»
8. *«Elle ne savait . . .»:* «Sie wußte nicht, ob der Anstand es erforderte, dabei alles runterzuschlucken. Eine Frau von guter Erziehung spuckt nicht.»
9. *Heggitschwyler:* Emil Hegetschweiler (1887–1959), ursprünglich Konditor, 1934 Mitbegründer und in der Folge Hauptstütze des politischen, betont antifaschistischen Cabarets «Cornichon» (1934–1951); einer der populärsten und beliebtesten Volksschauspieler der Schweiz.
10. *«Menschen in Weiß»:* Vgl. Anmerkung 10 zum Q-Tagebuch vom 12. 4. 1935.
11. *Dieser Bundesstenograph:* Der schweizerisch-deutsche Doppelbürger Dr. Kittelmann war ohne Wissen der Behörde Mitglied der Auslandsorganisation der NSDAP. Im Dezember 1935 wurde er daraufhin fristlos entlassen.
12. *Daß der Mann im Februar nicht gegangen ist:* Dazu Kurt R. Großmann in «Ossietzky. Ein deutscher Patriot» (Kindler, 1963): «. . . doch ließ er es zu, daß man für ihn eine Auslandsfahrkarte telefonisch bestellte . . . Ossietzky spielte schon mit dem Gedanken, nicht so sehr sich, als die *Weltbühne* ins freie Ausland zu retten. Er zögerte noch, als lähme ihn eine Vorahnung, die er wie einen lächerlichen Aberglauben abzuschütteln suchte, daß er zum Schlimmsten unrettbar vorbestimmt sei . . .».

Namenregister

Die kursiv gedruckten Zahlen verweisen auf Namen im Anhang. Mit Spitznamen bedachte Personen, deren Identität in den Anmerkungen erläutert wird, tauchen im Namenregister nur unter ihrem wirklichen Namen auf

Inhalt

Kurt Tucholsky

Kurt Tucholsky
dargestellt von Klaus-Peter Schulz (rm 31)

Schloß Gripsholm
Eine Sommergeschichte (4)

Zwischen Gestern und Morgen
Eine Auswahl (50)

Panter, Tiger & Co Eine Auswahl (131)

Rheinsberg
Ein Bilderbuch für Verliebte und anderes (261)

Ein Pyrenäenbuch
Bericht einer Reise (474)

Politische Briefe
Zusammengestellt von Fritz J. Raddatz (1183)

Politische Justiz
Vorwort: Franz Josef Degenhardt.
Zusammengestellt: Martin Swarzenski (1336)

Politische Texte
Herausgegeben v. Fritz J. Raddatz (1444)

Literaturkritik Mit einer Vorbemerkung von Fritz J. Raddatz (5548)

Schnipsel Aphorismen (1669)

Deutschland, Deutschland über alles (4611)

Briefe aus dem Schweigen 1932 – 1935 Briefe an Nuuna (5410)

Die Q-Tagebücher 1934 – 1935 (5604) September 85

ro
ro
ro

C 143/31